Thomas Darnstädt

DER GLOBALE POLIZEISTAAT

Thomas Darnstädt

DER GLOBALE POLIZEISTAAT

Terrorangst, Sicherheitswahn
und das Ende unserer Freiheiten

Deutsche Verlags-Anstalt

Inhalt

Vorwort

»Der Staat schützt die Freiheitsrechte der Bürger«, sagt Bundesinnenminister Wolfgang Schäuble. Empörend ist nicht, wenn ein
Innenminister so etwas sagt, er muss das sagen. Empörend ist,
dass kaum noch jemand ihm widerspricht. Unter der von ständig
neuen Warnungen wach gehaltenen Furcht vor Terroranschlägen
islamistischer Gewalttäter ist das Verhältnis zwischen Bürger
und Staat zunehmend von beaufsichtigender Fürsorge geprägt.
Freiheit wird überwiegend zum staatlich gewährten Gut oder
zum Reflex staatlich organisierter Sicherheit. Dieses Freiheits-
verständnis ist konträr zu der Idee des demokratischen Rechtsstaates, der Freiheitsrechte als Schutzrechte gegenüber Eingriffen
des Staates statuiert.

Mit diesem Buch widerspreche ich dem Innenminister. Die
Furcht vor dem Terror ist geeignet, die Grenzen des Rechtstaates,
die Funktionsfähigkeit der Demokratie, ja die Grenzen des staatlichen Gewaltmonopols zu zerrütten. Wo die Politik behauptet,
dass angesichts der Bedrohung durch den internationalen Terror innere und äußere Sicherheit verschwimmen, verwischt sie
die Zivilisationsgrenze zwischen Krieg und Frieden und legt so
das Fundament für einen rechtlich ungezügelten Weltpolizeistaat. Wer zwischen Verbrecher und Feind nicht mehr richtig
unterscheiden kann, macht ein Gefangenenlager wie jenes in
Guantanamo zur Option auch im Staat des Grundgesetzes.

In vier Untersuchungen legt dieses Buch dar, vor welche
Herausforderungen die terroristische Bedrohung die Staatenwelt
und ihre Rechtsordnungen stellt; wie Amerika und Deutschland
bislang versucht haben, diesen Herausforderungen mit ihrem
Recht zu begegnen; wie die Staaten versuchen, das Völkerrecht

und insbesondere das Kriegsrecht für ein gemeinsames Vorgehen gegen Terroristen umzubauen; welche Konsequenzen und Möglichkeiten sich für ein geordnetes nationales und internationales Vorgehen gegen die terroristische Bedrohung abzeichnen. Der deutsche Innenminister hat wiederholt betont, es gebe für die Probleme, vor die uns weltweit agierende Terrornetzwerke stellen, keine einfache Lösung – wichtig sei ihm, »dass eine öffentliche Diskussion darüber beginnt«. Er soll sie haben.

Dieses Buch handelt vom Recht, es ist aber nicht speziell für Juristen geschrieben. Damit es jedoch auch vor Lesern mit rechtswissenschaftlichem Anspruch bestehen kann, verweisen Fußnoten, wo mir dies sinnvoll erschien, auf wissenschaftliche Belege für meine Behauptungen oder auf weiterführende Literatur. Dort, wo ich allzu Erstaunliches berichte, nenne ich, den Unglauben des Lesers zu mildern, meine Quellen. In vielen Fällen, in denen ich Informationen aus vertraulichen Gesprächen oder vertraulichen Unterlagen habe, muss ich den Leser bitten, mir einfach zu glauben. Das Buch basiert auf Informationen über die Welt, wie sie sich bis Ende Februar 2009 gezeigt hat.

Wenig wären diese Informationen wert gewesen ohne die lehrreichen Gespräche, die ich während der letzten Jahre für meine Berichterstattung im SPIEGEL und zur Vorbereitung dieses Buches mit erstrangigen Wissenschaftlern, Staatsrechtlern und Völkerrechtlern führen durfte. Mein Dank gilt insbesondere den Professoren Erhard Denninger, Frankfurt, Dieter Grimm, Berlin, Claus Kreß, Köln, Bernhard Schlink, Berlin, Michael Stolleis, Frankfurt. Dem deutschen Innenminister Wolfgang Schäuble danke ich für die Geduld, mit der er die Diskussionen mit mir ertrug – und für seine Offenheit. Das Buch widme ich gleichwohl nicht ihm, sondern meiner ersten und wichtigsten Leserin, meiner Kollegin und Ehefrau Helene Zuber.

Hamburg, im Februar 2009
Thomas Darnstädt

Erster Teil

DER FEIND
Sprengt der Terrorismus die Grenzen des Rechts?

Erstes Kapitel
Die unheimliche Bedrohung

Von wo sie auch kommen, sie werden erwartet. Tag und Nacht, jede Sekunde, starren fünf Männer in den Himmel über Deutschland, um Alarm zu schlagen, wenn es so weit ist: »Renegade«. Das ist der Name für die dunkle Bedrohung. Renegade: Ein Flugzeug weicht von seinem Weg ab und nimmt Kurs auf ein Atomkraftwerk oder den Reichstag. Mit »Renegade« begänne der 11. September in Deutschland. Die fünf, den Himmel auf ihren Computerbildschirmen vor Augen, rechnen jede Sekunde damit. Hier, im niederrheinischen Uedem, wird der Krieg gegen den Terror geführt.

Wer kennt schon Uedem? Das Backsteinstädtchen beherbergt, am Ortsausgang den Feldweg rauf, das »Nationale Lage- und Führungszentrum Sicherheit im Luftraum«. Bei den Militärs kürzen sie alles ab, im Ernstfall geht es schneller so. »Silura« ist das Kürzel für die Nato-Anlage hier. Sicherheit im Luftraum: Sie kontrollieren jede Flugbewegung von der Nordsee bis zum Baltikum. Wer sich als Kind beim Einschlafen vorstellte, der liebe Gott wache des Nachts über ihn und deshalb werde er am nächsten morgen gesund und munter bei Sonnenschein wieder geweckt, muss sich nun die Stacheldrahtanlage an der holländischen Grenze vorstellen. Denn dort wird der Schlaf der Bürger bewacht. Ein Netz von Radarstationen, zur Verstärkung Awacs-Flugzeuge mit ihren großen Funkpilzen: Der israelische Botschafter, der mit seinem Dienstwagen durch die Nacht reist, wird ebenso wenig übersehen wie die Bundeskanzlerin, wenn sie nicht zu Hause schläft. Beide bewegen sich als potenziell gefährdete Ziele als kleine rote Kreise auf der Computerkarte, die riesengroß an die Wand des schummerig beleuchteten Einsatzraumes gebeamt wird.

Polizisten und Militärs sitzen auf ihren grau-rosa Drehstühlen Schulter an Schulter. Aus Lautsprechern quaken Einsatzbefehle. Direktverbindung mit Abfangjägern, die binnen Minuten jede Stelle der Himmelsbildschirme erreichen können: Ist schon Krieg oder noch Frieden?

Was für eine Frage. Draußen liegen im Vollmondschein friedlich die Wiesen und Äcker der Bauern von Uedem und Kleve, von fern leuchtet in warmem Licht die Schwanenburg, das Wahrzeichen des idyllischen Klever Landes. Ein Schwan krönt die Spitze des höchsten Turmes. Die Bürgersteige im Dörfchen sind schon hochgeklappt. Im Sommer kann man hinterm Einkaufszentrum die Grillen hören. Doch drinnen im Kommandoraum haben sie bei viel Kaffee mit einem Problem zu kämpfen: Die unheimliche Bedrohung, gegen die sie da ansitzen, ist immer da.

Das ist etwas Neues. Die Offiziere, die hier Dienst tun, haben gelernt, wie man einen Krieg erkennt. Erst die Krise, dann die Truppen in Bereitschaft, schließlich die Erwartung von Panzern oder Raketen, deren Absender man kennt – mit dem man vielleicht vor Kurzem sogar noch diplomatische Noten ausgetauscht hat. Irgendwann ist jeder Krieg auch wieder zu Ende. Für die Überlebenden ist dann Dienstschluss. Eine fürchterliche, aber immerhin logische Angelegenheit. Die Beamten der Bundespolizei auf den Stühlen neben den Kriegsspezialisten sind Gefahrenabwehrspezialisten, auch sie müssen sich an den Kampf gegen die unbestimmte Bedrohung erst gewöhnen. Gefahrenabwehr, das ist eine Aufgabe im Frieden, auch hier geht es grundsätzlich logisch zu. Eine Gefahr, haben sie gelernt, ist eine Situation, in der sich ein Schaden, ein Unglück, ein Verbrechen ankündigt. Bevor sich nicht prognostizieren lässt, was konkret passieren wird, kann man als guter Polizist auch nichts tun. Es besteht, wie dies modisch heißt, kein Handlungsbedarf. Doch die Situation, die den Männern bei Silura den Schlaf raubt, ist weder noch. Weder Krieg noch Frieden, noch Gefahr. Innenminister Wolfgang Schäuble, dessen Bild hier neben dem der Generäle an der Wand hängt, hat gesagt, dass »die alte Einteilung nicht mehr stimmt«, die Einteilung zwischen Krieg und Frieden. Der Mann, der dem Sicherheitspolitiker Wolfgang Schäuble schon öfter in den Arm gefallen ist, heißt Wolfgang Hoffmann-Riem. Mehrere Gesetze, die Schäuble für unverzichtbar bei der Terroristenbekämpfung hielt, Gesetze zum Belauschen Verdächtiger, zur Rasterfahndung, Gesetze hinsichtlich der Sicherheit vor Angriffen mit Terrorflugzeugen, hat das Bundesverfassungsgericht unter Federführung oder zumindest Mitwirkung seines Richters Hoffmann-Riem gestutzt oder ganz gekippt. Der Hamburger Rechtsprofessor, seit Kurzem im Ruhestand, ist als führender Polizeirechtsexperte Deutschlands immer wieder für den Schutz der Bürgerrechte und gegen den Law-and-Order-Staat eingetreten. Doch seine Analyse der unheimlichen Bedrohung ist gar nicht so verschieden von der seines Gegenspielers Schäuble.

Nach dem 11. September schrieb er: »Jetzt ist die prinzipielle Vorhersehbarkeit der Gefahr dahin und vor allem fehlen erfolgversprechende Mittel der Gegenwehr. Unsere Phantasie reicht nicht einmal, um uns Wirkungsvolles auch nur auszudenken. Auch kennen wir den möglichen Gegner nicht. Soweit er einen Namen erhält – Al Kaida oder Bin Laden – wirkt dies wie eine Beschwörung seiner Identität, aber ohne konkrete Anschaulichkeit. Gibt es Bin Laden noch real oder nur als virtuelle Inkarnation des Bösen? Schon die Gefahr als solche ist diffus, ihre Träger sind geheimnisvoll, und die über das Fernsehen übermittelten Gesichter vom Afghanistankrieg erinnern an das Mittelalter oder wecken Assoziationen an Kindheitsträume der Bedrohung. Furcht, Einschüchterung, Nervosität, ja Hysterie breiten sich aus. Das Risiko lauert überall, aber nicht so konkret, dass wir es als eine Gefahr verbuchen können, deren Abwehr wir Polizei, Armee oder Geheimdienst anvertrauen können. Nicht einmal das Recht ist auf die Risikolage eingestellt.«

Krieg oder Frieden – was ist das denn nun? Jede Sekunde, ohne Vorwarnung, kann aus jeder Richtung eine terroristische Attacke auf das Bundesgebiet erfolgen: Eine Rakete mit radioaktivem Material etwa, womöglich sogar ein Flugzeug in der Hand eines Selbstmordkommandos. Schon geistern Ideen durch das Land, eine zu allem entschlossene Terrortruppe könne im Sturm Luxushotels des Landes unter ihre Kontrolle bringen und Hunderte von Wirtschaftsmanagern, Filmsternchen, Politiker als Geiseln nehmen, wie im November 2008 in Mumbai. »Sieg gegen die Terroristen« titelte damals die *Frankfurter Allgemeine Sonntagszeitung* – und gab zu bedenken, wie wichtig es eines Tages auch in Deutschland sein könnte, militärische Siege im Krieg gegen den Terror zu erringen. Auf Krieg gebürstet: Dies ist keine Hysterie sondern die Vorgabe der Sicherheitsstrategen bei der Nato in Brüssel und bei der Regierung in Berlin. »Im Zeitalter des weltumspannenden Dschihad-Terrorismus«, sagt Michael Rühle, Chef der politischen Nato-Planungsabteilung in Brüssel, »ist der Westen selbst Kriegspartei.« Und er fügt hinzu: »Weitere Einsätze – auch Kampfeinsätze – der internationalen Gemeinschaft sind unvermeidlich.« Ziviler, aber nicht beruhigender klingt diese Einsicht aus dem Munde des deutschen Innenministers: »Auch die Vereinten Nationen«, behauptet Schäuble, »gehen von einem existenziellen Gefährdungspotenzial des Terrorismus für die gesamte westliche Welt aus.«

Vom »Krieg gegen den Terror« spricht hier in Uedem natürlich niemand, das Wort ist tabu in Deutschland. Der letzte amerikanische Präsident George W. Bush benutzte es dafür umso häufiger – für die selbe Sache, den Versuch, sich gegen eine weltweit vernetzte, allgegenwärtige terroristische Bedrohung zu wehren, gegen Kriminelle, deren Verbrechen so gewaltig sein können, dass sie als kriegerische Angriffe gewertet werden müssen.

Ein Jumbojet, der in ein so schlecht geschütztes Atomkraftwerk wie etwa das niederbayerische Isar I gesteuert wird; ein Linienflugzeug, das im Sturzflug in ein vollbesetztes Fußballstadion rast; eine Bombe in einem ferngesteuerten Leichtflugzeug: All dies scheint nach dem 11. September möglich geworden zu sein. »Möglich« heißt nicht wahrscheinlich, aber es ist eben auch nicht auszuschließen. »Möglich« heißt, dass man nichts weiß, weder etwas Beruhigendes noch etwas Beunruhigendes. Das ist das Problem der Männer in Uedem.

Krieg oder Frieden, Soldaten oder Polizisten, im Halbdunkel des Silura-Kommandoraumes verschwimmen die Unterschiede. Hier, im Nebenzimmer eines Nato-Gefechtsstandes, lässt die Furcht vor dem Terrorismus alle Abwehrkräfte des Staates enger zusammenrücken. In Erwartung des großen Knalls, des jederzeit möglichen Angriffs islamistischer Attentäter auf das Zentrum Europas, die Hochburg des verhassten Abendlandes, wird der Staat zur Festung. Der Kalte Krieg, der wie wir heute wissen die Welt mehrfach an den Rand des Abgrunds brachte, war für die Militärs vergleichsweise einfach zu gewinnen. »Im Kalten Krieg«, sagt der Standortkommandant Generalleutnant Hans-Joachim Schubert, »wussten wir, der Gegner kommt von Osten geflogen. Nun müssen wir mit Angriffen aus allen Richtungen rechnen.« Kann man da überhaupt gewinnen?

Was da auf uns zukommt, ist nicht zu fassen, nutzlos der Streit, ob es Krieg oder Verbrechen ist, Gefahr oder – nur Hysterie? Das Unheimliche ohne Namen und Richtung ist möglich. Das reicht. Alle Versuche, ein konkreteres Bild zu gewinnen über das Drohende, es zu verdichten durch Einschätzungen der Gefährlichkeit besonderer Situationen, bringen uns nicht weiter. Um das zu begreifen, braucht es nur einen Klick auf die Homepage der Leute, die weltweit für sich in Anspruch nehmen, den Krieg gegen das Böse anzuführen: der Abwehrspezialisten des US-Homeland-Security-Ministeriums. Wie gefährlich die Welt ist, wird dort täglich in bunten Farben ausgewiesen. So war die Lage am 2. Oktober 2008: Gelb.

Aha, gelb. Gelb ist nicht so friedlich wie Blau und schon gar nicht wie Grün. Aber schlimmer als Gelb ist Orange, und ganz schlimm, also Attacke, ist Rot. Gelb ist also so mittel bedrohlich. Wir ahnten es.

Man soll nicht Spott mit der Angst der Menschen vor dem Terror treiben. Ob sie berechtigt ist, wird noch zu untersuchen sein. Sicherheitsexperten jedenfalls, gleich ob mit militärischer oder polizeilicher Ausbildung, gleich ob vom FBI oder vom Bundeskriminalamt, wissen sicher, dass so ein Farbensystem nicht mehr ist als Haschen nach Wind. Die Terroranschläge der letzten Jahre lebten vom Überraschungseffekt. Es ist geradezu das Kennzeichen dieser neuen Art von Weltverbrechen, dass es die Erfahrungssätze des Gegners unterläuft. Denn Erschrecken, Panik, Chaos, all das, was Ziel des neuen Terrorismus ist, lassen sich nur hinreichend heftig erzeugen, wenn etwas geschieht, womit niemand gerechnet hat. Die Sinnlosigkeit der Farbenspiele des Homeland-Security-Departement wird deutlich durch folgendes Gedankenspiel: Osama Bin Laden klickt vor seiner nächsten Terrorattacke auf www.dhs.gov, um zu prüfen, ob der Zeitpunkt gut ist. Was folgt daraus für die Gefahrenprognose der Experten? Findet Osama Grün gut? Und wenn dies so ist – welche Folgerungen würde der Terroristenchef daraus ziehen –, welches Farbenspiel müsste dies zur Folge haben? Wer weiterdenkt, kann nicht mehr einschlafen.

Und statt zu schlafen, kann man dann auch gleich die Konsequenzen ziehen, die das Heimatschutzministerium schon bei Gelb an diesem 2. Oktober 2008 empfiehlt. Im Wesentlichen: ein Päckchen mit allem Überlebenswichtigen packen für den Fall eines Terrorangriffs. Wasser, Lebensmittel – und vor allem Büchsenöffner nicht vergessen.

Was soll man auch anderes empfehlen? Der Terrorismus lebt davon, dass er sich der Vorbereitung potenzieller Opfer entzieht. Und wer wollte andererseits den Mut haben, zu sagen: Leute, stellt euch nicht so an, es wird euch schon nichts passieren? Der Kanzler, Innenminister oder General möchte man nicht sein, wenn dann doch etwas passiert wie 2004 in Madrid, wo 191 Menschen starben, als Islamisten Vorortzüge mit Rucksackbomben in die Luft jagten, oder 2005 in London, wo viele Menschen bei Anschlägen auf öffentliche Verkehrsmittel umkamen. Mitten im Frieden. Ohne Vorwarnung.

Alles ist möglich. Nicht alle Attentate werden aus dem Nato-Luftraum eingeleitet. Doch die Schutztruppe hinterm Feldweg am

Niederrhein möchte dem Bösen wenigstens diese eine Möglichkeit versperren. Und sie sitzen ja nicht nur in Uedem. Stein um Stein bauen Staatsschützer, Militärs, Polizisten, Geheimdienstler den Schutzwall der Verteidigung. Heimliche Computerrazzien, Rasterfahndung, Lauschangriffe, Videoüberwachung, Mautdatensammlung, Telefonüberwachung, digitaler Gesichtsdatenabgleich, das ist noch lange nicht alles. Schon diskutieren Sicherheitsexperten über Vorbeugehaft, Internierungslager für mutmaßliche Terrorkrieger. Um der neuartigen Bedrohung von außerhalb zu begegnen, ist der Rechtsstaat selbst nicht mehr tabu. Das Sicherheitsrecht im Staat des Grundgesetzes steht vor dem größten Umbau seiner Geschichte. »Die alte Trennung von innerer und äußerer Sicherheit ist von gestern«, verkündete die Kanzlerin. »Wir müssen in ganz neuen Zusammenhängen denken.« Die neuen Zusammenhänge erstrecken sich weit über die Grenzen Deutschlands, Europas hinaus. Die unbegrenzte und uneingrenzbare Möglichkeit des Bösen hat nicht nur die Sicherheitskräfte der Nato und der Polizei diesseits und jenseits des Atlantiks zusammengeschweißt. Unabwendbar scheint es ebenso, die Netze der Terrorabwehr bis in die Folgestaaten der Sowjetunion und in die Dritte Welt zu spannen. Schon heute ist es in Berlin an der Tagesordnung, bei der Beurteilung der Sicherheitslage die Bedrohung in und aus Afghanistan, aus Pakistan mitzubedenken. Beamte der deutschen Polizeibehörden sitzen in den Hinterzimmern der Militärs in Kabul und Islamabad, Geheimdienstgagenten der CIA kämpfen gegen Terroristen in Deutschland ebenso wie in Afrika. Die Aktionen gegen Piraten vor Somalia sind vom Kampf gegen den Terror ebenso wenig zu trennen wie die Bekämpfung des internationalen Rauschgifthandels. Einige der Piraten – so befürchten jedenfalls die Amerikaner [1] – sind mit Al Kaida-Islamisten verbandelt, andere wiederum werden von Islamisten bekämpft. Nicht anders ist es beim organisierten Rauschgiftverbrechen, das seine Quellen im Terror-Land Afghanistan hat.

Ist das eigentlich Krieg, was europäische Soldaten da in Afghanistan betreiben? Krieg hießen früher die Auseinandersetzungen mit fremder Staatsgewalt. In Afghanistan und Pakistan geht es gegen Terroristen, gegen das organisierte Verbrechen, gegen gewalttätige Rebellen. Wenn es kein Krieg ist – was ist es dann? »Kein Krieg« sei das, hat der französische Außenminister Bernard Kouchner zur Beruhigung seines Parlaments im Herbst 2008 verkündet, die Aktion in Afrika sei »kriegsähnlicher Kampf«. Aha.

Die alte Ordnung, in der jeder Staat sich um die eigene Sicherheit, die eigenen Verbrecher kümmerte, in der außerhalb der eigenen Grenzen nur Diplomatie oder notfalls Krieg möglich war, weicht auf. Die europaweit agierende Einsatzzentrale in Uedem ist auf der großen Weltkarte der transnationalen Terrorabwehr nur ein winziges Fähnchen. Eine kleine Dienststelle eines globalen Polizeiapparates gegen den Terror.

»Frieden wird Krieg und Krieg wird Frieden«

Das Böse verändert die Welt und die Sprache – Das Bild des Innenministers an der Wand lässt die Grenzen des Rechts verschwimmen – Bürger und Staat untergehakt – Das Crime/War-Dilemma

1500 Tracks am Himmel. Das ist die Lage über Nordeuropa. Jede Flugbewegung am Himmel erscheint als kleiner weißer Kreis mit Nummer dran auf dem Luftlagebild an der Projektionswand im Kontrollraum. Ein Gewimmel wie Sperma unterm Mikroskop. Jeder Kreis hat ein Schwänzchen, das zeigt die Flugrichtung des Objekts, die vorgesehene Flugrichtung. Alle Flugpläne aller Fluggesellschaften sind bekannt. Schwenkt ein Kreis seinen Schwanz planwidrig, wird er gelb. Oberst Joachim Bohn spießt mit seinem Leuchtpfeil den gelben an der Wand auf: »Den behalten wir im Auge.« Der Kollege von der Bundespolizei nickt zustimmend. Gelb ist kein Grund zur Aufregung, Gelb gibt's ein paar Mal am Tag.

Der, dessen Bild neben der Projektionswand hängt, Wolfgang Schäuble, erzählt seinen Leuten gerne die Anekdote aus seiner Zeit als Helmut Kohls Kanzleramtschef. Als es darum ging, Bonn für den Empfang wichtiger Staatsgäste zu sichern, habe ihm der zuständige Mann vom Bundesgrenzschutz versichert, der Luftraum über der Bundeshauptstadt sei »selbstverständlich gesperrt«. Und was, habe der junge Kanzleramtsmann gefragt, tun wir, wenn sich einer nicht dran hält? »Der bekommt einen Bußgeldbescheid.« Ja, lacht nur. Der Innenminister erzählt die Geschichte, um zu belegen, wie sorglos sein Staat konstituiert, wie wenig er für die unheimliche Bedrohung gerüstet ist. Die Sorge vor dem, was möglich ist, vor der unbeschreiblichen Bedrohung, sprengt nicht nur die herkömmlichen Handlungsoptionen von Polizei und Militär. Die unbegrenzbare Sorge, umgemünzt in die politische Verantwortung eines Innenministers, sprengt die Fundamente des Rechtsstaates. Innenminister, Schäuble zumal, gelten meist als Scharfmacher, das ist ihr Job. Doch wer will dieser Analyse widersprechen: »Ob völkerrechtlicher Angriff oder innerstaatliches Verbrechen, ob Kombattant oder Krimineller, ob Krieg oder Frieden: Die überkommenen Begriffe verlieren ihre Trennschärfe und damit ihre Relevanz. Der neue Terrorismus lässt die traditionelle Grenze zwischen innerer und äußerer Sicherheit verschwimmen.«

Die Bedrohungen, um die es hier geht, verändern tatsächlich die Welt, schon bevor sie wahr geworden sind. Es ist nicht nur die Flut an Sicherheitsvorkehrungen, mit der man nun an jedem Flughafen, an Eingängen zu öffentlichen Gebäuden konfrontiert ist, es ist nicht nur das nervende Verbot, seine Zahnpastatube mit an Bord eines Flugzeugs zu nehmen. Der Schaden betrifft schon jetzt die ganze Zivilisation, die wir als »westliche« bezeichnen. Er betrifft unsere Art zu denken und zu sprechen. Der Münchner Soziologe Ulrich Beck, ein Mann, der Politik gern auf den Punkt bringt, beklagt den »Zusammenbruch der Sprache« durch das neue Sicherheitsdenken. Uns fehlen ja nicht nur die Worte, um dieses Niemandsland des Möglichen zwischen Krieg und Frieden zu beschreiben. Auch vertraute Worte bekommen plötzlich einen neuen Sinn. Das Phänomen kommt, wie der Krieg gegen den Terror, aus den USA. Über den Kulturbruch, den die Bush-Regierung aus Erschrecken über die Katastrophe von New York beging, schreibt der britische Schriftsteller John Berger: »In den sich ständig wiederholenden Reden, Erklärungen, Pressekonferenzen und Drohungen sind die immer wiederkehrenden Begriffe Demokratie, Gerechtigkeit, Menschenrechte, Terrorismus. Jedes dieser Wörter bedeutet in seinem Kontext exakt das Gegenteil, was es einst bedeutete.« Es ist das Verdienst des *FAZ*-Mitherausgebers Frank Schirrmacher, vor den Wirkungen dieses Kulturbruchs auf das deutsche Verfassungsdenken gewarnt zu haben, als George W. Bush noch im Amt war. Schirrmacher neigt zu apokalyptisch-feuilletonistischen Visionen. Doch diesmal übertreibt er nicht: »Besonders in Deutschland, mit seiner historisch gewordenen Dankbarkeit gegenüber den Befreiern von 1945« werde sich erst nach Bushs Abgang »das ganze Ausmaß des moralischen Ruins zeigen«, das dieser Krieg gegen den Terror über den Staat des Grundgesetzes gebracht habe: »Die Kriegserklärung an den Terrorismus hat längst Züge einer Kampfansage an das überlieferte europäische Menschenbild.«

Das Neusprech hat Europa ja längst erobert. Da gibt es »humanitäre Kriegseinsätze« wie etwa 1999 zum Schutze des Kosovo, da sehen »Friedenstruppen« der Vereinten Nationen untätig einem Völkermord zu wie 1995 in Srebrenica, wo bosnische Serben 7000 bis 8000 muslimische Männer ermordeten. »Frieden wird Krieg und Krieg wird Frieden«, stellt Beck fest. »Crime is crime is crime«, statuierte trotzig die ehemalige britische Regierungschefin Margaret Thatcher gegen die allgemeine Verwirrung angesichts der Suche nach der richtigen Bezeichnung für Terrorismus.

So einfach ist es ja nun auch nicht. Allzu oft lassen sich terroristische Aktionen seitens Verbrecherbanden nicht mehr trennen von den Aktionen des Staates, der eigentlich solchen Großverbrechen begegnen sollte. Waren die Taliban in Afghanistan zur Zeit des 11. September 2001 nicht Inhaber der Staatsgewalt? Hat nicht selbst die vom Terror angeschlagene Supermacht Amerika nun ihre Soldaten losgeschickt, um eben die Leute als Terroristen zu jagen, denen sie einst, in Irak wie in anderen Staaten, zu den Insignien der Macht verholfen hatte? Und der einstige serbische Staatspräsident Slobodan Milosevic – war er, bevor er starb, nicht vor dem Jugoslawien-Tribunal in Den Haag wegen Grausamkeiten angeklagt, die ohne weiteres als Terrorismus zu bezeichnen sind? Es gibt Völkerrechtler, die schon lange fordern, den Terrorismus den anderen Menschenrechtsverbrechen vor den internationalen Strafgerichten gleichzustellen.

Der Regensburger Rechtsphilosoph Michael Pawlik hat 2008 diagnostiziert, dass die globale Bedrohung mit unkontrollierbarer Gewalt »das labile psychische Gewebe westlicher Gesellschaften erschüttert und zum Reißen bringt«.[2] Wenn ein Jurist über Psychologie schreibt, muss man vorsichtig sein. Doch seine Feststellung macht die Dramatik der Situation deutlich: Es ist nicht nur das Recht des Rechtsstaates Bundesrepublik, das in Gefahr gerät, es ist die Denkweise, die dahintersteht, das »psychische Gewebe«. Die Gesellschaft ist derart verschüchtert – sei es durch die terroristische Bedrohung, sei es durch die brachiale Reaktion staatlicher Instanzen darauf –, dass das alte Spiel zwischen Bürgern und Staat abgebrochen wurde. Nach dem Gesellschaftsspiel, wie es in den Anleitungen der freiheitlichen europäischen Verfassungen beschrieben ist, sitzen sich die zwei gegenüber und bewachen ihre Grenzen: Die Bürger sehen ihre Freiheit durch einen Staat gefährdet, der seine rechtlichen Grenzen nicht einhält; der Staat sieht seinen Schutzauftrag gegenüber den Bürgern gefährdet, wenn die Bürgerrechte ihm zu viele Fesseln anlegen. Spielziel: die Balance zwischen Sicherheit und Freiheit. Nun aber haben sich, wie dies der ehemalige Vizepräsident des Bundesverfassungsgerichts Winfried Hassemer ausdrückt, »Staat und Bürger untergehakt«, sie vergessen ihre Rivalitäten, sie halten in der Not zusammen gegen das unheimliche Böse, das alle bedroht: die Ordnung des Staates wie Leben und Freiheit der Bürger.

Bundesweite Speicherung von Passdaten, elektronischer Fingerabdruck, abgehörte Telefone, schließlich und endlich der Onlinezugriff auf private Computerfestplatten. All dies, so scheint es, muss sein im Kampf gegen den Terrorismus – das »psychische Gewebe« der Gesellschaft ist nur insoweit intakt, als in Ermächtigungen für den kontrollierenden, eingreifenden Staat das geringere Übel, vielleicht sogar die Befreiung vom Bösen vermutet wird.

Diese psychische Konstellation mag es sein, aus der heraus Wissenschaftler wie der Kölner Staatsrechtsprofessor Otto Depenheuer den »Weltbürgerkrieg«, in den der Terrorismus münde, als Anlass sieht, auch in Deutschland über die Verhängung des kriegerischen »Ausnahmezustandes« nachzudenken.[3] Gefahren sehen da nur die Experten. »Der Auflösung der rechtlichen Angriffsformen«, warnt der Polizeirechtsexperte und Richter am Bundesverwaltungsgericht Kurt Graulich, drohe »diejenige der rechtlichen Verteidigungsform« zu folgen – »und dieser folgt die Auflösung der Rechtsordnung überhaupt«.Und weil man als Richter sachlich sein muss, kann er nicht einfach sagen: Wer Verbrechen und Krieg nicht auseinanderhalten kann, riskiert Anarchie oder Diktatur.

In Amerika, wo sie in dieser Entwicklung schon weiter sind, gibt es unter Experten den Topos des »Crime/War-Dilemma«. Das Dilemma, nicht mehr zwischen Krieg und Verbrechen unterscheiden zu können, und der Versuch, sich daraus mit den Methoden von Guantanamo zu befreien, hat die Vereinigten Staaten unter der Regierung George W. Bush weltweit um ihre moralische Glaubwürdigkeit gebracht. Doch ist es nicht dasselbe Dilemma, das Wolfgang Schäuble meint, wenn er auf das Verschwimmen der Grenzen und der Begriffe hinweist?

Die Sprengkraft dieses Befundes kann vielleicht nur ein so harter Arbeiter am Rechtsstaat ermessen, wie es ein Bundesverwaltungsrichter ist. Der Rechtsstaat lebt von der Trennschärfe der Begriffe. Wenn die Sprache verschwimmt, können die Wörter im Gesetz die Exekutive nicht mehr steuern. Manch einflussreicher Rechtsgelehrter hat sein Handwerkszeug unter der Wucht der Bedrohung schon weggeworfen. So entstehen juristische Texte wie dieser: »Eine Schlange, die völlig angepasst in ihrer Umgebung apathisch verharrt, bis sie mit einem plötzlichen Ruck auf ihr argloses Opfer zustößt« – das sei, schreibt der prominente deutsche Staatsrechtslehrer Josef Isensee, der Terrorismus und darum sei er so unfassbar. Auch dies ist ein Zusammenbruch der Sprache – der Sprache des Rechts. Wenn Rechtsprofessoren anfangen zu dichten, haben sie nichts mehr zu sagen. Juristerei ist im Wesentlichen die Wissenschaft der Abgrenzung und der Präzisierung von Begriffen. Wo Schlangen und Drachen an die Wand gemalt werden, rutscht die Rechtsordnung ins Ungefähre.

Wie kann man da noch Staat machen?

Am Ende des Feldweges von Uedem versuchen sie es trotzdem. Wie das Crime/War-Dilemma die Rechtsordnung weich macht, lässt sich hier im Detail beobachten. Zunächst sind es nur Äußerlichkeiten, die ins Auge fallen. In welchem militärischen Dienstraum hing jemals das Bild des Innenministers neben den Fotos von Generälen?

Mein Gott, wie kleinlich. Draußen herrscht Krieg, und da macht sich jemand Gedanken über die Fotos an der Wand. Na gut, das mag auf den ersten Blick eine Kleinigkeit sein, aber die Fotos hängen ja nicht zufällig da. Unter den Bildern sitzen Polizeibeamte des Bundes neben Offizieren der Bundeswehr und machen gemeinsame Sache. Ist das auch nur eine Kleinigkeit? Als dieser Staat auf den Trümmern des »Dritten Reiches« unter maßgeblicher Beteiligung der siegreichen Amerikaner 1949 eine neue Verfassung bekam, das Grundgesetz, war die säuberliche Trennung von militärischen und polizeilichen Aufgaben, von Krieg und Frieden, allein deshalb kein Thema, weil es undenkbar schien, dass ein deutscher Staat jemals wieder Soldaten haben könnte – geschweige denn, mit ihrer Hilfe Krieg führen würde. Als dann, nur wenige Jahre später, Konrad Adenauer im Einvernehmen mit den Amerikanern das Undenkbare Wirklichkeit werden ließ und die Wiederbewaffnung der Bundesrepublik durchsetzte, bekam das Grundgesetz extra eine Knautschzone, den Bundesgrenzschutz, damit die Kräfte der inneren Sicherheit, die föderalistisch gezähmten Länderpolizeien, keinesfalls in Berührung kommen mit den Kräften der äußeren Sicherheit, den Bundeswehrsoldaten. Das Zusammenfügen von Polizei und Militär war eines der probatesten Mittel des NS-Regimes, unbegrenzte Furcht, schließlich unbegrenzten Terror im Inland wie im Ausland zu erzeugen. In einem Unrechtsstaat, in dem auch der »Führer« ständig in Militäruniform herumlief, fiel die Militarisierung der inneren Sicherheit bald niemandem mehr auf. Doch niemals, niemals, erklärten bei Eintritt der Bundesrepublik in die Nato die Schutzmächte den schutzbefohlenen Nachfolgern des Nazi-Reiches, dürfe so etwas wieder vorkommen. Und darum gibt es den Artikel 87a des Grundgesetzes, der bis heute vorschreibt: »Außer zur Verteidigung dürfen die Streitkräfte nur eingesetzt werden, soweit dieses Grundgesetz es ausdrücklich zulässt.« Ausdrücklich zugelassen ist der Einsatz des Militärs – von Amtshilfe für die Polizei abgesehen – im Landesinneren nur zur »Bekämpfung militärisch bewaffneter Aufständischer« und im »Spannungsfall«, dem Fall, für den einst die Notstandsgesetze geschaffen wurden und der an bestimmte formelle Voraussetzungen geknüpft ist.

Der Krieg gegen den Terror ist im Grundgesetz nicht vorgesehen – es wird im dritten Teil dieses Buches noch davon zu berichten sein, welche Bemühungen es gibt, diese Lücke durch eine Änderung oder eine Neuinterpretation des Grundgesetzes zu füllen. Die Abwehrzentrale von Uedem wurde 2003 auf Anordnung der Nato errichtet. Weil für Sicherheitsaufgaben im Landesinneren ja eigentlich die Länder zuständig sind, verzichteten diese in einer »Rahmenvereinbarung« auf ihre Polizeibefugnisse – eine Verfassungsänderung auf kaltem Weg. Was da in Uedem praktiziert wird, stützt sich auf eine Art überverfassungsrechtlichen Notstand. Kleinkarierte Bedenken? Unter der Wucht der Bedrohung erscheinen rechtsstaatliche Bedenken allzu oft als Prinzipienreiterei. Es mag ja vernünftig sein, dass die Wächter von Uedem über alle Kompetenzgrenzen hinweg den Schlaf der Bürger bewachen. Dennoch ist es ein Beispiel dafür, wie schnell die Grundlagen des Staates unter der terroristischen Bedrohung weich werden. Es bleibt ja nicht bei Kleinigkeiten. Wie eine pfiffige Untertunnelung des Rechts schnell die tragenden Säulen des Grundgesetzes ins Wanken bringen kann, zeigt die Antwort auf eine Frage, die wir uns bis hierher listig aufgehoben haben: Was passiert eigentlich, wenn eines der über tausend kleinen beschwänzten Kreislein auf dem Computerscreen in Uedem plötzlich vom Weg abweicht?

»Dann wird es rot«, erklärt Oberst Bohn. »Rot heißt Renegade.«

Dann leuchtet an der Decke des Kontrollraumes ein kreisendes rotes Alarmlicht auf wie man es aus amerikanischen Polizeifilmen kennt.

Und dann?

Dann geht es los: Am Fliegerhorst Neuburg an der Donau trötet ein Nebelhorn den Rengade-Fall in die Unterkünfte der Bereitschaftssoldaten. Dann rennen die Soldaten aus einem Flachbau zu zwei halbrunden Betonbunkern, wo startbereite Kampfflugzeuge stehen. Die Piloten und Waffensystemoffiziere steigen gelbe Eisenleitern hoch. Die Bordwaffen werden entsichert. »Alles geht zack, zack«, berichtet Y, das *Magazin der Bundeswehr*.

Zack, zack: Es kann 20 bis 30 Minuten dauern, bis die Jäger bei dem verdächtigen Flugobjekt sind.

Damit die Jäger am Himmel nicht zu spät kommen, orten die Luftwächter im Kontrollraum in Uedem Renegades bereits lange bevor sie die deutschen Staatsgrenzen erreicht haben. Was sich in Frankreich, in Italien tut, haben sie im Kontrollraum ebenso auf dem Schirm wie den Luftraum von Skandinavien.

Die Bedrohung entsteht ja nicht erst im Zuständigkeitsbereich der deutschen Polizei.

In Schweden ist irgendetwas nicht in Ordnung. Ein Kreis über der Ostsee wird plötzlich von einem rot blinkenden Rechteck eingerahmt: Renegade? Mal sehen. Rotes Rechteck heißt: Der Pilot der Linienmaschine hat einen geheimen Alarmcode am Transponder aktiviert. Der Transponder ist der automatische Sender, der einen Flieger identifiziert. Die Todespiloten des 11. September hatten die Transponder ihrer entführten Maschinen ausgeschaltet. Wenn einer den Alarmcode drückt, heißt das, er hat immerhin noch Gewalt über die Knöpfe.

Mit ihren Radaranlagen sehen die Wächter von Uedem auch Maschinen mit ausgeschaltetem Transponder. Die Maschine über Schweden, vermuten sie im Kontrollraum, hat wahrscheinlich Probleme mit dem Fahrwerk. Ist ein ziviles Problem. Kein Grund zum Scrambeln.

»Scrambeln« heißt hinauffliegen, nachsehen. Heißt: Nebelhorn in Neuburg – oder in Wittmund in Ostfriesland, wo die andere Alarmrotte wartet. Scrambeln gehört zum routinemäßigen Air-Policing: »Ranfliegen, auch mal mit den Flügeln wackeln, Funkkontakt, mehr ist da nicht«, sagt der Standortkommandeur, der Luftwaffengeneralleutnant Hans-Joachim Schubert: »Das ist die Interrogation-Phase, das ist alles geregelt, das läuft ganz ohne Politik.«

Alles geregelt: Interrogation läuft noch unter Schuberts Nato-Kommando, das ist keine nationale Angelegenheit. Vor ein paar Monaten sind sie gescrambelt, weil ein Ferienflieger einer nordeuropäischen Fluggesellschaft eine halbe Stunde lang an der Nordsee entlangflog, ohne sich per Funk zu identifizieren: »Eine halbe Stunde«, sagt der General, »ist zu lang, viel zu lang.« Seine Piloten waren sofort da, flogen ran, winkten – die Passagiere winkten zurück, offenbar gut gelaunt. Entwarnung nach Uedem. Über Kopenhagen schließlich meldeten die Piloten sich wieder per Funk, ein Versehen. Entschuldigung.

Und wenn keiner winkt? Dann beginnt die zweite Phase: »Intervention«. Es gibt jetzt einen »Transfer of Authority«: Die

Zuständigkeit fürs Air-Policing geht geräuschlos von der Nato auf die Bundesregierung über. In Uedem immerhin von einem Dienstraum in den danebenliegenden. Wieder so ein verfassungsrechtliches Verwirrspiel: Die Nato hat im Frieden zwar eine grenzübergreifende Wachaufgabe. Wenn es ernst wird, im Krieg gegen den Terror, sollte man meinen, hat das Militärbündnis diese Aufgabe erst recht. Weil der Krieg gegen den Terror aber nun gerade kein Krieg oder kein richtiger Krieg ist, liegt die Kriegsführung im Landesinnern aber in Berlin, nicht in Brüssel. Von nun an kann geschossen werden.

Soll man schießen? Eine Eskalation der Verantwortung: Der »Air Surveillance Officer« (Aso) des Kontrollraumes gibt die Frage außer Haus zum Inspekteur der Luftwaffe. Der Inspekteur der Luftwaffe gibt die Frage an den Verteidigungsminister in Berlin. Das dauere, sagt der Aso vom Dienst, wenige Minuten, er habe alle Telefonnummern. Derweilen haben sie auf dem Bildschirm in Uedem alle Angaben über den Flugzeugtyp, der da oben im Visier der Jäger ist. Alle Angaben aus der Passagierliste – kennen wir jemanden? Die digitalen Speicher laufen weltweit heiß. Direktkontakt mit der Fluggesellschaft: Wie viele Leute sind normalerweise im Cockpit?

Frage nach oben: Wie viele Leute seht ihr im Cockpit? Ist da einer zu viel? Oder zu wenig?

Oben fliegen die Kameraden zu zweit, während unten telefoniert wird. Eine Weile fliegen sie neben dem feindlichen Zielobjekt her, versuchen Kontakt aufzunehmen. Nur ein unverbesserlicher Jurist würde in so einer Lage fragen, ob das da oben von Rechts wegen eigentlich noch »Kameraden« sind, oder ob die jetzt nicht eigentlich als Polizisten unter Kommando des Innenministers – dessen Bild ja da unten auch hängt – ihre Bordwaffen scharf machen.

Was dann kommt? Dann versuchen sie mit Flugmanövern, den Piloten der verdächtigen Maschine von seinem mutmaßlichen Terrorkurs abzudrängen.

Und dann?

Dann feuern sie Warnschüsse aus der Bordkanone.

Und dann?

Dann dreht der vordere Jäger ab. Der Pilot des zweiten Jägers hat jetzt freies Schussfeld auf die Passagiermaschine. Unter der Nase seiner Maschine hängt eine Bordkanone, mit rund 70 Schuss in der Sekunde. Unter den Tragflächen hängen mehrere Luft-Luft-Raketen.

Und dann?

»Tja«, sagt Oberst Bohn, »das ist dann eine Entscheidung der Politik.« Es ist alles so genau ausgetüftelt in diesem Gespensterkrieg, hightech und highlaw, Transfer of Authority und Staatsverträge, niemand, nicht mal ein kleiner Leichtflieger, entkommt der Terrorabwehr, doch am entscheidenden Punkt klafft eine entscheidende Lücke: Was geschehen soll, wenn alles Flügelwackeln, alle Abdrängversuche gescheitert sind, weiß niemand. Für den Piloten des Abfangjägers liegt zwar der rote Knopf, mit dem er feuert, jederzeit in Reichweite. Der drückt jedoch nur, wenn der Befehl vom Boden kommt. Und auf dem Boden, im Geltungsbereich des Grundgesetzes, gibt es keine Rechtsgrundlage für einen solchen Befehl, der mit Sicherheit über hundert hilflose Passagiere und Besatzungsmitglieder des Flugzeuges in Terroristenhand das Leben kosten würde. Das Bundesverfassungsgericht hat 2006 das Abschießen von Passagierflugzeugen in Terroristenhand verboten, weil darin eine Verletzung der Menschenwürde Unschuldiger läge. Der Bundesverteidigungsminister hat angekündigt, er werde den Befehl zur Aktivierung des roten Knopfes trotzdem notfalls geben – im Krieg gegen den Terrorismus könne manchmal auf die Menschenwürde oder was das Bundesverfassungsgericht dafür hält, keine Rücksicht genommen werden. Verteidigungsexperten weisen darauf hin, dass die Piloten sich verfassungswidrigen Befehlen verweigern könnten, andere fügen hinzu, sie seien sogar verpflichtet, sich zu weigern. Strafrechtsprofessoren diskutieren, ob ein Minister bestraft werden kann, der die Piloten trotzdem zur Tötung anweist, andere wieder weisen darauf hin, Piloten müssten Angst vor Strafe haben, wenn sie einen Befehl befolgen, den sie nicht befolgen dürfen. Die Situation am Himmel ist ausgesprochen übersichtlich, gemessen an der Rechtslage am Boden.

In Uedem machen sie derweil unverdrossen ihren Dienst. Bohrenden Fragen begegnen sie mit Nachsicht: »Der Abschuss ist ja nur das letzte, außerordentliche Mittel einer ganzen Reihe von möglichen Maßnahmen.« Wer weiß, ob es jemals so weit kommt.

Und der Innenminister wird schon gewusst haben, warum er dem Autor in Uedem alle Türen öffnen ließ, dass er sich nur umschaue in der geheimen Wunderwelt der Terrorabwehr: Augenscheinlicher als bei den freundlichen Militärs mit ihrem Transfer of Authority kann die tragische Schizophrenie der Beteiligten kaum werden. Was sie da eigentlich tun und zu welchem Zweck – mit den Kategorien des Rechtsstaates lässt es sich nicht beschreiben. Dass sie es trotzdem tun, muss jeden rechtskundigen Zuschauer zugleich empören und beunruhigen – denn: Was soll man sonst tun? »Was soll ich denn tun?«, fragt der Innenminister schulterzuckend den kritischen Fragesteller: Er könne doch nicht tatenlos hinnehmen, dass Terroristen mit einem gekaperten Flugzeug beispielsweise auf ein Kernkraftwerk zufliegen. Uedem ist gleichsam die Hightechversion der uralten Frage: Gibt es ein überrechtliches Recht des Ausnahmezustandes? Die verfassungswidrige, aber rettende Tat? Und wer soll im Notfall darüber entscheiden? Der Innenminister?

»Der Mann der Stunde«

Nachdenken über den Ausnahmezustand – Carl Schmitts
Freunde und Feinde – Menschenopfer für den Staat –
Von Weimar nach Guantanamo

»Ausnahmezustand«. Das Wort hat im Staat des Grundgesetzes lange Zeit den Beigeschmack von Umsturz gehabt. »Ausnahmezustand«: Das ist die Rechtlosigkeit, die autoritäre Regime aus-

rufen, wenn sie nicht mehr weiterwissen. »Ausnahmezustand«:
Die Freiheiten der Verfassung sind suspendiert, die Gewaltenteilung auch, es darf geschossen werden. »Ausnahmezustand«:
Die Behauptung der Einzigartigkeit der Situation, ihrer Unvor-
hersehbarkeit, ihrer mangelnden Beherrschbarkeit durch die
herkömmlichen Instrumente des Rechts wird stets mitgeliefert.
»Ausnahmezustand«: Der Feind steht vor der Tür des Rechtsstaates, der »absolute Feind« (so der Staatsrechtler Josef Isensee), der
mit regulären Mitteln nicht zu besiegen ist, kurz: der Terrorist.

Dass ein »Ausnahmezustand« über den Staat des Grundgesetzes kommt, haben die Autoren der deutschen Nachkriegsver-
fassung ausschließen wollen. »Gegen jeden, der es unternimmt,
diese Ordnung zu beseitigen, haben alle Deutschen das Recht
zum Widerstand, wenn andere Abhilfe nicht möglich ist«, so
steht es in Artikel 20 des Grundgesetzes, und um die Garantie bombensicher zu machen, ist in Artikel 79 ausdrücklich
verboten, an diesem Widerstandsrecht etwas zu ändern, auch
nicht ausnahmsweise. Dabei ist die Wortwahl der Vorschrift, die
in sechzig Jahren Grundgesetz zum Glück noch nie gebraucht
wurde, genau zu beachten: Der Widerstand gilt nicht nur dem,
der die Verfassung beseitigt, sondern schon dem, der dies »unternimmt«. Strafrechtler kennen die Strenge solcher »Unterneh-
mensdelikte« – da reicht schon ein erster Schritt in die falsche
Richtung. Da hilft auch nicht die gängige Ausflucht aller, die
über Ausnahmen reden – dass sie ja nur die Regel, das Recht,
bestätigen, dass jemand, der den Ausnahmezustand wolle, ja
die Verfassung in all ihrer Geltungskraft geradezu bestärke, dass
er, kurz gesagt, die Ausnahme ja gerade nicht zur Regel machen
wolle[4]. Diese Leute haben das Prinzip des Rechtsstaates nicht
begriffen, der Ausnahmen nur zulässt, wenn es rechtlich gere-
gelte Ausnahmen sind, und damit eben doch Regeln. Solchen
Leuten, das zeigt ja gerade die deutsche Geschichte, darf man
nicht glauben. Und dass das Grundgesetz in dieser Frage keine
Ausflüchte zulässt, zeigt sich an der Ausgestaltung unserer Ordnung als »wehrhafte Demokratie«. Auch ausnahmsweise, so gilt,

dürfen Menschenwürde, Wahlgleichheit, Meinungsfreiheit nicht
außer Kraft gesetzt, sondern allenfalls eingeschränkt werden.
Auch ausnahmsweise gilt das Verhältnismäßigkeitsprinzip für
jedes Handeln des Staates den Bürgern gegenüber. Ausnahmege-
richte, die tödlichsten Beispiele für ein bisschen Ausnahme von
der Regel, bleiben verboten: Das ist die Regel, ohne Ausnahme,
in Artikel 101 des Grundgesetzes.

Umso erstaunlicher ist die Unbefangenheit, mit der Staatsrechtler und Politiker im Geltungsbereich des Grundgesetzes
über die ersten Schritte in den Ausnahmezustand reden. Die
Welt und Deutschland leben in Angst vor dem Terrorismus. Dies
ist die Stunde der Rückbesinnung auf einen deutschen Theore-
tiker, der lange als furchtbarer Jurist verschrien war und nun
international seine Auferstehung feiert: Carl Schmitt.

Der Wellenschlag autoritären Geistes war lange Zeit sanft, aber
doch beharrlich. Etwa einmal pro Monat im Durchschnitt, so hat
ein Verehrer ausgerechnet, erschien in den vergangenen Jahrzehnten irgendwo auf der Welt ein Buch von, über oder im Geiste
von Carl Schmitt.»Ich sterbe nicht, denn mein Feind lebt noch«,
orakelte der Staatsrechtsdenker lange vor seinem Tod 1984. Und
was auch immer er damit gemeint haben mochte, er hatte recht.
Die dunklen Ideen des Mystikers und Kronjuristen der Nazi-
Diktatur bildeten seit 1949 tatsächlich weltweit das Grundrau-
schen antiliberaler und antidemokratischer Gesinnung.

Doch im neuen Jahrtausend, genauer seit dem 11. Septem-
ber 2001, ist aus dem Rauschen ein veritabler Sturm geworden.
Der Tote ist auf dem besten Weg der Superstar der Thinktanks,
Spindoctors und Staatsrechtler zu werden. In Europa und in den
USA studieren sie Schmitt-Ideen wie die: Politik basiere auf der
Unterscheidung von Freund und Feind.

Ein neuer Feind lebt: der Terrorist. Und es scheint, als hätte
der Alte aus dem Sauerland ein paar Visionen hinterlassen, wie
mit diesem umzugehen sei.»Kein Denker ist zurzeit so sehr der
Mann der Stunde, zitiert in Berlin wie in Zürich, in Peking wie
in Paris, in Venedig wie in London, in Jerusalem wie in Moskau,

in Bagdad wie, vor allem dort, in Washington«, heißt es in einem
frischen Produkt der Schmittomanie, einem 500-Seiten-Wälzer
des Lüdenscheider Literaten Christian Linder:»Der Bahnhof
von Finnentrop«, eine einfühlsame Reise ins Heimat-Sauerland
des Denkers.

Warum müssen wir uns einfühlen in die Gedankenwelt, die
Seelenpein eines Mannes, der die Weimarer Republik in Grund
und Boden geschrieben und Adolf Hitler hochgejubelt hat? Der
dem Holocaust vor den Anklägern des Nürnberger Kriegsver-
brechergerichts mit dem Hinweis begegnete,»das Christentum
hat auch in der Ermordung von Millionen Menschen geendet«?
Weil, sagt Autor Linder, der Mann »eines der größten Rätsel
der europäischen Geistesgeschichte« sei. Nun ist es nicht schwer,
zum Rätsel zu werden, wenn man sich nur dunkel genug ausdrückt.»Souverän ist, wer über den Ausnahmezustand entscheidet.« Da ist er, der Ausnahmezustand.

Schmitts berühmtester Satz ist, bei Licht betrachtet, Unsinn.
Doch der Satz gaukelt wie eine Fata Morgana eine Rechtfertigung
vor für etwas, das nach bisherigem Grundgesetzverständnis ausgeschlossen schien: Herr Professor, darf der Staat die Verfassung
brechen?

Alle lesen nach beim Professor Schmitt. Die Berater des Ex-
präsidenten Bush haben es auch getan. Muss sich der Präsident
vom Kriegsrecht behindern lassen, wenn er »unrechtmäßige
Kämpfer« foltern und in Guantanamo verschwinden lässt? Gilt
die Uno-Erklärung der Menschenrechte nicht für die Vereinigten Staaten? Und ist der Präsident im Umgang mit dem Feind
an die US-Verfassung gebunden? Selbst der U. S. Supreme Court
hat sich über diese Frage zerstritten.

Noch spannender ist die»Freund-Feind-Theorie« der neuen
amerikanischen»Carl-Schmitt-Politik« (Linder) für die Freunde.
Der deutsche Innenminister – »was soll ich denn machen?« –
hat sein eigenes Crime/War-Dilemma, seit das Bundesverfassungsgericht 2006 den Abschuss von Passagierflugzeugen in
Terroristenhand verboten hat. Ist der Kampf gegen den Terror

im Niemandsland zwischen Krieg und Innerer Sicherheit mithilfe der Bundeswehr zu gewinnen? Soldaten als Polizisten im Land des Grundgesetzes? Was gilt für die nach Karlsruher Lesart uneinschränkbare Menschwürdegarantie des Grundgesetzes im Ausnahmezustand? Darf ein Innenminister Krieg gegen Terroristen führen? Lies nach bei Schmitt.

Schäuble verweist, wenn es um solche Fragen geht, auf jüngste Veröffentlichungen von Staatsrechtlern, die ganz offen den Bruch des Grundgesetzes, nämlich ein übergesetzliches Staatsrecht des Ausnahmezustands, propagieren. Zu den Empfohlenen gehört Otto Depenheuer, Staatsrechtler an Carl Schmitts einstiger Wirkungsstätte, der Universität Köln.

Depenheuer lehrt:»Das Grundgesetz ist für den terroristischen Ernstfall nicht gerüstet.« Und der Ernstfall sei eigentlich schon da, und zwar dauerhaft:»So ort- und zeitlos die terroristische Bedrohung, so permanent die Ausnahmelage.« In der Ausnahmelage aber müsse Schluss sein mit dem»Verfassungsautismus« der Kinder des Grundgesetzes – der»Ernstfall des Rechts« sei das »Ausnahmerecht«, ein»Feindrecht«, das an die Stelle der Verfassung trete. Aufgrund dieses Rechts könne der Staat von seinen Bürgern auch»Bürgeropfer« fordern, notfalls das Leben.

Wenn der Staat Menschenopfer verlangen kann, warum sollte man ihn dann noch daran hindern, ein bisschen zu foltern? Seit dem»Schlüsselereignis« des 11. September, sagt der Frankfurter Rechtshistoriker und Schmitt-Experte Michael Stolleis,»zerfallen die Hemmungen rechtsstaatlicher Zivilisation offenbar rasch«. Der Schmitt-Verehrer und Staatsrechtler Isensee meint, der Staat habe ein»ungeschriebenes Notrecht, das ihm die Mittel gibt, sich gegen Angriffe zu behaupten« – denn»der Terrorismus fügt sich nicht in die Kategorien des staatlichen und internationalen Rechts und droht ihr Normensystem zu sprengen«. Der Staat, in der Stunde der Not,»lässt in seinem Innern keinerlei staatsfeindliche, staatshemmende oder staatsspaltende Kräfte aufkommen. Er denkt nicht daran, die neuen Machtmittel seinen eigenen Feinden zu überliefern und seine Macht unter irgendwelchen Stichworten, Liberalismus, Rechtsstaat oder wie man es nennen will, untergraben zu lassen. Ein solcher Staat kann Freund und Feind unterscheiden.« Das stammt jetzt nicht von Isensee, sondern von Schmitt. Doch Stolleis, als Direktor des Max-Planck-Instituts für europäische Rechtsgeschichte engstens vertraut mit dem Unheil, das solches Gerede in der Geschichte angerichtet hat, fürchtet für heute:»Die Angst phantasiert den Ausnahmezustand herbei.« Es ist nicht Angst, die uns eine Schmitt-Renaissance beschert, es ist Berechnung. Carl Schmitts Jünger haben auf ihre Chance nur gewartet: die alten Ideen durchzusetzen, die liberale und soziale Demokratie, die ihr Meister stets bekämpft hatte, endlich zu beseitigen. Schon der Alte hatte die 68er-Unruhen zwar als Werk des Pöbels an den Universitäten beschimpft, insgeheim in Briefen an seinen alten Freund Ernst Jünger aber Zuversicht geäußert: Die radikale Linke sei drauf und dran,»einen Umschwung« zu produzieren. Das könne bei den Regierenden in Bonn Interesse am Ausnahmezustand erwecken. Als bald darauf die RAF sich dranmachte, den liberalen Rechtsstaat anzugreifen, den sie ebenso hasste wie Schmitt, wusste die Regierung recht gut, was Ausnahmezustand bedeutet: Ernsthaft wurde in der Bonner Krisenrunde nach Hanns Martin Schleyers Entführung diskutiert, ob inhaftierte Terroristen als Geiseln behandelt und gegebenenfalls staatlicherseits erschossen werden sollten. Einer, der damals über so etwas laut nachdachte, war Franz Josef Strauß. Dem diente als Berater einst Armin Mohler, Ernst Jüngers Privatsekretär und berüchtigt als bedingungsloser Gefolgsmann Carl Schmitts.

Die dunklen Wege des Ungeists durch die deutsche Nachkriegsgeschichte werden erstmals präzise nachgezeichnet in der Studie *Ein gefährlicher Geist* des Princeton-Politologen Jan-Werner Müller. Müller zeigt detailliert, wie die Schmitt-Schule nach Inkrafttreten des Grundgesetzes nur darauf lauerte, dass sich der neue demokratische Staat endlich als unfähig erweise, die Bürger zu schützen, während der Alte, von den Alliierten mit Lehrverbot belegt, nur freundlich grinste:»Bei der Lektüre des

Grundgesetzes überfällt mich die Heiterkeit eines allwissenden Greises.«

Was haben die Schmittianer gegen das Grundgesetz, warum warten sie seit Jahrzehnten, wie Stolleis analysiert, »sehnsüchtig auf den Ernstfall«, der die Unzulänglichkeit des Verfassungsrechts offenbare? Die triumphale Art, in der Schmitt-Schüler Isensee nach dem 11. September den besagten Satz seines Meisters zitiert, macht deutlich, worum es geht. »Souverän ist, wer über den Ausnahmezustand entscheidet« – nicht nur der Terrorismus ist die Bedrohung, sondern auch der Gebrauch dieses Satzes. Er ergibt nämlich keinen Sinn, wenn er nur die Verfassungslage beschreiben soll: Der Souverän dieses Staates ist das Volk, und das Volk hat keinen Anlass, über Ausnahmen zu befinden, weil es ja zuständig für die Regel ist, für alle Regeln, für die Verfassung und die Gesetze, denn, so das Grundgesetz, »alle Staatsgewalt geht vom Volke aus«.

Das Volk hat auch keine Möglichkeit, über den Ausnahmezustand zu befinden. Denn der einzige Weg des Befindens ist das demokratische Gesetzgebungsverfahren, und das ist die Herstellung von Regeln, nicht von Ausnahmen. Nur einmal in der Bundesrepublik hat es einen hilflosen Versuch gegeben, Regeln über die Ausnahme von der Regel zu machen, die Notstandsgesetze. Gebraucht hat sie bislang niemand.

Schmittianer denken andersherum: Wer den Ausnahmezustand verhängt, ist Souverän. Da der Staat es ist, der im Zweifel unter Berufung auf den Ernstfall die Schranken der Verfassung durchbricht, ist der Staat der Souverän. Und er bezieht seine Legitimation, wie Schmitt es sagen würde, aus der Wirklichkeit, also beispielsweise der Wirklichkeit am 11. September 2001: »In der Ausnahme durchbricht die Kraft des wirklichen Lebens die Kruste einer in Wiederholung erstarrten Mechanik.« Dies ist aber keine Beschreibung, sondern ein Vorschlag, unvereinbar mit dem Grundgesetz und mit den meisten demokratischen Verfassungen der Welt – insbesondere mit der amerikanischen. »We the People«, beginnt die US-Verfassung, alles, was sich an Weltmacht aus die-

ser Verfassung entwickelt hat, basiert auf dem Volk. Erst war das
Volk da, dann die Verfassung, dann der Staat. In Deutschland war
das nach dem Krieg nicht anders. Darum hieß es bei der Grund-
gesetzberatung vor rund sechzig Jahren auf Herrenchiemsee, der
Staat sei für die Menschen da, nicht die Menschen für den Staat.
Erst war der Staat da, dann die Verfassung, das Volk gestaltet
nicht mit, es wird von seinen Führern »repräsentiert«. So lehren es die Juristen der Schmitt-Schule, so war es Tradition im
Deutschland bis zur Weimarer Republik. Der Staat, mal heilig,
mal mystisch, war von alters her der Souverän, der dem Volk
eine Verfassung bescherte, aber im Ernstfall von der Verfassung
abweichen durfte. Der Staat machte Politik, und Politik konnte
nur machen, so lehrte Carl Schmitt, wer entschied, wer Freund
ist und wer Feind. Diese Urentscheidung aber konnte, durfte
und musste der Staat treffen. Sie war nicht an Regeln gebunden,
sondern entstand – aus dem Nichts.

Souverän ist, wer über den Ausnahmezustand entscheidet: Der
autoritäre Staat nimmt sich, was er braucht, um dies dann als
Beweis seiner Souveränität zu feiern. Dieser Logik folgen die
Traktate des amerikanischen Polittheoretikers Robert Kagan
(*Macht und Ohnmacht*), der, wie viele, den »Krieg gegen den
Terror« als Beweis dafür ins Feld führt, dass die liberalen Spinner
im alten Europa endlich widerlegt worden seien.

Das kurze Aufatmen der Gegner Schmitts nach dem Ende des
Kalten Krieges, die Hoffnung, der Feind sei nun gestorben, war
nur von kurzer Dauer. Kaum waren die neuen Ideen über die
universelle Geltung von Menschenrechten, über eine globale
Moral des Friedens ausgebreitet, da stattete der amerikanische
Denker Samuel Huntington die Schmitts dieser Welt mit neuen
Feindbildern aus. Dieser neue Feind entsprang nun direkt dem
»Kampf der Kulturen«. Nun geht es vorwärts. Gefragt ist staat-
liche Souveränität als, wie Schmitt es ausdrückte, »inappella-
tive Letztentscheidungsinstanz«. Inappellativ heißt, dass kein
Gericht, keine Verfassung, kein Parlament, kein Völkerrecht den
US-Präsidenten stoppen kann. Wie einst in Guantanamo.

»Gefährlicher als der Terrorismus«

*Wer darf auf den roten Knopf drücken? – Dem Innenminister
ist das Grundgesetz zu eng – Soldaten als Freunde und Helfer –
Kennt Not Gebot? – Die verfassungsrechtliche Quadratur des
Kreises*

In einem Staat, der wie der Staat des Grundgesetzes 1949 als
Rechtskonstrukt und nicht zufällig analog dem US-amerikanischen gegründet wurde, ist alles, was ist, nur kraft der Verfassung.[5] Wie eine Aktiengesellschaft hat der Staat Deutschland
»Organe«, die für ihn handeln und ihre Handlungsfähigkeit aus
der Verfassung beziehen. Der Staat ist deshalb ein Verfassungsstaat, weil er zur »Stunde null« aus dem Nichts entstanden ist:
»Im Bewusstsein seiner Verantwortung vor Gott und den Menschen ... hat sich das deutsche Volk dieses Grundgesetz gegeben«:
Das war die Basis der Bundesrepublik. Daraus folgt aber – nicht
anders als etwa im Fall einer Aktiengesellschaft –, dass die Staats-
organe nicht *ultra vires*, über ihre verfassungsrechtliche Kraft
hinaus, handeln können. Ein Organ, das sich hier auf »überverfassungsrechtliche« Normen beruft, muss behaupten, dass
es seine Kraft von einer Instanz bekommt, die nicht die Verfassung ist. Das aber widerspricht der ersten Annahme. Man entkommt dem auch nicht auf dem Schmitt'schen Umweg, indem
man behauptet, dass die Ausnahme eben etwas Normfreies sei,
keiner normativen Instanz verantwortlich. Das widerspricht der
Annahme, dass ein Verfassungsorgan nur handlungsfähig sei,
wenn es normativ Kraft bekommt. Ein Verfassungsorgan ohne
verfassungsrechtliche Deckung muss man sich vorstellen wie ein
Elektrogerät ohne Strom. Man startet, es macht klick – aber es
bewegt sich nicht.

Oder bewegt es sich doch? Durch okkulte Kräfte? Der am
Widerstand von Teilen der SPD gescheiterte Versuch der Großen
Koalition im Oktober 2008, mittels einer kleinen Verfassungs-
änderung den überverfassungsrechtlichen Ausnahmezustand ins

Verfassungsrecht zu integrieren, hätte ein Monster geboren. Der Vorgang ist sehr lehrreich.

In Artikel 35 des Grundgesetzes fügten die Verfassungsveränderer eine Erlaubnis für die Bundeswehr ein, notfalls bei der Terrorabwehr zu helfen:»Zur Abwehr besonders schwerer Unglücksfälle« dürfe die Regierung künftig den»Einsatz von Streitkräften mit militärischen Mitteln anordnen«. Merkwürdig an dieser Neuerung ist schon die Nummer: Unter Artikel 35 sind bislang Vorschriften über Amtshilfe und Zusammenarbeit zwischen Bund und Ländern eingeordnet. Kein Wort von Krieg und Terror. Offiziell ging es auch bei der neuen Regelung nur darum, den Ländern, wenn ihre Polizisten nicht mehr weiterwissen, ein bisschen zu helfen. Gut gemeint. Der Soldat, dein Freund und Helfer.

Eine zweite Lektüre der kurzen Formulierung für Artikel 35 machte jedoch deutlich, wie umfassend die Hoheit der Bundeswehr über die Sicherheit im Lande und in den Ländern künftig sein sollte. Bedrohlich war die Vorschrift wegen all dessen, was sie verschweigt. Hier ging es nicht nur darum, den Todesschuss am Himmel zu erlauben. Die unklare Formulierung vom»besonders schweren Unglücksfall« verwies auf mehr. Nun bestreitet niemand, dass auch ein Terrorangriff ein Unglücksfall wäre – aber wer weiß, was noch so alles an Furchtbarem auf die Republik zukommen würde, deren Prinzip bislang war, dass Militär nicht im Inland eingesetzt werden darf.

Die geplante Verfassungsänderung ging über rechtsstaatliche Mindestanforderungen hinweg. Rechtsstaatlich ist für jede militärische Aktion im Inland – wenn man sie überhaupt zulässt – eine gesetzliche Ermächtigungsgrundlage nötig. Wann darf geschossen werden? Womit? Gegen wen dürfen Raketen eingesetzt werden? Und weil das Verfassungsgericht wichtige Teile des alten Luftsicherheitsgesetzes gekippt hatte, musste nun auch diese Frage erneut genau geregelt werden: Wann darf wer auf welchen roten Knopf im Abfangjäger drücken?

Beim Bundesinnenministerium hatten sie mitteilen lassen, dass ihnen solche Rechtsgrundlagen eigentlich egal sind. Wer keine

Gesetze macht, muss auch nicht befürchten, dass das Bundesverfassungsgericht sie aufhebt. Darum wurde der Abschuss von
Passagierflugzeugen diesmal nicht in eine Ermächtigungsgrundlage gefasst. Ob die Voraussetzungen für den schwarzen Befehl
vorliegen, so hieß es in einer Stellungnahme des Schäuble-Hau-
ses,»wird derjenige zu entscheiden haben, der Entscheidungs-
träger in der konkreten Situation ist«. Die Verfassungsänderung,
so die Entwurfsbegründung, sollte deutlich machen,»dass Ein-
wirkungen, die auch Dritte betreffen, vor der Rechtsordnung der
Gesamtheit der geschriebenen und ungeschriebenen Normen
Bestand haben«.

Da war er, erstmals in der Form eines harmlos daherkommen-
den Gesetzesentwurfs: der überverfassungsrechtliche Ausnahmezustand. Ins Grundgesetz sollte der Bundeswehr eine großzügige
innerstaatliche Aufgabe zur Terrorabwehr hineingeschrieben
werden. Die rechtsstaatlichen gesetzlichen Konkretisierungen
sparte man sich. Irgendeiner würde, wenn's brennt, auch ohne
Rechtsgrundlage entscheiden – in die Verfassung sollte es ja vage
hineingeschrieben werden.

Versucht haben sie es immerhin. Wer so etwas macht, nimmt
in Kauf, dass künftig nicht nur die deutschen Banken, sondern
auch die Garantien der deutschen Verfassung kein Vertrauen
mehr genießen. Denn dann gibt es eine Rechtsordnung mit
doppeltem Boden: Erstens die Grundrechte, die Garantie der
Menschenwürde, die Gewaltenteilung, beschützt und bekräftigt vom Bundesverfassungsgericht. Zweitens die»Gesamtheit
der geschriebenen und ungeschriebenen Normen«, die einen
Innenminister oder einen General legitimieren zu tun, was er
für richtig hält. Motto: Not kennt kein Gebot.

Nichts hindert dann den Innenminister oder den Verteidigungsminister, Bundeswehrpanzer und mobile Raketenabschuss-
basen bei Nacht und Nebel vors Hamburger SPIEGEL-Haus rollen zu lassen. Eine neue SPIEGEL-Affäre? Ein Staatsstreich? Nö,
nur ein bisschen präventive Hilfe für die Freie und Hansestadt
Hamburg bei der Terrorabwehr.

Was denn, die SPIEGEL-Redaktion ein Terrornest? Das Bundeskriminalamt gibt bekannt, dass aus ermittlungstaktischen Gründen vorerst keine Details bekannt gegeben werden können. Der Innenminister äußert seine Überzeugung, dass der Einsatz »vor der Rechtsordnung Bestand« habe.

Wem solche Visionen hysterisch erscheinen, der muss nur in die USA schauen, wo der Krieg gegen den Terrorismus verfassungsrechtliche Grenzen sprengte, wo Militärs und Auslandsgeheimdienste weitreichenden Zugriff auf die Daten und die dazugehörigen Bürger haben. Wer das alles für übertrieben hält, kann nachlesen, was der verstorbene amerikanische Philosoph Richard Rorty sagte: »Der Verdacht, dass der Krieg gegen den Terrorismus gefährlicher als der Terrorismus selbst ist, erscheint mir völlig gerechtfertigt.«

»Das größte Kunstwerk, was es überhaupt gibt«

Ist der Staat noch zu gebrauchen? – Albtraum Weltinnenpolitik – Römische Säulen in Washington – Ein Notstandsvölkerrecht – Die Westfälische Ordnung in Bedrängnis

Wer wundert sich noch über die Rufe nach einem Staat, der aus eigener Souveränität Entscheidungen als Ausnahmen trifft, der sich nicht um seine verfassungsrechtlichen und seine territorialen Grenzen schert, wenn es darum geht durchzugreifen? Der gute alte Staat, wie wir ihn kennen, ist überfordert. Der Terrorismus, wie er sich im vergangenen Jahrzehnt entwickelt hat, zeigt sich als Teil einer weltweiten Entwicklung, die den Staat alter Lesart als Auslaufmodell dastehen lässt. Nicht nur die Wirtschaft und ihre Krisen, ebenso die Gefahren, die den Bürgern durch Umweltkatastrophen wie Klimawandel, organisiertes Verbrechen und weltweit verbreitete Seuchen wie die Vogelgrippe drohen: All dies entzieht sich der Kontrolle und Bewältigung durch einzelne Staaten.

Auch der Staat als Garant für Frieden und Freiheit scheint vielen ausgedient zu haben. Nach dem Ende des Kalten Krieges begannen viele Politiker, Juristen und auch Philosophen wie etwa Jürgen Habermas, über die Möglichkeit von »Weltbürgerrechten« nachzudenken. Nicht das Bürgersein in einem territorial begrenzten oder gesellschaftlich abgegrenzten Verband wie dem Staat sollte die Grundlage der Freiheit sein, sondern allein die Zugehörigkeit der Bürger zur Menschheit, zu jenen zivilisierten Wesen, die sich »universell«, unabhängig von staatlicher Anerkennung, geltende Rechte zuerkennen und respektieren. Für die mehr alltäglichen Rechte sind supranationale Vereinigungen wie die Europäische Union zuständig, die Freiheit und Wohlstand auf einem halben Kontinent regulieren soll und für deren Arbeit die traditionellen Grenzen der alten Mitgliedstaaten, deren Souveränität und deren Verfassungen, nur noch Hindernisse darstellen.

So richtig altes Denken. Der prominente US-amerikanische Autor Robert Kagan, ein alter Haudegen des starken Staates, spottet in seinem neuesten Werk *Die Demokratie und ihre Feinde* über die Globalisierungseuphorie:» In der Ära nach dem Kalten Krieg versuchte ein siegestrunkener Liberalismus, seinen Triumph noch auszuweiten und das Recht der ›internationalen Gemeinschaft‹, im Falle gravierender Bürgerrechtsverstöße gegen souveräne Staaten einzuschreiten, als völkerrechtliches Prinzip zu verankern. Internationale NGOs mischen sich in innenpolitische Belange ein; internationale Organisationen wie die OSZE beobachten und beurteilen Wahlen; internationale Rechtsexperten überlegen, das Völkerrecht um so neuartige Konzepte wie die ›Schutzverpflichtung‹ oder einen ›freiwilligen Souveränitätsverzicht‹ zu erweitern.« Ein »System ständiger gegenseitiger Einmischung in die inneren Angelegenheiten« des jeweils anderen, »bis hinunter zu Bier und Würstchen« – so zitiert Kagan EU-kritische Stimmen aus Großbritannien.

Kagan hat ja recht, das alles waren Schönwetterdiskurse über die Neuordnung der Welt. Was aber passiert, wenn es knallt?

Wenn Passagierflugzeuge, von Terroristen entführt, gezielt in zwei Hochhaustürme rasen, die den Namen des globalen Hype tragen,»World Trade Center«, grad so, als brauchte man für Wohlstand und Reichtum nicht mehr als freien Handel und hohe Häuser? Wer soll antworten, wenn nicht der Staat? Die souveräne, eingespielte Kampfmaschine, der Machtapparat mit seinen knarrenden Gelenken, der eben noch außer Dienst gestellt schien, ist die einzige Instanz, die in Gefahr und großer Not helfen kann. Und wenn einer nicht reicht, kommen eben alle: Die Nato ist beileibe keine globale Institution zur Überwindung staatlicher Enge, sie ist ein Gewaltkartell altmodischer Staaten.

Der transnationale Terrorismus ist ein Sonderfall der Globalisierung. Da entwickelt sich nicht eine übernationale, weltumspannende Ordnungsstruktur, wie sie der weltweiten Wirtschaft und der weltweiten Kommunikation zugrunde liegt und wie sie in vielen Bereichen des Lebens auf Staaten begrenzte Ordnungssysteme weitgehend obsolet macht. Gewalt ist kein marktfähiger Gegenstand und auch kein Gegenstand universalistischer Diskurse. Und um vagabundierende, unbeherrschte Gewalt zu bändigen, gibt es historisch nur dieses Instrument: den Staat.

Wer das nicht glaubt, muss zurück auf null. Die Stunde null der modernen Staatenordnung war der Dreißigjährige Krieg. Am Ende des Dreißigjährigen Krieges 1648 entstand der Friedensvertrag, der die Neuzeit der Macht begründete. Zu furchtbar waren die Verwüstungen, die der jahrzehntelange Kampf um die territoriale Herrschaft von Kirche und Fürstentum mit sich gebracht hatte. Das war europaweit vernetzte, ungebändigte Gewalt. Den Unterschied zwischen Terrorismus und Krieg gab es damals nicht. Der Dauerkrieg war ein Krieg ohne Ziel und Grenzen, er kostete Europa seinen Wohlstand und Millionen Tote. Von nun an sollte gelten: Die Territorien werden in Machtbereiche aufgeteilt, in Staaten, deren Staatsgebiet an der Souveränität ihres Herrschers teilhat. Was drinnen passiert, ist fortan eine innere Angelegenheit und geht niemanden draußen etwas an. Alles, was draußen passiert, passiert ebenfalls drinnen – im Hoheitsgebiet eines anderen souveränen Staates. Insofern kann nichts passieren, was nicht klar der Zuständigkeit eines Herrschers zugeordnet ist. Gewalt über die Grenzen hinweg ist nur noch möglich als Gewalt eines Staates gegen einen anderen Staat: Das ist in Ordnung, wenn es vorher angekündigt und hinterher ordentlich beendet wird. Und weil dies keine Gewaltausübung von Menschen gegen Menschen ist, sondern eine staatliche Veranstaltung, wird so ein Krieg von staatlichen Bediensteten, den Soldaten, geführt.

Der Staat, der Kriege führt und in seinem Inneren für Ordnung und Ruhe sorgt, bekam bald darauf einen eigenen Namen: »Leviathan« nannte der britische Philosoph Thomas Hobbes das Staatswesen, das sich so als abstrakte Figur nach mystischem Vorbild als unsterblich auszeichnete – anders als der tatsächliche Inhaber der Macht, der Fürst, der sterben konnte und dann ersetzt wurde. In alten zeitgenössischen Zeichnungen kann man den neu erschaffenen Garanten der äußeren und inneren Sicherheit im Bilde sehen, einen wüsten Kerl mit scharfem Schwert. Die winzigen Glieder seines Kettenhemdes sind aus Menschlein. Sie klammern sich an den Leib des großen Beschützers – und beschützen ihn zugleich. Ist der Leviathan für die Menschen da – oder sind die Menschen für den Leviathan da? Das Verhältnis zwischen Volk und Staat ist, wie wir sehen, bis heute nicht entschieden.

Damals war, so drückt es der Berliner Politologe und Kriegsexperte Herfried Münkler aus, »ein Pluriversum gleichberechtigter Staaten« entstanden, verabschiedet war das alte imperiale Modell. Solange das Modell funktionierte, war Ruhe – die Ruhe der Symmetrie. In der bis heute als »westfälische Ordnung« bezeichneten Friedensordnung konnte sich, weil alle Staaten prinzipiell gleichberechtigt waren, eine Außenpolitik auf Augenhöhe, ein Regime von Friedensregeln entwickeln, das im gegenseitigen Interesse zu beachten war. Dazu gehörten auch die Regeln über den Krieg, der niemals wieder so werden sollte wie der Dreißigjährige und darum »eingehegt« (Münkler) wurde, im gegenseitigen Interesse als Angelegenheit uniformierter Gentlemen weitab von der Zivilbevölkerung auf dem Felde durchzuführen. Selbst die preußische Macke der zackigen Bewegungen und der strammen Marschordnung, berichtet Münkler, sei der gegenseitigen Pflicht geschuldet gewesen, die interstaatliche Gewalt in anständiger Form walten zu lassen. Wenn sich ein preußischer Soldat beim Einmarsch in fremdes Territorium aus der Kolonne schlich und eine Magd der gegnerischen Zivilbevölkerung vergewaltigte, fiel er schon deshalb auf, weil er die Kolonne aus dem Gleichschritt brachte. Die Folge: Kriegsgericht.

Wer nun, da sich irreguläre Gewalt erneut breitmacht in der Staatenordnung, die Symmetrie, die Zivilisationsleistung der Neuzeit, unter Verweis auf die »asymmetrische Gewaltausübung« (Münkler) der Terroristen preisgibt, befindet sich auf dem besten Weg zurück ins Mittelalter, in Zeiten, da Krieg und Terrorismus noch nicht geschieden waren – wer die Westfälische Staatenordnung verloren gibt, begibt sich in jenes Zeitalter, in dem der atavistische Islamismus verharrt – und in das er die westliche, verhasste Zivilisation zurückbomben will. Auch Afghanistan war einmal ein zivilisiertes Land. Seit es Islamisten in die Hand fiel, geht es dort wieder zu wie im Dreißigjährigen Krieg.

Die Westfälische Staatenordnung wird durch den Terrorismus nicht widerlegt – aber in Bedrängnis gebracht. Wie sehr, das wurde klar, kaum dass die weltweit sichtbare Rauchwolke über den Twin Towers stand. »Das ist Krieg«, will beim Anblick der Katastrophe Senator John McCain gerufen haben. Doch Krieg im eigentlichen Sinne ist es ja eben nicht. Krieg ist Außenpolitik mit Gewalt: »Ein Staat will einem anderen seinen Willen aufzwingen«, erklärt Herfried Münkler. Doch den Attacken Bin Ladens fehlt beides – die Staatlichkeit und der Wille. Seine Terrorhelfer sind eine besonders monströse Verbrecherbande – allenfalls, wie mancherorts die Mafia, unterstützt von staatlichen Instanzen in Afghanistan oder Pakistan.

Und was die islamistischen Kämpfer wollen, ist unklar. Ein klassischer Krieg lässt sich beenden durch Kapitulation, durch Erfüllung der gegnerischen Forderungen. Doch im Falle des Terrorismus ist das schwierig. Worin hätte denn zum Beispiel die Erfüllung der Forderungen der RAF bestanden? Zwar richteten sich einzelne Erpressungen auf konkrete Ziele – etwa die Freilassung von inhaftierten Mitgliedern der Bande. Aber deren Erfüllung hätte ja keinen Frieden gebracht, sondern die Fortsetzung des Terrors, der sich selbst ständig neu gebiert: Je massiver die Welt in Schrecken versetzt wird, desto mehr betrachten die Akteure dies als Bestätigung, auf dem richtigen Weg zu sein. Auf dem Weg wohin?

Staaten, die solche Terrorangriffe als »Krieg« betrachten, offenbaren ihre Hilflosigkeit – sie sind so konstruiert, dass sie sich unter externer Gewaltanwendung nichts anderes als zielgerichtete Operationen fremder Staaten vorstellen können. Diese gefährliche Begrenzung des Horizonts der überkommenen Staatenwelt mag es gewesen sein, die den Komponisten Karlheinz Stockhausen nach dem 11. September zu der provokanten Bemerkung hingerissen hat, die Ereignisse an jenem schwarzen Tag seien »das größte Kunstwerk, was es überhaupt gibt«. Diese Bemerkung wiederum hat den amerikanischen Essayisten Lee Harris zu Überlegungen verleitet, ob vielleicht doch etwas dran sei, an solcher Sicht der Dinge: Das Schauspiel von New York, so sein Ergebnis, »war eine spektakuläre Theateraufführung«. Die Flugzeuge, die Twin-Towers, die Stadt in Angst »waren gigantische Requisiten in einem bombastischen Spektakel, worin die Kollektivfantasie des radikalen Islam anschaulich verkörpert wurde: Nur eine Handvoll Muslime – Männer, deren Wille absolut rein war, wie ihr Märtyrertum bewies – brachten die vom Großen Satan errichteten hochmütigen Türme zu Fall. Konnte es einen besseren Beweis dafür geben, dass Gott auf der Seite des radikalen Islam stand und das Ende der Herrschaft des Großen Satans nahe war?«

Man muss diese Analyse nicht teilen. Dennoch macht sie die Begrenztheit staatlicher Sicherheitsstrategien deutlich. Ein

Gewaltausbruch als Kunstwerk, als reiner Selbstzweck kommt in diesen Strategien nicht vor. Was soll ein Staat auch dagegen tun? Gegengewalt macht die Sache ja nur noch spektakulärer. Also gar nichts? Diese Option steht den Staaten, wie wir sie kennen, nicht zur Verfügung.

Die weltweit sich manifestierende Gewaltdrohung der nicht staatlichen Art schreit nach einer Weltinnenpolitik über die Grenzen aller Staaten hinweg. Weltinnenpolitik – das war immer ein Traum liberaler Politiker und Denker, die sich auf Immanuel Kants Schrift über die Republik *Zum ewigen Frieden* beriefen. Dahinter steckte 1795 die Idee, dass in einer vereinten Welt niemand gegen niemanden mehr Krieg führen müsse, dass alles per Ordnungsrecht zu klären sei. Zu Zeiten Willy Brandts gehörte »Weltinnenpolitik« zum Stichwortschatz der SPD-Hoffnungsträger. Doch heute lesen die Hoffnungsträger des Kampfes gegen den Terror bei Kant noch mal nach – und stellen fest, dass dies wohl sein schwächstes Werk war. Konkrete Lehren können wir daraus nicht ziehen. Niemand kann sagen, wie Weltinnenpolitik funktionieren soll. Es gibt kein Modell, das in der Stunde der Gefahr an die Stelle einer Weltgesellschaft gleichberechtigter souveräner Staaten treten könnte. Vielmehr ist dieses Modell über die Katastrophe des Zweiten Weltkrieges – eines totalen, »unwestfälischen« Krieges – hinweg gerettet worden. Die Gründung der Uno, die Bestimmungen der UN-Charta über ein völkerrechtliches Gewaltverbot, die seitdem andauernden Versuche, den Krieg als Auseinandersetzung der Staaten unter Strafe zu stellen, ja überhaupt die Schaffung eines Völkerstrafrechts mit den Nürnberger Prozessen auf Initiative der Vereinigten Staaten: all dies sind unermüdliche Versuche gewesen, die Idee des westfälischen Friedens in moderne Zeiten fortzuschreiben. Zwar kann der Sicherheitsrat als Aufsichtsgremium in der Hand der Atommächte sich im Ausnahmefall in innere Angelegenheiten eines Staates einmischen. Doch im Grunde bleibt es bei der Welt als einem Club friedliebender souveräner Staaten, die alle Möglichkeiten der Gewalt abschließend unter Kontrolle und in ihrem Monopol haben.

So wird die Not der Staatsmänner und der Staatsdenker nachvollziehbar, die nun über den staatlichen Ausnahmezustand nachdenken. Schäubles Analyse ist kaum zu widersprechen: »Der Terrorismus ist die neue Austragungsform gewalttätiger Konflikte.« Was also soll man als Innenminister tun?

Amerika sucht seinen Weg aus dem Dilemma: Es hat die Politik der multilateralen Problemlösung in einer symmetrisch organisierten Staatenwelt schon lange verlassen und ist den imperialen Weg der Einseitigkeit gegangen. Die Neigung hierzu findet man schon bei den Gründervätern: Lange genug, drohte Alexander Hamilton, einer der Autoren der US-Verfassung, habe der exklusive Club der europäischen Staaten seine Gesetze zu den Regeln der Welt gemacht – »Afrika, Asien und Amerika haben nacheinander seine Herrschaft zu spüren bekommen.« Nun sei es an der Neuen Welt, »die Ehre der menschlichen Rasse zu verteidigen«. Der Amerikaner, der heute noch auf jeder Zehn-Dollar-Note zu sehen ist, forderte die damals 13 US-Staaten zu Einigkeit auf, dann sei der Weg zur Weltmacht nicht mehr weit – dann sei es an Amerika, »die Bedingungen zu diktieren, unter denen sich alte und neue Welt verbinden«[6]. So stand es 1788 in den *Federalist Papers*, einer Reihe von Propagandaschriften für die neue Verfassung der Neuen Welt – 140 Jahre nach dem Westfälischen Frieden im alten Europa. Schon damals wurde deutlich, dass die Friedensordnung des Clubs auf der alten Seite des Atlantiks eine sehr exklusive Gesellschaft betraf – dass die europäischen Staatsdenker der beginnenden Neuzeit ihre Rechnung ohne den Rest der Welt gemacht hatten.

Im Prinzip hat sich an diesem Missverständnis bis heute nichts geändert. Robert Kagans Amerikabild ist davon geprägt: »Die Tendenz zum Unilateralismus, das Misstrauen gegenüber internationalen Institutionen, das eifersüchtige Festhalten an der nationalen Souveränität, die verstärkte Neigung, weltpolitische Probleme unter Einsatz von militärischer Gewalt zu lösen, aber auch die noble Großzügigkeit und die Wahrnehmung aufge-

klärten Eigeninteresses, die dazu führen, dass Amerika in die
Welt hinauszieht, um anderen zu helfen – diese Eigenheiten der
amerikanischen Außenpolitik wurden von der Regierung Bush
nicht erfunden und werden sich nach ihrem Abtreten nicht in
Luft auflösen.« Die staatliche Souveränität hochhalten – aber nur die eigene.
Auf diese kurze Formel lässt sich das US-Rezept gegen die Gefahren des globalen Terrors bringen. Die Supermacht, die ihre
Hauptstadt überall mit römischen Säulen verziert hat, bevorzugt das imperiale Konzept, wie es seit dem Aufstieg des antiken
Roms bekannt ist. Und sie kann für sich immerhin in Anspruch
nehmen, im Kampf ganz vorn zu stehen. Unter Führung des
amerikanischen Imperiums ist die Nato in den »Krieg gegen den
Terror« gezogen –»die Europäer«, spottet Kagan, »waren ganz
und gar nicht begeistert«. Aber mitmachen müssen sie trotzdem.
Und auch die globale Polizeiarbeit gegen Terroristen ist zentral
durchs Imperium zu managen. Der New York Times-Reporter
Eric Lichtblau hat kürzlich enthüllt, wie Geheimdienstcomputer
auf persönliche Anweisung des US-Präsidenten jahrelang den
Welttelefon- und Internetverkehr auf verdächtige Wörter filzten.
Das war ganz einfach: Die meisten internationalen Telekomverbindungen laufen über die Anlagen der global agierenden US-
Kommunikationskonzerne. Die Telekomfirmen wurden gezwungen, mitzumachen und den Mund zu halten.[7] Das Imperium
hört mit.

Die amerikanische Versuchung: Unter der Bedrohung des
internationalen Terrorismus nicht nur über die Innenpolitik,
sondern auch über die Außenpolitik den Ausnahmezustand zu
verhängen. Zur Lösung des War/Crime-Dilemmas tragen die
Amerikaner Ideen eines neuen, relativen Souveränitätsbegriffs
in die Staaten Europas: Der »Krieg gegen den Terror« müsse, so
die amerikanische Lehre und Praxis, nach innen wie nach außen
geführt werden. Die Theorie zumindest ist in Europa angekommen. Wenn der deutsche Innenminister bestätigt, dass die
»Grenzen zwischen innerer Sicherheit und äußerer Bedrohung«

verschwimmen, zeigt das, welchen Eindruck die Vorträge von
US-Experten auf den regelmäßig mit den europäischen Innen-
ministern veranstalteten Tagungen des US-Homeland-Secu-
rity-Departements (das sind die Leute mit der Farbenlehre der
Gefahr) gemacht haben. Die Praxis dazu beschäftigt derzeit weltweit die Völkerrechtler und wird auch uns noch beschäftigen[8]:
Wie sind solche Polizeiaktionen gegen Terrorbanden auf dem
Staatsgebiet fremder, souveräner Staaten zu rechtfertigen? Und
nach welchem Recht soll dieser Polizeikrieg geführt werden? Die
imperiale Theorie, dass nur die eigene Souveränität schutzwür-
dig sei, mag auf dem Gebiet gefallener Staaten wie Afghanistan
umsetzbar sein. Doch die Übertragung ins alte Europa, den Geltungsbereich des Westfälischen Friedens, hat schon jetzt zu hefti-
gen Diskussionen geführt: Nach welchem Recht dürfen amerikanische Geheimdienste mutmaßliche Terroristen in Deutschland
jagen oder Briten verhaften und nach Guantanamo schleppen?
Und – Gegenfrage: Dürfen das aus Gründen der Symmetrie auch
deutsche Sicherheitskräfte – wenn ja, auf wessen Staatsgebiet?
Und dürfen sich dann deutsche Bürger, die in das Visier des weltweiten Notstandsrechts geraten, noch aufs deutsche Grundgesetz
berufen? Der Versuch, die überkommene Ordnung souveräner
Staaten in der Stunde der Not um eine Art Notstandsvölkerrecht
zu erweitern, wirft zahllose Fragen auf und hat schon jetzt weltweit beachtete Prozesse vor den höchsten Gerichten ausgelöst.
So einfach, scheint es, ist der uralte Westfälische Frieden nicht
aus den Angeln zu heben.

Zweites Kapitel
Die Angst vor dem Möglichen

Der Terrorismus – ein globales Cyberspiel. Heute geht es um eine Aktion in den Stone Talon Mountains. War Monger kündigt im Chat an:»Leading a big raiding party next thursday!« Und was geht da ab? fragt sich die Chatgemeinde.
War Monger:»This time I want to hit the Keep.«
Chatpartner Talon 238 ist beeindruckt:»Wow! You must have acquired the Dragon Fire spell?!!!!«
War Monger antwortet:»Yes, last week. In my inventory and ready to cast! The time for the raid is 11:30 am EST.«
Talon 238 ist voll bei der Sache:»The whole Guild will be there at your command. Where do you want us to gather?«
War Monger:» Come in South East of The Zoram Strand. Clear put all the mobs. Then we attack the Keep itself and use the Spell. Die Oracle says there are 110 Gold and 234 Silver inside. That's the real target!«
Talon 238:»Got it. 110 234. This is going to rock the world!«
War Monger:»Remember, eliminate all castle guards patrolling the road to the Keep, and kill all other players in the area … then get clear. The Dragon Fire spell will be coming through the south gates of the Keep soon after.«
Talon 238:»Got it. The Horde can`t wait to see it burn! The Gods willing, we will succeed and dance on its burning rubble!«
War Monger:»No one will dance there for a hundred years after the spell is cast. The Gods and their magic are with us. The White Keep is vulnerable. Good hunting!«

Man darf das nicht übersetzen. Man muss das, wie einen der schönen alten Agentenfilme, im Originalton genießen: So, Wort für Wort, stellen sie sich beim Geheimdienst in Washington den

Anfang vom Weltuntergang vor. Das wird ein Nuklearanschlag aufs Weiße Haus. Der Dialog ist Originalschulungsmaterial[9] der obersten Nachrichtendienstbehörde der USA – The Director of National Intelligence (DNI). Und jeder der rund zehn Millionen Teilnehmer des weltweiten Computerkriegsspiels World of Warcraft (WoW) kann sich vorstellen, worum es bei dem fiktiven Dialog geht:»White Keep«, die weiße Burg, ist der Amtssitz des US-Präsidenten, das Dragon Fire, welches das Tanzen auf den Trümmern»for a hundred years« unmöglich macht, ist natürlich eine schmutzige Bombe, 110 Gold 234 Silber ist der Code für die kartografische Registermarke, die es erlaubt, den Stadtplan von Washington so über den WoW-Landschaftsplan zu legen, dass exakt über South East of the Zoram Strand die Adresse Pennsylvania Avenue 1600 liegt. Das ist die Adresse des Weißen Hauses.

Es kostet Mühe, ernst zu bleiben, wenn man erfährt, was Washingtons Sicherheitsexperten im globalen Krieg gegen den Terrorismus so alles anstellen. Aber sie meinen es bitter ernst. Unter wissenschaftlicher Anleitung der»National Defense University«, einer Gründung des amerikanischen Verteidigungsministeriums, unterwandern die Geheimdienstler der letzten Supermacht der Welt nun das weltweite Computerspiel World of Warcraft, weil sie zu der Überzeugung gekommen sind, dass dieser Große-Jungen-Zeitverteib ein brandgefährlicher Terroristentreff sein könnte. In der WoW-Welt, wo es von Elfen und Zauberern, Kriegern und Festungen, geheimnisvollen Vorhaben und martialischen Sprüchen nur so wimmelt, lassen sich die wunderlichen Pläne der islamistischen Fundamentalisten unauffällig verstecken, weiterentwickeln und kommunizieren. Meinen die Experten.

Der oben zitierte Dialog wird mit Power-Point-Charts aus dem WoW-Spiel beim DNI benutzt, um den Kollegen zu zeigen, worauf sie in der Mysterywelt besonders achten sollen. Und mancher, der sich in Deutschland wundert, mit welcher Beharrlichkeit das Bundeskriminalamt auf der Nützlichkeit der heimlichen Durchsuchung privater Computerfestplatten Verdächtiger besteht, kann sich der Vermutung nicht erwehren, dass BKA-Chef Jörg Ziercke bei solchen Power-Point-Präsentationen in Washington dabei war.

Das ist Polemik. Tatsächlich ist die Terroristenjagd in Computerspielen eine gemessen an den mehr als hundert Milliarden Dollar, die der Krieg gegen den Terror weltweit im Jahr kostet, vergleichsweise billige Methode, dem unfassbaren Bösen auf die Spur zu kommen. Und möglich ist es ja immerhin, dass Terroristen tatsächlich hier ihr Versteck suchen.

Doch die Logik, die hinter der Fahndung in der Cyberwelt steckt, hat gefährliche Konsequenzen. Wenn sich Fahnder tatsächlich um alles kümmern, was möglich ist, wird ihre Arbeit grenzenlos. Und weil umfassende Geschäftigkeit der Polizei entgegen allen Beteuerungen aller Innenminister nicht etwa das Gefühl der Sicherheit, sondern Besorgnis im Volke auslöst, wächst die Angst vor dem Terror mit der ausufernden Fantasie der Fahnder. In diesem System der gegenseitigen Verunsicherung gibt es keine Vernünftigkeitskontrollen mehr. Es lassen sich immer neue Besorgnisse konstruieren, ohne dass eine Instanz es wagt, dem Unfug Einhalt zu gebieten. Der Unterschied zum Phantasyspiel ist nur noch graduell. Und man braucht nicht mal das Internet.

Spielen wir mit: »EU-Energiekommissar Andris Piebalgs hat in Potsdam den Startschuss für den ersten unterirdischen CO_2-Testspeicher in Europa gegeben. Die vom Geoforschungszentrum Potsdam entwickelte Pilotanlage wird wichtige Erkenntnisse zur unterirdischen Speicherung des Treibhausgases liefern, das vorwiegend bei der Stromerzeugung entsteht. Ziel des Projektes ist es, die unterirdische CO_2-Speicherung in mit Salzwasser gefüllten porösen Gesteinsschichten in einer Tiefe von etwa 1800 Metern zu testen. Dabei wird das Gas auf unterschiedliche Weise injiziert. Wichtig sind auch zuverlässige Verfahren zur langfristigen Überwachung des gespeicherten CO_2.«

So stand es in der regelmäßig erscheinenden Postille der deutschen EU-Vertretung. Zwar haben wir keinerlei Anhaltspunkte dafür, aber möglich ist es immerhin, dass auch Terroristen die Nachricht mit Interesse gelesen haben. Was passiert, wenn trotz »langfristiger Überwachung« des komprimiert gespeicherten Klimagiftes ein paar tausend Tonnen davon mit einem Schlag freigesetzt werden und in die Atmosphäre entweichen? Was passiert, wenn das plötzlich entwichene Gas in der Umgebung die Atemluft verdrängt? Tausende Erstickungstote? Ein bisschen Fantasie, meine Damen und Herren, reicht, um sich vorzustellen, welche Überwachungsaufgaben hier auf die Sicherheitskräfte zukommen. Vielleicht war es nicht mal eine gute Idee, die Meldung überhaupt in den EU-Nachrichten zu drucken – zumindest sollte man sich die Abonnenten dieses Blättchens etwas genauer ansehen.

Das bewusst unsinnige Szenario soll nicht die Gefahren des Terrorismus verharmlosen und auch nicht die Opfer beleidigen, die unter der Gewalt dieser Verbrecherbanden ihr Leben verloren. Aber es ist geeignet, zu zeigen, wie schnell sich der bitterernste Krieg gegen den Terrorismus ins Beliebige ausweiten kann.

»Märtyrer für Deutschland«

Wie groß ist die Bedrohung? – Ein Zehn-Kilotonnen-Atombomben-Missverständnis – Das Gefühl, dass man nichts weiß – Was Abteilungsleiter fürchten – Raufaser oder Blümchen

Die Frage, ist es vernünftig, im weltweiten Gewusel der Phantasyspiele nach den Plänen für den nächsten Terroranschlag zu suchen, wagt niemand mehr zu stellen. Denn: Wenn es wirklich knallen sollte – und möglich ist es ja –, wird eine unnachsichtige Öffentlichkeit, voran die ganze Meute der investigativen Journalisten nur der einen Frage hinterherhecheln: Wer ist zu beschuldigen, etwas versäumt zu haben? So ist es für jeden Politiker, für jeden Geheimdienstchef, für jeden Polizeiabteilungsleiter, letztlich für jeden Dorfpolizisten das Sicherste, alles zu tun, was möglich ist. Jeder kann nur gewinnen: Wenn sich die Eventualität zur Gewissheit, gar zur Katastrophe verdichtet, kann der Vorsorger mit einem Orden rechnen. Er hat ja alles versucht, die Katastrophe abzuwenden. Erweist sich die Jagd nach dem Möglichen aber als Haschen nach Wind, ist es zumindest auch, na wem wohl, dem Vorsorger zu verdanken, dass nichts passiert ist.

Dieser Logik folgend spielen immer mehr Schlapphüte bei *WoW* mit und machen das auch bekannt. Nun wissen alle großen Jungen, dass sie nicht allein sind in der wilden *World of Warcraft*, und Muttis werden sagen:»Kind, pass auf mit den Terroristen im Netz!« Umerziehung zur Angst, warnt der britische Schriftsteller John Berger, sei ein Instrument unkontrollierter Macht.

Polemik? Tatsächlich weiß man nicht so genau, wer Täter und wer Opfer der Politik der Verängstigung ist. Sind die Geheimdienstagenten der Supermacht so naiv oder so verschlagen? Was ist mit der Zehn-Kilotonnen-Atombombe, die exakt einen Monat nach dem 11.September 2001 angeblich in New York versteckt auf ihre Explosion wartete? Der damalige CIA-Chef George Tenet hatte es aus angeblich zuverlässiger Quelle und alarmierte pflichtbewusst den Präsidenten George W. Bush. Bush, nicht minder pflichtbewusst, schickte seinen Vize Dick Cheney in den atomsicheren Präsidentenbunker, damit wenigstens einer das Ende der Vereinigten Staaten überlebe, und alarmierte das eigens für solche Fälle geschaffene *Nuclear Emergency Support Team*, in New York die Bombe zu suchen, die angeblich aus russischen Beständen immerhin fast die Sprengkraft der Hiroshima-Bombe haben sollte.

Die Bombe ist bis heute nicht aufgetaucht. Aber denkbar war es immerhin, dass die Quellen recht hatten. Möglich war es, dass wirklich eine Bombe in New York versteckt war. Und wieso eigentlich»war«? Ist es nicht möglich, dass sie immer noch irgendwo versteckt ist, dass nur der Zeitzünder nicht funktioniert hat, wie schon oft bei Terroranschlägen? Ist es nicht möglich, dass der Zeitzünder gar nicht defekt, sondern auf den 11. 9. 2011 eingestellt ist – zum zehnjährigen Jubiläum. Warum erscheint uns zynisch, wer so etwas aufschreibt? Möglich ist möglich.

Der Terrorismus hat die Unterscheidung außer Kraft gesetzt, die bis dahin die Arbeit der Sicherheitskräfte in allen rational regierten Staaten der Welt bestimmte und mäßigte: Die Unterscheidung zwischen dem nur Möglichen und dem Wahrscheinlichen. Diese Unterscheidung in ihrer fundamentalen Bedeutung für den Rechtsstaat wird uns noch ausführlich beschäftigen. Hier soll es um die Folgen der Begriffsverwirrung im Hinblick auf die Angst der Bürger gehen. Was den Menschen Sorge macht, wird von ihrem Staat traditionell als »Gefahr« behandelt, als rational nachvollziehbare Besorgnis, dass etwas Schlimmes passiert. Dieser Besorgnis liegt eine gewisse Wahrscheinlichkeit zugrunde. Unter Wahrscheinlichkeit verstehen Menschen Unterschiedliches. Jede Aussage über die Wahrscheinlichkeit eines Ereignisses in der Zukunft verlangt jedenfalls eine Prognose. Und eine Prognose ist keine Hellseherei, sondern ein logischer Schluss von gewissen Tatsachenaussagen auf Aussagen über künftige Tatsachen. Das bedeutet: Ohne Hinweis auf konkrete Anhaltspunkte lässt sich keine rationale Aussage über Terrorangriffe in der Zukunft machen, psychologisch gesprochen: Wer nichts weiß, kann sich auch keine Sorgen machen. Ohne Anhaltspunkte keine Gefahr. Wer trotzdem herumunkt, kann sich nur auf die »Möglichkeit« eines künftigen Ereignisses beziehen. Aussagen über Mögliches lassen sich treffen ohne Bezug auf die Realitäten der Gegenwart. Einzige Bedingung: Es darf nichts bekannt sein, was das vorherzusagende Ereignis mit den Aussagen, die wir meinen über die Realität treffen zu können, unvereinbar macht. Aussagen über das Mögliche sind also überhaupt keine Aussagen über die Zukunft, sondern lediglich Aussagen über die Vereinbarkeit von Annahmen mit der Logik. Logisch, dass man sich aufgrund solcher Aussagen keine Sorgen zu machen braucht. Intuitiv ist das ohne Weiteres nachvollziehbar: Anerkanntermaßen ist es möglich, dass der Leser vom Blitz erschlagen wird. Darüber wird er sich, vor allem bei schönem Wetter, aber keine Sorgen machen. Möglicher als möglich gibt es nicht. Daher sind Gegenbeispiele, in denen sich der Leser gleichwohl Sorgen machen sollte, unzulässig.

Ist es zulässig, eine Erörterung über Sicherheitspolitik mit logischen Erörterungen zu belasten? Es ist notwendig. Nur so lässt sich erahnen, was es mit der Angst vor dem Terror auf sich hat. Wenn das Wissen um konkrete Anhaltspunkte für ein Ereignis uns zu Sorgen berechtigt, dann bleibt nämlich die Frage, wie man denn das ungute Gefühl nennen könnte, das einen gerade dann überkommt, wenn man nichts weiß. Das Wort für dieses Gefühl ist »Angst«. Angst nennen wir die Beklemmung des nicht Wissens. Dies beschreibt ganz gut die Situation, in der die Mitglieder einer Gesellschaft sind, die mit Terrorwarnungen ihrer Regierung konfrontiert werden.

Muss man Angst haben vor dem Terrorismus? Die Frage, wörtlich genommen, lässt keine rationale Antwort zu. Natürlich DARF jemand Angst haben, denn Angst ist ein innerer Vorgang, der sich der Regulierung entzieht. Ebenso wenig gibt es die Möglichkeit, jemandem, der furchtlos ist, vorzuschreiben, er solle endlich ein bisschen Angst haben. Verstehen wir aber die Frage, ob wir Angst haben müssen vor dem Terrorismus, als Frage danach, ob rationale Gründe vorliegen, ein erhöhtes Maß an Wahrscheinlichkeit für einen demnächst bevorstehenden Terrorangriff zu konstatieren, werden wir in der Regel verneinen müssen. Wir hören ja auch von Geheimdienstexperten immer nur, was möglich sei. Auch wenn es konkret klingt, bleibt es doch viel zu vage, um sich im hier definierten Sinn Sorgen zu machen. Hören wir, was der oberste Chef der deutschen Antisorgentruppe zu sagen hat: »Die größte Sorge aller Sicherheitskräfte ist, dass innerhalb des terroristischen Netzwerkes ein Anschlag mit nuklearem Material vorbereitet werden könnte.« So reden sie meistens: Es geht mit einer »Sorge« los. Das klingt zunächst tatsächlich besorgniserregend, und dann klappert zum Schluss ein kleines »könnte« nach, das alles wieder vernichtet – und zwar gleich doppelt. Legt man die Worte des Ministers Schäuble auf die Goldwaage der Logik, dann ist »könnte« der Eventualfall von »können«. Können aber bezeichnet die Situation der Möglichkeit, nicht der Wahrscheinlichkeit. »Könnte« bezeichnet eine eventuelle Möglichkeit, da diese Eventualität unkonditioniert ist, ist es ebenfalls die reine Möglichkeit, die damit bezeichnet wird. Also haben wir es nach Ansicht des Ministers mit der Möglichkeit einer Möglichkeit der Vorbereitung eines Anschlags zu tun. Auch nicht gut – aber sollen wir uns deswegen wirklich Sorgen machen?

Man darf davon ausgehen, dass der Minister, sollte er diese Analyse seiner Aussage wirklich lesen, empört einwenden wird, er habe nicht die Zeit, jedes seiner Worte so genau abzuwägen. Das muss man ihm vielleicht sogar zugestehen. Doch was geht in dem Leser der *Welt* vor, der als Überschrift über besagtem Zitat liest: »Schäuble warnt vor Anschlägen mit Atomwaffen.« So entsteht Angst.

Das ungute Gefühl des nicht Wissens, die Angst, entsteht nicht aus dem Nichts. Sie wird genährt durch Informationen, die zwar nicht das Wissen an die Stelle des nicht Wissens setzen, aber dennoch die Beklemmung vergrößern. Angst vor dem Feind zu machen und damit den Durchhaltewillen seiner Leute anzustacheln, ist eine Kriegstechnik, die schon den Dreißigjährigen Krieg geprägt hat – und den Zweiten Weltkrieg nicht minder. Die Sicherheitsstrategen Europas wie Amerikas nutzen dieses Mittel der Angstmache gegen den Terrorismus offensiv. Drei große Institute mit wissenschaftlichem Anstrich und klingenden Namen hat die US-Regierung gegründet, das Maß der Gefährdung durch den Terrorismus von der Ebene der Möglichkeit in die Sphäre der Wahrscheinlichkeit zu transportieren: Das *National Counterterrorism Center* (NCTC), das *Memorial Institute for the Prevention of Terrorism* (MIPT) und das *National Consortium for the Study of Terrorism and Responses of Terrorism* (Start). Was diese Anstalten an Warnungen in der Welt verbreiten, wird auch in Deutschland von Sicherheitsexperten und den Medien gierig rezipiert: Neues von der Kriegsfront gegen den Terrorismus.

Alle drei Institute berichten regelmäßig davon, dass die Bedrohung durch den Terrorismus wächst. Diese Behauptung stützen sie im Wesentlichen durch statistische Angaben: In den letzten Jahren habe die Zahl der Menschen, die durch Terrorakte getötet wurden, ständig, oft sprunghaft, zugenommen. Allein in den Jahren 2005 und 2006, berichtet NCTC, sei die Zahl der Opfer um 41 Prozent gestiegen, von 14 618 auf 20 573. »Zahl der Terroranschläge und der Todesopfer 2006 deutlich gestiegen«, berichtet denn auch im Mai 2007 die *Frankfurter Allgemeine Zeitung* gewissenhaft: 20 500 Menschen seien nach einem Bericht des »amerikanischen Außenministeriums« getötet worden, zugleich wurden Quellen zitiert, die darin Zeichen eines »weltweiten Aufstandes« der Al Kaida-Verschwörer sahen. Nicht weniger alarmierend die Zahlen des MIPT: Von 1998 bis 2006 sei die Zahl der Terrortoten von 2172 auf 12 070 gestiegen, ein Anstieg von 450 Prozent. Start errechnete allein für 2004 einen Zuwachs gegenüber dem Vorjahr von 75 Prozent.

Es waren Wissenschaftler der Simon-Fraser-University in Kanada, denen diese Zahlen merkwürdig vorkamen. Sie legten nun eine Studie vor[10], die, unterstützt von mehreren Regierungen in Europa, der Sache auf den Grund ging: Wie gefährlich ist der Terrorismus wirklich? Die Experten kamen schnell hinter den Trick, dessen sich alle drei US-Institute bedienten: In die Zahl der jährlichen Terroropfer bezogen sie die toten Zivilisten des Irakkrieges mit ein. Beispiel 2006: Von den 16 657 Todesopfern des Irakkrieges zählte das NCTC 13 343 als Terroropfer. So war es kein Wunder, dass vom Zeitpunkt der amerikanischen Invasion 2003 an die Zahlen nach oben schossen. Die Statistikmethode aus den USA nennen die kanadischen Kollegen höflich »ungewöhnlich« und »umstritten«. Um ihr Urteil zu unterstreichen, vergleichen die Kanadier die Zahlen mit alten US-Terrorstatistiken über die Opfer der Bürgerkriege in Afrika. 1999 melden US-Terrorismusforscher, 0,06 Prozent der Hunderttausenden, die südlich der Sahara in Massakern umgebracht wurden, seien als Opfer des Terrorismus anzusehen. Die anderen sind, na ja, wie soll man sie nennen, Bürgerkriegsopfer. Die neue Terrorrechnung, die seit 2001 in den USA gilt, ist nach Ansicht der Kritiker aus Kanada »beeinflusst durch das US-Außenministerium«, das fortan dem Terrorismus nur die Gewalttaten zuschreibt, von denen »die Sicherheit amerikanischer Staatsbürger oder die nationale Sicherheit der Vereinigten Staaten bedroht« wird.

Die großzügige Einbeziehung der traurigen Bilanz des Irakkrieges in die Statistik des Terrors gegen die USA ist eine zynische Unverfrorenheit: Es handelt sich im Grunde um die Opfer des Überfalls der USA auf den Irak Saddam Husseins – eines Angriffskrieges, den als völkerrechtswidrig zu bezeichnen es gute Argumente gibt. Das Amerika der Angreifer stilisiert sich zum Opfer. Die Idee der Vermischung von Terror und Krieg zeigt ihre menschenverachtende Seite.

Rechne man die Todesopfer des Irakkrieges aus der Terrorstatistik heraus, so das Ergebnis der kanadischen Studie, »gibt es keinen signifikanten Anstieg der Zahlen seit 2001«, insgesamt sogar »eine Abnahme des Terrorismus«. Von den 658 Selbstmordanschlägen, die in den US-Statistiken für das Jahr 2007 auftauchen, wurden 542, also der Löwenanteil, in den Kriegsländern Irak und Afghanistan verübt. Die restlichen gut hundert verteilen sich über den gesamten Erdball. Ähnlich wie die kanadische Studie kommt eine Berechnung der SPIEGEL-Dokumentation ohne den Irak auf rund 6000 Todesopfer des weltweiten Islamistenterrors von 2001 bis 2008. Der weitaus größte Anteil davon entfällt – natürlich – auf die 3038 Toten des Anschlags vom 11. September in New York. Sieht man von dieser Jahrhundertkatastrophe als schrecklichem »Ausreißer« der Statistik ab, ist die Welt eher ruhiger geworden: In den dreißig Jahren zuvor kostete nach Angaben der kanadischen Studie der Terrorismus im Schnitt knapp 500 Menschen pro Jahr das Leben.

In Europa entfaltet sich derweilen eine Eigengesetzlichkeit der Angst: Europäische Union und einzelne Staaten haben unter dem Eindruck der amerikanischen Angstpolitik ihre Gesetze und ihre

Institutionen aufgerüstet, um den Krieg gegen den Terrorismus zu führen. Nun gibt es überall auf dem alten Kontinent und in Großbritannien neue Sicherheitsverantwortliche, Abteilungsleiter des globalen Kampfes gegen das Böse, die vor allem um ihre eigene Unentbehrlichkeit streiten müssen. In einem Bericht der europäischen Polizeibehörde Europol für das Europäische Parlament aus dem Jahr 2007 über »Trends des Terrorismus« warnte der Europol-Direktor Max-Peter Ratzel, die Bedrohung der EU durch terroristische Aktivitäten sei ernster als je zuvor. Beleg: 498 terroristische Gewalttaten in Europa im abgelaufenen Jahr 2006. Das klingt in der Tat bedrohlich, der Leser der aufgeregten Zeitungsberichte mochte sich zu diesem Zeitpunkt allenfalls an das gescheiterte Kofferbomben-Attentat in Nordrhein-Westfalen im Sommer 2006 erinnern.

Wer genauer liest, stößt auf eher Beruhigendes: Nur ein einziges, nämlich das Beinahe-Attentat von Köln, hatte etwas mit dem islamistischen Terrorismus zu tun – alles andere ist das bekannte separatistische Geballer vorwiegend im Baskenland, ebenso in Korsika und in anderen Teilen Frankreichs, mit dem Europa schon seit Jahrzehnten lebt. In den meisten Fällen, so räumt Ratzel denn auch ein, sei es nur um Sachschaden gegangen. Ernster sind die Baskenbomber allein für die Madrider Regierung des Sozialisten José Luis Rodríguez Zapatero, der gerade einen kühlen Deeskalationskurs gegen die Gewalt der Eta versucht und mit hysterischen Zahlenspielen am wenigsten anfangen kann.

Doch Europol muss sich in seiner Unentbehrlichkeit beweisen: »Wir müssen aufpassen, dass diese Dinge nicht weiter eskalieren«, mahnt Direktor Ratzel – nicht ohne gleich noch mehr Kompetenzen zu fordern: »Befugnisse zum Vorgehen gegen Hooligans, Serienmörder und Anbieter von Kinderpornografie.«

Solche Auftritte, mögen sie auch lächerlich sein, treiben doch merkwürdige Blüten. Selbst Provinzpolitiker beteiligten sich nun rhetorisch an der großen, weltumspannenden Sache: »Die Gefahr eines terroristischen Anschlags in Deutschland war noch nie so groß wie in diesen Tagen«, vertraute Niedersachsens Innenminister Uwe Schünemann (CDU) im April 2007 der *Bild am Sonntag* an. Und als wenige Wochen später August Hanning, Staatssekretär im Bundesinnenministerium, unkte, die Sicherheitsbehörden verfügten über Hinweise auf Vorbereitungen für islamistische Selbstmordanschläge auch in Deutschland, wurde es selbst dem bayerischen Hardliner und langjährigen Innenminister Günther Beckstein (CSU) zu viel: »Aus bayerischer Sicht«, gab der Polizei-Politiker kund, seien die Berliner Alarmmeldungen »eher etwas überzogen«.

Dabei konnte Hanning wirklich etwas vorweisen. Ein Video etwa, das der US-Fernsehsender ABC Mitte Juni 2007 ausstrahlte. Darauf sieht man Rekruten des Heiligen Krieges, große Jungs mit zu Sehschlitzen verengtem Gesichtsfeld, sie haben sich versammelt auf einer staubigen Schotterstraße auf irgendeinem Schlachtfeld des Krieges gegen den Terror. Einer, den sie wie ihren Anführer behandeln, überreicht ihnen Waffen. Sie rühmen sich in arabischer Sprache, Selbstmordattentäter zu sein, unter ihnen seien auch »Märtyrer für Deutschland«. Hannings Schlussfolgerung: Sein Land sei nun »voll ins Zielspektrum des islamischen Terrorismus gerückt«. Die Situation sei ähnlich angespannt wie damals, vor dem 11. September 2001. Und Minister Schäuble fügte hinzu: Die Lage sei ernst, es gebe die Botschaft, dass Angriffe auf Deutsche, wie es sie in Afghanistan gegeben hat, auch hierzulande möglich seien.[11]

Angst ist die Reaktion auf nicht Wissen, und die Warnungen aus dem Berliner Innenministerium vergrößern die Angst, weil sie eine Ahnung von den Dimensionen des nicht Wissens zulassen. Alles, was wir von rationaler Besorgnis im Staate wissen, spielt sich traditionell in Grenzen ab: Die Grenzen des Verfassungsstaates, jedenfalls die Grenzen der vernünftig agierenden Zivilisation (oder was wir darunter verstehen), äußerstenfalls Immanuel Kant, das Christentum und das Westfälische Staatenmodell sind der Bezugsrahmen unseres Räsonnierens, unserer Prognosen – bisher. Und in diesem Bezugsrahmen standen die Begründungen, die nach rechtsstaatlichen Standards Minister,

Staatssekretäre, auch Dorfpolizisten, für ihr Handeln zu geben hatten. Selbst der Krieg, zumindest der im Sinne der Westfälischen Staatenordnung, unterscheidet sich vom Unheil des dreißigjährigen Gemetzels durch seine Berechenbarkeit, der Berechenbarkeit des Duells: Das ist im historischen Modell die Situation zweier Männer, die ihre Hoffnungen und Besorgnisse, ja sogar ihre Beleidigungen und deren Tilgung auf die symmetrische Annahme stützen, sie seien Ehrenmänner, also eingespannt in einen klar begrenzten Bezugsrahmen von Zivilisation.

Doch nun haben sich Politik und Gesellschaft, auch die Abteilungsleiter der inneren Sicherheit, mit der dunklen Bedrohung auseinanderzusetzen, die sich in bekannte Muster der Bedrohungsbewältigung nicht einordnen lässt. Das eben erwähnte Video zum Beispiel: Ist es, was Experten vermuten, eine reine Propagandashow, um Bürohengsten wie Herrn Hanning mal richtig einzuheizen? Wer hat es überhaupt gedreht? Wo ist es entstanden? Wie ist es zu ABC gelangt? Wie alt ist es? Ein vergleichbares Droh-Video, beispielsweise in den Siebzigerjahren aus dem Untergrund der RAF aufgetaucht, wäre in Deutschland von den Experten des Bundeskriminalamtes detailliert analysiert worden. Selbst am Raumklang der Tonaufnahmen lassen sich Hypothesen über die Struktur der Tapeten des Aufnahmeraumes anstellen – Raufaser oder Blümchen?

Raufaser oder Blümchen: Das ist natürlich nur ein Beispiel für die Bedeutung eines Bezugsrahmens, den kriminalistische Analysen ebenso brauchen wie politische Aussagen über die unheimliche Bedrohung. Mit der Erweiterung des Gefahrenraumes sinkt die Möglichkeit, etwas über Gefährdungen zu wissen. Nun reicht, wie der Innenminister feststellt, der Gefahrenraum von Berlin bis an den Hindukusch – die Gefahr ist, ohne dass wir sie konkretisieren können, wahrhaft global. Was hat es zu bedeuten, dass pakistanische Sicherheitskräfte im Juni 2007 auf dem Flughafen von Lahore den 45-jährigen Alim N. festgenommen haben? Die Pakistaner warfen ihm vor, er habe bei der Terrororganisation Al Kaida eine Ausbildung als Sprengstoffexperte genossen. Die Deutschen sind an diesen Vorwürfen sehr interessiert, weil Alim N. vor der Verhaftung in Germersheim am Rhein wohnte und beim Landeskriminalamt als »Gefährder« geführt wurde. »Gefährder« heißt bei der deutschen Polizei jemand, der als Terrorist in Betracht kommt, ohne dass man ihm etwas nachweisen kann. Was folgt also aus der Festnahme in Pakistan? Ist nun wahrscheinlich, dass Alim N. sich demnächst als Märtyrer im Rheinland betätigt? Oder ist es eher unwahrscheinlich, weil er ja nun sitzt? Und was ist mit Tolga D.? Den haben die Pakistanis ebenfalls festgesetzt, weil er falsche Papire hatte. Er ist deutscher Staatsbürger und stammt aus Neu-Ulm. In der schwäbischen Idylle gibt es eine polizeibekannte Islamistenszene, aus deren Umfeld, so glauben die Sicherheitsbehörden, etwa ein Dutzend Märtyreranwärter in afghanischen oder pakistanischen Terroristencamps ausgebildet werden.

Glauben heißt nichts wissen. Man muss mal hin, nach Neu-Ulm, um zu ahnen, wie sich unter der globalen Bedrohung die kulturellen Bezugsrahmen unserer Befürchtungen und Hoffnungen auflösen. In dem beschaulichen Ort an der Donau konvertieren unerklärlich viele junge Menschen aus schwäbischen Familien zum Islam, gar zum Salafismus, einer besonders strengen, antiwestlichen Glaubensrichtung. Warum machen die das? Allein die Hinwendung zum Islam macht aus keinem Menschen einen Terroristen, der Wandel zum Muslim macht ihn eher frommer, vielleicht sogar zum besseren Menschen, da kann man geteilter Ansicht sein. Wie kommt also die Polizei dazu, die Wohnungen dieser Leute zu durchsuchen und sie als »Gefährder« zu behandeln? Weil es eben merkwürdig ist, wenn mitten im christlichen, kleinbürgerlichen Donautal auf einmal die für ewig gehaltenen Horizonte des Glaubens wegsacken – und man kann es nicht vernünftig erklären.

Bei der schwäbischen Pfarrerstochter Gudrun Ensslin war das anders. Ihr Weg in den Terrorismus der RAF war zwar erstaunlich, aber doch im Rahmen dessen, was sich in einem handwerklich ordentlich gemachten Film wie *Der Baader Meinhof Komplex* in gut zwei Kinostunden einsichtig machen lässt:

Das Kippen christlicher Überzeugungen in moralische Empörung, die immerhin verständlich erscheint und bis heute ihre
heimlichen Sympathisanten hat – dies alles spielt sich in einem
bekannten Rahmen von Gut und Böse, von Liebe und Hass
ab – und letztlich ist es ja auch dem damaligen BKA-Chef Horst
Herold mit der Kraft der elektronischen Datenverarbeitung
gelungen, den Krieg gegen Gudrun Ensslin und ihre Bande zu
gewinnen. Die böse Ensslin war berechenbar. Doch was, wenn
in Neu-Ulm plötzlich die atavistischen Ideale des Märtyrertodes
Raum greifen? Lange gab es um Ulm herum, ja in ganz Europa
für Sicherheitsstrategen die sichere Ausgangslage, dass auch Terroristen nicht gerne sterben. Dieses Kalkül war der Maßstab etwa
für die jahrzehntelange Praxis, Flugzeuggepäck im Frachtraum
für unbedenklich zu halten, solange der es aufgegeben hat, sich
an Bord des Flugzeuges befindet: Etwaige Höllenmaschinen im
Koffer hätten, wenn sie während des Fluges explodierten, auch
des Täters Leben gekostet. Seit Selbstmordattentäter in die Welt
ausgeschwärmt sind, denen das Sterben süß ist, müssen auch alle
aufgegebenen Koffer kontrolliert werden. Weil westliche Denker
es nie ganz verstehen werden, was in den Köpfen und in den
Herzen solcher Leute vorgeht, ist letztlich kein Verantwortlicher
wirklich hellhörig geworden, als vor dem 11. September durch-
sickerte, dass irgendein verrückter Flugschüler aus Arabien das
Fliegen einer Boeing erlernen wolle, aber nicht daran interessiert
sei, wie man die Maschine wieder sicher landet.

»Eine kleine schmutzige Bombe«

*Lagerfeuergeschichten – Ein Atomkontrolleur betet – Das hohe
Gefühl der Unsicherheit – Baby an Bord – Wie im Krieg*

Muss man Angst vor dem Terrorismus haben? Es ist, das kann
man nicht bestreiten, das Spezifikum der neuen Art der Bedrohung, dass sich die Sorge, die sie auslöst, nicht rational disku-

tieren lässt; dass sie stets nur eine vage Beklemmung verursacht.

Derjenige aber, der die Sorge äußert, muss lediglich ein wenig Gratismut an den Tag legen: »Der islamistische Terror kann grundsätzlich überall und jederzeit zuschlagen, auch in und gegen Deutschland.« Der Chef des Bundesnachrichtendienstes (BND) Ernst Uhrlau hätte sein Geld nicht verdient, wenn er solche Sätze nicht sagen würde. Und man darf ihm das in der Aussage steckende Bekenntnis, dass er eigentlich nichts weiß, sondern nur über das Mögliche redet, nicht verübeln. Denn hätte auch nur irgendwo auf der Welt ein Sicherheitsbeamter des global vernetzten Terrorabwehrsystems genügend Anhaltspunkte, um eine konkrete Prognose abzugeben über den nächsten Terroranschlag, dann dürfte er nicht reden – dann müsste er handeln.

Über den nächsten Terroranschlag ist nichts bekannt. Diese einfache Wahrheit können Geheimdienstler natürlich nicht auf sich sitzen lassen. Als Beleg dafür, dass es ja doch Anhaltspunkte für das bevorstehende Unheil gibt, gilt in der Gemeinde der Terrorismusexperten ein Lagerfeuer nahe Kandahar in Afghanistan. Da saßen in der Wildnis am Hindukusch eines Nachts im August 2001 dunkle Gestalten und beugten sich über Pläne, die, nur spärlich beleuchtet von den flackernden Flammen in ihrer Mitte, Einzelheiten über den Bau einer Atombombe enthielten. Die Berechnungen, Skizzen und Erklärungen stammten aus den Panzerschränken des pakistanischen Atomprogramms. Die Interessenten am Lagerfeuer waren Mitglieder von Umma Tameer-e-Nau, einem dubiosen islamischen Hilfswerk, unter ihnen der mögliche Käufer der explosiven Informationen, Osama Bin Laden himself.

Die Lagerfeuergeschichte im Indikativ wurde nach dem 11. September 2001 von George Tenet verbreitet, dem CIA-Chef, dem auch der Atombombenalarm in New York zu verdanken ist. Obwohl sie obskuren Quellen entspringt, ist ihr eine gewisse Plausibilität nicht abzusprechen: Tatsächlich haben Wissenschaftler der Atommacht Pakistan ihre Technologie illegal an mehrere arabische Staaten verkauft, unter ihnen angeblich auch Terror-finanziers wie Iran. Zwei Mal musste zudem Pakistans Regierung schon zugeben, dass ihr Ausrüstungsgegenstände aus dem Atom-programm abhanden gekommen sind. Warum also sollte die Bombengeschichte nicht stimmen und Al Kaida tatsächlich ein nukleares Attentat vorbereiten? Die Berichte vom Lagerfeuer am Hindukusch machen denn auch bei der Nato in Brüssel Eindruck.

Michael Rühle, einer der Vordenker beim Nato-Planungsstab, meint, dass diese Informationen »eine Neubewertung der Pro-blembereiche Islamismus und Nuklearwaffen geradezu erzwin-gen«. Es wäre »unverantwortlich«, so der Experte, »den Einsatz von Massenvernichtungswaffen durch islamische Terroristen auszuschließen«. Nun sind wir so klug wie vorher: Auch Rühle sagt nichts anderes, als dass ein Nuklearanschlag »möglich« ist. Wer würde es auch wagen, die Geheimdienst-Anhaltspunkte über drohendes Unheil so ernst zu nehmen, um daraus eine konkrete Gefahr eines Atombombenangriffs zu konstruieren? Schon die Bezeichnung der Lagerfeuergeschichte als »Anhalts-punkt« muss ja jeden kritischen Leser auf die Gegenfrage sto-ßen: Anhaltspunkt wofür? In Wahrheit handelt es sich um eine Geschichte – nicht mehr.

Doch die Versuchung der Wissenschaftler, das Maß der Bedro-hung durch einen nuklearen Angriff zu konkretisieren, ist groß. Die meisten der entsprechenden Studien[12] kommen zu dem Ergebnis, dass die Wahrscheinlichkeit für einen Atombomben-angriff durch Terroristen extrem gering, die Wahrscheinlichkeit für einen Anschlag mit einer »schmutzigen Bombe« relativ groß sei. Mit schmutziger Bombe ist dabei ein Sprengkörper mit radio-aktivem Material gemeint, dessen konventionelle Detonation das umliegende Gebiet nuklear kontaminiert. Maßgeblich für sol-che Einschätzungen ist dabei die Äußerung des Chefs der Inter-nationalen Atomenergiebehörde Mohamed ElBaradei, der 2007 im SPIEGEL äußerte, ein nuklearer Terroranschlag »ist meine größte Sorge«. Er fügte hinzu: »Ich denke jetzt nicht an eine Atomwaffe – dafür reicht das Know-how und das Beschaffungspotenzial keiner Terrorgruppe. Aber eine kleine sogenannte schmutzige Bombe mit radioaktivem Material, irgendwo gezündet in einer Großstadt, könnte Menschenleben kosten, massiven Terror auslösen mit schweren, wirtschaftlichen Folgen. Manchmal denke ich, es ist ein Wunder, dass das noch nicht passiert ist – und bete, dass es so bleibt.«

Beten – ist das alles, was man tun kann? Natürlich kann ein Innenminister oder ein Verteidigungsminister so nicht sprechen. Aber im Angesicht des lediglich Möglichen ist Beten vielleicht das Rationalste. Und zugleich wäre es ein für jeden Staat ruinöses Eingeständnis, wenn einer seiner Regierenden das zugeben würde. »Das Böse ist aus dem Gefängnis der Abschreckung entwichen«, so dramatisch skizziert der kanadische Historiker, Politologe und Politiker Michael Ignatieff die Situation, vor der die verängstigte Gesellschaft steht, die ihren abschreckenden Beschützer, dem guten alten Leviathan, nicht mehr trauen kann. Und der Befund des einstigen Harvard-Dozenten Ignatieff ist in Deutschland beim Bundesverfassungsgericht angekommen. Wolfgang Hoffmann-Riem, der bis vor Kurzem dort als Richter für das Recht der Gefahrenabwehr zuständig war, schrieb schon kurz nach dem Angriff auf die Twin Towers in New York, an die Stelle der »Illusion von Sicherheit« sei nun das »Bewusstsein großer Verwundbarkeit« getreten.

Es ist das Bewusstsein des Möglichen, das dieses »hohe Gefühl der Unsicherheit« (Hoffmann-Riem) im Volke wachsen lässt. Es fordert, sagt der Exverfassungsrichter, »seinen Tribut und sichert eine Ernte am ehesten für Politiker die Law und Order versprechen«. Das Gefühl, das wir Angst nennen, ist auch mit Verhältnismäßigkeitserwägungen, wie sie im Rechtsstaat üblich sind, nicht zu befriedigen. Auch Hoffmann-Riem, der als Verfassungsrechtler täglich mit Fragen der Verhältnismäßigkeit zu tun hat, versucht es: »Ich wage es, einen Vergleich zu ziehen« – zwischen dem Risiko des Terrorismus und dem Risiko des Straßenverkehrs. 4600 Verkehrstote im Jahr 2008 allein in Deutschland, das sei ein Unheil, »das jenes des Terrorismus bei

Weitem übersteigt«. Doch wäre es nicht übertrieben, unverhältnismäßig, wenn wir Angst hätten, jeden Morgen das Haus zu
verlassen, um zur Arbeit zu gehen oder zu fahren? Das ist ja
nur Statistik, sagen wir uns, was hat das mit mir tun. Und eine
Regierung, die auch nur in Erwägung zieht, das Tempo auf den
Autobahnen zu beschränken, um ihre Bürger vor Unfällen im
Straßenverkehr zu schützen, bekommt die Autofahrerfreiheit
um die Ohren gehauen, dazu die Unternehmerfreiheit der Her-
steller schneller Autos.

Doch das Gespür für das richtige Maß an Angst, das man sich
antun sollte, versagt gelegentlich, wenn es um die Bedrohung
durch den Terrorismus geht. »BOB« stand gekritzelt auf einem
Spuckbeutel, den ein Unbekannter auf dem Klo einer United-
Airlines-Maschine im Juli 2004 hinterlassen hatte. Ein Steward
fand das Utensil kurz nach dem Start in Sydney. BOB? Die Kollegen kürzen »Baby on Bord« so ab, oder auch »Buy on Bord«.
Der ängstliche Steward deutete die drei Buchstaben als Abkürzung für »Bomb on Bord«. Der eilig informierte Kapitän sah das
genauso und kehrte nach Sydney zurück. Überflüssig zu sagen,
dass während der anschließenden Durchsuchung des Flugzeuges
weder ein Baby noch eine Bombe gefunden wurde.

Angst vernebelt das Gespür für das Vernünftige. Warum sollte
jemand, der wirklich eine Bombe an Bord zünden will, dies auf
einem Zettel notieren und ins Klo legen? Warum sollte jemand,
der eine Bombe zünden und vorher mit einer entsprechenden
Ankündigung Furcht und Schrecken verbreiten will, dies mit
einer kaum zu erratenden Abkürzung tun? Warum legt er die
kryptische Abkürzung still und heimlich aufs Klo?

Möglich wäre es dennoch gewesen, dass an Bord eine Bombe
versteckt war. Umsichtig und vernünftig, verteidigte darum die
Fluggesellschaft ihren Kapitän, sei das Verhalten gewesen. Sicher
ist sicher: Das Böse, das, wie Ignatieff meint, von den Kräften
der Ordnung und des Schutzes nicht mehr beherrscht wird, ist
irrational, unberechenbar und rechtfertigt darum jede Vorsorge,
sei sie verhältnismäßig oder nicht. Der kanadische Wissenschaft-

ler Ignatieff, der unter dem Eindruck des Terrorismus vom lin-
ken Bürgerrechtler zum Prediger der Vorsorge wurde, malt aus,
wie es werden könnte, wenn man nicht aufpasst:»Anschläge
mit Massenvernichtungswaffen würden Tausende Todesopfer
fordern, verwüstete Zonen zurücklassen und die existenzielle
Sicherheit zerstören, von der die Demokratie abhängt.« Die
Folge wäre eine Verwüstung des liberalen Rechtstaates:»Wir
könnten uns in einem Staat mit abgeriegelten Grenzen wieder-
finden, in dem ständige Identitätskontrollen und Internierungslager für verdächtige Ausländer und aufsässige Bürger vielleicht
zum Alltag gehörten. Wir würden überleben, aber uns selbst
und unsere Institutionen nicht mehr wiedererkennen; existieren,
aber unsere Identität als freie Völker verlieren.«

Das »hohe Gefühl« der Verwundbarkeit hängt nicht an
Wahrscheinlichkeitserwägungen und konkreten Sorgen. Es ist
Untergangsstimmung: Es könnte so kommen, wie Ignatieff es
beschreibt, die Szenarien sind beliebig ausmalbar, weil sowieso
nicht vorstellbar. Ein furchtbarer Terroranschlag könnte, so die
Idee, unabhängig von der Zahl der Toten und der Höhe der Schäden, ein Sieg des Bösen sein, das Ende unserer Vorstellungen von
Freiheit, Sicherheit und Gerechtigkeit.»Die Bedrohung durch
den Terrorismus«, sagt Ignatieff,»richtet sich gegen unsere politische Identität als freie Völker.«

Solche Szenarien kennen wir: Die Angst ums Ganze ist die
Angst vor dem Feind. Es nicht die Sorge, dass etwas passiert, ein
Schaden eintritt oder jemand stirbt, es ist auch nicht die allfällige
Furcht vor dem Verbrechen, die den Heimkommenden nachts
auf dunkler Straße überkommt. Es ist nicht die Furcht, die vielen
aus heißen Wochen des Kalten Krieges erinnerlich ist, die Furcht
dass jemand auf den falschen roten Knopf drückt und dann die
Welt untergeht. Es ist ein Wissen, dass da eine Macht droht, die
in der Lage ist, Unheil zu bringen, ohne dass die Umstände, der
Zeitpunkt und die Folgen kalkulierbar sind.

Es ist ein Gefühl – wie im Krieg.

Drittes Kapitel
Der Staat und der Terror

Wie sieht der Feind aus? Worauf muss man achten, wenn man ihn ausspähen, ihn erkennen, ihn unschädlich machen will? Der britische Geheimdienst MI5 hat keine Mühen gescheut, eine Antwort auf diese essenzielle Frage staatlicher Sicherheit zu finden. Für eine Studie befragten die Experten mehrere hundert Menschen, die in Großbritannien Kontakt mit dem Terrorismus hatten – als Mittäter, als Sympathisanten, als Geldsammler. Das Ergebnis: Terroristen sind ganz normale Leute, Familienväter, spießig wirkende Engländer, nicht besonders religiös. Sie trinken Alkohol, aber nicht zu viel, gehen schon mal ins Bordell, sind mehr oder weniger gut angezogen. Nichts, wirklich nichts ist an einem Terroristen, was einem Polizisten oder gar einem Geheimdienstagenten auffallen würde. Das Gefährliche an diesem Feind ist, dass er unerkannt unter uns lebt. Wie soll der Rechtsstaat auf ihn reagieren? Wie soll er sich wehren?

Dass der Umgang mit Feinden überhaupt keine Angelegenheit für Juristen oder Polizeibeamte sei, hat schon, wir hatten weiter oben bereits darauf hingewiesen, der Staatsrechtler Carl Schmitt herausgestellt. Den Feind zu fixieren – und gegebenenfalls zu vernichten – sei eine politische Aufgabe, anvertraut dem Souverän, der nicht nach dem Gesetz, sondern in freier Souveränität entscheide. Feind ist Feind und Krieg ist Krieg. Dass Schmitts Feind-Theorien heute wieder beachtet werden, liegt daran, dass sie für die aktuelle Problematik gut zu passen scheinen. Der Terrorist ist tatsächlich ein Feind, der sich mit den Instrumenten, über die der Rechtsstaat verfügt, nur schwer fassen lässt. Wie ein Kommentar zu Schmitts Thesen wirkt der Versuch einer Arbeitsgruppe der Vereinten Nationen, den Begriff des Terrorismus in ein Bündel objektiver Kriterien zu fassen. Die Experten quälen sich nun schon seit Jahren. Es gelingt nicht – jeder hat seine eigene Auffassung von »wahren« Terroristen. Carl Schmitt könnte triumphieren: Wer Feind ist, bestimmt jeder für sich.

Der Feind lebt offenbar, und wer als Feind identifiziert ist, muss damit rechnen, dass der Staat bedingungslos, also nicht als Rechtsstaat, sondern als totaler Staat, reagiert. Die Konsequenzen für die praktische Terrorbekämpfung lesen sich dann so: »Wenn bei der Ausschöpfung aller verfügbaren Erkenntnisse nicht geklärt ist, ob die Polizeien der Länder und des Bundes in der Lage sind, die Gefahr abzuwenden, darf die Bundesregierung die wirksamsten Kräfte, gegebenenfalls auch die Streitkräfte einsetzen. Es kann nicht angehen, dass bei einer unklaren Lagebeurteilung zunächst Polizeikräfte gegen einen möglicherweise waffentechnisch überlegenen Angreifer eingesetzt werden.«

Wer so über Terrorismusbekämpfung schreibt, der schießt auch. Dabei handelt es sich um einen als eher liberal bekannten Politiker: Die Ausführungen stammen vom SPD-Abgeordneten und Innenexperten Dieter Wiefelspütz.[13] Sie zeigen beispielhaft die Schmitt'sche Versuchung: Wer den Feind fixiert, nimmt für sich die Vollmachten des Ausnahmezustandes in Anspruch.

Wer vom Feind spricht, spielt mit dem Feuer. Doch die Gefährlichkeit des Begriffes darf uns nicht daran hindern, das Phänomen genau zu analysieren: Tatsächlich bringt ja der berechtigte Wunsch, dem unheimlichen Bösen zu begegnen, jeden präzise denkenden Rechtsstaatsjuristen in Verlegenheit. Der moderne Feind zeichnet sich dadurch aus, dass er das überkomme staatliche Denken in drei Dimensionen durcheinanderbringt: Seine Bedrohung entzieht sich den Kriterien für staatliches Reagieren nach Polizeirecht oder Strafrecht; er ist zugleich Kriegsgegner und Rechtsbrecher; er tritt zugleich als Unterworfener und als Konkurrent des staatlichen Gewaltmonopols auf.

Was das für den staatlichen Kampf gegen den Terrorismus bedeutet, soll nun genauer untersucht werden.

»Die öffentliche Sicherheit der ganzen Welt«

Verunsicherung, erste Dimension – Sie werden schon sehen –
Ermutigung für Märtyrer – Ein Staatsanwalt kommt zu spät

Die erste Dimension staatlichen Handelns besteht in der Wächterfunktion des Staates für die innere Sicherheit. Die innere Sicherheit ist gesetzlich in zwei große Kapitel geteilt, das Polizeirecht und das Strafrecht. Wo das Kapitel Polizeirecht endet und das Kapitel Strafrecht beginnt, muss man sich ein dickes Kreuz vorstellen. Dieses Kreuz markiert das Unheil: Es kann ein Sachschaden sein, ein Verbrechen, ein zerstörter Wert, ein Rechtsgut wie etwa die Ehre, ein Terrorakt, es kann durch unglückliche Umstände ausgelöst werden, wie etwa der Zusammenbruch eines Hauses oder einer Bank, oder durch zielgerichtetes kriminelles Handeln – egal: Im Zeitraum bis zu dem Kreuz gilt Polizeirecht, hinterher gilt, wenn es sich um etwas Strafbares handelt, Strafrecht. Vorher spricht man von »Gefahrenabwehr«, hinterher von »Strafverfolgung«.

Der inneren Sicherheit dient beides. Für die Gefahrenabwehr ist das evident, denn wenn die Polizei, die Ordnungsbehörden oder die Geheimdienste aufgrund ihrer polizeirechtlichen Befugnisnormen den Eintritt jener mit dem Kreuz markierten Situation zu verhindern suchen, gibt es weniger Schäden oder Verbrechen, erhebliche Werte werden gerettet, möglicherweise sogar Menschenleben. Für die Strafverfolgung ist es etwas komplizierter, denn die Strafe folgt ja erst, nachdem das Kreuz bereits gemacht wurde, sie folgt der Tat – die nicht notwendig ein zielgerichtetes infames Werk sein muss, sondern ebenso ein furchtbares Unglück sein kann, ausgelöst durch ebenfalls strafbare Fahrlässigkeit. Strafe kann also das Unheil, das Anlass zu ihrer Verhängung war, nicht mehr verhindern, ihr Zweck liegt vielmehr darin, künftiges Unheil dieser Art zu verhindern, etwa durch Abschreckung von künftigen Tätern, ebenso durch Sicherung und möglicherweise sogar Besserung des Verurteilten.

Selbst die häufig noch als Zweck der Strafe akzeptierte Sühne dient indirekt der inneren Sicherheit, weil sie den Opfern oder ihren Angehörigen Genugtuung verschaffen und Rachsucht – das schleichende Gift für jede geordnete staatliche Organisation – Einhalt gebieten soll. Dies alles muss man sich in Erinnerung rufen, um einen Eindruck davon zu bekommen, warum der Staat vom Terrorismus derart überfordert ist. Zumindest das Strafrecht scheint als Instrument im Krieg gegen den Terror schon deshalb ungeeignet, weil es zu spät kommt. Erst nach dem Terrorakt setzt seine Wirkung ein, und dies ist unverantwortlich angesichts einer Bedrohung, die Zuwarten auf vollendete Tatsachen verbietet. Terroristen, die möglicherweise über Massenvernichtungswaffen verfügen,»müssen nur einmal erfolgreich sein«, warnt Michael Ignatieff, der kanadische Bürgerrechtspolitiker. Nicht anders sieht es Kanzlerin Angela Merkel, die darauf hinweist, dass wir »es uns nicht mehr leisten können abzuwarten, bis ein Verbrechen wirklich geschehen ist«. Damit fällt aber ein Grundpfeiler des zivilen Sicherheitsrechts in sich zusammen – die über Jahrhunderte erprobte Erkenntnis, dass wir es uns leisten können abzuwarten, bis ein Unrecht begangen wurde, weil die sicheren Konsequenzen unsere Rechtsordnung und damit die innere Sicherheit »bewähren« werden, wie der Jurist sagt. Der hehre Grundsatz, niedergelegt auch im deutschen Grundgesetz, dass niemand verfolgt werden darf, bevor er nicht nachweislich eine gesetzlich mit Strafe bedrohte Handlung schuldhaft begangen hat, basiert auf dieser noblen Zurückhaltung des Staates: Meine Herren Verbrecher, versuchen Sies nur, Sie werden schon sehen, was Sie davon haben. Das ist die Idee, die schon Immanuel Kant beschrieb: Der potenzielle Täter, sein potenzielles Opfer und die »Obrigkeit« befinden sich in einem »gemeinschaftlich gesetzlichen Zustande«, im »Ewigen Frieden«, wenn es auch über Details unterschiedliche Auffassungen gebe. Doch alles Hoffen auf die läuternde Wirkung der Strafe – »Sie werden schon sehen« – erscheint gemessen an dem, was Al Kaida-Terroristen auf dem Herzen haben, geradezu naiv.

Weder abschreckend noch bessernd wirken die härtesten Straf-
drohungen – sondern, im Gegenteil, als Ermutigung für Märtyrer,
ihr Unheil zu versuchen.

Der naheliegende Gedanke, im Kampf gegen den Terror auf das
Instrument des Strafrechts lieber ganz zu verzichten, fällt andererseits schwer. Denn das Strafrecht verfügt über Werkzeuge der
Strafprozessordnung, die an Schärfe unübertrefflich sind. Das
gute Gefühl zum Beispiel, das jeder Polizeichef verbreiten kann,
wenn er auf der Pressekonferenz nach der Festnahme eines mutmaßlichen Terrorgehilfen verkünden kann, der Mann sei nun in
U-Haft: Eigentlich beruht es auf einem Etikettenschwindel. Vorläufig wegsperren kann man nur jemanden, der in dringendem
Verdacht steht, etwas Verbrecherisches getan zu haben (also nach
dem angekreuzten Zeitpunkt). Es muss also ein Staatsanwalt bei
einem Richter eines konkreten Strafverfahrens einen Haftbefehl
beantragt haben. Schiffbruch erlitten beispielsweise die Beamten
des Düsseldorfer Landeskriminalamtes, die im September 2008
ein Flugzeug auf dem Rollfeld des Kölner Flughafens stoppten
und zwei junge Männer aus der Maschine holten. Die Polizei,
so hinterher die Begründung, habe verhindern wollen, dass die
mutmaßlichen Mitglieder einer Terrorzelle in ein arabisches Land
fliegen, um sich dort in einem Trainingslager das nötige terroristische Know-how zu holen. Nur – der Versuch, vom Flughafen
Köln ins arabische Ausland zu fliegen, ist keine Straftat. Die jungen Leute konnten zwar vorläufig festgenommen werden, weil es
etwas zu klären gab. Dann aber mussten die Beamten sie wieder
laufen lassen: keine Haft ohne dringenden Straftatverdacht.

Seit die Bundesrepublik Deutschland mit dem Phänomen des
Terrorismus – in der einen oder anderen Form – konfrontiert
ist, hat es immer wieder Änderungen im Strafrecht gegeben, mit
denen versucht wurde, dem Dilemma zu entkommen: durch das
Kriminalisieren von Vorbereitungshandlungen. Der bekannteste
Vorstoß ins Vorfeld des Terrors ist der des Paragrafen 129a StGB,
der nicht nur zum Kriminellen erklärt, wer Mitglied einer Vereinigung wird, deren Zweck die künftige Begehung von Terror-

akten ist, sondern auch, wer so eine Vereinigung unterstützt oder für sie wirbt. Solche »Organisationsdelikte« lassen es zu, den Kreis der Personen, gegen die ein Strafverfahren wegen Terrorverdachts eröffnet wird, erheblich zu vergrößern. Die »Unterstützung« etwa sieht als Höchststrafe zehn Jahre Haft vor – aber um die Strafe geht es gar nicht, es geht um das Verfahren. Wer – als Demonstrant, als Journalist, als Rechtsanwalt, als Teilnehmer eines Computerspieles wie *World of Witchcraft* – absichtlich oder versehentlich zu nahe an einen Terroristenzirkel gerät, kommt dank dieser Vorschrift automatisch ins Visier des Generalbundesanwalts, Abteilung Terrorismus, und der verfügt über alle Folterinstrumente des Krieges gegen den Terror: Hausdurchsuchung, Telefonabhören, Computerspionage, beobachtende Fahndung, schließlich Untersuchungshaft. Jahrelang lassen sich solche Verfahren betreiben.

Der weiteren Ausdehnung der Strafbarkeit dient auch der Versuch, den Besuch von Terroristencamps unter Strafe zu stellen. Darüber verhandelte die Große Koalition im Winter 2008 – und auch hier geht es nicht um Strafe, sondern allein um die Machtmittel des strafenden Staates: Islamisten sollen künftig schon bei der Ausreise an der deutschen Grenze verhaftet werden können. Selbst über die Grenzen des Gewaltstrafrechts hinaus gibt es Strategien der Vorfeldkriminalisierung. So wurde noch unter der Rot-Grünen Koalition das Versammlungsrecht verschärft: Niemand machte einen Hehl daraus, dass es nicht um bessere Ordnung bei Demonstrationen ging, sondern um die erweiterte Möglichkeit, bei Verstößen gegen die Versammlungsordnung die Verletzung der zugleich erlassenen Strafvorschrift zu konstatieren und gegen unliebsame Demonstranten ein Strafverfahren zu eröffnen, in dessen Rahmen dann deren »Gewaltbereitschaft« geklärt wird.[14]

Zum Objekt des Strafverfahrens wird so nicht nur jeder Akteur im Dunstkreis des Terrors, sondern – gemäß der Strafprozessordnung – jeder, gegen den ein Verdacht besteht, er könnte so jemand sein. Für die Einleitung eines Ermittlungsverfahrens muss dabei nicht etwa ein Verdacht vorliegen, wie er zur Erhebung einer Anklage oder gar zur Verurteilung benötigt würde, es reicht in der Regel der »Anfangsverdacht« einer Vorfeldtat. Die Gefahr, zum Opfer eines strafprozessualen Verfahrens zu werden, ist also groß, die Konsequenzen sind unabsehbar. Wer einmal eine Akte hat, landet in den einschlägigen Dateien der Terroristenjäger. Die Antiterrordatei des Innenministers ist so ein Beispiel. Da werden nicht Terrorverdächtige gesammelt, sondern auch Personen, die verdächtigt werden, Terrorverdächtige zu unterstützen, und Personen, die verdächtigt werden, Personen zu unterstützen, die verdächtig sind, Terrorverdächtige zu unterstützen. Und natürlich Personen, die möglicherweise Informationen über solche Personen haben.[15]

Solche Dateien werden aufgrund internationaler Absprachen weltweit weitergegeben, denn die Strafverfolgung von Terroristen ist eine globale Angelegenheit. Das alte Urvertrauen der 68er, der Staat sei von den wilden Datenmülldeponien ohnehin überfordert, niemand könne das auswerten, ist mittlerweile nicht mehr durchgehend berechtigt: Die Vereinigten Staaten arbeiten mit Computern, die in der Lage sind, 1,6 Millionen Datensätze von jedem Bürger auf der Welt zu speichern, zu sortieren und wiederzuerkennen.[16] Da wundert man sich nicht, wenn größere US-Fluglinien jeden Tag 9000 Passagiere als potenzielle Terroristen diskret zur Seite bitten[17] und die Terror-Watchlist der Vereinigten Staaten 2008 um monatlich etwa 20 000 Namen wuchs. Das ist keine Terrorhysterie, das ist das System eines weltweit zweckentfremdeten Strafrechts.

Dass dabei zwar nicht den Computern, wohl aber dem Rechtsstaat die Orientierung abhandengekommen ist, zeigt sich auch in Deutschland. Nach langem Zögern wurde nach dem 11. September 2001 der Paragraf 129a auf Veranlassung der Europäischen Union um einen Paragrafen 129b ergänzt: Dieser bedroht jeden mit Strafe, der sich zu kriminellen Zwecken einer Vereinigung irgendwo auf der Welt anschließt. Die Zuständigkeit der deutschen Ermittler kann zum Beispiel schon dadurch begründet werden, dass ein Opfer irgendeiner der Straftaten, zu deren Begehung man sich am anderen Ende der Welt vereint hat, später einmal deutschen Boden betritt.[18] Da ständig irgendwo auf der Welt Böses geschieht, dessen Opfer mit großer Wahrscheinlichkeit auch mal auf einem Flughafen wie Frankfurt ankommen, müssten deutsche Kripostellen eigentlich ständig auf der Lauer liegen. In der Hast der Gesetzesschmiede gelang hier nach heftiger Auseinandersetzung zwischen Bundestag und Bundesrat ein wahrhaft großer Wurf: Nicht nur der Terrorismus, nahezu jede Straftat, die irgendwo auf dem Erdball einer Bande von Bösewichten jeder Art zuzuordnen ist, mehr noch, jeder Erdenbürger, der sich einer solchen Bande, die irgendwo auf der Welt Böses plant, anschließt oder sie auch nur unterstützt, gerät so ins Visier deutscher Staatsanwälte.

Der Wortlaut des Paragrafen 129b ist derart wirr und unverständlich, dass er hier nur als Fußnote dem speziellen Interesse anheimgegeben werden soll.[19] Dass diese Vorschrift viel zu weitgehend und darum für jeden ehrbaren Strafrechtler blanker Unfug ist, sagt auch der erfahrene Richter am Bundesgerichtshof Thomas Fischer. Im renommierten Praktikerkommentar des Beck Verlages schreibt er: Die Vorschrift »steht unter dem Verdacht einer praktisch bedeutungslosen ›Symbol‹-Verlautbarung«. Denn dass sich Deutschland mit diesem Gesetz zum Anwalt »der öffentlichen Sicherheit einschließlich des allgemeinen Rechtssicherheitsgefühls auf der ganzen Welt« gemacht habe, »mag als sicherheitspolitische Formel akzeptabel sein, gibt jedoch keine Orientierung für die Verfolgungspflicht deutscher Strafverfolgungsbehörden«: Eine solche Kritik im Standardhandbuch deutscher Richter und Staatsanwälte ist ungewöhnlich.

Und auch der Gesetzgeber selbst mag gemerkt haben, dass er der Justiz etwas aufbürdet, das diese nicht schultern kann. Darum wird der Auftrag an die Staatsanwälte im zweiten Teil des Paragrafen auch gleich wieder eingeschränkt: Fälle, die zu weit weg liegen, werden »nur mit Ermächtigung des Bundesministers der Justiz verfolgt«. Das Ministerium »zieht in Betracht«, so heißt es im Gesetz weiter, »ob die Bestrebungen der Vereinigung gegen die Grundwerte einer die Würde des Menschen achtenden staatlichen Ordnung oder gegen das friedliche Zusammenleben der Völker gerichtet sind und bei der Abwägung aller Umstände als verwerflich erscheinen«. Der Hintergrund dieser Formulierung: Es sollen Befreiungsbewegungen in den Unterdrückerstaaten dieser Welt von der deutschen Strafverfolgung verschont bleiben. Wo die Befreiungsbewegung aufhört und die terroristische Vereinigung beginnt, hat ein Ministerialbeamter im fernen Berlin zu entscheiden. Was, liebe Bundesregierung, ist mit den gewalttätigen Tibetern, die gegen Chinas Menschenrechtspolitik randalieren? Befreiungsbewegung oder Terror? Schicken wir einen Staatsanwalt zum Dalai Lama, weil er die wilden Mönche unterstützt? Vielleicht sollte man vorher ja nicht den Justizminister, sondern den Außenminister fragen. Und wenn man schon fragt, sollte man auch gleich die Frage klären, wie das mit Tschetschenien war und mit Russland. War der Aufstand der Tschetschenen eine Befreiungsbewegung? Dann war die gewaltsame Niederschlagung durch Russlands Wladimir Putin ein Verbrechen. Sollte man also einen Staatsanwalt in den Kreml, die Zentrale dieser kriminellen Vereinigung, schicken? Oder lieber warten, bis Putin das nächste Mal die Bundesrepublik besucht?

Der Versuch, den Terrorismus mit der Strafrechtsvorschrift 129b zu bekämpfen, führt nicht nur zu »abwegigen« (Fischer) Ergebnissen, er ist erschreckendes Zeugnis dafür, wie ein überforderter Staat das Strafrecht für Zwecke missbraucht, die mit Schuld und Sühne nichts mehr zu tun haben. Allein die Formulierungen über das, was ein Justizminister zu erwägen hat, sind eines rechtsstaatlichen Strafgesetzes unwürdig: Ob »Bestrebungen gegen die Grundwerte einer die Würde des Menschen achtenden staatlichen Ordnung gerichtet sind«, hat mit Recht nichts zu tun, das ist reine Politik im Sinne Carl Schmitts: Wer Feind ist, wird autoritär entschieden, da gibt es nichts zu rechten.[20]

Offener hat – von dunklen Zeiten zwischen 1933 und 1945 einmal abgesehen – nie zuvor ein deutscher Strafgesetzgeber

deutlich gemacht, dass er aufs Strafrecht pfeift, dass es in Wahrheit um etwas ganz anderes geht: Mit dieser Vorschrift bekommt es die Bundesregierung und auf ihr Kommando jeder deutsche Staatsanwalt und auf dessen Kommando jeder deutsche Polizist in die Hand, gegen nahezu jeden beliebigen Bürger auf der Welt ein Strafverfahren zu eröffnen. Mag auch die dann fällige Dienstreise – auf welcher Rechtsgrundlage eigentlich? – niemals genehmigt werden, mag auch der betreffende Beamte das Dörfchen, gegen das sich seine Ermittlungen richten, auf keinem Atlas finden – es gibt einen Vorgang mit einem Aktenzeichen in einer deutschen Behörde. Und der bleibt nicht folgenlos. Denn ein Vorgang ist ein Sachverhalt, der zu den kühnsten Maßnahmen berechtigt: So erst wird die Antiterrordatei des Innenministers wirklich global, denn jeder, der nach 129b Böses tut oder in Verdacht steht, Böses zu tun, oder Böses unterstützt oder in Verdacht steht, Böses zu unterstützen, oder Kontakt zu einem hat, der einen, der Böses tut, unterstützt, oder in Verdacht steht ...
Wir wissen es jetzt.

»Ein Massenmord von unvorstellbarem Ausmaß«

*Was die Polizei genau weiß, aber nicht beweisen kann –
Live-Fernsehen fürs BKA – Karottenbrei im Morgengrauen –
Die Briten nerven – Die Gefährlichkeit von Golfbällen*

Dass das Strafrecht nicht zum Kampf gegen den Terrorismus taugt, wird in anderen europäischen Ländern noch drastischer deutlich. Im terrorgeplagten Großbritannien etwa biss sich die Justiz ihre Zähne an Ali Ahmed Khan aus, einem pakistanisch-englischen Terroristen. Mutmaßlicher Terrorist, bitte: Alle sind sich sicher, dass er mindestens sieben vollbesetzte Transatlantikflugzeuge auf dem Weg von London Heathrow in die USA explodieren lassen wollte. Ihm verdanken wir, dass wir vor jedem Flug alle Flüssigkeiten, die wir mit an Bord nehmen wollen, in

ein kleines durchsichtiges Plastiktütchen packen und einem
Kontrolleur zeigen müssen. Und dennoch ist es bisher keinem
Gericht gelungen, ihn zu verurteilen.

Khan ist der innere Feind. Aufgewachsen ist er als Brite unter
Briten im Londoner Osten, wo es eine große pakistanische
Gemeinde gibt und eine lebendige pakistanische Subkultur aus
dem ehemaligen britischen Kolonialreich etabliert ist. »The
angry sons« muslimischer Einwanderer, nennt sie der *Econo-
mist*, Scotland Yard hält viele der zornigen jungen Männer für
Islamisten. Der britische Geheimdienst interessierte sich für den
25-jährigen Khan, seit dieser vor Jahren mehrfach ins pakis-
tanisch-afghanische Grenzgebiet reiste. Dorthin, wo man jene
weltweit berüchtigten Terroristenschmieden findet, in denen
angeblich Al Kaida ihre Selbstmordattentäter ausbildet.

Im Juli 2005 sprengten Islamisten in Londons Innenstadt
U-Bahnwaggons und einen Bus in die Luft. Und bald darauf
meldete sich, von den Ereignissen sensibilisiert, jemand aus der
islamischen Einwanderergemeinde bei den Ermittlern, um zu
berichten, dass in seiner Nachbarschaft Verdächtiges vorgehe.
Möglicherweise sei da noch ein weiterer Anschlag geplant.
Geheimdienst und Scotland Yard filzten ihre Listen, glichen ab
und kamen zunächst auf rund 1000 Muslime, einige von ihnen
britische Konvertiten, denen sie ein weiteres Attentat zutrauen
würden. Khan war natürlich auch dabei. Die lange Liste wurde
systematisch abgearbeitet: Tatsächlich stießen die Fahnder auf
eine ganze Gruppe, die Verbindungen zu Expakistanis im ganzen Land geknüpft hatte, heftig Informationen austauschte und
bei näherem Hinsehen ein »ungesundes Interesse« (Polizei) an
flüssigem Sprengstoff zeigte. Khan war auch dabei.

Zum Stichwort »flüssiger Sprengstoff« findet jeder Terrorismus-
experte in seinen Archiven die Geschichte von Ramzi Yousef.
Das ist der Terrorist, der noch heute in Colorado in Isolationshaft sitzt, weil er 1993 den ersten Anschlag auf das World Trade
Center in Manhattan ausgeführt hat. Die Bombe, die er damals
mit vier Komplizen zündete, kostete sechs Menschen das Leben.

Yousef fuhr rechtzeitig vor der Explosion über den Hudson und beobachtete vom anderen Ufer, wie der Rauch aus den Türmen aufstieg, die damals zu seiner Enttäuschung nicht zusammenstürzten. Zwei Jahre war Yousef hinterher auf der Flucht und hatte genug Zeit, neues Unheil zu stiften. An Bord eines Flugzeugs der Philippine Airlines baute der Terrorist unbeobachtet eine kleine Bombe aus Flüssigsprengstoff, den er in einer Flasche für Kontaktlinsenreiniger verborgen hatte. Als Zünder diente eine Digitaluhr. Die Höllenmaschine versteckte Yousef unter seinem Sitz, bevor er bei einem Zwischenstopp das Flugzeug verließ. Auf dem Weiterflug detonierte der Sprengsatz. Der Pilot konnte die Maschine trotzdem sicher landen – doch die Explosion forderte einen Toten und mehrere Verletzte. Zwei Monate später wurde der Bombenbauer in einem Unterschlupf Osama Bin Ladens verhaftet.

Das Aktenstudium löste in London Großalarm aus. Es war möglich, das hatte Yousef bewiesen, flüssigen Sprengstoff, Zünder und Zubehör als Reiseutensilien getarnt an Bord eines Flugzeuges zu bringen – und die Maschine damit zum Absturz zu bringen. Die größte Polizeiaktion in der Geschichte von Scotland Yard lief an. Rund fünfzig Personen von der Liste wurden monatelang ständig überwacht. Tausende von Polizisten waren rund um die Uhr im Einsatz. Als Khan dabei beobachtet wurde, wie er in Elektronik-Bastelläden nach Bauteilen suchte und in einem Internetcafé Flugverbindungen in die USA recherchierte und auf einen Datenstick herunterlud, schalteten die Briten ihre Kollegen in den USA ein. Auch Pakistan wurde informiert. Khans Haus im Londoner Stadtteil Walthamstow war ab sofort unter totaler Kontrolle der Ermittler. Wanzen und Videokameras übertrugen live in die Antiterrorzentrale, was da vorging. Plastikflaschen wurden präpariert, Flüssigkeiten gemixt, einmal hob Khan sogar drohend den Finger und deklamierte: »Now the time has come for you to be destroyed!«

Bei Scotland Yard war man überzeugt, dass die Zeit nun gekommen sei, einzugreifen: Der Welt drohe »ein Massenmord von unvorstellbarem Ausmaß«, befand Scotland Yards Vizechef Paul Stephenson, mindestens sieben Transatlantikflüge, so kalkulierten die Ermittler, sollten möglicherweise am Himmel zur Explosion gebracht werden, und möglicherweise nicht über dem offenen Meer, sondern kurz vor der Landung, über Metropolen wie New York oder Washington. Die Katastrophe, die Londons Terrorismusexperten nicht anders als die Kollegen vom FBI in den USA vor sich sahen, hätte den 11. September womöglich in den Schatten gestellt: Auch diesseits des Atlantiks hätte man fortan von »Krieg« gesprochen.

Im Morgengrauen des 10. August 2006 gab es ein für die frühe Stunde selbst auf dem Flughafen Heathrow ungewöhnliches Gedränge bei der Abfertigung. Die Sicherheitskräfte filzten plötzlich alle Passagiere mit scheinbar manischer Besessenheit. Mütter von Kleinkindern mussten jedes Döschen Babynahrung öffnen und vom Inhalt ein Löffelchen verzehren, um zu beweisen, dass es sich nicht um Sprengstoff handelte. Keine Banane kam mehr ungeschält an Bord. Kurz darauf wurden alle Amerikaflüge abgesagt. Wenige Stunden zuvor hatte der britische Innenminister entschieden, dass die Ermittler nun den Dingen nicht länger ihren Lauf lassen konnten. Noch am selben Tag wurden 24 mutmaßliche Mitglieder der Terrorgruppe verhaftet, einer davon musste gleich wieder freigelassen werden. Doch Khan war unter den Hauptverdächtigen. In seinem Haus stellten die Ermittler nicht nur bombenfähiges Wasserstoffperoxyd sicher, sondern auch den USB-Stick mit den Flugdaten der Maschinen, die sich die Verhafteten für ihre Taten offenbar ausgesucht hatten. Sogar Videos fanden die Fahnder, in denen sich die Verhafteten als Märtyrer aufspielten und sich brüsteten, Unheil über die verkommene westliche Welt zu bringen.

Die Briten haben den schlimmsten Terroranschlag der Geschichte knapp verhindert: Dies war die Parole, mit der die Justizpolitiker von der Insel alsbald Druck in Brüssel machten. So tough wie die Polizei der Krone solle gefälligst auch der Kontinent in Zukunft seinen Krieg gegen den Terror führen. Und schönen Gruß von den Freunden aus Washington: Dort sehe man das genau so. Tatsächlich verschärfte Brüssel mithilfe von Rahmenbeschlüssen die Regeln in seinem »gemeinsamen Raum des Rechts und der Sicherheit«. Bis heute sind davon vor allem die lästigen Flüssigkeitskontrollen zu spüren. Im Berliner Justizministerium zeigte man sich zwar intern genervt über die ständigen Verbesserungsvorschlage, die von London über Brüssel kamen. »Der Druck, den die Briten machen, ist unglaublich«, sagt ein führender Mann aus dem Ministerium von Brigitte Zypries. Aber zur selben Zeit, da in Justizkreisen kritische Vermerke angefertigt wurden, reiste eine Delegation von Innen mit BKA-Leuten nach London, um sich die ruhmreichen Ermittlungen der Kollegen noch mal ganz genau erklären zu lassen. Besonders beeindruckt zeigten sich die Deutschen von den Videokameras im Haus Khans. So muss man es machen. Terrorfernsehen mit Direktschaltung. »Das wollen wir auch«, sagten die Fahnder vom BKA. Im neuen, lange umstrittenen Gesetzentwurf wurde denn auch der »Videoangriff« dem »Lauschangriff« hinzugefügt.

Gemessen daran war es ein Desaster, was die Londoner Ermittler zwei Jahre später, im August 2008 ereilte. Nach vier Monaten Verhandlungsdauer wurden Khan und seine mutmaßlichen Mittäter vom Vorwurf der gemeinschaftlich geplanten Flugzeugsprengungen freigesprochen. Der Massenmord, der rund um den Globus für antizipiertes Entsetzen gesorgt hatte, war aus der Sicht der Jury zwar möglich – aber nicht hinreichend bewiesen.

Die Angeklagten hatten standhaft behauptet, sie hätten niemals vorgehabt, Bombenstoff an Bord eines Flugzeuges zu bringen, geschweige denn, dort eine Explosion auszulösen. Und sie führten dem Gericht, ja, der ganzen Weltöffentlichkeit vor, wie machtlos eine Rechtsordnung ist, die gewissenhaft mit Begriffen wie »Verdacht« und »Beweis« umgehen will. Die Bomben, erklärten sie, seien recht harmlos und nur dazu gedacht gewesen, im Flughafen ein bisschen herumzuknallen und die Leute zu erschrecken, so eine Art gewalttätiger Demonstration. Und die Märtyrervideos? Sollten ebenfalls nur den Engländern einen Schreck einjagen, zur Strafe für die Teilnahme am Irakkrieg. Ja, aber der Datenstick mit den Flugdaten? Man wird ja wohl mal eine Amerikareise planen dürfen, ohne gleich als Terrorist verhaftet zu werden.

56 Stunden lang, die Richter haben auf die Uhr geguckt, stritt die Jury über die Frage, ob die Beweise für den geplanten Massenmord ausreichen. Ob es wirklich sein könne, dass die Beweise, die der immerhin größte Einsatz in der Geschichte von Scotland Yard ans Licht gebracht hatte, nicht ausreichen, diese offenkundig frechen Lügen der Angeklagten zu widerlegen. Das Verhalten der Männer und Frauen des hohen Gremiums war zugegeben angetan, weltweit Kopfschütteln über diese verrückten Briten auszulösen. So unterbrachen sie zum Ärger des Gerichts ihre Beratungen wochenlang, um in Urlaub zu gehen. Weitere Unterbrechungen wurden nötig, weil einer der Männer sich im Krankenhaus einer Notfallbehandlung unterziehen musste: Er war beim Spiel auf einen Golfball getreten.

Ja, das scheint absurd, aber an der Logik der Jury kommt der Krieg gegen den Terror dennoch nicht vorbei: Nicht alles, was Terrorbekämpfer für möglich, sogar für sehr wahrscheinlich halten, ist rechtlich beweisbar. Die Briten haben schließlich nicht nur berühmte Golfspieler und tolle Videosysteme, sondern auch berühmte Philosophen wie Sir Karl Popper vorzuweisen, dessen größtes Vermächtnis darin besteht, den Unterschied zwischen wahrscheinlich und sicher erklärt zu haben.

Sicher sei nur, befand die Jury, dass Khan und seine Freunde etwas vorhatten, das im unglücklichsten Fall wahrscheinlich Menschenleben gekostet hätte, ob am Boden oder in der Luft. Für langjährige Gefängnisstrafe, dies zum Trost, reichte es ja auch so. Und doch bleibt ein Gefühl der Machtlosigkeit: Muss man es hinnehmen, dass Leute, die ganz offenkundig in Terror schlimmster Art verstrickt sind, so einfach davonkommen? Hätte man wirklich, um das geplante Unheil beweisen zu können, warten müssen, bis die Männer mit ihren Flaschen die Flugzeuge bestiegen hätten? Wäre das nicht viel zu riskant gewesen? Wäre man dann noch sicher gewesen, dass nicht zugleich an anderer Stelle eine andere Gruppe schon gestartet ist?

Wie allfällig das Problem ist, zeigen die Zahlen: Unter dem scharfen britischen *Terrorism Act*, der schon im Jahr 2000 in Kraft trat, wurden bis zum Sommer 2008 insgesamt 1165 Personen verhaftet. Gut die Hälfte musste ohne weiteres wieder freigelassen werden, rund 100 Strafverfahren sind anhängig, nur 41 Personen wurden bisher verurteilt. Eine Untersuchung aus Amerika zeigt, dass dort das Strafrecht ebenfalls in krassem Missverhältnis zu den Befürchtungen der Terroristenjäger steht: Von September 2001 bis März 2007 meinte die Justiz, 1391 Personen als »internationale Terroristen« gefasst zu haben.[21] 32 von ihnen wurden zu einer Haftstrafe von mehr als einem Jahr verurteilt. »Vor den Gerichten«, urteilt *Newsweek* angesichts des Desasters mit den Flüssigbombern, »ist der Krieg gegen den Terror zurzeit nicht zu gewinnen.«

»Was soll ich denn machen, in dieser Situation?«

Die präventive Wende – Es geht nicht darum, das letzte Attentat zu verhindern, sondern das nächste – Ein Polizist kommt auch zu spät – Die Säulen des Rechtsstaats – Friede auf Erden oder Ruhe im Dorf?

Einer hat schon lange gemerkt, dass es so nicht weitergeht: Der deutsche Innenminister. Wolfgang Schäuble ist offenkundig nicht nur darüber unglücklich, dass alles, was mit Strafverfolgung zu tun hat, nicht seinem Kommando untersteht, sondern – wie auch in Paragraf 129b – seiner Kollegin Brigitte Zypries im Justizministerium. Und die ist von der anderen Partei, sieht manches doch noch etwas liberaler als der harte Hund im Innenamt. Er lässt intern auch keinen Zweifel daran, dass er das Strafrecht für das falsche Instrument hält, wenn es gegen Terroristen geht.[22]

Was Schäuble versucht, heißt in seinem Hause die »präventive Wende«. Der Innenminister setzt aufs Polizeirecht. Er ist der erste deutsche Innenminister, der klar ausspricht, wo es langgehen muss: »Es geht nicht darum, das letzte Attentat zu verhindern, sondern das nächste.« Gefahrenabwehr, das andere Kapitel der inneren Sicherheit, sei wichtiger als Strafrecht, sei das Gebot im Kampf gegen den Terrorismus, etwas tun, bevor es zu spät ist.

Das klingt so einleuchtend, dass man glauben sollte, es wäre schon immer so gewesen: Der Krieg gegen den Terror ist eine Sache der Polizei, nicht der Strafverfolger. Aus der Sicht der Verfolgten und unbeteiligter Beobachter ist das ohnehin kein großer Unterschied: Immer sind es Polizisten, die – zumindest im Inland – Jagd auf Terroristen machen. Nur der Jurist zieht zwischen Polizeiarbeit im Auftrag der Strafverfolgung und Polizeiarbeit zur Gefahrenabwehr eine Grenze: Da steht das Kreuz. Verfolgen die Sicherheitskräfte Verbrechen oder Verbrecher, werden sie »hinterm Kreuz« tätig, als Kriminalpolizei im Auftrag der Staatsanwaltschaft. Der Innenminister hat hier nichts zu sagen, die Anwendung der Strafprozessordnung läuft unter der Verantwortung der Justizminister von Bund und Ländern. Versucht die Polizei, »vor dem Kreuz«, Verbrechen zu verhindern, tut sie das unter Verantwortung der Innenminister, denn es handelt sich um Gefahrenabwehr. Hier herrscht der Geist der Prävention, hier geht es nicht um Schuld und Sühne, denn es ist ja noch gar nichts passiert. Ein Täter, der im präventiven Bereich der Polizei ins Visier gerät, ist ja gerade kein Täter, sondern jemand, der Täter werden könnte. Wenn man vorhersehen kann, dass er vielleicht etwas tun wird, was dann ein Verbrechen wäre, ist er auch noch lange kein »Verdächtiger«. Verdächtig kann man nur sein, eine Tat begangen zu haben, nicht, sie tun zu werden. »Verdächtige« sind Objekte staatsanwaltlicher oder kriminalpolizeilicher Befassung. Die Personen, die wahrscheinlich in der Zukunft zum Täter werden, heißen – gefahrenabwehrrechtlich – »Störer«. Der Innenminister jagt Störer, der Justizminister jagt Verbrecher.

Wie soll man diese Störer nennen, um die es Herrn Schäuble geht? »Terrorgeneigte Bürger« wäre rechtlich korrekt, hinzu kommen »terrorgeneigte Ausländer« im Verantwortungsbereich der inländischen Sicherheitsbehörden. Das klingt alles ein wenig ungewohnt, weil die Mitbürger des deutschen Innenministers es sich angewöhnt haben, pauschal über »Terrorverdächtige« zu sprechen oder, feiner, über Leute, die »in den Terrorismus verstrickt sind« – was ja, wie wir aus Paragraf 129a und Paragraf 129b wissen, auch eine Straftat ist. Ziel dieses Buches ist es, die schwierigen Verhältnisse im Krieg gegen den Terrorismus deutlich werden zu lassen. Dies setzt eine möglichst präzise Begrifflichkeit voraus, mögen auch, wie der Innenminister meint, die »Begriffe verschwimmen«.

Das Polizeirecht ermöglicht es den Sicherheitskräften einzugreifen, bevor etwas passiert ist. Das ist der Vorteil. Das Polizeirecht hat aber herkömmlich zwei erhebliche Nachteile: Zum einen ist es zersplittert in 17 verschiedene Gesetze der 16 Bundesländer und des Bundes. Denn Polizeirecht ist vor allem Ländersache und schon deshalb schnellen und eindeutigen Verschärfungen durch die Berliner Regierungskoalition entzogen. Alles, was an rechtlichen Voraussetzungen im Kampf gegen den Terror nötig ist, muss erst durch die Mühle der Innenministerkonferenz der Länder und dann in den politisch verschiedenfarbigen Länderkoalitionen einzeln verabschiedet werden. Der ungeduldige Bundesinnenminister, der die Verantwortung für die Sicherheit Deutschlands auf seinen Schultern sieht, hat bei alledem nichts oder allenfalls beratend mitzureden. Zum anderen verfügt das Polizeirecht herkömmlich bei Weitem nicht über so scharfe Waffen wie die vom Bund verantwortete Strafprozessordnung. Von seiner ganzen Konstruktion her ist es nicht auf Personen, sondern auf konkrete, kurzfristig zu beseitigende Situationen bezogen. Die geduldige Beschäftigung mit dem Urheber von Gefahren tritt zurück hinter die Hauruck-Notwendigkeit, die Gefahr zu beseitigen – egal, wer dafür verantwortlich ist. Die Störer als Verantwortliche sind oft gar nicht greifbar. Dann werden sie

nicht etwa gesucht, sondern dann darf die Polizei einen Unbetei-
ligten heranziehen oder die Sache selbst geradebiegen. Der klassische Anwendungsfall solcher polizeilichen Maßnahmen ist das
Abschleppen falsch geparkter Autos vor Feuerwehreinfahrten.
Das Polizeirecht ist ein pragmatisches, friedliches Recht, da geht
es nicht um die Bekämpfung von Feinden rund um den Erdball,
sondern um Ruhe im Dorf.

Für den Terrorbekämpfer bringt es denselben Nachteil wie das
Strafrecht: Es kommt ebenfalls zu spät. Zwar muss der Gefah-
renabwehr-Polizist nicht wie sein Kollege von der Kripo warten,
bis eine Straftat tatsächlich begangen ist, aber auch sein Handeln setzt meist voraus, dass etwas passiert ist, dass Umstände
eingetreten sind, die ein konkretes Gefahrenurteil erlauben und
Anlass für rechtsstaatliches, verhältnismäßiges Handeln sind.
Doch genau dies ist im Kampf gegen den Feind nicht möglich:
Der Terrorismus lebt von der Überraschung, vom Angriff aus
dem blauen Himmel von New York am 11. September 2001, von
der Explosion mehrerer Rucksackbomben in der schläfrigen
Atmosphäre eines Madrider Vorortzuges morgens um 7. 40 Uhr
am 11. März 2004. Haben die Wächter in Uedem einen »Renegade« erst auf dem Schirm, ist es leicht, von einer Gefahr zu
sprechen. Doch ist es dann nicht zu spät?

So stellt das Recht der Gefahrenabwehr die Antiterrorstrategen
bei allen Kompetenzproblemen vor dasselbe Dilemma wie das
Strafrecht: Seine rechtsstaatliche Anwendung setzt Umstände
und Indizien voraus, die abzuwarten niemand mehr riskieren
will. Wer das so betrachtet, kann fast Mitgefühl mit dem Bundesinnenminister bekommen, wie er verloren an seinem großen
Konferenztisch im Gespräch sitzt und den Kopf immer tiefer
in die linke Hand sinken lässt: »Was soll ich denn machen, in
dieser Situation?« Schäuble wirbt in Gesprächen mit seinen Kri-
tikern um Einsicht: Die Konstruktion des Polizeirechts müsse
geändert werden. Der Bundesminister müsse mehr von den
Länderkompetenzen bekommen, das Polizeirecht müsse schärfer
werden. Ein gutes Stück ist Schäuble schon vorangekommen. Er

hat das ihm unterstehende Bundeskriminalamt, seinem Namen zum Trotz, zur zentralen Instanz der vorbeugenden Terrorbekämpfung ausgebaut. Die Zuständigkeit für einen Teil der präventiven Polizeiarbeit luchste er den Ländern bei der Föderalismusreform schon 2006 ab. Das war ein Tauschgeschäft: Mehr Gefahrenabwehr für den Bund, dafür mehr Hochschulpolitik für die Länder. Und mit dem neuen Zuständigkeitspfund hat der Innenminister gewuchert: Nun habe er die präventiven Kompetenzen einmal, argumentierte Schäuble vor dem Bundestag, nun müsse er sie auch »ausfüllen«. Diese »Ausfüllung« beschäftigte in den folgenden Jahren dann zunehmend die öffentliche Debatte in Deutschland: Lauschangriffe, Videoangriffe, Onlinedurchsuchungen, organisierte Durchforstung des Internet, biometrische Passregister.

Doch all diese Bemühungen stoßen an die Grenzen des Rechtsstaates. Verdacht und Gefahr sind die Säulen des konventionellen Rechtes der inneren Sicherheit. Der Verdacht einer Straftat legitimiert die Kriminalpolizei, auf Kosten der Freiheit »Verdächtiger« tätig zu werden, die Gefahr eines Unheils legitimiert die Schutzpolizei, Maßnahmen zur Abwehr zu treffen. Verdacht wie Gefahr setzen jeweils voraus, dass »etwas passiert« ist, das die Vermutung, die hinter dem Verdacht oder der Gefahrenannahme steckt, stützt; etwas, das notfalls vor Gericht einer Überprüfung standhält und die Antwort auf die Frage zulässt, ob es im Einzelfall gerechtfertigt war, die Freiheit eines Bürgers – Störers, Verdächtigen – einzuschränken. Diese objektiv überprüfbaren Schwellen für staatliches Handeln muss es im Rechtsstaat geben.[23] Werden sie plattgemacht, so warnt der Exverfassungsrichter und Staatsrechtsprofessor Dieter Grimm, »kann man den Staat nicht mehr durch rechtstreues Verhalten auf Distanz halten«. Völlig ohne eigenes Zutun müsse jeder damit rechnen, zum Objekt staatlicher Inquisition zu werden. Dies wäre das Ende der Freiheit, die vor dem Feind zu verteidigen der Staat angetreten ist.

Mit der Begründung, aus Furcht vor dem Feind früher handeln zu müssen, lassen sich die Umstände, die vom Gesetz als Voraussetzung für polizeiliche Eingriffe angesehen werden, minimieren. Es muss, unjuristisch formuliert, noch nicht viel passiert sein, um zuschlagen zu können. Wo genau verlaufen im Krieg gegen das unfassbare Böse die Grenzen dieses polizeirechtlichen Minimierungsprozesses? Dies ist die Kernfrage der Diskussion um das Recht der Terrorabwehr. Sie wird uns im nächsten Kapitel beschäftigen.

»Freunde der Fährnis«

*Verunsicherung, zweite Dimension – Verbrechen oder Krieg? –
Die Segnungen der Fliegerei – Leviathans hässliche Kratzer –
Die Ordnung franst aus – So argumentieren Putschisten*

Doch die Herausforderung ist weit größer. Dieser Feind überfordert nicht nur die Strukturen der inneren Sicherheit, er verwischt die seit dem Westfälischen Frieden scheinbar sichere Grenze zwischen innerer und äußerer Sicherheit. Denn er tritt zugleich als Verbrecher und als Kriegsgegner auf. Und dies stellt nicht nur den überkommenen Rechtsstaat infrage, sondern den Staat überhaupt. »Die Entwicklung der Kriminalität und gerade auch der terroristischen Gewalt«, befürchtet der Verfassungsrichter Udo Di Fabio, »übersteigt Grenzen, nicht nur die des Staates, sondern auch ideelle Grenzen der Politik und des Rechts. Dazu gehört, dass getrennte Rechtsräume und die Vorstellung von innerer und äußerer Rechtsordnung zur Disposition gestellt scheinen.«

Um die Herausforderung, vor die das Recht des modernen Staates gestellt ist, zu erahnen, kann man sich in die Situation eines Lesers der US-amerikanischen Tageszeitung *International Herald Tribune* vor hundert Jahren versetzen. Am 9. September 1908, 93 Jahre und zwei Tage vor dem Anschlag auf die Twin Towers in New York und das Pentagon in Washington, berichtet das Blatt von der erstaunlichen Unternehmung des Mr. Orville

Wright: »Wright und sein Flugzeug haben heute Morgen den ersten Platz in der Welt der Luftfahrt erobert.« Weiter: »Sie« – nämlich der Mister und seine treue Maschine – »blieben 57 Min. 31 Sec. in der Luft, und sie kamen hauptsächlich deshalb herunter, weil Mr. Wright müde wurde«, nicht etwa seine Maschine. »Es ist damit ein für alle Mal geklärt«, belehrt das Blatt den staunenden Leser, »dass Flugzeuge über längere Zeiträume in der Luft manövriert werden können – und dass dies nicht mehr Schwierigkeiten macht, als etwa ein Auto zu chauffieren.«

Hundert Jahre später wird allerorten betont, die Terrorattacken vom 11. September 2001 markierten eine Zeitenwende. Und es kann sein, dass tatsächlich erst das Inferno der brennenden Türme von Manhattan überdeutlich machte, wie vieles, was man bis dahin für sicher hielt, nun nicht mehr gilt. Doch die wahre Zeitenwende stellt jene Meldung über Mr. Wrights Wundermaschine dar. Zu Beginn des 20. Jahrhunderts herrschte eine Aufbruchstimmung in Amerika, dem Land der unbegrenzten technischen Möglichkeiten. Hier konnte ein Mensch 57 Minuten und 31 Sekunden in der Luft bleiben, und er musste überhaupt nur deshalb wieder herunterkommen, weil er der Technik zum Trotz müde wurde.

Dass die kühne Tat des Mr. Wright irgendwann in Krieg oder Massenmord enden könnte, wenn Fanatiker die Segnungen der neuen Technik gegen die Gesellschaft und den sie beschützenden Staat wenden würden, konnte man nicht voraussehen. Konnte man das wirklich nicht? Der amerikanische Romancier Thomas Pynchon beschreibt in seinem jüngsten Roman *Gegen den Tag* die Kultur einer Weltmacht im Morgengrauen des 20., des mörderischen Jahrhunderts: Die Segnungen der Fliegerei, der Elektrizität, der Kommunikation mit und ohne Drähte, das Nebeneinander edelster Zukunftsträume und elendester Ausbeutung der Menschen in den Bergwerken des Fortschritts sind nie so eindrucksvoll und zynisch beschrieben worden wie bei Pynchon. Alles wird aus den Angeln gehoben in dieser Geschichte, Realität und Zauberei, Physik und Aberglaube, Liebe und Hass,

Schwerkraft und Zeit, Recht und Unrecht – vor allem aber: die Menschlichkeit.

Das ist ja kein Märchen. Die Folgen der Erhebung des Menschen in die Luft, der beginnenden Globalisierung waren zuerst in den Vereinigten Staaten zu beobachten: Massenelend unter den Einwanderern, Fremdenfurcht, soziale Unruhen, organisierte Kriminalität, Al Capone, der Mann, der um des geschäftlichen Vorteils willen über Leichen ging und schließlich nur wegen Steuerhinterziehung eingelocht werden konnte. Die Prohibition als hilfloser Versuch des Staates, die zusammenbrechende öffentliche Ordnung mit undurchsetzbaren Verboten wiederherzustellen, dann der erste Polizeistaat auf amerikanischem Boden, die hysterische Furcht vor Kommunisten, die Gründung des FBI als paramilitärische Truppe, um Ruhe im Land zu schaffen. Schließlich, als Folge der Wirtschaftskrise, der New Deal des Präsidenten Franklin D. Roosevelt, aus der Sicht des liberalen amerikanischen Zukunftsglaubens eine Art Wirtschaftsdiktatur.

Die brutale Skizze muss reichen: So geht es, wenn die rechtliche Ordnung der zivilisierten Welt hinter der Entwicklung ihrer Gesellschaften hinterherhinkt. Die Erfindung des Staates, des Rechtsstaates, die Regeln des Strafrechts und der Polizei als Schutztruppe der guten Ordnung – all dies geschah Jahrhunderte vor dem 9. September 1908, als die Grenzen der alten Ordnung bedeutungslos wurden wie einst in der Epoche der Renaissance zu Beginn der Neuzeit. Die Erfindung des Buchdrucks hat die Aufklärung gebracht – und das Reichskammergericht. 1495, kurz nach der Entdeckung Amerikas, wurde auf dem Reichstag zu Worms der Ewige Landfriede verkündet – statt Fehde und Rache, Blut und Tränen sollte künftig das Wort des Gerichts herrschen. Frieden durch staatliches Recht: So alt ist die Idee.

Doch die Staatsideen der frühen Neuzeit sind reparaturbedürftig, seit das 20. Jahrhundert am alten Staat des Thomas Hobbes nagte. Die Globalisierung ist ja nicht als plötzliches, katastrophales Ereignis zum Ende des vergangenen Jahrhunderts über die Menschheit gekommen, sie stellt vielmehr einen allmählichen Prozess dar, der spätestens seit der Erfindung der Fliegerei und der elektrischen Kommunikation seinen Anfang genommen hat. Die Erfolgsgeschichte der industriellen Revolution ist ohne weltweiten Austausch von Informationen, Leistungen, Finanzen – und Menschen – gar nicht denkbar. Und schon lange waren es einzelne Wirtschaftsmächte erst in Europa, später die USA, die versuchten, den armen Rest der Welt für sich arbeiten zu lassen.

Die Staatenordnung geriet auf diese Weise immer weiter unter Druck. Die drei Ingredienzien, die einen Staat ausmachen, wurden zunehmend unwichtiger: Das Staatsvolk mischte sich mit den Völkern anderer Staaten, reiste frech umher und verlor an Bodenständigkeit. Zweitens wurde das Staatsgebiet in dem Maße verfügbar, in dem die Grenzen überwindbar und durchlässig wurden. Die fünf comichaften »Freunde der Fährnis«, die in Pynchons Roman ort- und zeitlos in ihrem märchenhaften Luftschiff mit Funkverbindung zu einer ebenso ort- und zeitlosen Instanz herumsegeln, um die Erdkugel fliegen und manchmal auch im Fluge eine Abkürzung durch geheime Kontinentaltunnel nehmen, sind eine lustige Illustration des heute selbstverständlichen Phänomens, dass Staaten ihre Gebietshoheit jedenfalls nicht mehr mit Wehrtürmen und Grenzsoldaten sichern können. Imperien, die jahrtausendelang verzweifelt versucht hatten, ihre Grenzen dicht zu halten, sind erst durch die Fliegerei, dann durch das Fernsehen und schließlich das Internet in die globale Kommunikation einbezogen worden.

Die Staatsgewalt ist drittens auch nicht mehr das, was Thomas Hobbes sich darunter vorgestellt hat: Der Leviathan im Kettenhemd aus lauter kleinen Menschlein ist eine Figur, die geschützt wird, um zu schützen, die ihr Gewaltmonopol ausübt und Gehorsam fordert, um Sicherheit zu bieten. Und Leviathan hat ein Schwert in der Hand – um sich und seine Leute gegen andere, gegen äußere Mächte zu verteidigen. Die Gewährung von innerer und äußerer Sicherheit ist, nach Auffassung des deutschen Innenministers Wolfgang Schäuble »Ausgangspunkt modernen Staatsdenkens«, von dieser Idee leite »die Institution Staat die eigentliche und letzte Rechtfertigung her«. Doch nicht nur Schäuble hat Schwierigkeiten, dieser Idee gerecht zu werden. So gibt es – dem Ewigen Landfrieden zum Trotz – nichtstaatliche Gewalthaber, die nicht nur den Bürgern sondern auch dem Staat gegenüber so bedrohlich auftreten, dass das Bild vom Leviathan hässliche Kratzer bekommen hat. Zu den Bedrohungen des staatlichen Gewaltmonopols gehört traditionell die Macht der international organisierten kapitalistischen Wirtschaft, ebenso – und natürlich nicht in einem Atemzug zu nennen – jene unheimliche Macht, die wir heute als »Terrorismus« bezeichnen, die aber mit unterschiedlicher Zielsetzung und unter verschiedenen Namen die Staatenwelt schon lange quält: Aufständische, Partisanen, Rebellen, Sezessionisten, Revolutionäre – sie alle haben das staatliche Gewaltmonopol schon immer infrage gestellt. Asymmetrische Kriege, feindselige Auseinandersetzung zwischen Staaten und nichtstaatlichen Organisationen, sind nichts Neues. Wir werden im Kapitel über den Krieg[24] darauf zurückkommen. Die Möglichkeiten des Staates, sein Gewaltmonopol glaubwürdig geltend zu machen, minimierten sich mit der Brauchbarkeit des seit Jahrhunderten bestehenden Sicherheitsrechts. Das deutsche Polizeirecht stammt in seinen Grundzügen beispielsweise aus dem Jahr 1794. Damals fand sich im Preußischen Allgemeinen Landrecht erstmals die »Gefahr« als Voraussetzung polizeilichen Einschreitens. »Gefahrenabwehr« ist es bis heute, was der Innenminister gegen den Terror ins Feld führen möchte. Doch es zeigt sich, dass das nicht so einfach ist.

Nicht erst der Terrorismus überfordert den Rechtsstaat – doch die Terroranschläge der letzten Jahre haben die Hilflosigkeit der staatlichen Ordnung erst richtig deutlich werden lassen. Fast hundert Jahre gingen seit dem erstaunlichen Flug des Orville Wright ins Land, bis nun – nach dem 11. September 2001 – die Frage auftauchte, die Politiker, Militärs, Völkerrechtler und Strafrechtsexperten beschäftigt: Wie soll der Staat der unheimlichen

Bedrohung begegnen? Als Staatsgewalt mit der Waffe seines Gewaltmonopols? Oder als Kriegsmacht mit den Waffen der Militärs? Ist der Feind als böser Untertan zu behandeln, also als Verbrecher? Oder als Kriegsgegner, also als gleichberechtigter Kontrahent, den es mit den Mitteln der rechtlich kaum gebändigten militärischen Gewalt zu vernichten gilt? Ist der Terrorist eine innere oder eine äußere Bedrohung? Da ist es wieder: Das War/Crime-Dilemma.

Die mit der überkommenen Staatenordnung verbundene Unterscheidung von »Kriegsgegner« und »Verbrecher« ist eine Zivilisationsleistung, die unmittelbar mit der Erfindung des Staates zusammenhängt: Die Unterscheidung von »innen« und »außen«, die der deutsche Innenminister »verschwimmen« sieht, trennt die Geltung des Vertrages über anständige Behandlung, die der Leviathan mit seinen Menschlein getroffen hat, vom Gesetz des Krieges, das im Umgang mit denen da draußen gilt. Der Verbrecher ist im Modell des Thomas Hobbes ein Bürger, der einer Korrektur bedarf, der Kriegsgegner ist kein Bürger, er nimmt nicht teil am Sicherheitspakt und kann notfalls vernichtet werden. Nun war, so lange sich die Menschen im Staat gleichsam wie ein Kettenhemd ineinanderfügten und der Staat ein geschlossenes Stückchen Erde war, der Unterschied ganz leicht zu machen: Wer im Staat agierte, konnte schlimmstenfalls ein Verbrecher sein, derjenige aber, der von außen Ärger machte, brachte Krieg. Der Bürgerkrieg kam in diesem Modell nicht vor.

Spätestens seit der Erfindung des Flugzeuges ist diese Unterscheidung nicht mehr aufrechtzuerhalten. Sicherheit ist ortlos wie der Himmel, in dem Terroristen ebenso herumfliegen wie Touristen. Sicherheit ist heutzutage auch ortlos wie das Internet, das die Vorbereitungen und unter Umständen sogar die Ausführung einer terroristischen Schandtat in den Cyberspace verlegt. Die Frage, ob diese Feinde die innere Sicherheit oder äußere Sicherheit bedrohen, scheint hinfällig.

Sie ist aber eben nicht hinfällig, weil von der Antwort viel abhängt – zumindest in Staaten, die wie Deutschland organisiert sind –, der Einsatz von Militär und die Geltung des Kriegsrechts. Das deutsche Grundgesetz unterscheidet zwischen Verteidigung als Abwehr eines Gegners von außen und der Gefahrenabwehr beziehungsweise Strafverfolgung als Methoden der Abwehr von Verbrechen. Um die Sache nicht zu einfach zu machen, gibt es in Deutschland außerdem Verbrechen, die auch als solche verfolgt werden dürfen, obwohl sie im Ausland begangen oder vom Ausland aus gegen Deutschland begangen werden. Militärische Mittel dürfen, so steht es in Artikel 87a des Grundgesetzes, jedenfalls nur zur Verteidigung gegen einen äußeren Feind, zur Katastrophenhilfe der Polizei und zur Bekämpfung von Aufständischen eingesetzt werden. Terrorbekämpfung in Deutschland ist demzufolge Aufgabe der Polizei, also eine Angelegenheit der inneren Sicherheit. Und Versuche des Bundesinnenministers, per Grundgesetzänderung dem Militär zumindest in Fällen, die denen des 11. September 2001 vergleichbar wären, den Einsatz im Inland zu erlauben, sind bisher gescheitert. Selbst mit einer Grundgesetzänderung, so hat das Bundesverfassungsgericht 2006 im sogenannten Luftsicherheitsurteil[25] entschieden, wäre der Abschuss einer Terrormaschine, die ähnlich wie am 11. September 2001 in Manhattan auf eine Großstadt in Deutschland zurast, nicht erlaubt, wenn dabei – wie stets – unbeteiligte Passagiere ums Leben kämen. Denn, das ist wichtig: Selbst im schlimmsten Terrorfall gilt in Deutschland nicht Kriegsrecht, sondern das Grundgesetz, das mit seiner Garantie der Menschenwürde die Opferung schuldloser Bürger ausschließt.

Wenn der Feind ein Kriegsgegner wäre, könnte nach Ansicht des hohen Gerichts – vielleicht – etwas anderes gelten. Wann dies der Fall wäre, haben die Richter immerhin angedeutet: Wenn sich ein Angriff »auf die Beseitigung des Gemeinwesens« richtet. Für den deutschen Innenminister war das die Antwort: Die Situation, die am 11. September 2001 eingetreten sei, erklärte er intern[26], sei immerhin vom Sicherheitsrat der Vereinten Nationen als Fall der staatlichen »Selbstverteidigung« nach der UN-Charta eingeordnet worden – was damals die Nato in Brüssel ermutigte, den Bündnisfall auszurufen und mit Amerika in den Krieg zu ziehen. Also sei, Schäubles Logik, so ein Anschlag eine Attacke auf die Grundlagen des Staates. Demnach könne die Bundeswehr gegen Terroristen in den Krieg ziehen und notfalls auch Flugzeuge abschießen.

Sanft, aber bestimmt wies Hans-Jürgen Papier, der Präsident des Bundesverfassungsgerichts und Mitautor des Urteils über die Sicherheit am Himmel, den Minister darauf hin, dass das ein Trugschluss sei[27]: Sein Gericht hatte den »Referenzfall« der deutschen Gesetzgebungsbemühungen, den Anschlag vom 11. September 2001, als Fall eingeordnet, der die kritische Grenze des Kriegsfalls gerade nicht erreicht habe. Wer das Urteil also genau liest, kommt zu dem Ergebnis, dass das Grundgesetz in der Auslegung des Bundesverfassungsgerichts einen Terrorakt noch als Verbrechen und nicht als kriegerischen Angriff betrachtet, selbst wenn er die Wucht des Anschlags von New York und Washington hat – eben jenes Non plus ultra des Terrorismus, das weithin als »Zeitenwende« angesehen wird. Verfassungsrechtlich, so lässt sich lernen, hat es keine Zeitenwende gegeben. Verbrecher sind Verbrecher und keine Kriegsgegner.

Doch die Diskussion geht weiter. Hat nicht Herfried Münkler, Politikprofessor in Berlin und Guru der modernen Kriegsdeutung, verkündet, »Terrorismus ist zu einer der wichtigsten Formen der Kriegsführung geworden«? Ist der Staat im Krieg und merkt es gar nicht? »Wer den Feind unter den Begriff des bürgerlichen Verbrechers bringt, sollte sich nicht wundern, wenn die Begriffe Krieg und Strafverfahren durcheinandergeraten«, warnt der Bonner Strafrechtsprofessor Günther Jakobs, der sich mit seinen Ideen zu einem »Feindstrafrecht« einen Namen und viele Feinde gemacht hat. Jakobs besteht auf der sorgsamen Unterscheidung zwischen Verbrecher und Kriegsgegner, um für Terroristen ein besonderes, kriegerisches Recht anzuwenden: »Was man gegen Terroristen tun muss, wenn man nicht untergehen will, muss man anders nennen, nämlich Feindstrafrecht, gebändigten Krieg.«

Man muss diese weitreichenden Konsequenzen nicht teilen, um sich genauer mit den Bemühungen von Jakobs auseinanderzusetzen, den Terrorismus in Hobbes' System der Unterscheidung von innerer und äußerer Sicherheit zu verorten. Für Jakobs ist die Unterscheidung zwischen drinnen und draußen nicht räumlich, sondern bezogen auf ein Regelsystem zu finden: Der Verbrecher verletze zwar einzelne Normen, erkenne das Regelsystem seines Staates aber im Übrigen an, ja brauche seine Geltung, um als Mitbürger überleben zu können. Selbst der Mörder, so die Logik, legt ja Wert auf die Eigentumsordnung, die ihm sein Fluchtauto garantiert, und die Polizei, die ihn davor schützt, bestohlen zu werden. Für so einen, sagt der Wissenschaftler, sei das Strafrecht gemacht, das »Bürgerstrafrecht«. Der »Feind« hingegen sei jemand, der sich außerhalb der ganzen Rechtsordnung stelle und sie mitsamt ihren Institutionen, also den Staat als solchen, zerstören wolle. So sei der Terrorist einer, »der die Legitimität der Rechtsordnung prinzipiell leugnet und deshalb darauf aus ist, diese Ordnung zu zerstören«. Den müsse man nicht durch Strafe korrigieren, den müsse man als »gefährlich« aussortieren und unschädlich machen.

Die Unterscheidung ist einleuchtend und knüpft an die Andeutung des Bundesverfassungsgerichts über die Bedrohung der Grundlagen des Staates an. Nur: Was nützt sie eigentlich? Der Staat, der sich zu überlegen hat, wie er reagieren soll, ob mit dem Staatsanwalt oder der Kanone, steht vor der Aufgabe, die »dauernde Gefährdung« (Jakobs) auszuschalten, bevor etwas passiert ist. Es mag ja einfach sein, Al Kaidas Terroristen zu bescheinigen, dass sie – wer eigentlich genau? – »die gesamte Rechtsordnung« der Bundesrepublik ablehnen. Aber wirklich plausibel ist dies erst nach einem Attentat. Wie ist es mit dem oben beschriebenen kleinen Schwaben aus Neu-Ulm, der glutvoll zum Islam konvertiert? Sollen wir ihn deshalb zum »Feind« erklären? Und Krieg gegen ihn führen? Und wer soll das tun – wenn nicht der Richter in einem geordneten Strafverfahren? Ein General?

Jakobs räumt ein, dass unsauberer Umgang mit solch heiklen Kategorien zur Katastrophe führen kann – für die Betroffenen: »Verbrechensverfolgung durch Krieg« ist in den Augen des Rechtstheoretikers auch, was die Vereinigten Staaten mit Terrorverdächtigen in Guantanamo machen.

Nicht zufällig knüpfen solche Kategorisierungen an den Begriff des »Feindes« an, den auch wir gewählt haben, um die Schwierigkeiten bei der Einordnung des Phänomens Terrorismus zu markieren. Es wurde bereits darauf hingewiesen, dass die Verwendung dieses Begriffes dazu verleitet, auf die dunkle Theorie des Staatsrechtlers Carl Schmitt zurückzukommen, die besagte Definitionsprobleme dadurch löste, dass sie das Erkennen des Feindes zur Aufgabe »der Politik« erklärte und sie damit dem Zugriff Schmitts eigener Profession, der präzisierenden und überprüfenden Juristerei, entzog. Nicht anders denkt offenbar Wolfgang Schäuble, der seinen Vorschlag, den Einsatz der Bundeswehr gegen Terroristen im Innern durch eine Grundgesetzänderung zu erlauben, damit erklärte, die Entscheidung sei im Einzelfall »dem Bereich des Politischen zuzuordnen«, also dem obersten Kriegsherrn, nicht der rechtsstaatlich gebundenen Polizei.[28]

Freund oder Feind – Verbrecher oder Kriegsgegner? Wie die staatliche Ordnung im Streit um die richtige Antwort auf den Terrorismus förmlich ausfranst, lässt sich in der bedrohlichen Diskussion um ein Ausnahmerecht für Terrorismusbekämpfung verfolgen. Angesichts der fundamentalen Bedrohung, die Terroristen für die Grundlagen des Staates darstellen, so vertreten viele, müsse sich der Staat von den Bindungen der Rechtsordnung lösen können, um im Ausnahmezustand auch jenseits der Verfassung Kriegseinsätze gegen Terroristen anzuordnen. Der Hamburger Rechtsphilosoph und Strafrechtler Reinhard Merkel sieht diesen Fall gegeben, wenn die Legitimität des Staates als Bewahrer der Rechtsordnung infrage gestellt sei. Sein Kölner Kollege Otto Depenheuer sieht sogar ein Recht des Staates, in Fällen höchster Not, im »Ausnahmezustand« ein »Bürgeropfer« einzufordern.

Wir fassen zusammen: Terrorismus bringt die Grundlagen des Staates in Gefahr. Darum darf der Staat sich im Kampf gegen den Terrorismus von den Bindungen an die Verfassung befreien. Ob ein Fall von grundlagengefährdendem Terrorismus vorliegt, ist eine politische Frage. Politische Fragen sind vom Staat ohne Bindung an rechtliche Vorgaben zu entscheiden. Ob der Staat sich also von verfassungsrechtlichen Bindungen befreit, können seine Repräsentanten frei entscheiden.

Das ist die Argumentation von Putschisten.

»Ein meuchelmörderisches, abergläubisches Volk«

Verunsicherung, dritte Dimension – Gibt es noch innere Angelegenheiten? Iberico ins Sauerland – Mistgabeln gegen Napoleon – Partisanen sind keine Terroristen – Michael Kohlhaas ist kein Partisan – Menschen sind keine Feinde, niemals

Die dritte Dimension des Staates ist seine Bedeutung in der Staatenwelt. Diese Bedeutung ist seine Souveränität, die Einzelheiten regelt das Völkerrecht. Das moderne Völkerrecht relativiert die Souveränität von Staaten immer mehr. So erlaubt etwa das Völkerstrafrecht Völkerrechtsgerichten wie dem Internationalen Strafgerichtshof in Den Haag, gegen Bürger und sogar Staatsmänner einzelner Staaten zu ermitteln, sie zu verhaften und zu bestrafen. Nach einer zunehmend verbreiteten Auffassung ist es sogar möglich, die Grenzen souveräner Staaten militärisch zu durchbrechen und auf ihrem Staatsgebiet die innere Ordnung und die Rechte der Bürger wiederherzustellen: Solche humanitären Missionen – wie etwa der Nato-Angriff auf Serbien zum Schutz des Kosovo – gelten vielen als legitimer Eingriff in die Souveränität anderer Staaten, selbst ohne Uno-Mandat. Doch keiner Macht der Welt ist es bislang so erfolgreich gelungen, die Souveränität von Staaten infrage zu stellen, wie dem Terrorismus, jenem Phänomen, das sich der Einord-

nung in Krieg und Frieden, innen und außen, Strafrecht und
Kriegsrecht entzieht.

Souverän ist ein Staat, der zwischen Kriegern und Verbrechern
unterscheiden kann. Denn die Macht des Staates definiert sich
durch seine Staatsgewalt nach innen und seine Kriegsmacht nach
außen. Nach außen kann er keine Staatsgewalt ausüben – denn
an der Grenze beginnt die Staatsgewalt eines anderen souveränen
Staates. Er kann nur Krieg führen: gegen einen anderen Staat
als Ganzen, als Angriff auf dessen Souveränität. Krieg, sagt Carl
von Clausewitz, habe zum Ziel, einem anderen Staat seinen Willen aufzuzwingen, deshalb sei er die Fortsetzung der Politik mit
anderen Mitteln. Krieg findet darum, wie Außenpolitik, zwischen
Souveränen statt. Die Krieger dieses feindlichen Staates sind dann
nicht etwa Feinde, sondern – arme, bemitleidenswerte – Büttel
des Feindes, des Staates nebenan. Nach innen kann der Staat keine
Kriegsmacht ausüben, weil es im Innern kraft Definition keinen
anderen, feindlichen Souverän geben kann. Das ist trotz vieler
Ausnahmen und neuer Entwicklungen das Prinzip. Und dieses
Prinzip des Westfälischen Friedens, die sogenannte »Westfälische
Staatenordnung«, wird zumindest noch von denen hochgehal-
ten, die, wie Altkanzler Helmut Schmidt[29], vor »Interventionen«,
selbst wohlmeinenden, humanitären, in die inneren Angelegenheiten eines anderen Staates, sogar eines Unrechtstaates, warnen.
Die damit verbundene Debatte, in welchem Umfang der Schutz
der Menschenrechte Vorrang vor staatlicher Souveränität haben
soll, muss an anderer Stelle fortgesetzt werden.[30] Doch die heftige
Bewegung, die diese Diskussion in das traditionelle Verständnis
staatlicher Souveränität gebracht hat, wird in ihrer Bedeutung
begrenzt durch die unangefochtene Rolle der Vereinten Nationen
in der Welt. Die Charta der Vereinten Nationen ist die nach dem
Zweiten Weltkrieg weltweit vereinbarte Magna Charta gleichberechtigter, souveräner Staaten. Solange diese Charta gilt, gilt die
Westfälische Friedensordnung.

Der Terrorismus bringt das Völkerrecht und damit die Ordnung souveräner Staaten durcheinander. Wären die terroris-

tischen Vereinigungen und Netze Staaten, könnte man einen
rechtlich geordneten Krieg gegen sie führen. Wären sie internationale Verbrecherbanden – wie etwa die Mafia –, müssten sie
von den Staaten als »innere Angelegenheiten« betrachtet werden,
die mit dem innerstaatlichen Polizei- und Strafrecht zu bekämpfen sind. Natürlich arbeiten viele Staaten zusammen, um mit
der Mafia fertig zu werden, doch immer auf der Ebene gleichberechtigter Souveränität. Nicht einmal die Europäische Kommission wäre – zumindest bis zum Inkrafttreten des Lissabon-
Vertrages – berechtigt, im Bereich der inneren Sicherheit ihrer
Mitgliedstaaten initiativ zu werden. Und niemand käme auf die
Idee, seine Soldaten über den Brenner in Berlusconis Italien zu
schicken, um auf diese Weise einen »Krieg gegen die Mafia« zu
beginnen. Was den Terrorismus vom organisierten Verbrechen
unterscheidet, ist sein offen zerstörerischer Anspruch. Mafiosi
haben nichts gegen die Staatenordnung, solange sie an ihr ver-
dienen können. Mafiosi gehen über Leichen, weil sie Geld wollen.
Das lässt sich – mehr oder weniger – mit Bordmitteln jedes Staates beherrschen. Terroristen aber investieren viel Geld, um zu
töten – sie geben sich als Kriegsherren, nicht als Verbrecher. Und
sie drohen mit Waffen, denen ein Staat oft nur mit kriegerischen
Mitteln entgegentreten kann. Der Abschuss eines Flugzeuges in
Terroristenhand ist – so sieht es auch das Bundesverfassungsgericht im Luftsicherheitsurteil [31] – nun mal keine Sache, die mit
polizeilichen Mitteln erledigt werden kann.

Eine Macht, die den Staat in Verlegenheit bringt wie ein
Kriegsgegner, und die dennoch kein Völkerrechtssubjekt ist,
ist also als Kriegsgegner nicht satisfaktionsfähig: Fürs Völkerrecht ist das zwar verwirrend. Aber neu ist es nicht. Wieder
greifen aus Ratlosigkeit viele zur hilfreichen Hand des begriffs-
mächtigen Staatsrechtlers Carl Schmitt. 1963 veröffentlichte
der die *Theorie des Partisanen*. Darin beschrieb der alte Mann,
was er in Spanien, im Land Francisco Francos, gelernt hatte.
Die faschistische Diktatur verwöhnte den in Deutschland ver-
femten Nazi-Juristen, sie schickte dem Mann sogar Carepakete

mit köstlichem Iberico-Schinken in die sauerländische Heimat nach Plettenberg. Und sie bot dem Wissenschaftler vor Ort mit Akten über den blutigen Bürgerkrieg, aus dem Franco als Sieger hervorgegangen war, hinreichend Anschauungsmaterial dafür, was passiert, wenn gewalttätige Rotten die staatliche Souveränität von innen her zerstören. Allein der Franco-Gast Carl Schmitt verfolgte den Faden innerer Feindschaft viel weiter zurück, bis in die Zeit Napoleons.

Schon damals, entdeckte Schmitt, hat sich auf der Iberischen Halbinsel zugetragen, was mit dem Westfälischen Staatenmodell überhaupt nicht vereinbar schien: Mit Guerrillatruppen wehrten sich die Spanier gegen die Besetzung des Landes durch den französischen Welteroberer. Und ein empörter Brief über das Maß an Feindschaft, das Souverän Buonaparte gerade aus einem Gebiet entgegenschlug, das er eigentlich als sein Inland betrachtete, kommt einem im Ton irgendwie vertraut vor: Die aufsässigen Spanier, schrieb der siegreiche Franzose am 2. Dezember 1811 an seinen Hamburger Generalgouverneur, seien »ein meuchelmörderisches, abergläubisches, von 300 000 Mönchen irregeführtes Volk«.[32] Haben wir Ähnliches nicht erst kürzlich über die afghanischen Taliban gehört? Die Entrüstung Napoleons macht jedenfalls deutlich, dass es um unser Thema geht: Hier wird ein Inhaber der Staatsmacht nicht fertig mit einem nichtstaatlichen Feind, der die von ihm für verbindlich erklärte Ordnung von innen bedroht.

Die »irregulären Kämpfer« – auch dieses Wort benutzte Carl Schmitt –, die hier erstmals die Szene des Staatsrechts betreten, sind auch in der Analyse Schmitts aus der Mitte des 20. Jahrhunderts ein Bruch mit der »Logik des klassischen europäischen Kriegsrechts, das Militär und Zivil, Kombattanten und Nichtkombattanten unterscheidet, und das die seltene moralische Kraft aufbringt, den Feind nicht als solchen für einen Verbrecher zu erklären« – sondern als gleichberechtigten Gegenüber eines völkerrechtlich immer weiter geregelten Duells unter Souveränen. Schmitts Partisan »erwartet vom Feind weder Recht noch

Gnade«. Vielmehr habe er sich, so Schmitt, »von der konventionellen Feindschaft des gezähmten und gehegten Krieges abgewandt und in den Bereich einer anderen, wirklichen Feindschaft begeben, die sich durch Terror und Gegenterror bis zur Vernichtung steigert«. Terror gegen Terror: Der Staat verliert im Kampf gegen Partisanen die Fasson, er verwandelt sich – würde man heute sagen – vom Rechtsstaat zum Terrorstaat. Entsprechendes hat offenbar Napoleon gemeint, als er – wie es heißt – 1813 einem General befahl: »Mit Partisanen muss man als Partisan kämpfen.«[33]

Auch ohne Internet verbreitete sich damals alles, was der kleine gefährliche Franzose sagte, blitzschnell über den Kontinent. So avancierte Napoleons Anerkennung des inneren Feindes bald im Staatsrecht Preußens. Zur Abwehr Napoleons, so hieß es in einem königlich preußischen Edikt vom April 1813, sei jeder Staatsbürger verpflichtet, sich dem eindringenden Feind mit Waffen aller Art entgegenzustellen – als da wären Beile, Heugabeln, Sensen, Schrotflinten (Paragraf 43). Keiner Anordnung des siegreichen Feindes dürfe gehorcht werden, selbst »Ausschweifungen zügellosen Gesindels« waren gesetzlich willkommene Ausprägungen staatsbürgerlichen Partisanentums.

Dieses Edikt, es war nur kurz in Kraft, ist für Staatstheoretiker eine Delikatesse. Was war da los? Ein Staat ruft zum Partisanentum, zum Terror, auf? Und ausgerechnet der preußische, jener Staat, der als Erfinder des streng geordneten »gehegten« Vorgehens gegen den Feind galt? In Panik wendet sich der Staat vom Rechtsstaat zum Terrorstaat, trägt selbst den Krieg ins eigene Land – in der Annahme, es werde bald nicht mehr das eigene sein. Herrscht erst Napoleon in Preußen, wandelt sich Gesindel zu Widerstandskämpfern, zu Partisanen.

Der Spanische Bürgerkrieg, 1936 bis 1939, der brutale Kampf zwischen Bürgern um die Macht im Staate, mitten im Herzen Europas ausgetragen, war bis dahin das blutigste Lehrstück über die Aufstände der Neuzeit – es war ein Krieg mit Bomben und 270 000 Toten, bis zum heutigen Tag hat sich das Land von der

Feindschaft, in der es damals versank, nicht erholt: Die Versuche der Justiz, die Verbrechen des inneren Krieges von damals als »Kriegsverbrechen« aufzuarbeiten, wurden auch im Jahr 2008 von konservativen Kräften Spaniens hysterisch bekämpft. In den Buchhandlungen in aller Welt aber steht noch immer das Werk jenes jungen Mannes, der auf republikanischer Seite mitgekämpft und unübertroffen eindrucksvoll beschrieben hat, was »Terror gegen Terror« bedeutet: Ernest Hemingways *Wem die Stunde schlägt*. Die »moralische Kraft«, die zumindest Schmitt zufolge im ordentlichen Kriege herrscht – im Bürgerkrieg hatte sie die Menschen verlassen.

Der Partisan hat in der Folge weltweit Karriere gemacht. Die jüngere Geschichte Lateinamerikas ist davon geprägt, Partisanen wurden romantisch verklärt wie der argentinische Marxist Ernesto Che Guevara. Partisanen, wenn sie gegen Unrecht kämpften, wurden in den Siebzigerjahren des vergangenen Jahrhunderts so schick, dass sich selbst spießige Soziologiestudenten die Abbilder ihrer Idole aufs T-Shirt drucken ließen. Wen wundert es da noch, wenn die 68er-Bewegung begeistert zu der Broschüre des greisen Carl Schmitt griff: Der Autor von *Der Führer schützt das Recht* schien mit seiner Partisanenschrift das Rezept für die Befreiungsbewegungen dieser Welt gefunden zu haben. Terror gegen Terror: So lautete, verkürzt, das Konzept der RAF, jener jungen Männer und Frauen, die sich nach Carl Schmitt »irreguläre Kämpfer« nannten und die ganze westliche Welt in einen Guerillakrieg verwickeln wollten.

Haben wir also die Lösung? Müssen wir Terroristen wie Partisanen behandeln?

Es ist wie immer bei Schmitt: Man hat Vergnügen bei der Lektüre, aber es kommt nichts Nützliches dabei heraus. Schmitt selbst knüpft die besondere »Legitimität«, die aus seiner Sicht das Handeln der Partisanen, nicht aber das von Verbrechern auszeichnet, an ihre »wirkliche Feindschaft«. Wirkliche Feinde, ob von innen oder von außen, sind aber für Schmitt daran zu erkennen, dass sie auch ihre Freunde haben. Schmitt drückt das so aus:

Der Partisan habe immer einen »interessierten Dritten«, der zu ihm hält, ein Inhaber regulärer Macht außerhalb der Regeln, die der Partisan bekämpft. Diese Zuhälterei von außerhalb ersetzt, so lässt sich Schmitt verstehen, die Anerkennung der irregulären Krieger als Völkerrechtssubjekte: »Der am Partisanen interessierte mächtige Dritte mag noch so egoistisch denken und handeln; er steht mit seinem Interesse politisch auf der Seite des Partisanen. Das wirkt sich als politische Freundschaft aus und ist eine Art der politischen Anerkennung.«

Und wer war zum Beispiel die »interessierte Macht« für die Partisanen, die Anfang des 19. Jahrhunderts auf der Iberischen Halbinsel gegen Napoleon kämpften? Schmitt: »Königtum und Nation.« Das waren natürlich keine Mächte, sondern Ideen, ein Ordnungssystem, an das die Kämpfer glaubten und von dem sie sich legitimiert glaubten. Zum Vergleich verweist Schmitt auf Michael Kohlhaas, den unseligen Rebellen aus Heinrich von Kleists gleichnamiger Erzählung: »Michael Kohlhaas, den das Rechtsgefühl zum Räuber und Mörder machte, war kein Partisan, weil er nicht politisch wurde und ausschließlich für sein eigenes verletztes privates Recht kämpfte, nicht gegen fremde Eroberer und nicht für eine revolutionäre Sache. In solchen Fällen ist die Irregularität unpolitisch und wird rein kriminell, weil sie den positiven Zusammenhang mit einer irgendwo vorhandenen Regularität verliert. Dadurch unterscheidet sich der Partisan vom Räuberhauptmann.«

So appetitlich, man möchte zugreifen und Carl Schmitts schöne Unterscheidung sofort konsumieren, um die Frage zu klären, wie es mit dem modernen Terrorismus steht. Ist der Terrorist der »wirkliche Feind«, der eine Art Krieg gegen den Staat führt? Oder ist er einfach ein besonders schlimmer Räuberhauptmann, einer, der um sich schlägt wie Michael Kohlhaas? Das hängt davon ab, ob Terroristen »politisch« sind. Wie soll man das entscheiden? Die Schmitt'sche Antwort, dies sei, wie alle Freund-Feind-Entscheidungen Sache des Souveräns, zieht hier schon deshalb nicht, weil dann die nächste Frage wäre: Welcher der vielen hundert in

der Uno versammelten Souveräne soll das entscheiden? Hilfs-
weise: Glauben sie an Königtum und Nation? Natürlich tun Terroristen das nicht, aber die alte Schmitt'sche Antwort aus der
Geschichte lässt sich modern vielleicht so umformulieren: Verfolgen sie die Installation einer alternativen Staatsordnung mit
einem politisch anerkannten Legitimitätsanspruch? Da sind wir
so weit wie vorher: Natürlich gibt es zu jeder Ideologie jemanden,
der sie politisch für verwirklichenswert hält. Letztlich geht es um
dieselbe Wertung wie zuvor: Sollen für den kriegsrechtlichen
Status des »Partisanen« die Ziele, die er verfolgt, gebilligt werden? Und wer soll diese politische Frage entscheiden?

Es ist heutzutage für den Westen recht einfach, die politische
Frage politisch zu entscheiden: Partisanen, die einer auch völkerrechtlich geschützten »Freiheitsbewegung« angehören, werden
als legitim anerkannt. Freiheitsbewegungen sind dabei solche,
deren Mitglieder für die Verwirklichung von universell anerkannten Werten kämpfen wie Menschenrechte, Demokratie
und Gerechtigkeit. Doch dabei geht es um Entscheidungen, die
billig sind, weil sie meist Probleme betreffen, die sehr weit weg
von unserem Problem sind: Die Bundesrepublik Deutschland
hat keine Probleme, die völkerrechtliche Situation durch ihre
Anerkennung von Befreiungsbewegungen im fernen Afrika zu
verändern. Schwieriger wird es schon bei den rebellischen Tibetern. Und die Anerkennung der Kosovaren in ihrem zweifel-
los auf die Verwirklichung von Menschenrechten und Freiheit
gerichteten Kampf um die Sezession von Serbien hat weltweite
Verwicklungen ausgelöst: Man greift nicht ungestraft in die Souveränität eines anderen Landes ein.

Doch was passiert völkerrechtlich, wenn die Vereinigten Staaten die Mitglieder des Al Kaida-Netzwerkes als Feinde betrachten? Ist das eine politische Entscheidung eines Souveräns, der sie
zu »wirklichen« Feinden macht? Die Entscheidung des US-Präsidenten George W. Bush hätte dann über seine Amtszeit hinaus
Bedeutung auch für die souveräne Bundesrepublik. Hat der »globale Krieg gegen den Terror« also auch Deutschland erfasst?

Kann des einen Feind des anderen Verbrecher sein? Kriegsrecht gilt für alle Staaten gleichermaßen. Des einen Feind kann des anderen Freund, aber nicht des anderen Verbrecher sein.

Noch komplizierter wird die Angelegenheit, wenn der Terror klar einem Gebiet zuzuordnen ist, das zum Souveränitätsbereich eines anderen Staates gehört. Schlägt der angegriffene Staat zurück, ist das ein Krieg gegen die Terroristen oder ein Krieg gegen den Staat, von dessen Gebiet aus sie agieren? So war es 2006 mit der Hisbollah im Libanon: Wie konnte sich Israel gegen die Raketen der Terrortruppe wehren, ohne zugleich den Staat Libanon anzugreifen, mit dem der angegriffene Staat ja in Frieden leben wollte? Libanons Regierung hätte, wenn das Westfälische Staatenmodell im Nahen Osten intakt wäre, die Hisbollah-Terroristen als Verbrecher verfolgen müssen. Doch diese Möglichkeit stand schon deshalb nicht zur Verfügung, weil die Hisbollah zugleich Vertreter in der Regierung hatte. Israel reagierte, indem es seine Militärs im Libanon gegen die Terroristen, nicht gegen den – ohnmächtigen – Staat einmarschieren ließ. War das nun Krieg oder nicht? Gleichgültig kann uns das schon deshalb nicht sein, weil alsbald deutsche Soldaten zu Hilfe gerufen wurden. Gleichgültig kann das natürlich auch der Regierung im Libanon nicht sein: Ist der Libanon nun souverän oder nicht?

Das Beispiel Hisbollah macht deutlich, wo der Trick in Carl Schmitts Denken liegt: in der Vertauschung von politischen und rechtlichen Begriffen. »Der Feind« bei Carl Schmitt ist eine politische Kennzeichnung, etwa so, wie wenn man – politisch unkorrekt – vom »Iwan« spricht und damit die politisch als Bedrohung empfundene Gesamtheit der Kräfte Russlands meint. Mit dem einzelnen Russen hat das aber so wenig zu tun wie die Bezeichnung »Hisbollah« mit dem einzelnen libanesischen Staatsbürger: »Hisbollah« meint eine politische Kraft, keine rechtliche Zuordnung der Tätereigenschaft zu einzelnen Menschen.

Gerade in Deutschland finden sich grauenvolle Beispiele dafür, was es bedeutet, ein auf eine abstrakte Gesamtheit bezogenes politisches Urteil auf einzelne Menschenkinder herunterzubrechen. Bei den von Carl Schmitt zeitweise bejubelten Nationalsozialisten führten uralte diffuse Vorurteile über »das Judentum« zum Holocaust, weil die rassistische Ideologie ihre Feindschaft gegenüber einer (vermeintlich) politisch feindlichen Kraft auf die einzelnen Mitglieder einer abstammungsmäßig besonderen Gruppe übertrug – und damit Menschen zu Feinden machte. Das Menschenverachtende liegt nicht in dem dummen und unbegründeten Vorurteil über »das Judentum«, sondern in dem dann folgenden Vorgang, Menschen als Feinde zu behandeln.

Muss es wirklich erst so schlimm kommen, damit alte Wahrheiten des Westfälischen Friedens verstanden werden? Menschen sind keine Feinde, niemals. Natürlich steht es jedem Menschen frei, seinen Nachbarn als Feind zu betrachten – so lange er nicht die Konsequenzen draus zieht und dem Nachbarn etwas antut. Dann nämlich wird der Täter zum Verbrecher – nicht zum Feind. Es geht hier aber nicht um das Verhalten einzelner Menschen untereinander, sondern um das Verhalten des Staates. Und ein Staat braucht Menschen nicht zu Feinden zu erklären, er verfügt ja über die Staatsgewalt, sie ordentlich zu regieren. Der Umgang von Rechtsstaaten mit »Staatsfeinden« ist Beleg dafür, denn solche Feinde gibt es rechtlich gar nicht. Im »Staatsschutzrecht«, das ähnlich wie im Strafgesetzbuch der Bundesrepublik in den meisten anderen Strafgesetzen existiert, werden Menschen, die gegen die Grundlagen des Staates agieren, als Spione behandelt, als Landesverräter, Volksverhetzer, als Beleidiger des Staates und seiner Hoheitszeichen – kurz, als Verbrecher. Das Recht des Staates zur Selbstbehauptung gegen seine inneren Gegner wird – auch wenn die Täter von außen agieren – dem Staatsanwalt anvertraut.

Auch der Revolutionär beeinträchtigt den Staat nicht in seiner Souveränität, sondern erst die Revolution. Der Revolutionär ist mit allem, was er tut, den Strafgesetzen unterworfen, die Revolution hingegen veranlasst den Staat, die Kanonen auf den Feind zu richten. Das Völkerrecht sieht das ja nicht anders: Erst wenn eine

Freiheitsbewegung tatsächlich die Wucht erreicht hat, dass man ihr zutrauen kann, künftig die Staatsmacht zu übernehmen, wird sie auch als mit dem Staat konkurrierendes Subjekt betrachtet, die Bewegung als solche, nicht der einzelne Aufständische fordert den Staat heraus. Der einzelne Mitkämpfer bekommt dann den Status des Kombattanten – gleich einem Soldaten. Auch Soldaten, das dürfte nun klar sein, sind keine Feinde, sondern freiwillig oder gezwungenermaßen Handlanger des Feindes.

Ob jemand ein Feind ist, so ist festzuhalten, ist eine Frage der politischen Zuschreibung. Ob jemand ein Verbrecher ist, ist Frage des Rechts. Und der Staat, der sich verpflichtet sieht, einzelnen Menschen gegenüber seine Macht in rechtlich geordneter Form auszuüben, kann sie nicht als Feinde behandeln. Verteidigt der Staat das Recht gegen das Unrecht, hat er zu den Mitteln des Strafgesetzbuches zu greifen, nicht Krieg zu führen.

Mehr noch: Das moderne Völkerrecht verbietet es den Staaten auch, andere, gegnerische Staaten als Feinde zu behandeln, zumindest als Feinde im Carl Schmitt'schen Sinne. Die Konsequenz aus Feindschaft ist am Ende Krieg. Krieg aber ist nach der UN-Charta allen Staaten verboten – außer zur Verteidigung gegen einen Angriff (der dann notwendig ein rechtswidriger ist). Feindschaft hat nach Völkerrecht also objektive Voraussetzungen, einen Angriff nämlich, der eine gewisse Bedrohung darstellen muss. Dies ist eine tatsächliche, von Gerichten überprüfbare Voraussetzung. Und gemäß dem Rom-Statut von 2002, dem rechtlichen Fundament des Internationalen Strafgerichtshofes, soll der Verstoß gegen das allgemeine Verbot, jemanden ohne objektiven Grund als Feind zu behandeln, sogar ein Straftatbestand des Völkerstrafrechts werden. Es ist kurios: Während Staatsrechtler unter Berufung auf Carl Schmitt darüber diskutieren, unter welchen Voraussetzungen sie einzelne Verbrecher als Feinde betrachten dürfen, sind Völkerrechtler dabei, Feinde als Verbrecher zu brandmarken und damit der geordneten Rechtsverfolgung zuzuführen.

Das Völkerrecht ist jedenfalls konträr zu Schmitts Feinddenken: Die Friedensordnung der Uno verlangt für die »wirkliche«

Feindschaft reale, rechtfertigende Gründe. Schmitt hingegen sieht als Voraussetzung allein die »politische« Zuschreibung durch einen Souverän, der frei über Freund und Feind zu entscheiden hat.

Der Grund, warum sich Schmitts völkerrechtswidrige Lehren umso hartnäckiger halten, je komplizierter die Situation in der Welt souveräner Staaten wird, erschließt sich aus dem Gesagten ohne Weiteres: Es ist riskant und mühsam, das Vorliegen tatsächlicher Umstände abzuwarten und zu überprüfen. Nichts belegt das mehr als der Krieg der Vereinigten Staaten gegen den Irak. Der Befehl George W. Bushs, in Saddams Irak einzumarschieren, führte zu einem präventiven Schlag. Prävention im Völkerrecht ist aber gerade wegen des allgemeinen Gewaltverbotes so problematisch: Wann ist so ein präventiver Krieg zur Verteidigung gegen einen Angriff gerechtfertigt?[34] Weil der irakische Diktator – wie auch immer man es betrachtet – die Vereinigten Staaten nicht angegriffen hat, war der Einmarsch amerikanischer Truppen aus der Sicht vieler kompetenter Kritiker ein völkerrechtswidriger Überfall. Nicht umsonst unternahmen die US-Geheimdienste so umfassende Bemühungen, um nachzuweisen, dass der Bösewicht aus Bagdad über Massenvernichtungswaffen verfügte: Mochte schon eine solche Entdeckung, falls sie gestimmt hätte, kein brauchbares Indiz für einen bevorstehenden Angriff des Irak sein, hätte sie doch immerhin unterstrichen, dass der Irak zur von Bush so deklarierten »Achse des Bösen« gehörte. Die »Achse des Bösen«: ein klassischer Schmitt.

Der Umgang Amerikas mit dem Irak zeigt aber auch das Dilemma: Natürlich musste die Welt – nach den damals verfügbaren Informationen – Angst vor Saddam haben. Auch im Auswärtigen Amt der damaligen Schröder-Regierung gab es genügend Stimmen, die Schröders Ablehnung einer deutschen Beteiligung für problematisch hielten: Musste man nicht mit Bomben und Raketen gegen einen Mann vorgehen, der nach der Einschätzung gestandener Diplomaten[35] nicht weniger angsterregend war als Adolf Hitler 1935? Der klassische Feind: Sollte man da wirklich warten, bis er im Besitz von ABC-Waffen ist und die Welt in einen Krieg zieht?

Tatsächlich wäre es unfair, diese politische Frage von damals mit dem Wissen von heute zu beantworten. Heute wissen wir, dass Saddam Hussein selber Angst hatte vor seinen Feinden und darum mit Waffen prahlte, die er gar nicht hatte. Doch das ist ein Merkmal politischer Entscheidungen: dass sie manchmal zu früh kommen und manchmal falsch sind. Das Dilemma mit Saddam ist dasselbe wie mit dem Terrorismus: Das, wovor wir Angst haben, meinen wir bekämpfen zu müssen, bevor es sich überprüfbar manifestiert. Das Recht – egal ob Völkerrecht oder Strafrecht – verlangt aber eine Manifestation.

Carl Schmitt weist den scheinbaren Ausweg, der in der Entdeckung der Feindschaft liegt. Feindschaft entsteht nicht aufgrund überprüfbarer Ereignisse, sondern kraft politischer Dezision, hinter der sich nichts anderes verbirgt als die populistische Antwort der Politik auf die Angst. Doch wenn wir Rechtsfolgen an die Angst vor dem Feind knüpfen, begeben wir uns nicht nur in die Hand von Diktatoren, wir begeben uns, schlimmer noch, in einen immerwährenden Krieg. Denn niemand könnte mehr sagen, durch welches Ereignis er beginnt oder endet. Niemand könnte mehr sagen, welche Grenzen die Staatsgewalt hat – nach innen oder nach außen. Das wäre nicht nur das Ende der staatlichen Friedensordnung, es wäre das Ende des Staates: Wir wären wieder zurück im 17. Jahrhundert.

Zweiter Teil

DAS RECHT
Wie kann der Staat sich gegen den Terrorismus wehren?

Erstes Kapitel
Bush's law

James Comey hat das Blaulicht aufs Dach seiner Limousine setzen lassen, damit es schneller geht. Der Wagen drängt sich durch
den abendlichen Verkehr der Hauptstadt Washington. Comey
muss es schaffen. Er muss schneller sein als die beiden Männer
aus dem Weißen Haus, die ebenfalls auf dem Weg zum George-
Washington-Hospital sind. Es ist ein Wettrennen um die Sicherheit Amerikas – oder was die Bushies, die Kerls aus Präsident
George W. Bushs Beraterstab, dafür halten. Endlich: das Krankenhaus. Comey springt aus dem Wagen, rennt durchs Portal,
Fahrstuhl dauert zu lang, sprintet die Treppen rauf, die Gänge
entlang, stürzt ins Krankenzimmer: »Wie geht Ihnen, Chef?«
   Der Chef liegt im abgedunkelten Zimmer tief in seinen Kissen:
John Ashcroft, amerikanischer Justizminister, antwortet mit lei-
ser Stimme. »Nicht gut.« Ashcrofts Frau Janet steht am Bett und
schaut besorgt auf das leidende Gesicht ihres Mannes.
   In diesen Märztagen des Jahres 2004 muss sich Bushs mächtiger Oberbefehlshaber im inländischen Krieg gegen den Terror an der Gallenblase operieren lassen. Die Gallenblase, ausgerechnet jetzt: Im Weißen Haus brauchen sie ihn dringend,
Ashcroft muss die Anordnung des Präsidenten gegenzeichnen,
mit der das Top-Secret-Programm des Geheimdienstes NSA
auf den Weg gebracht werden soll. Das Programm ist auch im
Justizministerium heftig umstritten: Es erlaubt der weltweit agierenden Datenkrake, sämtliche Auslandstelefongespräche und E-
mails mitzuschneiden und abzuhören, ohne gesetzliche Grundlage, ohne richterliche Anordnung, ohne konkreten Verdacht. In
den gigantischen NSA-Computern wird jetzt schon die gesamte
Kommunikation gespeichert, die – aus den USA oder von einem
beliebigen anderen Punkt der Welt – über einen der zentralen

Datenverteiler der global agierenden US-Telefonfirmen läuft. Da in der Internetwelt die meisten Daten an irgendeiner Stelle durch die Computer eines US-Unternehmens laufen, kann dieses Programm tatsächlich die erste weltweite Kommunikationskontrolle bedeuten. Die Telefonunternehmen, die bei diesem auch in den USA strafbaren Tun mitmachen, sollen auf Anordnung des Präsidenten straffrei gestellt werden. Das größte Lauschprogramm der Geschichte ist auf dem Weg – und mitten in einer der entscheidenden Besprechungen musste sich Ashcroft wegen einer Gallenkolik verabschieden.

Nervosität im Weißen Haus: Wenn Ashcroft nicht unterschreibt, gerät das ganze geheime Programm in Gefahr – eine Sicherheitslücke unermesslichen Ausmaßes täte sich auf. Schon seit Tagen hat sich der Justizminister geziert, seine Unterschrift unter die Anordnung zu setzen – besonders sein Stellvertreter, James Comey, hat ihm abgeraten, der Mann ist kritisch, redet von globalem Polizeistaat, von Verfassungsbruch, dieser Comey, so viel ist klar, ist kein Bushy.

Und jetzt steht ebendieser Comey am Krankenbett seines Chefs Ashcroft. »Wie geht es Ihnen?« Comey ist außer Atem, weil er über seinen Vertrauten, den FBI-Chef Robert Mueller, gehört hat, dass Alberto Gonzales ebenfalls unterwegs ist ans Krankenlager des Justizchefs, mit einer Ausfertigung der NSA-Anordnung, in der nur noch die Unterschriftenzeile für Ashcroft offen ist. Gonzales ist so sehr »his President's man«, dass er alsbald Ashcrofts Nachfolger werden wird. Doch an diesem Abend hat er kein Glück. Als er die Tür zu Ashcrofts Krankenzimmer aufschiebt, ein braunes Couvert unter dem Arm, steht da schon Comey – der den Kranken auf den Besuch vorbereiten konnte. Als Gonzales erwartungsgemäß um die Unterschrift bittet, richtet sich Ashcroft kurz aus seinen Kissen auf und hält dem Boten aus dem Weißen Haus schwach entgegen: »Mir wurde erklärt, dass es leichtfertig wäre, das zu unterschreiben.« Widerspruch zwecklos, denn Ashcroft fügt hinzu: »Aber das macht nichts, denn zurzeit bin ich gar nicht der Justizminister.« Der gesetzmäßig

vorgesehene Vertreter des wegen Krankheit amtsunfähigen Jus-
tizministers ist dessen Stellvertreter – sein Vize James Comey.
Ashcrofts Kopf fällt ins Kissen zurück. Er wirkt, als müsse er
gleich sterben. Der Trickser Gonzales merkt, dass er diesmal
ausgetrickst wurde:»Na dann, alles Gute«, sagt er und verlässt
wütend das Zimmer. Er sieht nicht mehr, wie Janet Ashcroft ihm
die Zunge herausstreckt.

Eine Szene aus dem Innenleben des amerikanischen Rechtsstaates. Die westliche Welt verdankt sie dem *New York Times*-
Reporter Eric Lichtblau, der für seine Enthüllungen über das kriminelle NSA-Programm den Pulitzer-Preis bekommen hat, den
angesehensten Publizistikpreis der Welt. Niemand hat *Bush's Law*
(so der Titel seines Buches) so genau studiert wie er – und so viel
Hass auf sich gezogen. Monatelang intervenierten die Bushies
um Gonzales bei Lichtblaus Chefs, um die Veröffentlichung der
unbestritten wahren Enthüllungen zu verhindern: Wollten sie
wirklich schuld sein, mussten sich die Redakteure fragen lassen,
wenn das NSA-Programm zusammenbreche und Osama Bin
Laden seine nächste Attacke auf die Vereinigten Staaten unge-
hindert ausüben könne? Solche Veröffentlichungen, dröhnte der
oberste Geheimdienstdirektor Mike McConnell, »bedeuten, dass
einige Amerikaner sterben werden«.

Nicht viel besser erging es dem Ashcroft-Vize Comey, der sich
standhaft weigerte, die Anordnung seines Präsidenten gegenzu-
zeichnen. Vergeblich luden sie ihn im Weißen Haus vor, quälten
ihn mit den wüstesten Drohungen. Da Bush entschied, dass das
NSA-Programm dann eben ohne Comeys Unterschrift weiter-
laufen werde, formulierte der sein Rücktrittsschreiben. Als das
im Justizministerium bekannt wurde, drohten Comeys Kollegen
ebenfalls mit Rücktritt. Schließlich schloss sich auch Ashcroft
der Protestbewegung gegen Bushs Willkür an. Ein Massenrück-
tritt drohte. Nicht nur das NSA-Programm, auch der Präsident
wäre in Schwierigkeiten gekommen. Am 11. März 2004, gleich
zu Dienstbeginn wollten Comey und seine Freunde dem Präsidenten ihren Rücktritt bekannt geben. Doch wenige Stunden

zuvor, kurz vor acht Uhr morgens europäischer Zeit, explodierten in Madrid mehrere Vorortzüge. Das Bombenattentat der Verschwörer lokaler Zellen des Al Kaida-Netzwerkes kostete 191 Menschenleben. Und bis zum Dienstbeginn im Weißen Haus war es Gonzales und seinen Helfern gelungen, die Rechtsstaats-Rebellen auf die gemeinsame Stunde der Not zu verpflichten: Der Krieg gegen den Terror musste weitergehen, an Fahnenflucht war nicht mehr zu denken. Das NSA-Programm lief – etwas modifiziert – weiter, es überlebte die Enthüllungen Lichtblaus, es überlebte sogar den Wechsel im Weißen Haus.

Ist es vorbei? Ist mit dem Wechsel im Weißen Haus die dunkle Epoche der Rechtsstaatsklamotten in den USA ausgestanden? Was berechtigt uns anzunehmen, Bushs weltweit gelobter Nachfolger Barack Obama werde wie sein Vorgänger den Rechtsstaat zum Polizeistaat umbauen, seine Macht missbrauchen und die Verfassung brechen, seine Gefangenen foltern und in Guantanamo verschwinden lassen? Die Frage ist falsch gestellt. Sie muss lauten: Was berechtigt uns anzunehmen, dass er es anders macht als Bush? Schon wenige Wochen nach Obamas Amtsübernahme verkündet die neue Generalstaatsanwältin Elena Kagan, dass sich an den Methoden der Vorgänger wenig ändern werde: Verdächtige Al Kaida-Finanziers in aller Welt würden auch künftig als Feinde dem »Recht des Schlachtfeldes« unterworfen und wie Krieger auf unbestimmte Zeit in Gefangenenlager gesperrt. Auch die Übung der CIA, ihre Gefangenen zum Foltern ins Ausland zu verschleppen, werde fortgesetzt.

Nur das Vertrauen auf den netten Mister Obama soll nun den Menschen ihre Freiheit, ihre Privatsphäre, ihren Stolz auf Amerika wiedergeben? Dass das zu wenig ist, haben schon die Gründerväter der amerikanischen Verfassung erkannt. Weil niemandem im Staate, auch nicht den gewählten Vertretern, zu trauen sei, so befanden die Autoren der *Constitution* von 1788, müsse der neue Staat ein kompliziertes System der *Checks and Balances* haben, die Gewaltenteilung, die bis heute in der Rechtsprechung des US Supreme Court der wichtigste Verfassungsgrundsatz ist.

Alle Amtsinhaber im Staate müssten »aufgrund ihrer wechselsei-
tigen Beziehungen selbst das Mittel bilden, um sich gegenseitig
an dem ihnen zukommenden Platz zu halten«, schrieb der Verfassungsvater James Madison in den *Federalist Papers* [1], auf dass
»Ehrgeiz dem Ehrgeiz entgegenwirkt«. Die amerikanische Verfassung war konstruiert als Rechtsstaatsmaschine: Das Getriebe
wirkt so zuverlässig, dass es auf die Zuverlässigkeit einzelner
Menschen gar nicht mehr ankommt. Szenen wie jene am Krankenbett John Ashcrofts schienen fürderhin ausgeschlossen.

Wie einfach es möglich ist, diese Maschine zu überlisten,
muss alle, die auf eine neue Zeit in Amerika hoffen, nachdenk-
lich machen. Und die Nachdenklichkeit verstärkt sich bei der
Betrachtung der Demokratie vor der eigenen Haustür. Deutschland ist – nicht nur durch das globale NSA-Programm – in Krieg
und Frieden und im Kampf gegen den Terror mit dem Rechtsstaat jenseits des Atlantik verknüpft. Der scheinbar so gesicherte
demokratische und soziale Rechtsstaat auf deutschem Boden ist
untrennbar mit amerikanischen Idealen verbunden. Die Vereinigten Staaten haben nach dem Zweiten Weltkrieg Frieden und
Recht nach Deutschland gebracht. Sie haben den Deutschen
nach dem Niedergang des Nazi-Reichs die Grundlagen der
Demokratie erklärt, der Föderalismus und die anderen Regeln
der Gewaltenteilung sind nach den Vorgaben der US-Besatzer
entstanden. In den Nürnberger Prozessen haben amerikanische
Juristen den Deutschen und dem Rest der Welt vorgeführt, dass
Feinde nichts anderes sind als besonders schlimme Verbrecher.

Wenn es da drüben, bei den Siegern, möglich ist, dass dies alles
plötzlich nur noch die Hälfte wert ist, wenn in Amerika mutmaßliche Verbrecher nun als Feinde behandelt werden, gegen die der
Staat den außergesetzlichen Notstand verhängen darf – warum
sind wir dann so sicher, dass nicht in Deutschland Ähnliches
geschehen kann – vielleicht schon geschehen ist? Schützt unser
Grundgesetz uns vor dem Polizeistaat wie er im Amerika der Ära
Bush entstand? Oder wenigstens das Bundesverfassungsgericht?
Ist der deutsche Rechtsstaat besser als der amerikanische – oder

sind wir auch in Deutschland darauf angewiesen, dass Wolfgang Schäuble ein ehrenwerter Mann ist?

Bush's law hat längst auch Europa erfasst. Die »universelle Bedrohung der internationalen Ordnung« durch den Terrorismus macht nach dem Urteil des BND-Chefs Ernst Uhrlau »die internationale Zusammenarbeit aller Behörden unumgänglich«. Die amerikanische Krankheit der Terrorangst wirkt unmittelbar ansteckend auf die Rechtsordnungen befreundeter Länder. Das führt zu so wahnhaften Symptomen wie dem Plan der Briten, alle drei Milliarden E-mails, die auf der Insel pro Tag verschickt werden, computergesteuert zu überwachen, um so »Freundschaftsbäume« von Terroristen aufzuspüren.[2] Auch in Deutschland, so die Ansicht einiger Staatsrechtler wie die des Kölner Professors Otto Depenheuer, dürfe die »Selbstbehauptung« des Staates nicht länger am Rechtsstaat scheitern. Wenn die »Gemeinschaft in Gefahr gerät«, müssten »Bürgeropfer« gebracht werden: »Feind und Opfer sind Grundkategorien des Politischen. Wir konnten uns unter dem amerikanischen Schutzschirm ziemlich lang leisten, sie nicht zu thematisieren, jetzt sind sie uns wieder sehr nahe gekommen.« Der Rechtsprofessor, dessen Werke zu lesen Innenminister Schäuble ausdrücklich empfiehlt, hält auch ein deutsches Guantanamo für eine Option: »Guantanamo steht als Chiffre für die staatliche Sicherungsverwahrung gefährlicher Terroristen. Das ist in der Sache nichts Neues. Und das ist auch richtig so, weil der Staat gefährliche Menschen nicht einfach frei herumlaufen lassen darf. Das könnte man im Prinzip auch bei Terroristen so halten.«

Depenheuer ist nicht irgendwer, sondern Mitarbeiter des angesehensten Grundgesetzkommentars, des »Maunz-Dürig«. Nicht weniger angesehene Verfassungsrechtler sind es aber mittlerweile auch, die laut vor der amerikanischen Krankheit warnen: »Wie soll diese Chimäre aus Carl Schmitt und demokratischem Verfassungsstaat eigentlich lebensfähig sein? Ein Staat, der sich derart mit Gewalt- und Drohpotenzial vollpumpt, hat als gewaltenteilender, distanzierender und freiheitschützender Verfassungsstaat eigentlich abgedankt«, schimpft Michael Stolleis, Staatsrechts-

professor aus Frankfurt, der ein rechtsgeschichtliches Werk
darüber verfasst hat, wie Staatsrechtler die Weimarer Republik
zugrunde gerichtet und der NS-Diktatur zum Aufstieg verholfen
haben.[3] »Intellektuelle Lust am antizipierten Ausnahmezustand«,
so beklagt der Bundesverfassungsrichter Udo Di Fabio, treibe
deutsche Staatsrechtler – wieder einmal – zum gefährlichen
»Spiel mit dem Grenzfall«. Die »exorbitante Zunahme heimlicher
Ermittlungen« in Deutschland rügt der Exverfassungsrichter
und Strafrechtsprofessor Winfried Hassemer: »Freiheitlichkeit
hat derzeit keine Konjunktur.«

Bush's law lebt. Es ist das Gesetz der Angstmacher. Mag auch
der Nachfolger im Weißen Haus die schlimmsten Anordnungen
gecancelt haben – wir wissen nun, dass ein Rechtsstaat, selbst
der amerikanische, dem »Ehrgeiz« (Verfassungsvater James
Madison) entschlossener Machthaber keine wirksamen Grenzen
setzen kann. Deshalb ist das, was seit dem 11. September 2001
in Amerika geschehen ist, ein Lehrstück, das man sich genau
ansehen muss.

»The rules of engagement have changed«

*Das Mögliche unmöglich machen – Verbotenes Spucken auf
Bürgersteige – Draußen auf dem Schlachtfeld – Wartime Power –
Kreditkarte 67262 – So baut man den globalen Polizeistaat*

»Don't ever let this happen again.« Mit diesem Satz begann in
Amerika das Zeitalter der Prävention. Der Satz aus dem Munde
des Präsidenten am Tag nach dem 11. September 2001 war wie
eine Peitsche. »Don't ever let this happen again«, schleuderte
der mächtigste Mann der Welt seinem Justizminister John Ashcroft entgegen, als die Trümmer des Pentagon wenige Kilometer
entfernt noch rauchten. »Don't ever let this happen again« – das
Gebell der ultimativen, aber auch angsterfüllten Forderung
George W. Bushs versetzte den zigtausendköpfigen Sicherheits-

apparat der Vereinigten Staaten in Panik: Jeder Einzelne, so hatte
Ashcroft weitergegeben, werde verantwortlich gemacht, wenn
wirklich Al Kaidas Terroristen in Amerika abermals zuschlagen
würden, jeder Einzelne sei verantwortlich, dass nichts, aber auch
gar nichts unterlassen werde, einen zweiten Terrorschlag zu verhindern, der – so sah es damals aus – den Untergang Amerikas
bedeuten könnte. Was in den folgenden Jahren auf amerikanischem Boden geschah, war nichts weiter als der Versuch, das
Mögliche unmöglich zu machen.

»Don't ever let this happen again«: Für Ashcroft, als *Attorney
General* zugleich oberster Strafverfolger der Nation, eine völlig
neue Aufgabe. Die unheimliche Bedrohung konnte nicht mehr
mit den Mitteln des Strafrechts bekämpft werden. Statt Reaktion
war nun Aktion angesagt: »Strafverfolgung ist nicht mehr unsere
Priorität«, verkündete er den Sicherheitskräften des amerikanischen Rechtssystems. Wie mühsam es war, das Strafrecht gegen
den Terrorismus zu wenden, merkten die Ermittler bei dem
Versuch, das bewährte »Spitting on the Sidewalk«-Programm
anzuwenden. Mit dieser Sicherheitsphilosophie haben sie in der
Neuen Welt bereits während der Zwanzigerjahre des vergangenen Jahrhunderts Mobster verfolgt: Jeden möglichen Anlass,
selbst das verbotene Spucken auf Bürgersteige, sollten die Fahnder nutzen, um möglichst viel Gesindel in Haft zu nehmen – die
Gesuchten würden dann schon drunter sein. Nun probierten sie
dieses Instrument im Kampf gegen den Terror aus: »Wenn Sie
Ihr Visum nur einen Tag überziehen, werden wir Sie einsperren.
Wenn Sie gegen irgendein lokales Gesetz verstoßen, werden wir
Sie so lange wie möglich einsperren«, drohte Ashcroft den Bösewichten, besonders den ausländischen. Tatsächlich wurden 1200
Ausländer nach dem 11. September ohne ernsthaften Verdacht
festgenommen und manchmal monatelang inhaftiert. Gebracht
hat es – außer Ärger – nichts.

Nicht nur der Freiheitsentzug, auch das Eindringen in die
Intimsphäre der Menschen war in den Vereinigten Staaten – wie
in jedem ordentlichen Rechtsstaat – an den konkreten Verdacht

geknüpft, dass eine schwere Straftat begangen wurde. Schon seit 1978 gab es *Fisa (Foreign Intelligence Surveillance Act)*, der das Belauschen amerikanischer Bürger oder die Kontrolle ihrer digitalen Kommunikation mit dem Ausland von »individualized suspicion« abhängig machte –über jeden Einzelfall hatte ein nicht öffentlicher Gerichtshof zu entscheiden. »Wir sind genau eine Bombe davon entfernt, dieses widerliche Gericht endlich loszuwerden«, tönte der in Sicherheitsfragen besonders resolute Bush-Vize Dick Cheney.

Im Justizministerium dachte derweilen ein furchtbarer Jurist darüber nach, wie er *Fisa* und mit ihm den Rest des Rechtsstaates auch ohne Bombe aushebeln konnte. John Yoo, ein Staatsrechtsprofessor in Berkeley, errang mit seinen Gutachten für den amerikanischen Präsidenten den zweifelhaften Ruhm, die US-Verfassung nach über 200 Jahren geknackt zu haben. Seine Rechtsentdeckung: »Wir sind im Krieg.« Der Krieg gegen den Terror erlangte unmittelbare innenpolitische Bedeutung, weil Yoo die *Wartime Power* des Präsidenten als Geheimwaffe gegen Terrorverdächtige jeden Kalibers einsetzte. »Der Präsident ist Oberbefehlshaber der Armee und der Flotte«, heißt es in Artikel II der *Constitution*. Yoo stellte fest: »Wenn die Armee draußen auf dem Schlachtfeld angreift und den Feind tötet, braucht man ja auch keinen richterlichen Befehl«, da könne der Oberbefehlshaber ohne die üblichen rechtlichen Begrenzungen walten. Und nichts anderes könne gelten, wenn der Feind den Krieg ins Land, auf amerikanischen Boden trage. Im innenpolitischen Kampf gegen diesen Feind, so der hochrangige Jurist, habe auch der Kongress nicht mitzureden. Denn: »Der Kongress kann die Macht des Präsidenten nicht während des Krieges einschränken.« Wo das steht? Na, das folgt aus der ruhmreichen Geschichte der Vereinigten Staaten. Hätte etwa, fragte Yoo, der Kongress dem Präsidenten 1944 die Invasion in der Normandie verbieten sollen?

Folglich, so gutachtete der Jurist, sei es auch von der *Wartime Power* des Präsidenten gedeckt, das Abhören und Aufzeichnen von *enemy conversations* am Kongress, an *Fisa* und am Gericht vorbei anzuordnen – und noch vieles mehr. Die Rechtsentdeckung des amerikanischen Professors machte weltweit ihre Runde – ein besorgter Blick ins Grundgesetz der Bundesrepublik Deutschland führte zu Artikel 65a:»Der Bundesminister für Verteidigung hat die Befehls- und Kommandogewalt über die Streitkräfte.« Könnte also, so die rechtliche Gegenprobe im Berliner Verteidigungsministerium, eine derartige Rechtsansicht auch in Deutschland eine Chance haben? Wir werden darauf zurückkommen.[4]

Ja aber, so das Gegenargument in den Sitzungen mit Ashcroft, was ist mit den Grundrechten der Bürger? Kein Problem, sagte Yoo, der 4. Verfassungszusatz, der Privatsphäre und damit auch das Kommunikationsgeheimnis garantiert, sei auf *enemy conversations* nicht anwendbar.

Ashcroft war nicht der skrupellose Rechtsbrecher, der ohne gesetzliche Genehmigung einen globalen Polizeistaat installiert hätte. Noch als Senator hatte er 1998 jeder staatlichen Schnüffelei eine Absage erteilt: »Die Gründerväter der amerikanischen Nation haben keinesfalls der Auffassung zugeneigt, dass die Regierung einen Schlüssel zu jedem Haus, jedem Tagebuch, jedem Bankkonto, Krankenbericht oder Businessplan ohne Kenntnis der Betroffenen bekommen sollte.« Nun aber, nach dem 11. September 2001, hatte sein Chefjurist genau dies für zulässig erklärt. »The rules of engagement have changed«, erklärte der Justizminister später resigniert.

Im Kampf gegen den Feind galten neue Regeln. Da gab es kaum noch Widerstand im Kongress gegen Bushs *Patriot Act*, der es dem FBI erlaubte, ohne konkreten Verdacht Hunderttausende zu bespitzeln, Listen aller unliebsamen Bürger wie Kriegsgegner, Tierschützer, Schwulenverbände, Friedensdemonstranten oder Regierungskritiker anzulegen. Schließlich wurden sämtliche Reisen aller US-Bürger registriert. Um die Unterlagen zu vervollständigen, verschickte das FBI bis zu 30 000 *National security letters* pro Jahr. Ein solcher Brief verpflichtete jeden Empfänger, unverzüglich Auskunft über sämtliche Privatangelegenheiten, Vermögensverhältnisse und Unternehmensdetails zu geben. Darüber zu reden, war bei Strafe verboten, Rechtsschutz ausgeschlossen.

Weil ja, wie nun alle wussten, der Kampf gegen den Terrorismus eine Sache der nationalen Verteidigung war, fühlte sich neben dem FBI und dem Heimatschutzministerium auch das Pentagon zuständig: In den Krieg gegen den Terror zogen Tausende Agenten der militärischen Abwehr, sie bekamen – gegen den Willen des Kongresses – ihr eigenes Recht, *security letters* zu verschicken, Firmen zu filzen, die sie für terrorismusgefährdet oder terrorismusgefährlich oder irgendwie relevant für die nationale Sicherheit hielten. Weil Militärs über unbegrenzte technische Ressourcen verfügen, ließen sie ein Überwachungsprogramm entwickeln, das den entlarvenden Namen *Total Information Awareness* trug. Wer seine Arbeit so offen beim Namen nennt, bekommt selbst im Polizeistaat Ärger: Der Kongress stoppte die weitere Verfolgung der totalen Idee.

Das sollte nicht noch mal passieren, darum blieb Bushs wichtigstes Antiterrorprogramm jahrelang so geheim, dass nur ein Vertrauensgremium von acht Kongressmitgliedern mündlich von Zeit zu Zeit informiert wurde – niemand durfte sich Notizen machen. Es ging um die totale Überwachung der weltweiten Telekommunikation. Auch das NSA-Programm, das schließlich zu dem Showdown im George-Washington-Hospital führte, rechtfertigte das Weiße Haus mit den Gutachten des findigen Professor Yoo.

Die Aufrüstung der schon immer weltweit herumschnüffelnden NSA zum Big Brother der globalen Kommunikation begann, als Überwachungstechniker des Geheimdienstes bald nach den Attentaten von New York und Washington auf Datenschnipsel eines routinemäßig mitgeschnittenen Auslandstelefonats vom 10. September 2001 stießen. Von einem Münztelefon in Afghanistan aus sagte eine Stimme auf Arabisch: »Morgen ist Stunde null.« Die Stimme am anderen Ende antwortete: »Das

Spiel beginnt morgen.« Zwei Tage später erst hatte jemand die Zeit gefunden, das Telefonat ins Englische zu übersetzen. Da war es zu spät.

»Don't ever let this happen again«: Nie wieder durfte so etwas durchrutschen. Die Konsequenz war klar: Alle Kommunikation aus dem Ausland, die über amerikanischem Boden lief oder hier endete, musste aufgefangen, aufgezeichnet, von leistungsfähigen Computern durchkämmt werden. Und das war eine ganze Menge. Denn der Leistungsfähigkeit der amerikanischen IT-Unternehmen ist es zu verdanken, dass der größte Teil der weltweiten digitalen Kommunikation über Knotenpunkte auf amerikanischem Boden läuft. Und die Bush-Administration sah sich befugt, an den Patriotismus der Unternehmen zu appellieren, möglichst auch die Datenströme der Tochterfirmen in aller Welt über die US-Zentralen umzuleiten – kost' ja nix. Unter staatlichen und privaten IT-Technikern entstand so ein Slogan, der wie für die Fernsehwerbung anschaulich machte, was da passierte. »We vacuum up the world's information.«

Die Kapazität der Datenspeicher reichte aus, sich im Detail mit dem Datenverkehr eines Arztes aus Kentucky zu beschäftigen, der sich besonders als Facharzt für Urologie hervorgetan hatte. Das war verdächtig – einfach, weil Osama Bin Laden, wie jeder Geheimdienstler weiß, Nierenprobleme hat. Der Nachteil eines so perfekten Überwachungsprogramms liegt gerade darin, dass es auch Harmloses verdächtig erscheinen lässt. Und das kann manchmal unnötige Komplikationen auslösen. So zum Beispiel im Dezember 2003, als das Heimatschutzministerium vom Geheimdienst Alarmierendes erfuhr: Al Kaida-Terroristen hätten wahrscheinlich vor, Flüge von Paris nach Los Angeles am Heiligen Abend zum Absturz zu bringen. Der damalige Heimatschutzminister Tom Ridge ließ sofort die Alarmfarben auf der Homepage seines Ministeriums auf »Orange« setzen und informierte den Präsidenten. Bush versammelte sein Security Team im Situation Room. Was besprochen wurde, berichtete später der *New York Times*-Reporter Eric Lichtblau.

Bush: »Freunde, würden Sie Ihren Sohn oder Ihre Tochter mit diesen Flugzeugen fliegen lassen?«

Stummes Kopfschütteln.

Bush: »Ich auch nicht.«

Damit war alles gesagt. Der Präsident befahl das Grounden der Flüge, die Europäer gehorchten, einige Flüge wurden zum Umkehren gezwungen, bevor sie US-Gebiet erreichten. Der transatlantische Flugverkehr in dieser Weihnachtsnacht geriet ins Chaos.

Dabei war, wir ahnten es, alles falscher Alarm. Ein in Washington als verdächtig identifizierter Passagier entpuppte sich auf der anderen Seite des Atlantiks als kleiner Junge. Nachfragen beim Geheimdienst, welcher Information denn die Krise zu verdanken gewesen sei, führten in die Abteilung zur Aufzeichnung von arabischen Fernsehprogrammen. Ein Al Jazeera-Film, so die Auskünfte der Experten, habe auf der unteren Bildleiste verdächtige arabische Schriftzeichen gezeigt. Deren Entschlüsselung durch einen Spezialisten habe zu den Flugnummern in Europa geführt.

Wer das Mögliche unmöglich machen will, ist vor Kritik gefeit. Denn möglich wäre es ja immerhin gewesen, dass die Ermittlungen im Fernsehprogramm des Feindes auf eine heiße Spur geführt hätten. Weil der präventive Staat unwiderlegbar ist, stößt seine Macht nicht an die Grenzen der Vernunft. So wunderte es keinen der kritischen Beobachter, dass auch der mächtige Ashcroft irgendwann Anzeichen von Hysterie zeigte. Das war, als Ermittler, die die Hintergründe der Attentate des 11. September recherchierten, die Nummer einer von den Terroristen benutzen Kreditkarte präsentierten: 67262. Irgendein besonders findiger Geheimdienstler hatte an den Ziffern so lange herumgerätselt, bis er darauf gestoßen war, dass sie ein Code für den Namen »Osama« sind. Der Justizminister, so berichten Zeugen der Szene, sei förmlich ausgerastet: »Die veralbern uns!«, habe er geschrien – und damit meinte er offenbar nicht die Schlapphüte, sondern die Terroristen. Denn er ordnete an, dass in den gesamten USA sämtliche Inhaber einer Kreditkarte mit der verdächtigen Ziffernfolge 67262 zu ermitteln und zu verhaften seien. Den Befehl, heißt es im Justizministerium, habe allerdings niemand ausgeführt.[5]

Prävention ist grenzenlos wie die *War Power* des Präsidenten. Das NSA-Programm war den Antiterrorstrategen nicht genug. Für den nächsten Coup suchten sie ihre Kriegsverbündeten in Europa auf. Diese Reise der Delegation aus dem Weißen Haus führte nach Brüssel.»Follow the money« war das Rezept der Terroristenjäger, und die Spur des schmutzigen Geldes führte sie zunächst in die belgische Hauptstadt. Sechs Trilliarden Dollar werden jeden Tag von»Swift« über die Welt verteilt – wetten, dass auch Gelder zur Finanzierung des nächsten Attentates dabei sind? Swift ist ein Privatunternehmen, eine gemeinsame Einrichtung der wichtigsten Banken der Welt. Fast jeder Mensch, der Geld von seinem Konto auf das Konto eines anderen Menschen in einem anderen Land überweist, nutzt – meist ohne es zu wissen – Swift. Die Firma ist der gewaltige Rangierbahnhof des Weltfinanzsystems. Fast 8000 Banken und deren Kunden vertrauen darauf, dass Swift mit den sensiblen Finanzdaten sensibel umgeht. Und darauf hat Lenny Schrank, der damalige Swift-Chef, die Besucher aus Washington sicher auch hingewiesen, als sie darum baten, verdächtige Überweisungsdaten ansehen zu dürfen. Auch Alan Greenspan, damals noch der US-Notenbankchef, hatte gewarnt, das Weltfinanzsystem könne einen schweren Schlag erleiden, wenn Geheimdienstler bei Swift herumschnüffeln.

Ganz schwierig, erklärten die Swift-Banker, sei der Wunsch schon deshalb zu erfüllen, weil die Programme der Geldschleuder es nicht so einfach zuließen, Überweisungsdaten nach gewissen vorgegebenen Kriterien auszusieben. Eine Rasterfahndung im Geldsystem? Meine Herren, das stellen Sie sich so einfach vor.

Doch Krieg ist Krieg, und die Vereinigten Staaten waren damals noch die größte Finanzmacht der Welt. Wie auch immer es die Delegation aus dem Weißen Haus hingekriegt hat – am

Ende haben sie nicht nur die verdächtigen Daten bekommen, sondern alle. Seit 2002 hat praktisch niemand auf der Welt mehr eine Auslandsüberweisung vornehmen können, ohne dass sein Name, der Name und die Adresse des Empfängers, Kontonummern, Verwendungszweck sowie besondere Hinweise bei der CIA landeten. Wie lange die gesetzwidrige und heimliche Zusammenarbeit dauerte, ist bislang nicht geklärt. 2003 jedenfalls reiste die Swift-Spitze nach Washington, um die weitere Kooperation aufzukündigen – ließ sich aber erneut in die Pflicht nehmen. Im Juni 2006 schließlich wurde das Projekt durch eine Veröffentlichung der New York Times zum Skandal. Da gab es im US-Justizministerium jedoch kaum noch jemanden, der sich hätte aufregen können. An der Spitze saß mittlerweile Bushs Scharfmacher Alberto Gonzales, und der hatte mit einer nationalen Säuberungsaktion sämtliche Staatsanwälte, die nicht loyale Bushies waren, aus dem Amt gedrängt.

In jenem Sommer machte eine Richterin in Detroit von sich reden, Anna Diggs Taylor vom Federal District Court in Michigan. In einem Urteil über die Schnüffelpraxis der Bush-Regierung wagte sie offene Kritik am Kriegsrecht: »Es gibt keine Erbmonarchie in Amerika, und es gibt keine Staatsgewalt außerhalb der Verfassung.« Das Urteil wurde von der nächsten Instanz kassiert. Begründung: Die Klage sei unzulässig, weil der Kläger nicht beweisen konnte, dass er wirklich abgehört worden war.

Ende des Lehrstücks: Wie war es möglich, dass ein ganzes Rechtssystem, Gerichte inklusive, unter den Augen des Parlaments von ein paar skrupellosen Rechtsexperten gleichgeschaltet wurde? Dass die größte Macht und die älteste Demokratie der Welt sich um ihre eigene Verfassung nicht mehr schert? Eric Lichtblau, der Journalist, dem all die interessanten Interna aus dem Washingtoner Justizministerium zu verdanken sind, schreibt über die dramatische Wende seines Landes zum Präventionsstaat: »Schuld und Unschuld wurden zu antiquierten Begriffen, weil es nicht länger darum ging, einfach Beweise gegen jemanden zu sammeln, zu beweisen, dass jemand ein

Verbrechen begangen hatte. Nun war der Auftrag, jemanden herauszufinden, der die Absicht oder die Motive haben könnte, sich in Terrorismus zu verstricken – und das, bevor er losschlagen konnte.«

Was soll daran so schlimm sein? Der amerikanische Versuch, die rechtliche Antwort auf die Herausforderung des Terrorismus zu finden, hat nicht einfach die Grenzen des Rechtsstaates überschritten – er ist die Negation des Rechtsstaates. Denn die Bush-Regierung hat die Grenzen durchbrochen, die einen Rechtsstaat, nein, die den modernen Staat überhaupt konstituieren. Mit dem Import von Kriegsbefugnissen in die innere Rechtsordnung wurde die Gewaltenteilung außer Kraft gesetzt. Mit der Erweiterung der polizeilichen Gefahrenabwehr auf die anlasslose Prävention wurde die Gesetzesbindung außer Kraft gesetzt. Mit dem Export von Überwachung in die ganze westliche Welt wurden die Grenzen der Staatsgewalt über die Grenzen des Staates hinaus ins Unendliche erweitert. So baut man einen globalen Polizeistaat.

Dies alles kann ein neuer, ein besserer Präsident reparieren. Doch die Welt ist unheilbar befallen von der Idee, die dahinter steckt: Die Würde und die Intimität von Menschen zu durchbrechen, um in sie hineinzuschauen, um herauszufinden, was sie vorhaben, planen, denken. Die Idee, Menschen für gefährlich zu halten, weil es nicht möglich ist, ihnen etwas zu beweisen, ist die Grundidee des totalitären Staates. Es ist der Staat, der Menschen als Feinde betrachtet.

Ein solcher Staat ist nicht nur an Lagern wie Guantanamo zu erkennen und auch nicht allein daran, dass er seine Sicherheit durch Folter zu erzwingen sucht. Denn die Zukunft ist subtiler. Das wird auf dem Flughafen von Baltimore im US-Staat Maryland deutlich. Im Wartebereich vor der Sicherheitskontrolle geht es richtig menschlich zu. Blaues und violettes Licht schafft Wellnessatmosphäre, Vogelstimmen kommen aus versteckten Lautsprechern, ein esoterischer Klangteppich soll für Entspannung sorgen. Auch das ist eine Methode, Terroristen zu fangen. Denn wer sich hier nicht der Norm entsprechend locker verhält, fällt auf. Sicherheitskräfte beobachten die Szene genau und bitten jeden, der sich als Nervenbündel erweist, diskret zur Sonderkontrolle. Terroristen, so scheint die Erfahrung zu sein, mögen keine Vogelstimmen.

Geheimdienstler arbeiten an einem Projekt, mit dem das gesamte soziale Verhalten amerikanischer Bürger systematisch erfasst werden soll – das »Tangram-Programm«. Ziel: »Scheinbar normales Verhalten« von normalem Verhalten zu unterscheiden. Das unnormale Normale. Es ist auch ein Versuch der Quadratur des Rechtsstaates: Anlässe für obrigkeitliches Einschreiten zu formulieren, wo es keine Anlässe gibt.

Wohin ist ein solcher Staat unterwegs? Antworten gibt es in der *Human Factors Division* des Heimatschutzministeriums. Dort läuft das Projekt *Hostile Intent*. Und die Abteilungsleiterin Sharla Rausch erklärt es gern: Elektronische Augen werden hier darauf getrimmt, *micro-expressions* im Gesicht des Feindes zu erkennen. *Micro-expressions* sind Gesichtsausdrücke, die oft nur den Bruchteil einer Sekunde die Stirnfalte minimal bewegen – es kommt nicht nur darauf an, dies zu erkennen, sondern es auch zu lesen. Selbst hart gesottene Terroristen können, so die Vermutung, Minireflexe nicht vermeiden, wenn sie Böses planen. Die Fahnder brauchen nur auf solche *micro facial lackages* zu warten – und dann zuschlagen. Vierzig verschiedene Mikroregungen, an denen man den Feind erkennen kann, wollen die Menschenexperten der Division schon entdeckt haben – welche, wird natürlich nicht verraten.

Das Verteidigungsministerium hat einen Verbesserungsvorschlag: Die sensible Feinderkennungs-Software könnte noch durch *cultural input* optimiert werden. Damit meinen sie politisch korrekte Angaben über den kulturellen Hintergrund der fraglichen Personen. Wüsste beispielsweise die Kamera, dass der Gefilmte aus einer Diktatur kommt, so könnte sie in ihren Mikroprozessoren die entsprechenden *micro-expressions* differenzieren. Ergänzend empfehlen die Fahnder *Fast*, was die

Abkürzung für *Future Attributable Screening Technology* ist. *Fast* besteht aus einem Set von Sensoren, die auf Distanz in einer Menschenmenge, Transpiration, Herzschlag und Hauttemperatur jeder Person blitzschnell in terroristische Neigung umrechnen können.

Der Krieg gegen den Terror ist noch lange nicht auf seinem Höhepunkt angelangt.

Zweites Kapitel
Schäubles Gesetz

Wer hat Angst vor Eric Breininger? Das Leben des jungen Mannes hat doch ganz harmlos begonnen. Als Scheidungskind wuchs er mit Mutter und Schwester im saarländischen Neunkirchen auf. Nach der Schule besuchte er ein Berufsbildungszentrum, nahm einen Job als Paketbote an, um finanziell seinem Ziel, einer Ausbildung als Industriekaufmann, näher zu kommen.

Das langweilige Provinzleben nimmt eine ziemlich spannende Wendung, als der junge Mann Daniel Schneider kennenlernt, durch einen Paketboten-Kollegen. Daniel erzählt von Reisen nach Pakistan, dort war er in einem Lager, um den Heiligen Dschihad zu erlernen. Dschihad, wie geht das? Der junge Breininger hört vom Islam und der angeblichen Pflicht der Gläubigen, die Lehren des Propheten zu verbreiten, notfalls mit Gewalt. Breininger, gerade 19, ist so begeistert, dass er Moslem wird und sich künftig Abdul al-Gattar nennt. Die Handelsschule bricht er ab, kurz vor der Abschlussprüfung, er zieht zu Daniel in eine Bruchbude über einer Hinterhofmoschee.

Es dauert nur ein gutes Jahr, da hängt ein Fahndungsplakat mit einem Foto des verhinderten Industriekaufmanns an allen deutschen Flughäfen. Denn aus der Hinterhofwohnung in Saarbrücken ist Breininger längst ausgezogen, er reist nach Kairo, dann in den Iran, schließlich kommt auch er in einem Terroristenlager in Pakistan an. Die Verwandlung des braven Paketboten Breininger in einen potenziellen Massenmörder wurde offenbar von der Islamischen Jihad Union (IJU) organisiert, die ihre Heimat in Mir Ali, einem Ort in Nordwaziristan hat. Usbeken sollen den deutschen Zweig der Gewalt-Vereinigung in Ulm organisiert und nach Ansicht der Terrorismusexperten in Deutschland mittlerweile mehr Mitglieder als Al Kaida rekrutiert haben: Eine

Spinne im Netz der wahrhaft globalen Organisation gewalttätiger Frömmigkeit.

Die Spinne hat den netten kleinen Eric gefressen. Die Fahnder, die längst auf seiner Spur sind, verlieren ihn irgendwo in
Pakistan aus den Augen, im März 2008 ist er das letzte Mal in
Peschawar gesehen worden. Saarländische Verfassungsschützer
wollen erfahren haben, dass er zurückkehren wolle in die Heimat,
demnächst. Ein Grund zur Beunruhigung: Wer in einem Lager
der IJU war, kommt nicht nach Deutschland, um seine Mutter
zu besuchen, sondern um Schlimmeres zu unternehmen.

Angst vor Eric Breininger: Das Bundeskriminalamt bildet eine
Sonderkommission, um einen möglichen Selbstmordanschlag
des mittlerweile 21-jährigen Neunkircheners zu verhindern.
Hinweise aus ganz Deutschland locken Fahnder zu mutmaß-
lichen Verstecken des Terrorverdächtigen, mal in Frankfurt, mal
in Fulda. Wäre Deutschland Amerika, ginge der Farbalarm des
Innenministeriums nun auf »Orange«. Im Bundestag steht die
Verlängerung des Afghanistanmandats an, ein schrecklich guter
Zeitpunkt für einen großen Terroranschlag in Deutschland. Die
Polizei ist nervös. Auf dem Kölner Flughafen stoppen Sicherheitskräfte eine Maschine, die soeben nach Amsterdam abhe-
ben will. Beamte dringen in das Flugzeug ein und bitten einen
Somalier und einen Deutschen, sich wieder abzuschnallen und
mitzukommen: Sie seien vorläufig festgenommen. Die beiden
jungen Männer werden der nordrhein-westfälischen Islamistenszene zugerechnet und wollen nach Uganda reisen, wo Bürgerkrieg tobt. Vermutlich, so die Ermittler, wollten sie von dort
weiter nach Pakistan in ein Ausbildungslager, möglicherweise
kennen sie Breininger, jedenfalls haben die Ermittler beim heimlichen Schnüffeln im Gepäck des einen der beiden einen Brief der
Lebensgefährtin gefunden, den ein Polizist als Abschiedsbrief
deutet, als Abschiedsbrief an einen jungen Dschihadisten, der
demnächst seine Erfüllung in einem Selbstmordanschlag finden
wird. Der Polizist schlägt Alarm, der Innenministerr gibt die
Anordnung: sofort festnehmen.

Wenige Tage später müssen die beiden wieder freigelassen werden, nichts Konkretes war ihnen vorzuwerfen. Was ist verboten daran, nach Uganda zu fliegen? Empörung bei Terrorermittlern der Amerikaner, Israels und selbst Pakistans: Die Fahnder dreier Kontinente waren auf der Spur der beiden jungen Leute, um ihren Flug ins Terrorlager zu verfolgen – und diese Trottel aus Köln nehmen sie einfach fest. Aber hätte man denn warten sollen, bis sie verschwinden – wie Breininger?

Im Sommer ist ein Video des Gesuchten aufgetaucht: Erics Milchgesicht mit Kinnbart und Turban. Man möchte lachen über die Maskerade, ist Karneval in Köln? Stockend liest er vom Blatt, was er der Welt zu verkünden hat und was das deutsche Fernsehen noch am selben Abend ausstrahlt: Es werde auch Anschläge in Deutschland geben, als »Strafe« für den Einsatz in Afghanistan. Zur Bekräftigung betätigt Eric mehrfach den Abzugshahn seiner Kalaschnikow, dass es knallt.

Mein Gott, Eric. Wer hat dir das aufgeschrieben? Sollen wir wirklich Angst vor dir haben? Wohl eher aus Ratlosigkeit denn aus Vorsicht ließen die Fahnder die Plakate mit Erics Gesicht hängen, die Sonderkommission löste sich aber auf. Eine Analyse des Videos ergab, dass es irgendwo sehr weit weg aufgenommen worden sein musste – jedenfalls nicht in Deutschland.

Vielleicht ist Eric Breininger längst tot, wenn dieses Buch seine Leser erreicht. Vielleicht weil Eric tatsächlich irgendwo eifernd sein Leben weggeworfen hat, um mit einer Bombe Menschen in den Tod zu reißen. Dann wissen wir, dass wir wirklich Angst vor ihm haben mussten. Oder er bleibt verschwunden, irgendwo versackt im Elend des Fundamentalismus. Oder er kehrt zurück nach Neunkirchen, guckt, ob jemand daheim ist, und versucht, doch noch Industriekaufmann zu werden.

Nichts ist unmöglich in der erstaunlichen Welt, die von Innenpolitikern als deutsche Terrorszene bezeichnet wird – obgleich doch niemand, der dazu gerechnet wird, in Deutschland Schaden angerichtet hat. Auf 5100 Personen, so erklärte in dem Jahr, als Eric verschwand, der hessische Innenminister, werde allein in seinem Bundesland die Zahl der Islamisten geschätzt. Der größte Teil davon sei in Gruppen organisiert, die »nicht gewaltbereit sind«, das mache »sie aber nicht ungefährlicher«. Die gefährlichsten der Gefährlichen werden bundesweit vom BKA und weltweit von Geheimdienstlern verfolgt. Auf einer schwarzen Liste führt das Bundeskriminalamt diese als »Gefährder« mit Namen und Heimatanschrift: 68 Personen waren es nach einer amtlichen Auskunft beispielsweise im April 2007.

Das sind Personen, vor denen man nach übereinstimmender Ansicht der Länderinnenminister und des Bundesinnenministers Angst haben muss wie vor Eric Breininger. Bei den meisten weiß man, anders als bei Breininger, wo sie sind. Jeden Tag könnten sie in Deutschland oder an einem anderen Punkt der Welt umstellt, notfalls mit Waffengewalt festgenommen und an ihrem terroristischen Tun gehindert werden. Werden sie aber nicht – weil rechtlich nichts gegen sie vorliegt.

Die Welt vor Leuten zu schützen, die nichts getan haben, lediglich vielleicht etwas tun werden, von dem man nicht mal weiß, was es sein könnte: Das ist die Herausforderung des Terrorismus an den Rechtsstaat. Innenpolitiker, Juristen, Terrorismusexperten sind auch in Deutschland dabei, dieser Herausforderung mit einem grundsätzlichen Umbau der Rechtsordnung zu begegnen. Schritt für Schritt unterziehen sie das Recht der Inneren Sicherheit einem Paradigmenwechsel, dessen Konsequenzen noch gar nicht abzusehen sind. Rasterfahndung, Lauschangriff, Computerdurchsuchung: Im Lärm der Aufregung, die sich seit dem 11. September 2001 jedes Mal in der Presse breitmacht, wenn der verantwortliche Innenminister eine neue Generation von Instrumenten der Terrorfahndung vom Parlament absegnen lässt, geht die wirkliche Bedrohung des Rechtsstaates leicht unter. Denn es gibt nur wenige Instrumente staatlichen Eingriffs in Bürgerfreiheiten, die als solche inakzeptabel sind. Die Folter gehört dazu, der Lauschangriff sicher nicht. Entscheidend für die Beurteilung von Polizeimaßnahmen der Terrorabwehr ist stets, unter welchen gesetzlichen Voraussetzungen sie erlaubt werden und wie genau die formuliert sind. Nicht wenn es morgens um fünf an der Tür klingelt, schrieb der Dichter Bertolt Brecht, sei der Mensch beunruhigt, sondern wenn er nicht sicher sein könne, ob es wirklich nur der Milchmann ist.

In Deutschland kann schon heute niemand mehr sicher sein, wer klingelt. »Man kann«, so die Einschätzung des ehemaligen Verfassungsrichters und Staatsrechtsprofessors Dieter Grimm, »völlig ohne eigenes Zutun in die Fänge des Staates geraten«. Niemand kann zuverlässig sagen, ob sein Telefon abgehört, seine E-mails mitgelesen werden. Auf die Frage, wann solche Eingriffe zulässig sind, ist die klare Auskunft des Hamburger Polizeirechtsexperten und Exbundesverfassungsrichters Jürgen Kühling: »Praktisch immer.«

Nicht die Maßnahmen der Terrorfahndung sind das Problem, sondern ihre gesetzlichen Voraussetzungen. Die rechtlichen Bedingungen für polizeiliches Handeln sind im Staat mit dem ältesten Polizeirecht der Welt unsicher geworden – wenn nicht ganz verschwunden. Die bedingungslose Anwendung von Staatsgewalt: Das ist das amerikanische Vorbild. Doch die Abwendung vom Rechtsstaat geschieht in Deutschland nicht nach der vergleichsweise plumpen Methode des US-Rechtsberaters John Yoo, der die umfassenden *Wartime Power* des Präsidenten zur Polizeigewalt umdeutete. In Deutschland geschieht dies alles viel subtiler. Man muss genau hinschauen, um es zu erkennen.

Das deutsche Recht der Inneren Sicherheit hat seine Verankerung in der Wirklichkeit ganz allmählich gelöst. Diese Verankerung ist herkömmlich am deutlichsten im Strafrecht: Es ist, so drücken es Strafrechtswissenschaftler aus, »Tatstrafrecht«. Das heißt, es muss ein Unrecht geschehen sein, bevor die Kripo kommt, bevor das scharfe Instrumentarium der Strafprozessordnung angewendet werden darf. »Repressiv«, als Reaktion auf etwas Geschehenes, so heißt es, wirke der Strafprozess. »Präventiv« sei hingegen das Polizeirecht, das die Sicherheitskräfte zum Handeln ermächtigt, bevor etwas geschehen ist. Doch »präventiv« im klassischen Sinn des deutschen Polizeirechts hat eine andere Bedeutung als die heute gern bei der »präventiven« Verbrechensbekämpfung verwendete. Das präventive Polizeihandeln setzt herkömmlich ebenfalls voraus, dass etwas Reales geschehen ist: Eine »Gefahr« muss vorliegen, eine Gefahr aber setzt eine Gefahrenprognose voraus, und diese wiederum ein reales Set von Ereignissen, das diese Gefahrenprognose rechtfertigt.[6] Für Maßnahmen der Gefahrenabwehr wie für Maßnahmen der Strafverfolgung gilt also gleichermaßen herkömmlich: Es muss bereits etwas passiert sein, etwas, das eine »Gefahr« begründet, oder den »Verdacht« einer Straftat – einen »Verdacht« der manchmal auch die traurige Gewissheit einer Straftat sein kann. Verdacht und Gefahr sind jeweils tatsachengestützte Einschätzungen eines (meist) nicht unmittelbar erkennbaren Unheils. Der Unterschied liegt nur darin, dass das Gefahrenurteil eine Prognose in die Zukunft verlangt, das Verdachtsurteil hingegen, wie manche Strafrechtler sagen, eine Prognose in die Vergangenheit – nämlich auf den Zeitpunkt der Tat.

Gefahr und Verdacht gelten als Eckpunkte und Prüfsteine eines rechtstaatlichen polizeilichen Vorgehens, weil sie diese Tatsachengrundlage haben, die Voraussetzung objektiver Umstände, die vor jedem Gericht mit Zeugen oder Urkunden beweisbar und darum überprüfbar sind. Doch genau diese Verankerung in der Realität ist es, die es dem herkömmlichen Polizei- und Strafrecht so schwer macht, der Herausforderung des Terrorismus entgegenzutreten. Das zeigte sich nach dem 11. September sehr schnell. Eine ganze Reihe von Gerichtsurteilen, die sich mit der Rechtmäßigkeit von Ermittlungen im Trubel der ersten Aufregung in Deutschland, inmitten der Angst vor einem weiteren Attentat zu beschäftigen hatten, gibt einen Eindruck, dass nicht nur die Juristen, sondern auch die Gesetze, die sie anzuwenden hatten, völlig überfordert waren.

So war es, als die Polizei in Rheinland-Pfalz, wie in den meisten anderen Bundesländern, gleich nach den Anschlägen von New York und aufs Pentagon zum Mittel der Rasterfahndung griff, um durch den elektronischen Datenabgleich in Deutschland vermutete Terrorzellen und Hintermänner von Al Kaida aufzuspüren. Das Oberverwaltungsgericht in Koblenz hatte nun, nachdem sich der Sturm gelegt hatte, zu klären, worüber wohl wenige ernsthaft nachgedacht hatten, als *Ground Zero* noch qualmte: Ob so ein sensibler Eingriff wie der massenhafte Abgleich von Daten unbeteiligter Bürger eigentlich rechtmäßig war. Die Richter zogen das Polizeigesetz von Rheinland-Pfalz zurate. Das bestimmte, wie es bislang guter Brauch war, Rasterfahndung sei erlaubt unter der Bedingung, dass eine konkrete Gefahr vorliegt. Die Richter prüften und subsumierten heftig: Bestand nach dem 11. September die Gefahr eines Terroranschlages? Auf den ersten Blick möchte man sagen: Na klar. Beim zweiten allerdings kommen Bedenken: Wieso? Welche realen Hinweise gibt es, dass in Rheinland-Pfalz oder in Deutschland ein konkret prognostizierbares Attentat bevorsteht? Der einzige Hinweis liegt darin, dass gerade ein Attentat in New York und eins aufs Pentagon stattgefunden hat. Doch es bedarf hier keiner logischen Anstrengungen, um dies als Hinweis zurückzuweisen. Es gibt vielmehr gute Gründe für die Annahme, dass Attentate an so unterschiedlichen Orten nicht unmittelbar hintereinander geschehen.

Die Konsequenz: Die Rasterfahndung hätte unterbleiben müssen. Diese Konsequenz wollte das Gericht ersichtlich nicht ziehen, und sie wäre bei Nichtjuristen wohl auch auf Unmut gestoßen. Also machten die Richter sich daran, rechtlich zu begründen, was gefühlsmäßig richtig war: Es habe hinreichende Anhaltspunkte für die Gefahrenprognose gegeben. Die Anhaltspunkte lägen darin, dass vorangegangene Anschläge 1998 in Nairobi und 2000 in Aden ebenso wie der Anschlag von 11. September ohne jeden vorherigen Anhaltspunkt geschehen seien. Daraus folge, dass terroristische Anschläge überraschend und »jederzeit zu erwarten« seien. Ob diese Befürchtung Deutschland treffe, sei egal, weil die Wurzeln des internationalen Terrorismus in Deutschland ebenso gut wie in jedem anderen Land liegen könnten. Ergebnis: Es bestand die konkrete gegenwärtige erhebliche Gefahr eines Terroranschlages.

Das Urteil[7] geht von einer zutreffenden und von niemandem bestrittenen Einschätzung der Sicherheitslage in der Welt aus, sie galt 2001 ebenso wie 2008. Doch was macht man, wenn der einzige Anhaltspunkt ist, dass es keine Anhaltspunkte gibt? Soll die Pfälzer Polizei tatsächlich dazu da sein, die Sicherheit auf der ganzen Welt zu gewährleisten? Und zwar auf Dauer? Lässt sich wirklich, aus Koblenzer Sicht, eine interkontinentale dauernde Gefahr annehmen, die konkret zu jedem Zeitpunkt und an jedem Ort der Welt besteht und also zu bekämpfen ist? Es mag ja sein, dass der amerikanische Präsident das so sieht, aber ist der Innenminister in Mainz damit nicht etwas überfordert? Und wozu brauchen wir, wenn dauernd weltweit Gefahralarm herrscht, überhaupt noch das komplizierte Regularium eines Polizeigesetzes? Wozu noch Juristen, wozu noch Richter des Oberverwaltungsgerichts Rheinland-Pfalz? Ein so verstandenes Recht ist nicht mehr in der Lage, Verwaltungshandeln zu steuern, es ist durchgebranntes Recht, um nicht zu sagen, durchgeknalltes.

Das Urteil zeigt drastisch die Zwickmühle des kleinteilig oder national organisierten Rechtsstaats: Legen wir das Polizeirecht eng aus, kommen wir zu unbefriedigenden Ermittlungshemmnissen. Legen wir es weit aus, erleben wir absurde Weiterungen.

Auch so strenge Rechtsstaatswahrer wie der ehemals fürs Polizeirecht zuständige Verfassungsrichter Wolfgang Hoffmann-Riem sehen das Problem: »Ist das Risiko in transnationale Netzwerke des Terrorismus eingewebt, versagt das traditionelle Polizeirecht auch, weil es davon ausgeht, Gefahren könnten dort bekämpft werden, wo sie auftreten. Transnationale Risiken lassen sich nur – wenn überhaupt – im transnationalen Verbund lösen.«

Es ist dasselbe Problem wie mit Breininger: Man weiß nicht, was als Nächstes passieren wird, und man weiß schon gar nicht, wo. Es gibt, würden Juristen sagen, keine Tatsachengrundlage, die eine Prognose zulässt. Folglich bleibt die Polizei gelähmt. Andererseits scheint es inakzeptabel, die Sicherheitskräfte so lange abwarten zu lassen, bis wirklich etwas passiert, bis sich

beispielsweise ein Flugzeug mit einem Passagier namens Breininger Deutschland nähert. Denn wenn erst die Alarmrotten der
Bundeswehr aufsteigen müssen, könnte es zu spät sein.

In dieser Situation erschallte der ultimative Befehl des amerikanischen Präsidenten vom Weißen Haus in alle Welt: »Don't
ever let this happen again«. Im Berliner Innenministerium über-
setzten sie es als »neue Prävention«. »Neue Prävention« heißt,
die Polizei zu schicken, bevor etwas passieren kann – und dafür
die Rechtsgrundlagen zu schaffen: Ein Recht, das nicht auf Tatsachen angewiesen ist. Der Frankfurter Verfassungsrechtspro-
fessor Günter Frankenberg sieht ein »hyperpräventives Sonder-
polizeirecht« gegen den Terrorismus sich entwickeln, das »über
den Rahmen des herkömmlichen Polizei- und Ordnungsrechts
weit hinausgreift und einer anderen Logik folgt.«

Es ist die amerikanische Logik, die den Schutz vor Terrorattacken als Abwehr des Feindes betrachtet, als Krieg. Denn ist
es nicht mit Eric Breininger wie mit denen, die Carl Schmitt als
»Feind« kennzeichnete? Man verfolgt sie nicht wegen ihrer Untaten oder weil sie Gefahren verursachen, sondern weil sie Feinde
sind: Eine Bedrohung durch ihre Existenz, ihre latente Gefährlichkeit, die sich gerade darin manifestiert, dass sie sich vielleicht
überhaupt nicht manifestiert. Die Situation ist tatsächlich der des
Krieges vergleichbar: Da werden Maßnahmen gegen den Feind ja
auch nicht an tatbestandsmäßige Voraussetzungen von Gesetzen
geknüpft. Frag mal einen Soldaten auf dem Schlachtfeld, welche
Tatsachengrundlage er seinem Granatenwurf zugrunde legt. Frag
mal einen General nach der Rechtsgrundlage für seine Befehle.
Carl Schmitt sagt, die Entscheidung darüber, wer Feind ist, sei
eine politische, keine rechtliche. Da hat er recht. Doch sollen wir
daraus folgen, dass die Entscheidung, Breininger als Feind zu
betrachten, keiner Rechtsgrundlage bedarf? Soll der Oberbefehl
des Machthabers Schäuble reichen, ihn in Isolationshaft zum
Beispiel nach Guantanamo zu bringen?

So weit kann der Staat des Grundgesetzes nicht gehen, und der
Minister Schäuble ist ein viel zu gewissenhafter Mann, um so

dunkle Ideen zu verfolgen wie der frühere amerikanische Präsident Bush. Doch daraus folgt nicht, dass es nicht trotzdem dazu kommen könnte. Und das fatale Muster findet sich jetzt schon im Recht der Neuen Prävention.

»Der Terrorismus fügt sich nicht«

Wieder Carl Schmitt – Der Innenminister erklärt den Rechtsstaat – Polizei im Wettkampf – Wartime Power für Angela Merkel? – Warum der Gürtel!

Der erste Schritt der deutschen Rechtsordnung in den globalen Polizeistaat ist die Erfindung des »erweiterten Sicherheitsbegriffs«. Er basiert auf Wolfgang Schäubles Erkenntnis, angesichts der Terrorgefahr lasse sich »die bisherige Trennung von innerer und äußerer Sicherheit oder in Kriegszustand und Friedenszeit nicht länger aufrechterhalten«. Die Konsequenz: »Wenn Deutschland ein sicheres Land bleiben« solle, brauche man »in einer Welt der Globalisierung integrierte Ansätze«. Überspitzt ließe sich zusammenfassen: Wir können uns den Rechtsstaat angesichts des transnationalen Terrorismus nicht mehr leisten. Denn der Rechtsstaat lebt von klaren Grenzen der Staatsmacht, von klaren begrifflichen Grenzen der Gesetze, er lebt von der sicheren Trennung von Krieg und Frieden. Wir aber brauchen unbegrenzte Vollmachten, weil diese Grenzen verschwunden sind.

Der Innenminister versuchte daher in einer Rede, die er im Herbst 2007 ausgerechnet vor Richtern des Bundesverfassungsgerichts hielt, den Rechtsstaat neu zu deuten: »In der modernen Rechtsstaatlichkeit ist die Herrschaft des Rechts untrennbar mit der Durchsetzung des Rechts verknüpft. Ohne Durchsetzung des Rechts – unter Einsatz des staatlichen Gewaltmonopols – bestünde ein faktischer Zustand der Rechtlosigkeit.« Zum Beleg zitierte der Minister einen Satz des Reichsgerichtsrats Otto Bähr

aus dem 19. Jahrhundert: »Damit der Rechtsstaat zur Wahrheit
werde, genügt es nicht, dass das öffentliche Recht durch Gesetze
bestimmt sei, sondern es muss auch eine Rechtsprechung geben,
welche das Recht für den concreten Fall feststellt und damit für
dessen Wiederherstellung, wo es verletzt wird, eine unzweifel-
hafte Grundlage schafft.«

Dass ein begeisterter Richter das so sieht, ist verständlich, und
es ist ja auch nicht falsch: Die verbindliche Präzisierung der
Gesetze durch die Justiz verschärft den Willen des Gesetzgebers
für den konkreten Streitfall und stärkt auf diese Weise das Fundament des Rechtsstaates: die Gesetzesbindung der Obrigkeit.

Doch was macht der deutsche Innenminister daraus? Schäuble:
Das Rechtsstaatsgebot »der Durchsetzung des Rechts beschränkt
sich nicht auf die Gerichte, sondern erstreckt sich ebenso auf
die Exekutive. Die Durchsetzung des Rechts umfasst die Ahndung von Rechtsverstößen und die Wiederherstellung des Rechts
durch geordnete und grundrechtlich gemäßigte staatliche Verfolgung und Sanktion.« Dazu gehöre auch, »dass wir die Bedingungen schaffen, die Straftaten verhindern und ihnen schon im
Vorfeld vorbeugen«.

Aber da hat jemand etwas listig durcheinandergebracht: Die
Sicherheit der Bürger vor dem Staat und die Sicherheit, die der
Staat seinen Bürgern bietet, gehen im »integrierten Ansatz«
durcheinander. Das ist der »erweiterte Sicherheitsbegriff«, den
sich die Unions-Fraktion des Bundestages in ihrer »Sicherheitsstrategie für Deutschland« per Beschluss im Mai 2008 zu eigen
gemacht hat.

Der »erweiterte Sicherheitsbegriff« zielt auf die Sicherheit
des ganzen Staates. Es klingt vernünftig, wenn der Innenminister erklärt: »Unsere Sicherheit ist heute gar nicht mehr durch
militärische Bedrohungen im engeren Sinn bedroht. Aber die
Sicherheit unserer Energieversorgung oder die Sicherheit unserer kritischen Infrastruktur sollten wir im Blick behalten.« Denn
Terroristen zielen, wie wir wissen, nicht auf die Verletzung der
Rechtsgüter des Einzelnen, sondern auf die Funktionsfähigkeit

von Staat und Gesellschaft. Einen Schritt weiter: Wenn die staatliche Gewähr von Recht und Ordnung, die innere Sicherheit, zum Rechtsstaatsgebot erhoben wird, dann ist ein terroristischer Angriff ein Angriff auf den Rechtsstaat. Die Verteidigung des Staates gegen Terroristen wird vom Staatsschutz zum Rechtsstaatsschutz. Rechtsstaatlich bedenklich, so die Konsequenz, sind rechtsstaatliche Bedenken gegen allzu viele polizeiliche Eingriffsbefugnisse. Es geht, wie Staatsrechtler Depenheuer sagt, um die »Selbstbehauptung des Rechtsstaates«, wenn man ihn, zu seinem Schutze, nicht allzu eng sieht. Doch der Rechtsstaat kann sich nicht behaupten, sondern nur der Staat, dies aber bitte zumindest nach innen mit rechtsstaatlichen Mitteln. Schäuble aber erklärt es so: »Der Gesetzgeber« dürfe sich aus Gründen der Rechtsstaatlichkeit, der »Verantwortung nicht entziehen, die Voraussetzungen und gesetzlichen Grundlagen zu schaffen«, damit »wir operativ auf der Höhe derjenigen bleiben, die unsere Sicherheit gefährden«. Das Verhältnis des Staates zu den Bürgern hat sich grundlegend geändert: Aus rechtsstaatlich begrenzten polizeilichen Eingriffen in die Grundrechte der Menschen ist, so Schäuble, »ein Wettkampf mit den Gefährdern« geworden. Der »Wettkampf« ist eine neue Kategorie des Polizeirechts. Im Rechtsstaat gibt es keinen Wettkampf. Im Rechtsstaat gibt es Gesetzesanwendung.

Wettkampf, wird er unter Einsatz von Gewalt ausgetragen, ist Krieg. Und da der »erweiterte Sicherheitsbegriff« Krieg und Frieden nicht mehr trennt, ist es nur konsequent, wenn sich der Staat entsprechend aufstellt. Die Lehre etwa, dass die auswärtigen Beziehungen dem Außenministerium, der Umgang mit den eigenen Bürgern hingegen dem Innenminister zugeordnet sind, ist für Schäuble »altes Denken«. Der deutsche Sicherheitchef hat von Experten das Modell eines »Nationalen Sicherheitsrates« entwickeln lassen[8], das die Unions-Fraktion bereits abgesegnet hat. Ein Modell der weltweit integrierten Sicherheitspolitik: Das Regierungsgremium unter Vorsitz der Bundeskanzlerin soll die »Wehrhaftigkeit Deutschlands nach außen und nach innen«

sicherstellen: *Wartime Power* für Angela Merkel? »Organe der inneren und äußeren Sicherheit« – zu deutsch: Militär und Polizei – sollen »miteinander verzahnt« werden. »Optimales Krisenmanagement« weltweit soll am deutschen Polizeiföderalismus nicht scheitern: Das Oberkommando der Wehrhaftigkeit soll »eine adäquate Koordination zwischen Bund, Ländern und Gemeinden sicherstellen« und »nichtstaatliche Organisationen« einbinden. Optimal und adäquat, eingebunden und verzahnt: Solche Wörter haben sie in Amerika nicht. Da wird die Verfassung, wie wir sahen, mit Karacho gebrochen. In Deutschland wird selbst der Ausnahmezustand in gepflegtem Bürokratendeutsch verhängt.

Das neue Deutsch prägt das neue Denken. Rainer Griesbaum, der stellvertretende Generalbundesanwalt, trat im September 2008 auf dem Deutschen Juristentag vors Publikum und forderte im Kampf gegen den Terrorismus »pragmatische, am Rechtsstaatsprinzip orientierte Lösungen«.[9] Rainer Griesbaum ist Staatsanwalt und als solcher nicht »am Rechtsstaatsprinzip orientiert«, sondern durch die Strafprozessordnung auf den Rechtsstaat und alle Gesetze, die ihn ausmachen, verpflichtet. Alles andere ist Rechtsbeugung und wird bestraft. Er hat nicht »pragmatisch«, sondern nach dem Legalitätsprinzip zu handeln, das ihn als Strafverfolger verpflichtet, unabhängig von Überlegungen der Opportunität verdammt noch mal zu tun, was im Gesetz steht.

Wenn also ein so hoher Staatsanwalt so etwas sagt, macht das neugierig. Meint er, er möchte seinen Beruf nicht mehr ausüben? Möchte er eine andere Rechtsordnung? Er möchte einen anderen Staat: Deutschland, erklärte Griesbaum weiter, solle als Teil eines »Gesamtsystems« begriffen werden, und zwar besonders, wenn aus »pragmatischen Gründen« die rechtsstaatlichen Essentials der deutschen Strafprozessordnung nicht eingehalten werden können. Die »starren Entscheidungsschablonen« des deutschen Strafprozessrechts bei der Verwendung von unrechtmäßig – etwa durch Folter oder List – erhobenen Beweisen seien zu eng, wenn es etwa um ausländische Zeugenaussagen zweifelhafter Herkunft gehe. Auch solche Informationen, die außerhalb der Reichweite des deutschen Grundgesetzes erhoben worden seien, dürfe man nicht »völlig ausblenden«, sie sollten im Einzelfall verwendbar sein, um etwa Ermittlungen wegen eines bevorstehen Anschlages einzuleiten.

Wie weit reicht das integrierte »Gesamtsystem« der deutschen Strafverfolger? Bis in die Foltergefängnisse der CIA?

Der Versuch, die Verfolgung des Feindes in Formen des Rechts zu kleiden, stößt auf außerordentliche Schwierigkeiten. Wir haben erfahren, dass sich Feinde vom Schlage eines Eric Breininger den herkömmlichen Kriterien des Polizeirechts und des Strafrechts entziehen. Ein Recht, das die angemessene Reaktion des Staates auf »Gefährder« wie reisende Islamisten steuert, kann sich nicht an realen Ereignissen, an einer Tatsachengrundlage, orientieren. Die Bedrohung durch den Terror ist zeitlos, ortlos, irreal. Die Behörden können sich nur an eines halten: an Personen, die ihnen irgendwie verdächtig und darum dem Feind zugehörig scheinen. Die Strategen der integrierten Sicherheit bekämpfen nicht mehr gefährliche Situationen oder Straftaten – sie bekämpfen Menschen. Dazu brauchen sie Eingriffsbefugnisse, die es ihnen erlauben, Menschen, ob Staatsbürger oder Ausländer, als »gefährlich« zu bezeichnen. Anders als im Strafrecht, wo ein Täter – und auch dies nur ausnahmsweise – als »gefährlich« eingestuft werden darf, wenn er schon mindestens einmal eine entsprechende Straftat begangen hat, geht es bei der Terrorbekämpfung darum, Personen herauszufinden, die noch nichts getan haben, jedenfalls nichts Terroristisches. Es kann sogar darum gehen, Personen zu fixieren, die nicht mal etwas Auffälliges getan haben – sogenannte Schläfer. Im Extremfall kann es darum gehen, in die Gedanken und die geheimen Wünsche, ins Allerintimste vorzudringen, um eine Person als »gefährlich« auszuzeichnen. Für die Zugehörigkeit zum Feindeslager genügt es ja oft schon, mit dem Feind zu sympathisieren, vielleicht unauffällig Umgang mit Sympathisanten zu haben.

Personenbezogenes statt fallbezogenes Polizeirecht kann Rechtsfolgen nicht in sinnvoller Weise an objektiv überprüfbare Voraussetzungen knüpfen. So ist es zwar möglich, staatliche Maßnahmen gegen jede Person anzuordnen, die nicht ehelich geboren oder kleiner als 150 Zentimeter ist. Das wären klare, aber sinnlose – und oft auch unmenschliche Gesetze. Andererseits ist es nicht möglich, ein Gesetz zu formulieren, das polizeiliches Vorgehen gegen jede »terrorgeneigte« Person vorsieht. Denn die terroristische Neigung lässt sich, bevor sie sich katastrophal manifestiert, nicht objektiv feststellen. Dass die Polizeibehörden gleichwohl genau darüber Bescheid zu wissen meinen, wer »Gefährder« ist, ist allein dem rechtlich nicht relevanten Bauchgefühl von Geheimdienstlern zu verdanken.

Denn das unterscheidet Schlapphüte und Mützenträger: Die Agenten des Bundesnachrichtendienstes oder des Verfassungsschutzes haben kaum je ein Gesetz anzuwenden. Sie dürfen ohne konkreten Verdacht Personen hinterherspionieren, detaillierte Ermächtigungsgrundlagen braucht es dazu grundsätzlich nicht. Sie beobachten, wie es heißt, »die Szene«. Wenn man um die Hamburger Al Kuds-Moschee streicht, wo auch der Flugzeugentführer Mohammed Atta lange vor dem 11. September 2001 verkehrte, kann man beobachten, wer aus der Islamszene sich mit wem trifft, wo er seinen Tee trinkt und in welchen Internetcafés er verkehrt. Kaum ein Agent des Hamburgischen Landesamtes für Verfassungsschutz versteht zwar, was in der Szene auf Arabisch gesprochen wird, aber man bekommt doch einen Eindruck, was die Leute so treiben. Das ist nicht besonders effektiv, aber führt doch gelegentlich zu Querverbindungen zu Personen, die man schon kennt, weil sie wiederum Verbindungen zu Personen haben, von denen ein befreundeter Dienst meint, dass sie gefährlich sind. In geheimdienstlicher Beobachtung hat niemand etwas Rechtsstaatswidriges gesehen, so lange die Geheimen nicht in die Grundrechte ihrer Opfer eingriffen. Geheimdienstler galten als ungefährlich, weil sie niemanden verhaften und niemanden erschießen durften. Je stärker sich einerseits die Ansicht durchsetzte, dass auch das heimliche Sammeln von Informationen über Individuen ein Grundrechtseingriff sein kann, je stärker andererseits die Dienste immer empfindlichere Eingriffe in immer sensiblere Sphären der Grundrechtsträger vornahmen, desto stärker wurden die schlimmeren Formen der Schnüffelei an gesetzliche Voraussetzungen gebunden. Beobachten durften Verfassungsschützer schon stets, wen sie für einen Feind hielten, rechtlich problematisch wurde dies jedoch, als sie versuchten, ohne gesetzliche Grundlage Trojaner auf die Festplatten ihrer inländischen Klientel zu versenden.

Von den Schlapphüten lernen heißt siegen lernen. Da im Sinne des »erweiterten Sicherheitsbegriffs« auch die Polizei wissen muss, wer zum Feind gehört, können nicht nur die Waffen, sondern auch die rechtlichen Voraussetzungen ihrer Anwendung zusammengeworfen werden. Das Polizeirecht vollzieht zurzeit nach, was das Recht der Geheimdienste seit Langem entwickelt hat. Das ganze Instrumentarium der Schnüffelei, Lauschangriff und Telefonüberwachung, Computerspionage und »beobachtende Fahndung«, wird – beispielsweise im novellierten BKA-Gesetz – zur polizeilichen Terrorabwehr eingesetzt. Mit solchen Instrumenten wird auch die Sicherheitsphilosophie der Schnüffelei in die robusten Bereiche des Staates übertragen. Die Handlungsvoraussetzungen der Dienste, großzügig genug, um anlassunabhängig Personen hinterherspüren zu können, dienen so dazu, die Terrorfahndung der Polizei zu steuern. Und weil es ja sowieso gegen denselben Feind geht, landen die Informationen der Polizei und der Geheimdienste mittlerweile in gemeinsamen Dateien, die der Innenminister mit der Begründung »integrierter Ansätze« schon angelegt hat.

Die Entkoppelung des Rechts von der Realität wird komplettiert durch immer neue flächendeckende Beobachtungsbefugnisse: Rasterfahndung ist, wie es der Polizeirechtsprofessor Wolfgang Hoffmann-Riem ausdrückt, ein Vorgehen gegen einen Verdächtigen, »von dem man gar nicht weiß, ob es ihn gibt«: Verdachtsgewinnung ist der Fachausdruck dafür. Routinemäßig werden von Erkennungssystemen auf Autobahnen die Kennzeichen vorbeifahrender Autos gescannt: So ein Instrument, flächendeckend eingesetzt, würde die Totalüberwachung des Autoverkehrs ermöglichen. Videokameras überwachen öffentliche Plätze und Bahnhöfe. Polizeiliche Eingriffe, die sich unterschiedslos gegen jeden Bürger richten, werden oft als unbedenklich betrachtet, weil sie kaum oder gar nicht spürbar sind. Doch hier ist es das Prinzip, das interessiert: Die Loslösung des Staates von der Bindung an die Realität – damit auch von der Notwendigkeit, zu begründen oder gar zu rechtfertigen, was des Staates Diener tun. Es ist das Muster von Diktaturen, das dem harmlosen Bürger in der harmlosen Frechheit der Kontrolleure an den Sicherheitsschleusen der Flughäfen begegnet: »Nehmen Sie bitte den Gürtel ab und legen ihn aufs Laufband.« Da der Gürtel aus reinem Leder und Kunststoff ist, bittet der Fluggast um eine Begründung: »Warum?«

Antwort der Kontrolleurin: »Weil ich es sage.«

Die zunehmende Neigung der Sicherheitsstrategen, mangels treffsicherer Kriterien für die Anwendung ihrer Schutzmaßnahmen zu Screeningmethoden zu greifen, macht die ganze Hilflosigkeit des Staates beim Kampf gegen den Terrorismus deutlich: Weil er nicht mehr weiß, gegen wen er sich wenden soll, nimmt er vorsichtshalber alle in Haft. Staatliche Sicherheitspolitik, klagt der Frankfurter Staatsrechtsprofessor und Autor des führenden »Handbuchs« zum Polizeirecht, Erhard Denninger, habe eine »Entgrenzung« erlebt, die nun »das ganze Gefüge aus dem Leim geraten« lässt. Der »Sicherheitsstaat«, zu dem nach Denningers Urteil die Bundesrepublik geworden ist, stellt eine Gefahr nicht nur für von Depenheuer als »Verfassungsautisten« bezeichnete Verteidiger des Rechtsstaates dar. Dieser Staat stellt Demokratie und Gewaltenteilung infrage: die Demokratie, weil ohne die Gesetzesbindung staatlichen Handelns auch die Verbindlichkeit parlamentarischer Entscheidungen schwindet; die Gewaltenteilung, weil die Gerichte mangels überprüfbarer gesetzlicher Voraussetzungen für staatliches Handeln ihre Kontrollaufgabe nicht mehr vollständig wahrnehmen können. Der Sicherheitsstaat gefährdet schließlich den Staat selbst. Wenn seine Amtswalter ohne die Bezugnahme auf konkrete Vorgaben und Bedingungen handeln sollen, fehlt der Maßstab des Erfolges ihrer Aktionen. Eine Gefahrenabwehrmaßnahme der Polizei konnte sich herkömmlich daran messen lassen, ob der Schaden abgewendet wurde – und wenn nicht, ob sie wenigstens geeignet war, den Schaden abzuwenden. Doch wann ist eine Maßnahme zur Bekämpfung des Feindes erfolgreich oder auch nur erfolgversprechend? Prävention kann sich immer rühmen, erfolgreich zu sein, wenn nichts passiert. Doch nicht einmal die Verantwortlichen selber haben einen Maßstab dafür, ob vielleicht auch ohne ihr Zutun alles friedlich geblieben wäre. »Prävention ist immer maßlos«, analysiert der Polizeiexperte Denninger. Das muss nicht nur die Bürger besorgen, sondern auch die Polizei: Ein Staat ohne Maß für die eigene Effektivität geht zugrunde wie ein Konzern ohne Controlling. Er wird größer und teurer und mächtiger – bis er platzt.

Doch auch diese Gefahren scheinen im Angesicht des Feindes selbst manchem Betroffenen vernachlässigenswert. Man dürfe nicht allzu viel Gesetzesbindung der deutschen Geheimdienste erwarten, sagt der SPD-Innenpolitiker und Bundestagsabgeordnete Dieter Wiefelspütz: »Die deutschen Nachrichtendienste sind doch nichts Unanständiges. Das sind doch unsere Leute. Die haben unser Vertrauen verdient.«

Soll die Demokratie weniger Rechtsstaat wagen? Unsere Leute und die Leute der anderen, wir und die, Freunde und Feinde. Das Denken des Kriegsrechts hat das Parlament erreicht.

»Das hätte man vor zehn Jahren für unmöglich gehalten«

Ein leises Klicken – Die AG Trolley – Wir brauchen – Pubertäre Beschlüsse gefährden die Sicherheit – Hilfspetzer der Terroristenjagd – Keiner will die Verfassung verletzen

An der Schönen Aussicht in Hamburg ist alles schön. Wer hier wohnt, hat es geschafft. Weiße Villen mit großen Fenstern blicken auf die Alster, Touristenbusse verlangsamen ihre Fahrt, »the magnificent view« auf die Außenalster mit ihren Segelbooten und Ausflugsdampfern ist sicher der bezauberndste Anblick, den die reiche Hansestadt zu bieten hat. Die altehrwürdige Ruder-Gesellschaft Hansa von 1872 zwingt Jogger wie Liebespaare, den Weg am Wasser zu verlassen. Sie müssen einen großen Bogen um die privilegierten Clubruderer machen. So kommen die meisten, ob sie wollen oder nicht, an der Imam-Ali-Moschee vorbei.

Auch das Gotteshaus in bester Lage ist mit seinen gedrehten Säulen und seiner Kuppel von leuchtender Schönheit. Es ist die weltweit größte Moschee in der islamischen Diaspora. Und es ist »der bedeutendste religiös-ideologische Brückenkopf« Irans im Westen: Das ist die Ausdrucksweise des Hamburger Landesamtes für Verfassungsschutz, das inmitten der wohligen Hamburger Bürgergesellschaft eine Zentrale des Bösen vermutet. Die libanesische Terrororganisation Hisbollah hält hier angeblich regelmäßig Verschwörertreffen ab, gewaltbereite Gotteskrieger aus aller Welt, so heißt es, finden hier Aufnahme und Entspannung. Geheimdienstagenten beobachten das bunte Heiligtum unter großem Aufwand seit Jahren. Wer kennt hier wen? Wer kommt? Wer geht? Wer hat Kontakte zu Gefährdern? Entsteht hier eine Terrorzelle? Die Schlapphüte wollen alles im Blick haben.

Youssef al-Hajdib ist ihnen trotzdem nicht aufgefallen. Der junge Mann kam aus dem Libanon und wohnte erst in einem Islamzentrum in der Nähe. Dann zog er nach Kiel, weil er Maschinenbau studieren wollte. In seiner Studentenbude prangte das prächtige Poster der größten und schönsten Moschee der westlichen Welt, der Imam-Ali-Moschee.

Es ist ja nicht verboten, sich so ein Plakat in die Bude zu hängen oder mit ordnungsgemäßem Studentenvisum in Kiel zu lernen. Wie also hätte der junge Youssef auffallen sollen? »Unterer Bereich des Verdachtsrasters« – so ist im Nachhinein die Diagnose in den Dossiers der Terrorismusexperten, die sich schon bald sehr genau mit dem 22-jährigen Mann aus dem libanesischen Dörfchen Iyat beschäftigen mussten.

Denn am 31. Juli 2006 stand Youssef, beobachtet nur von einer Videokamera, an Gleis 3 des Kölner Hauptbahnhofs. Der junge Mann mit langen dunklen Haaren, im Trikot Nr. 13 der deutschen Nationalmannschaft, wartete scheinbar gelassen auf den Zug. Seinen Treckingrucksack hatte er auf einer Bank abgelegt, neben ihm sein dunkler Rollkoffer. Als der Regionalexpress 12519 nach Koblenz hielt, wuchtete er den Trolley in den Waggon. Ein Reisender unter Reisenden.

In dem schwarzen Koffer hatte Youssef zwei große Stahlflaschen, gefüllt mit elf Kilo Flüssiggas, Plastikflaschen mit Benzin, eine Zündvorrichtung aus Wecker und Draht. Einen ähnlichen Koffer mit gleichem Inhalt deponierte Youssefs Komplize zugleich in einem Zug nach Hamm. Um 14:30 Uhr sollten die Zünder zwei gewaltige Detonationen auslösen, Dutzende hätten durch herumfliegende Splitter und berstende Waggonteile getötet werden können, ein Inferno wie zwei Jahre zuvor in Madrid.

Dass es dann nur ein leises Klicken in den von ihren Besitzern zurückgelassenen Koffern gab, dass die Gepäckstücke am Zielbahnhof zunächst als Fundstücke behandelt und ihr explosiver Inhalt erst später entdeckt wurde – dies alles ist nur einem »handwerklichen Fehler« (Polizei) der beiden Täter zu verdanken, dem rätselhaften Umstand, dass sie entgegen der Bauanleitung im Internet ihren Höllenmaschinen keinen Sauerstoff beigegeben hatten. Die Täter wurden schnell gefasst, sie sind mittlerweile verurteilt. Doch die Aufnahmen der Überwachungskameras sind zum Sinnbild der Hilflosigkeit gegen das unfassbare Böse geworden. »Bis zur Tatausführung«, heißt es in einem vertraulichen Bericht des BKA, »lagen keine polizeilichen Erkenntnisse zu den mutmaßlichen Attentätern vor«. Zwar verkehrte Youssef ganz offen in islamistischen Kreisen, zwar kannte er natürlich auch Stammkunden der Imam-Ali-Moschee, doch, so das BKA: »Die bisherigen Kriterien zum Erkennen potenzieller Täter haben diesen Personenkreis nicht erfasst.«

»Don't ever let this happen again«: Der Schock bei den Ermittlern saß nicht weniger tief als die Erkenntnis der Amerikaner, dass sie von den Vorbereitungen des 11. September 2001 nichts gemerkt hatten. Das Beinaheattentat von Köln brachte auch über Deutschland die präventive Wende. Hatten bisher die Ermittler noch versucht, das geltende Polizei- und Strafrecht bis an seine Grenzen auszunutzen, um der Gefahr Herr zu werden, begannen nun die Strategen der inneren Sicherheit im Geheimen alle Zäune niederzureißen, die der gewaltenteilige Rechtsstaat zum Schutze der inneren Sicherheit errichtet hatte. An die Stelle des »Wir dürfen« trat für die Verantwortlichen der Gefahrenabwehr nun ein »Wir brauchen«.

Wir brauchen: »Ob wir es wollen oder nicht, wir kommen nicht umhin, das traditionelle Polizeirecht zugunsten eines umfassenderen Vorfeldkonzepts aufzulösen. Wir werden auch in starkem Maße Grenzverwischungen zwischen Gefahrenabwehr, Vorsorge für die Verfolgung künftiger Straftaten und Strafverfolgung akzeptieren müssen. Dies alles erfordert eine von dogmatischem Denken freie Betrachtung des Gesamtgefüges unserer gesellschaftlichen und im Grundgesetz verfassten Wirklichkeit. Grundrechte als Abwehrrechte staatlicher Eingriffe sind im Sinne praktischer Konkordanz abzuwägen gegenüber dem Anspruch auf Schutz und Sicherung vor Rechtsangriffen anderer. Bei fortentwickelten Eingriffen bedarf auch das System der Grundrechtssicherung ... einer Fortentwicklung.«

Das sind die Worte eines Praktikers: Wolfgang Gatzke, Chef des von den Kofferbomben überraschten Landeskriminalamts Nordrhein-Westfalen, stellt sich so die Terrorabwehr vor. Der Vertreter der Obrigkeit, der sich hier für die »Auflösung« seiner rechtlichen Grenzen ausspricht, legt zugleich offen, wohin das führen soll. Grundrechte müssen sich der Konkurrenz der inneren Sicherheit stellen, wobei jetzt schon deutlich wird, wer gewinnt. Denn die im »Vorfeld« unscharfe und darum unheimliche Bedrohung durch den Terrorismus hat es nicht schwer, in polizeilich ausgemalten Schreckensbildern den Wunsch der Bürger nach Schutz ihrer Rechte als Quengelei dastehen zu lassen. »Verbrennt ihr Fleisch«, so, verbreitete der Hessische Innenminister in einem offiziellen Bericht[10], lauten die Mordaufrufe des Dschihad gegen deutsche Bürger. Wer mag da noch auf dem Telefongeheimnis beharren? Das Verhältnismäßigkeitsprinzip, in die Verfassung zum Schutze der Bürger vor übermäßigen Eingriffen des Staates eingeführt, wird so zur Selbstermächtigung der Polizei: Beliebig groß wie die Bedrohung ist im Vorfeld die Gegendrohung des Staates. Grundrechte stehen unter dem Vorbehalt der allgegenwärtigen Angst, die Thema des Ersten Teils gewesen ist.

Wir brauchen: Im September 2006 wurde in Eltville am Rhein die Auflösung aller Grenzen aktenkundig gemacht. Inmitten der Weinberge bei Eltville steht ein prachtvolles Schlosshotel, das größte und schönste, nicht weniger anmutig ist es hier, zwischen schwer behängten Rieslingrebstöcken, als am Standort der Hamburger Imam-Ali-Moschee. Auch in Eltville haben die Sicherheitskräfte oft und viel zu tun. Denn in der rheinischen Idylle trifft der Innenminister sich besonders gern mit Fachleuten aus Deutschland und ganz Europa, um den Kampf gegen den Islamismus Hamburger Art vorzubereiten. Bald nach dem Trolley-Vorfall von Köln trafen sie sich hier, um die Konsequenzen aus dem Schock zu ziehen.

Experten aus Bund und Ländern, vom Bundeskriminalamt, den Landeskriminalämtern, den Geheimdiensten, kurz: die »Arbeitsgruppe Trolley«, entwarf in Eltville den »ganzheitlichen

Bekämpfungsansatz«. Folgende Maßnahmen sollten eingeleitet werden:

– »Kurzfristiger deutlicher Ausbau der Videoüberwachung / Aufzeichnung an relevanten Orten«

– »Konsequentes Nutzen der Visa-Datei des Bundeskriminalamtes«

– »Gesichtserkennungsysteme«, deren Brauchbarkeit bereits am Mainzer Hauptbahnhof getestet wird, sollen anhand einer »Referenzbilddatei« scharfgemacht werden, um »für Zwecke der Fahndung nach Personen zur Gefahrenabwehr und Strafverfolgung« nutzbar zu sein.

– »Ausstattung der Verkehrsstationen des Öffentlichen Personenverkehrs mit Videoüberwachungstechnik« mit der »Option, auch sehr kurzfristig nach den Gesichtern bestimmter Personen im Bereich des ÖPV zur Gefahrenabwehr suchen zu können«.

– »Maßnahmen zur Sensibilisierung« des Personals von Hochschulen, in denen Täter wie Youssef häufig als Studenten untertauchen.

– »Mentorsystem«, nach dem ausländische Studenten aus »Problemstaaten« von zuverlässigen deutschen Mitstudenten bewacht werden.

– Überwachung von künftigen Studenten schon, wenn diese bei Goethe-Instituten im Ausland Vorbereitungskurse belegen.

– Aufbau eines »Monitoring Systems«, mit dem zentral »Radikalisierungstendenzen« möglichst früh erkannt werden können – und zwar nach »multiplen Indikatoren«.

– »Neue Strategien und technische Werkzeuge«, um »das Internet als islamistisches Propaganda- und Kommunikationsmedium besser aufzuklären« – »In Frage kommen insbesondere das Eindringen in geschlossene Benutzerkreise, die Identifizierung dort auffälliger Teilnehmer und die Sperrung einschlägiger Internetseiten.«

Viele dieser Überwachungspläne, so befanden die Experten, seien mit dem geltenden Recht nicht vereinbar. Das bedeutete natürlich nicht, dass man deshalb auf sie verzichten müsse. Sondern »es besteht rechtlicher Handlungsbedarf«.

Wir brauchen: Je drastischer der Politik und den Wählern das Fanal eines Terroranschlages vor Augen steht, desto zwingender klingt die Sicherheitsmaximierungslogik der Polizei. Wer in solchen Situationen nach Verhältnismäßigkeit und rechtsstaatlichen Kosten fragt, riskiert, beim nächsten Attentat als der eigentliche Schuldige dazustehen. Wer hingegen Forderungen für mehr Sicherheit aufstellt, ist nicht widerlegbar. Dieses argumentative Ungleichgewicht hat die Terrorbekämpfer in die Lage versetzt, die Schraube der inneren Sicherheit immer schärfer anzuziehen. Gleich nach dem 11. September 2001 – noch unter dem Schäuble-Vorgänger Otto Schily – ging es los, mit den »Otto-Katalogen«, Bündeln voller Antiterrorverschärfungen im Strafrecht und im Polizeirecht. Verfassungsschutz und militärischer Abwehrdienst bekamen ebenso vage wie umfassende Befugnisse, Bestrebungen nachzuspüren, die sich »gegen den Gedanken der Völkerverständigung« richteten. Der Bundesnachrichtendienst, herkömmlich zuständig für Auslandsspionage, durfte sich ab sofort Einblick in deutsche Bankkonten verschaffen, ebenso in Telekommunikationsdaten im Inland, bekam die Befugnis, Flugreisen der Bürger und der Ausländer zu verfolgen. In Pässe und Ausweise durften biometrische Merkmale eingetragen werden.

Unter dem Schock des 11. September war es auch möglich, den Bundesgrenzschutz ohne großes Aufsehen und ohne Protest der Länder zur »Bundespolizei« umzubauen. Das ging so blitzschnell, dass in manchen Polizeikasernen die Beamten wochenlang mit hellen Flecken am Ärmel rumlaufen mussten, weil das alte Grenzschutzemblem zwar weisungsgemäß abgetrennt, das neue Bundespolizeiwapperl aber bestellungswidrig noch nicht eingetroffen war.

Die Logik des Krieges gegen den Terrorismus verlangt nach immer mehr: Die Wiesbadener Ermittler forderten Überwachungs- und Eingriffsermächtigungen in die Freiheiten der Bürger, wie sie bislang im Rechtsstaat des Grundgesetzes unbekannt waren. »Wenn man alles zusammen nimmt, was jetzt erlaubt werden soll«, staunt Dieter Grimm, Staatsrechtsprofessor und ehemaliger Verfassungsrichter, »hätte man das vor zehn Jahren für unmöglich gehalten.« BKA und Geheimdienste haben schon Onlinezugriff auf die mittlerweile digitalisierten Pass- und Ausweisfotos in den Meldeämtern der Länder. Das BKA will zudem Zugriff auf die Milliarden Datensätze der deutschen Mautüberwachung zu Fahndungszwecken. Technisch sind die Fahnder heute bereits in der Lage, Bewegungsbilder jedes beliebigen Autobahnnutzers herzustellen.

Wer als Risikoperson ins Visier der Fahnder gerät, muss nach den Polizeigesetzen der Länder und ebenso nach dem neuen BKA-Gesetz damit rechnen, dass die Terrorismuswächter in Wiesbaden – rein vorsorglich ohne konkreten Straftatenverdacht – seine Wohnung verwanzen und seine Telefone abhören. Zugriff auf alle Verbindungsdaten ist ohnehin kein Problem mehr: Der Bundestag hat 2007 der Sechs-Monate-Vorratsdatenspeicherung der gesamten Telefon- und Mailverbindungen aller Bewohner Deutschlands zugestimmt. Das Instrumentarium der Geheimdienste, beobachtende Fahndung und Lauschangriffe, ist nach den Polizeigesetzen der Länder oft ohne richterliche Kontrolle zulässig. Für Zwecke der Rasterfahndung dürfen die Länderpolizisten sogar Datenbestände privater Institutionen herausverlangen. Parallel dazu hat mittlerweile auch die Bundespolizei die Befugnis zu Lauschangriffen und Videoangriffen – sogar gegen Personen, die nicht selbst unter Terrorverdacht stehen, sondern nur als »Kontaktpersonen« in Betracht kommen. Die Bundespolizei, der ehemalige Bundesgrenzschutz, darf ohne weitere Voraussetzungen Personen langfristig observieren und in Gefahrenlagen Rasterfahndungen durchführen. Nach dem Geldwäschegesetz von 2008 muss jeder Bankangestellte das BKA informieren, falls ihm ein Kunde verdächtig vorkommt, Terrorakte zu finanzieren. Dabei dürfen die Hilfspetzer der Terroristenjagd niemandem verraten, dass sie seine Daten weitergegeben haben.

Damit nichts verloren geht von der umfassenden »Wissens-basis« (BKA-Chef Jörg Ziercke), die das BKA aufbauen soll, hat Schäuble im März 2007 die »Antiterrordatei« freigeschaltet, einen Computerpool mit einem Startkapital von 15 000 Daten-sätzen, täglich steigend. Geheimdienste und Polizei tauschen da Infos aus über alles, was nach Terror riecht.

Der Kreis jener Bürger, denen das BKA an die Laptops will, ist allerdings erlesen. Der von Schäuble hartnäckig verfolgte Plan, die Terrorabwehr live im Computer Verdächtiger betreiben zu lassen, ist geeignet, Unfrieden im Netz wie im Volk zu stiften. Die Idee, dass Polizisten unbemerkt in den Festplatten der Bür-ger herumsuchen können, hat etwas Totalitäres. Gilt doch für die Festplatte im digitalen Zeitalter, was einst als Vers gegen poli-tische Unterdrückung und staatliche Überwachung gedichtet wurde: »Die Gedanken sind frei. Wer kann sie erraten?«

Wir brauchen: Die jahrelang hinhaltende Kritik einiger Politi-ker gegen die Lizenz zum Schnüffeln für die Polizei wurde immer wieder nach demselben Muster plattgemacht. Da musste sich der sächsische SPD-Landesvorsitzende Thomas Jurk, der mit Ver-weis auf ein Juso-Votum Widerstand seiner Partei gegen solche Pläne im Bundestag ankündigte, vom Landesgeneralsekretär der CDU anhören: »Herrn Jurk sind die pubertären Beschlüsse irgendwelcher Jungsozialisten wichtiger als die innere Sicherheit Deutschlands.« Wer wird noch den Mut haben, Bedenken anzu-melden, wenn die Pläne Gesetz werden, die bereits Ende 2008 auf der Wunschliste der Terrorbekämpfer stehen: »Internierung von Terrorverdächtigen, Internetverbot, Handyverbot für Gefährder, Tötung von Topterroristen«: So umschreibt kritisch der Sicher-heitsexperte und Exjustizstaatssekretär Hansjörg Geiger den schleichenden Wandel von der Gefahrenabwehr zum Krieg.

»Kein Mensch will die Verfassung verletzen«, betont Schäuble bei seinen Plänen. Wozu auch? Im permanenten Ausnahme-zustand löst sie sich von selber auf.

Drittes Kapitel
Gefährliche Bürger

Jemand musste Josef K. verleumdet haben, denn ohne dass er etwas Böses getan hätte, wurde er eines Morgens verhaftet.

Von allen berühmten Sätzen bedeutender Bücher ist dies der bedrohlichste. Franz Kafka schrieb den ersten Satz seines Romans *Der Prozess* am Vorabend des Ersten Weltkrieges 1914. Kafka beschreibt, wie sein Protagonist von einer dunklen Macht in Besitz genommen wird, ohne zu wissen, warum. Nazi-Terror, Stalinismus, Stasi-Spitzelei, all das stand der Welt und der Stadt Prag noch bevor, in der ein hellsichtiger Versicherungsangestellter seine düsteren Visionen in Romanfragmente schrieb.

»Sie dürfen nicht weggehen, Sie sind ja verhaftet.« – »Es sieht so aus«, sagte K. »Und warum denn?«, fragte er dann.

»Wir sind nicht dazu bestellt, Ihnen das zu sagen. Gehen Sie in Ihr Zimmer und warten Sie. Das Verfahren ist nun einmal eingeleitet, und Sie werden alles zur richtigen Zeit erfahren.«

Die richtige Zeit wird niemals sein. Auch als Josef K. hingerichtet wird, weiß er nicht, warum dies alles geschieht.

Polemisch mag es scheinen, die fast hundert Jahre alte Vision einer Welt, der jedes Recht abhanden gekommen ist, mit dem Abbau rechtsstaatlicher Vorkehrungen im Kampf gegen den Terror zu vergleichen. Und doch ist der Vergleich nützlich. »Voraussetzung des Rechtsstaates ist die Idee des rechtsfähigen Subjekts«, sagt Jan Philipp Reemtsma, der Hamburger Gewaltforscher und Philologe. Reemtsma wendet sich mit diesem Satz gegen die Idee, Gefahren mit dem Mittel der Folter abzuwehren. Die Geschichte von Josef K. ist ein Beispiel dafür, wie es in einem Staat zugeht, der, in höflicher Form und ganz ohne Folter, die Idee des rechtsfähigen Subjekts missachtet. Josef K.s Schicksal wirft Fragen auf, die in der aktuellen Debatte um die Grenzen polizeilicher Prävention zu beantworten sind. Ist es erlaubt, den Blick der Obrigkeit von Gefahren weg und auf gefährliche Personen zu lenken? Ist es möglich, den Respekt vor der Rechtsperson des Bürgers – wie er sich beispielsweise in der »Unschuldsvermutung« des Strafrechts ausdrückt – zu wahren beim Versuch, »Risikopersonen« rechtzeitig am Fassen gefährlicher Pläne zu hindern?

Die Betrachtung der gegenwärtigen Bemühungen der Terrorbekämpfer, »Gefährder« ausfindig zu machen, lässt Zweifel aufkommen. Kafka vor Augen, fühlen wir uns ermutigt, sehr genau zu untersuchen, nach welchen Kriterien der Staat seine Menschen zu Feinden erklärt.

Wer also muss damit rechnen, eines Morgens, ohne etwas Böses getan zu haben, als »Gefährder« geführt zu werden? Das Bundeskriminalamt, um Auskunft gebeten, zeigt sich an der Präzisierung seiner Arbeitsgrundlage nicht besonders interessiert. Dies sei, heißt es »ein Begriff aus der polizeilichen Praxis«, juristischer Durchdringung nicht zugänglich. Aber, so die Gegenfrage, was antwortet dann ein Polizeibeamter, wenn vom Betroffenen gefragt wird, warum und nach welchen Kriterien er zum »Gefährder« geworden sei, außer: »Das ist halt die polizeiliche Praxis«? Und wie soll der Betroffene seine Behandlung gar infrage stellen, wenn er gar nicht weiß, worauf es ankommt? »Gehen Sie in Ihr Zimmer und warten Sie. Das Verfahren ist nun einmal eingeleitet. Sie werden alles zur richtigen Zeit erfahren.«

Zu solchen kafkaesken Situationen, antwortet der polizeiliche Praktiker kühl, werde es schon deshalb nicht kommen, weil kein »Gefährder« erfährt, dass er ein »Gefährder« ist. Denn alles, was die Polizei gegen solche Personen unternimmt, unternimmt sie im Geheimen. Sammeln, beobachten, verfolgen: »Gefährder« ist eine Kategorie, die das Bundeskriminalamt von den Geheimdiensten übernommen hat. Die Agenten arbeiten schon länger ungestört mit dem gefährlichen Begriff, sie sind es ohnehin nicht gewohnt, von ihren Opfern zur Rede gestellt zu werden. Und wenn der hamburgische Verfassungsschutz verbreitet, unter den Islamisten der Hansestadt hätten 2006 elf »Gefährder« gelebt, dann ist es einerseits beruhigend zu wissen, dass die Geheimen alles so gut im Blick haben – andererseits beunruhigend, dass niemand je gefragt hat: »Woher wissen Sie das?« Immerhin gab es im Jahr 2006 keine einzige islamistische Gewalttat in Hamburg.

Beim hamburgischen Landesamt für Verfassungsschutz kennen sie sich besonders gut mit der Klientel der Imam-Ali-Moschee aus, es liegt nahe, dass sie dort besonders intensiv nach »Gefährdern« suchen. Wie geht das? Sollte man jeden regelmäßigen Besucher der Moschee als »Gefährder« betrachten? Manfred Murck, stellvertretender Chef des Verfassungsschutzes, hat in Hamburg einen guten Namen, weil er nicht so viele Geheimnisse um seine Arbeit macht. Er versucht, die Dinge so gut wie möglich beim Namen zu nennen. »Nicht alle Gläubigen, die so eine Moschee besuchen, sind militant. Viele benutzen die Mosche ganz normal zum Beten und als sozialen Treffpunkt.«

Doch wer sehr präventiv denkt, kann schon dies als verdächtig betrachten: Beten heißt fromme Hinwendung zu einer Religion, die immerhin den Dschihad, den gewaltsamen Kampf nahelegt. Und sozialer Treffpunkt? Auch das wirft Fragen auf: Mit wem treffen sich die Frommen da? Und was ist mit denen, die sie treffen? Wissen wir nicht, dass der Terrorismus ein globales Netzwerk ist? Jeder soziale Treffpunkt ist verdächtig, ein Knoten in diesem Netzwerk zu sein.

Einen Menschen wegen seines religiösen oder sozialen Verhaltens unter Verdacht des Terrorismus zu stellen, wäre eine massive Beeinträchtigung seiner Persönlichkeit. Was also rät Manfred Murck seinen Schlapphüten, um ihrem präventiven Handwerk mit dem nötigen Respekt nachzugehen? Murck sagt, es sei nötig, Indizien zu finden, die auf Dschihadisten hinweisen.

Gut. Also woran erkennt man einen Dschihadisten? Bekennt er sich offen zum bewaffneten Kampf, hat er gar ein Terroristenlager in Pakistan besucht, fällt es nicht besonders schwer, einen

Dschihadisten auszumachen. Doch um solche Aussagen über einen Kandidaten treffen zu können, bedarf es zunächst genauerer Untersuchungen durch Herrn Murcks Späher. Man kann also einen Dschihadisten meist nur erkennen, wenn man einen Dschihadismus-Verdächtigen eine Weile beobachtet. Dies stellt uns nun vor die Frage: Woran erkennen wir einen Dschihadismus-Verdächtigen? Was ist geeignet, Dschihadismus-Verdacht zu erregen? Ein solcher Verdacht liegt nahe, sagen die Experten, wenn es Hinweise auf die Gewaltbereitschaft von Moscheebesuchern gibt. Gut, dann also die Frage: Was für Hinweise könnten das sein? Woran erkennen wir die Gewaltbereitschaft?

Herr Murck reicht ein Merkblatt herüber, darauf steht: »Als gewaltbereit werden die Mitglieder/Anhänger von Gruppierungen und Organisationen eingestuft, die ihre Ziele auch mit Gewalt im In- und/oder Ausland verwirklichen wollen, sowie Personen, zu denen tatsächliche Anhaltspunkte dafür vorliegen, dass sie im In- und/oder Ausland islamistisch motivierte Gewalttaten ausüben oder aktiv unterstützen würden.«

Die Formulierung klingt sehr präzise mit ihren Schrägstrichen. Doch ist sie auch hilfreich? Es gibt über drei Millionen offen bekennende Islamgläubige in Deutschland, ein Drittel davon hat die deutsche Staatsangehörigkeit. Wird die interne Dienstanweisung dazu beitragen, wenigstens ein paar militante Feinde der westlichen Welt ausfindig zu machen? Gewaltbereit sind danach Personen, die Gewalt ausüben »wollen«, sowie Personen, die Gewalt ausüben »würden«. Für die zweite Kategorie bedarf es noch zusätzlich »tatsächlicher Anhaltspunkte«. Die Definition wirft drei – zumindest mit rechtsstaatlichen Mitteln –schwer lösbare Probleme auf: Wie erfahre ich, was jemand wirklich will? Und: Wie erkenne ich aus den zahllosen Umständen, unter denen ich einen Menschen antreffe, »Anhaltspunkte« für das, was er tun »würde«? Drittens: Wie soll ich überhaupt eine Aussage treffen über etwas, das jemand nicht tun wird, sondern tun würde?

In der »Arbeitsgemeinschaft Kriminalpolizei« der Chefs aller Landeskriminalämter und des Bundeskriminalamtes haben sie lange diskutiert, wie solche Probleme beim Erkennen von »Gefährdern« vermieden werden können. Sie haben es auch mit einer Definition versucht: »Ein ›Gefährder‹ ist eine Person, bei der bestimmte Tatsachen die Annahme rechtfertigen, dass sie politisch motivierte Straftaten von erheblicher Bedeutung ... begehen wird.«

Mit dieser Formulierung wird mittlerweile so selbstverständlich in Deutschland gearbeitet, dass sie fast unbemerkt Aufnahme in diverse Gesetzestexte gefunden hat. Zum Beispiel Paragraf 9 Absatz 1 des Hamburger Polizei-Datenverarbeitungsgesetzes: Danach dürfen Personen einer »planmäßig angelegten Beobachtung« unterzogen werden, wenn »Tatsachen die Annahme rechtfertigen, dass diese Personen Straftaten von erheblicher Bedeutung begehen werden«. Video- und Lauschangriffe sind zulässig, wenn – so Paragraf 10 – »Tatsachen die dringende Annahme rechtfertigen, dass die Person Straftaten von erheblicher Bedeutung begehen wird«. Und die neue Regelungstechnik ist nicht auf Hamburg begrenzt. Auch das neue BKA-Gesetz bezeichnet mit denselben Worten die Voraussetzungen für die Suche nach »Gefährdern«. Etwas konkreter wird das niedersächsische Polizeigesetz, das sieht vor, dass eine Wohnung verwanzt werden darf, »zur Abwehr einer Gefahr, dass eine Person eine besonders schwerwiegende Straftat begehen wird«.

Zur Analyse dieser Tatbestände sind nun ein wenig Aussagenlogik und Wahrscheinlichkeitsrechnung erforderlich.[11] Der verehrte Leser, den nur die Ergebnisse dieser Untersuchung interessieren, kann die folgenden Ausführungen als zu detailliert ansehen und überspringen. Da mit Gegenargumenten zu rechnen ist, scheinen sie gleichwohl unverzichtbar.

Jede der hier aufgeführten Eingriffsnormen erfordert eine Prognose über ein zukünftiges Ereignis, im konkreten Fall ein zukünftiges Verhalten einer Person. Ein Ereignis wird prognostiziert, indem eine Aussage über das Auftreten des Ereignisses mit einer bestimmten Wahrscheinlichkeit getroffen wird. Wahrscheinlichkeit wird mit einer Zahl im Bereich von 0 bis 1 ausgedrückt. So ist eine Aussage über eine Wahrscheinlichkeit von mehr als ½ die Behauptung, das fragliche Ereignis sei »überwiegend« wahrscheinlich, Wahrscheinlichkeit 1 gilt als Aussage über das sichere Auftreten, Wahrscheinlichkeit 0 als Aussage über das sichere Nichtauftreten des Ereignisses. Diese Präzisierung soll nicht den Anschein erwecken, als sei es möglich, terroristische Gefahren quasi auszurechnen. Sie ist aber nützlich zur Strukturierung dessen, worüber wir eigentlich diskutieren wollen. Wir können zum Beispiel nun verdeutlichen, was mit der Aussage gemeint sein mag, ein Ereignis sei »möglich«: Dies bedeutet, die Wahrscheinlichkeit, dass das fragliche Ereignis eintritt, sei jedenfalls nicht 0.

Eine Prognose ist stets nur aufgrund einer Aussage über gegenwärtige Umstände korrekt. Es handelt sich um eine relative Aussage: Relativ zu einer bestimmten Prognosegrundlage ist die Wahrscheinlichkeit des Eintretens eines Ereignisses mit einem bestimmten Wert prognostizierbar. Man kann auch sagen: Eine Prognose ist der Schluss von einer Aussage über Tatsachen auf eine Aussage über künftig auftretende Tatsachen. Dabei ist dies kein deduktiver Schluss, sondern ein induktiver Schluss, dessen Wahrheitswert in Wahrscheinlichkeit gemessen wird. Es handelt sich, dies zur weiteren Klarstellung, bei solchen Wahrscheinlichkeitsannahmen nicht um Aussagen über statistische Wahrscheinlichkeit, sondern um Sätze über induktive Wahrscheinlichkeit. Der Unterschied zwischen beiden Wahrscheinlichkeitsbegriffen: Statistische Wahrscheinlichkeit misst die Häufigkeit des Auftretens einer speziellen Ereignisklasse relativ zu einer generellen Ereignisklasse. Induktive Wahrscheinlichkeit misst die Erwartung an das Auftreten eines individuellen Ereignisses relativ zu einer Basis raumzeitlich bestimmter Ereignisse. Polizeirechtlich liegt die induktive Wahrscheinlichkeitsaussage dem »konkreten« Gefahrenbegriff, die statistische Wahrscheinlichkeitsaussage dem Begriff der »abstrakten Gefahr« zugrunde. Eine »abstrakte Gefahr« ist nach allgemeiner Ansicht kein ausreichender Grund für konkrete polizeiliche Eingriffe, sondern kann Anlass für generelle Gesetzes- oder Verordnungsvorschriften sein – beispielsweise für das Verbot, Hunde ohne Maulkorb in den Parks der Stadt herumlaufen zu lassen, weil statistisch die Zahl der beißenden Hunde unter der Zahl der in Parks herumlaufenden Hunde zu groß ist.

Gemessen an diesen Überlegungen wirken die Anforderungen an polizeiliches Eingreifen in »Gefährder«-Normen vertrauenerweckend: Tatsächlich wird ja allenthalben für die Prognose des künftigen Verhaltens einer Person das Vorliegen von rechtfertigenden »Tatsachen« gefordert. Auf Schwierigkeiten bei der Anwendung der Vorschriften stoßen wir gleichwohl, wenn wir – siehe das Moscheen-Beispiel oben – darüber entscheiden wollen, welche Tatsachen – oder genauer: welche Tatsachenaussagen über eine Person geeignet sind, die Prognose zu rechtfertigen. Dies ist keine Spitzfindigkeit, sondern die Schlüsselfrage der rechtlichen Bestimmtheit dieser Vorschriften. Denn zu jedem Zeitpunkt steht jeder Anwender der Norm vor einer prinzipiell unendlichen Sammlung von Tatsachen. Nimmt er nur die Tatsachen, über die er zum Zeitpunkt seiner Entscheidung Informationen hat, ist selbst dies ein gewaltiges Sammelsurium. Dabei ist noch nicht einmal die Frage beantwortet, ob es tatsächlich maßgeblich sein soll, nur auf die Tatsacheninformationen abzustellen, über die der konkrete Entscheider verfügt, verfügen müsste, verfügen kann …

Ohne eine nähere Charakterisierung der relevanten Tatsachen beziehungsweise des relevanten Tatsachenwissens lässt eine entsprechend formulierte Ermächtigungsnorm praktisch jede beliebige Prognose und damit jede beliebige Eingriffsentscheidung zu, hat also keinen rechtsstaatlichen Wert.

Nun ist die Struktur des Prognoseschlusses bei herkömmlichen Gefahrennormen hinreichend aufgeklärt[12], um daraus Lehren für das Vorgehen bei den Normen des erweiterten Sicherheitsbegriffs ziehen zu können. Auch der Aussage über eine konkrete Gefahr stellt sich ja das Problem der korrekt gebildeten Tatsachenbasis. Die Polizeirechtslehrbücher sind voll von Beispielen für »Schein«-Gefahren, Situationen, in denen Schlüsse auf der Basis unzureichend ausgewählter Tatsachengrundlagen getroffen wurden.[13] Etwa: Maskierter Mann mit Spielzeugpistole nähert sich am Sonntag einem Schmuckgeschäft. Ein Polizeibeamter, der hier eine räuberische Geiselnahme prognostiziert, handelt pflichtwidrig, er hätte erkennen können, dass bei Betrachtung aller relevanten Umstände das prognostizierte Ereignis nicht droht (aber möglicherweise ein anderes). Unter Zugrundelegung der Tatsachenaussage »Maskierter nähert sich Schmuckgeschäft mit Pistole« wäre so ein Schluss zwar korrekt möglich. Die Ergänzung um die Information »Pistole ist nicht funktionsfähig« sähe die Prognose vielleicht schon anders aus. Ergänzt man um »heute ist Sonntag«, fällt sie in sich zusammen: Sonntags haben Schmuckgeschäfte geschlossen, niemand ist drin, der sich als Geisel eignen würde. Das Spiel lässt sich beliebig erweitern: Nun fügen wir die Information hinzu : »Aber heute ist ein vorweihnachtlich verkaufsoffener Sonntag« – und schon sieht die Prognose wieder vollkommen anders aus.

Der naheliegende Verbesserungsvorschlag: Wer eine korrekte Gefahrenprognose anstellen will, muss *alle* Informationen zugrunde legen. Gegenargument: Dies ist nicht hilfreich, weil es unendlich viele sind. Kompromissvorschlag: Alle relevanten Informationen. Gegenfrage: Welche Informationen sind relevant?

Hier muss die Diskussion abbrechen, weil Theorie und Praxis auseinanderlaufen. Es lässt sich wissenschaftlich[14] sehr viel zur Relevanz von Prognoseinformationen sagen, für die Praxis in der Hamburger Islamistenszene genügt es, mit dem Verweis auf Erfahrungssätze im Umgang mit der Szene zu verweisen. Zur Abwehr einer konkreten Gefahr, so eine befriedigende Präzisierung, genügt es, wenn sich der entscheidende Amtswalter einen gewissenhaften Überblick über die konkrete Situation vor Ort verschafft hat und für sein Urteil keine für ihn erkennbar relevanten Umstände übergangen hat. Weil dies eine sehr subjektive Grundlage ist, arbeitet die Mehrheit der führenden Polizeirechtsdogmatiker mit einem »subjektiven Gefahrbegriff«.

Im oben genannten Beispiel lässt sich etwa sehr gut diskutieren, ob der Beamte erkennen konnte (subjektiv) und musste, dass es sich um eine Spielzeugpistole handelt, und ob, wenn ja, er diesem Umstand die korrekte Relevanz zugewiesen hat (eine Geiselnahme ist zwar nicht so gefährlich mit einer Spielzeugpistole, kann aber unter Umständen gleichwohl gelingen).

Gerade weil das Urteil des Entscheiders von den ihm zur Verfügung stehenden Informationen abhängt, ist es schließlich wichtig, darauf hinzuweisen, dass eine Prognose immer nur korrekt sein kann in Bezug auf einen bestimmten Zeitpunkt. Denn nicht nur die wirklichen Umstände, sondern auch die darüber zur Verfügung stehenden Informationen ändern sich mit jedem Augenblick. Eine Situation, die vor wenigen Minuten noch als brandgefährlich erschien, kann jetzt schon als dummer Streich, als Versuch, Gutes zu tun, erscheinen. Was, wenn der vermeintliche Juwelenräuber plötzlich seine Maske herunterreißt und »April, April« ruft – oder der Polizist plötzlich einen Kameramann entdeckt, der den »Raubüberfall« fürs regionale Vorabendprogramm filmt. Eine korrekte Prognose im klassischen Polizeirecht, so lehrt die Betrachtung von Beispielen, ist also eine dreistellige Relation: Prognostiziert wird ein Ereignis (E) relativ zu einer Tatsachengrundlage (T) zu einem Zeitpunkt (Z).

Diese Struktur einer rechtsstaatlich eingeführten Prognose ist offenbar nicht vergleichbar mit den Aussagen, um die es bei der Einordnung von Personen als »Gefährder« geht. Zunächst fällt auf, dass die zitierten Gesetzesvorschriften nicht auf die Prognose eines Ereignisses (E) abstellen, sondern ganz generell auf »Straftaten von erheblicher Bedeutung«. Dabei handelt es sich offenbar auch nicht um eine Kette konkreter Straftaten, die als eine Art Tateinheit aufgrund gemeinsamer Tatsachengrundlage zu prognostizieren wäre, sondern um eine nur nach Art und Schwere definierte Klasse von Ereignissen. Interessant ist hier der Vergleich mit der Vorschrift aus dem Niedersächsischen Polizeigesetz, das spricht von der Abwehr einer »Gefahr, dass eine Person eine besonders schwerwiegende Straftat begehen wird«. Das ist das bekannte Muster: Abgestellt wird auf eine Prognose vergleichbar der Gefahrenprognose, abgestellt wird auf ein konkretes Ereignis, in dem sich die Gefahr manifestiert: eine schwere Straftat, ein E.

Doch der Kampf gegen den Feind erfordert ja etwas ganz anderes: Abzustellen ist nicht auf eine konkrete Situation zu einem konkreten Zeitpunkt. So macht man keine Prävention, so reagiert man auf eine Gefahr. Die »Gefährder«-Vorschriften zielen statt auf eine konkrete Situation auf eine Person ab, die Aussagen darüber zulässt, was sie ganz generell für Taten vorhat. Die Wahrscheinlichkeitsrelation scheint also hier zwischen einer Person und einer Klasse von Ereignissen zu bestehen, und das natürlich ohne Bezug auf einen konkreten Zeitpunkt; denn allgemein klassifizierte Ereignisse treffen zwar relativ zu einer Oberklasse mit gewisser Häufigkeit auf, eine Aussage über das Wann und Wie ist aber nicht zulässig. Es ist gerade das Besondere von solchen statistischen Wahrscheinlichkeitsaussagen, dass sie keine Annahmen über die Realität zulassen. Das weiß jeder Würfelspieler: Die statistische Wahrscheinlichkeit, dass eine »Sechs« kommt, ist – korrekte Würfel vorausgesetzt – genau 1/6 . Doch es kann ebenso gut sein, dass er demnächst dreimal nacheinander die »Sechs« würfelt, wie auch, dass sie in seinem ganzen Leben nie mehr fällt. Darum ist es ja auch sinnlos, die Lottozahlen zu vermeiden, die in der vergangenen Woche gezogen wurden: Die (induktive) Wahrscheinlichkeit, dass dieselben Zahlen gezogen werden, ist ebenso groß wie in der Woche zuvor.

Statistische Häufigkeitsaussagen über Terroristen sind natürlich ebenfalls möglich. So lässt sich wenigstens schätzungsweise eine Zahl angeben, wie viele Islamangehörige Islamisten sind. Ebenso lassen sich statistische Aussagen darüber machen, wie viele Islamisten bislang als Selbstmordattentäter agiert haben. Ebenso, wie viele Menschen im Jahr Terroristenlager der Al Kaida absolvieren. Und von solchen Aussagen lässt sich auch allerhand Interessantes ableiten: Etwa Veränderungen in der Gewaltbereitschaft von Islamisten, vielleicht sogar die steigende Häufigkeit terroristischer Anschläge mit islamistischem Hintergrund. Doch nützlich sind solche Schlüsse nicht fürs BKA. Denn aus statistischen Annahmen über eine Klasse von Menschen lässt sich nichts über einzelne Mitlieder dieser Klasse sagen. Die Klasse der Terrorcamp-Besucher in der Oberklasse der Islamisten mag noch so hoch sein – allein aufgrund dieser Aussage lässt sich nicht sagen, ob ein bekennender Islamist, der vom Verfassungsschutz beobachtet wird, demnächst eine Straftat begehen wird, ja nicht einmal, ob er überhaupt in einem Terrorlager war. Der Schluss von statistischen Häufigkeiten auf einzelne Menschen wird in der Umgangssprache als Vorurteil bezeichnet. Jedenfalls eignet er sich nicht für rechtsstaatliches Handeln.

Umgekehrt ist aber auch nicht von einer konkreten Person auf eine Ereignisklasse zu schließen. Was auch immer der verdächtige Islamist, der jeden Abend in die Hamburger Moschee zum Beten kommt, noch so tut – nach den bis hierher bekannten Prognosemodellen reicht es nicht, auf eine Ereignisklasse zu schließen. Und ein einzelnes Ereignis, ein Verbrechen wie es das niedersächsische Polizeigesetz im Auge hat, soll ja gerade nicht prognostiziert werden: Ein Vorgehen gegen »Gefährder« soll ja möglich sein, ohne dass eine konkrete Situation bevorsteht und abgewehrt werden muss.

Deshalb ist es nicht hilfreich, wenn die genannten Bestimmungen über die Verfolgung von »Gefährdern« den Schluss von einer Person auf die Begehung von Verbrechen einer bestimmten Art an das Vorliegen rechtfertigender Tatsachen knüpfen: Die herkömmlichen polizeirechtlichen Prognosemodelle erlauben keine Klärung, auf welche Tatsachen es dabei ankommen soll. Solange dies aber nicht geklärt ist, können die entsprechenden Befugnisnormen nicht als hinreichend rechtlich bestimmt angesehen werden.

Dem lässt sich entgegenhalten, dass Prognosen ähnlicher Struktur auch im Strafrecht zu finden sind. Hier wird häufig auf die kürzlich verschärfte Regelung zur Sicherungsverwahrung von verurteilten Tätern in Paragraf 66b StGB verwiesen.[15] Dort ist die Rede von einer »erheblichen Gefährlichkeit des Verurteilten«, die darin besteht, dass »er mit hoher Wahrscheinlichkeit erhebliche Straftaten begehen wird«. Und tatsächlich sind solche Regelungen auch das Vorbild, an denen Günther Jakobs seine Ideen von einem »Feindstrafrecht« gegen Terroristen orientiert.[16] Hier ist der Strafrichter aufgefordert, eine Prognose anzustellen, ob der Täter so gefährlich ist, dass er auch nach Abbüßen einer langen Strafe zu isolieren ist, um künftige Straftaten zu verhindern. Diese außerordentlich umstrittene Strafrechtsvorschrift wird dadurch entschärft, dass sie sich immerhin auf Personen bezieht, die bereits einmal in schrecklicher Weise bewiesen haben, wozu sie fähig sind. Einen Terroristen, der schon einmal einen schweren Terroranschlag verübt hat, in Sicherheitsverwahrung zu nehmen, würde wohl auch nicht solche Diskussionen auslösen, wie der Versuch, einen Menschen zu belangen, bevor er einschlägig auffällig geworden ist. Darüber hinaus ist die nachträglich angeordnete Sicherungsverwahrung eine Maßnahme, die nur nach sehr gründlicher wissenschaftlicher Untersuchung des Delinquenten möglich ist, unter Umständen auch seiner jahrelangen Beobachtung in der Haft. Dies alles sind Ermittlungsmethoden, die einem Terroristenfahnder naturgemäß nicht zur Verfügung stehen. Mag der Geheimdienst seine Kundschaft auch lange Zeit beobachten, zu medizinischen Untersuchungen könnte und dürfte er Kandidaten, die als »Gefährder« in Betracht kommen, nicht bringen.

Gleichwohl ist einzuräumen, dass auch bei der Entscheidung über die Sicherungsverwahrung ein Schluss von der Aussage über einen Menschen auf Aussagen über eine Klasse von möglichen Untaten in der Zukunft von der Rechtsordnung vorgesehen ist. Genauer zu prüfen, worauf es bei einer solchen Art von Prognose ankommen soll, könnte darum zur Präzisierung des »Gefährder«-Begriffs nützlich sein. Woran also kann man seine Feinde erkennen?

»Verschaltungen in unserem Gehirn«

Sätze mit wenn und würde – Der Reaktor, ein Feind –
Der Bürger, ein Reaktor? – Wann war die Schlacht von Zama? –
Die biologische Versuchung – Ist jemand sexuell erregt?

Wenn es darum geht, »Risikopersonen« abseits von aller konkreten Gefahrenabwehr ausfindig zu machen, sind die Geheimdienstler tatsächlich ziemlich gewieft. Feinde rechtzeitig zu
erkennen, ist ihr Metier. Deshalb lohnt es sich, erneut einen
Blick auf das Merkblatt zu werden, das Manfred Murck vom
Landesamt für Verfassungsschutz in Hamburg seinen Leuten in
die Hand drückt. Nochmals der Text: »Als gewaltbereit werden
die Mitglieder/Anhänger von Gruppierungen und Organisationen eingestuft, die ihre Ziele auch mit Gewalt im In- und/oder
Ausland verwirklichen wollen, sowie Personen, zu denen tatsächliche Anhaltspunkte dafür vorliegen, dass sie im In- und/
oder Ausland islamistisch motivierte Gewalttaten ausüben oder
aktiv unterstützen würden.«

Nicht einschlägig organisierte Personen werden danach als
»gewaltbereit«, also feindlich, angesehen, wenn Anhaltspunkte
dafür vorliegen, dass sie »islamistisch motivierte Gewalttaten
ausüben . . . würden«. Zunächst erscheint diese Formulierung
verwirrend. Wir wollen doch wissen, was sie tun werden, nicht
was sie tun würden. Doch Schlapphüte sind Menschen, die in der
Welt des Möglichen, Irrealen so lange zu Hause sind, dass eine
genauere Beschäftigung mit ihren Gedankengängen lohnt.

Die Formulierung fordert erneut einen kurzen Ausflug in die
Aussagenlogik.

Sätze mit »würde« haben nur einen Sinn, wenn sie mit ebenfalls
irrealen Sätzen mit »wenn« kombiniert werden. Dann entstehen
sogenannte irreale Konditionalsätze der Art: »Wenn A. in Geldnot käme, würde er Banken überfallen«. Das kann man sagen,
problematisch ist nur zu präzisieren, was es genau bedeuten soll.
Lässt sich überhaupt sagen, ob der Satz wahr oder falsch ist?

Da die Wenn-Voraussetzung ja gerade nicht vorliegt, lässt sich vom Vorliegen der Dann-Folge nicht mal sagen, dass sie unzutreffend ist. Die einzige Möglichkeit ist ein Test: Wir bringen A. in Geldnot und sehen, was er macht. Nun ist es aber gerade das, was das hamburgische Landesamt für Verfassungsschutz vermeiden soll: dass der Ernstfall ausprobiert wird. Es muss also etwas anderes gemeint sein mit den »Anhaltspunkten« für so eine, den Probanden innewohnende Gesetzmäßigkeit, die uns eine minimale Berechtigung gibt, in irrealen Konditionalsätzen über unsere Feinde zu sprechen. Nur was?

Das Problem, ein Sicherheitsrecht zum Kampf gegen Terroristen zu formulieren, ist überhaupt nicht neu. Vorschriften im Kampf gegen »Gefährder« gibt es im gesamten technischen Sicherheitsrecht. Da hat der Feind allerdings die Form von Reaktoren oder Schornsteinen. Atomkraftwerke und Industrieanlagen unterliegen einem dichten Kontrollsystem – und da stehen die Behörden vor der gleichen Aufgabe wie neuerdings bei der Abwehr von Großverbrechen: Weil man nicht abwarten kann, bis etwas passiert ist, muss Vorsorge betrieben werden. Weil andererseits behördliche Eingriffe und Auflagen regelmäßig gegen die Eigentumsinteressen sehr mächtiger Wirtschaftsunternehmen gerichtet sind, die sich sehr gute Anwälte leisten können, ist die Auslegung und Rechtsstaatlichkeit der einschlägigen gesetzlichen Vorschriften ausgepaukt bis zum Letzten. Bis vors Bundesverfassungsgericht ist etwa die Frage gegangen, wie weit die Sicherheit von Atomkraftwerken gewährleistet werden muss. Was genau bedeutet es, wenn Paragraf 7 Absatz 2 Ziffer 3 Atomgesetz die Genehmigung eines Reaktors an »die nach dem Stand von Wissenschaft und Technik erforderliche Vorsorge gegen Schäden … durch den Betrieb der Anlage« knüpft. Was ist damit gemeint, dass nach Paragraf 5 des Bundesimmissionsschutzgesetzes »Vorsorge gegen schädliche Umwelteinwirkungen« durch ein Chemiewerk getroffen werden muss?

Eine präzise Analyse dieser Vorschriften[17] zeigt das gleiche Muster, das den auf »Gefährder« bezogenen irrealen Konditionalsätzen der Verfassungsschützer zugrunde liegt: Wie würde der fragliche Atomreaktor reagieren, wenn ein Flugzeug auf ihn stürzen würde? Was würde aus dem Schornstein des Chemiewerkes an giftigen Abgasen kommen, wenn der Salzsäurekessel überhitzt würde? Man will es gar nicht wissen, man hofft nur, dass es nie passiert. Vorsorge besteht darin, beispielsweise den Atomreaktor so zu konstruieren, dass er auch nicht platzt, wenn ein Flugzeug auf ihn stürzt. Oder darin, einen alten Reaktor regelmäßig daraufhin zu untersuchen, ob er so etwas aushalten würde (!), und wenn nicht, ihn stillzulegen.

Es geht um die »Disposition« einer Anlage, unter bestimmten, möglichen, aber nicht gerade wünschenswerten Bedingungen auf eine gewisse Weise zu reagieren. Das ist die GAU-Philosophie, die von einem Atomkraftwerk verlangt, den »größten anzunehmenden Unfall« ohne unannehmbare Katastrophenfolgen wegzustecken. Nach derselben Philosophie werden auch Flugzeuge gebaut und gewartet. Mit Gefahrenabwehr hat das alles nichts mehr zu tun. Es ist eine Philosophie des Möglichen.

Der Vergleich zwischen Terrorabwehr und Umweltschutz oder Katastrophenvorsorge ermutigt uns, die Methode der dispositionellen Diagnose, die bei gefährlichen Großanlagen angewendet wird, auf ihre Nützlichkeit zur rechtsstaatlichen Präzisierung der Gefahrenabwehr neuer Art zu überprüfen. Das Vorliegen von Dispositionen wird allgemein mit dem Formulieren von Testbedingungen überprüft, die an die Stelle der irrealen Konditionalsätze treten. Um zu überprüfen, wie der Reaktor reagieren würde, wenn ein Flugzeug auf ihn stürzen würde, kann man beispielsweise bestimmte Anforderungen an den Baustahl stellen, dessen Sicherheit durch behördlich überprüfte Qualitätstests wie in einem Examen bewiesen wird. Umfangreiche Kataloge von Grenzwerten, zu überprüfen in vollkommen undramatischen Situationen, definieren beispielsweise in den sogenannten »Technischen Anleitungen« den Aufsichtsbehörden, worauf sie bei ihrer täglichen Arbeit achten müssen. Auf diese Weise gelingt es, Dispositionsaussagen zu operationalisieren: Wie muss eine

Anlagenkomponente auf welche Testherausforderung reagieren, damit ich das Prädikat »ungefährlich« zuschreibe. Solche Zuschreibebedingungen heißen in der Sprachtheorie Reduktionssätze.

Der Mann, der als junger Referent im Bundesinnenministerium ganz wesentlich an der Auslegung und Präzisierung des Atomrechts und des Immissionsschutzrechts mitgearbeitet hat, sitzt heute wieder da. August Hanning, einer der Väter des technischen Sicherheitsrechts, ist nach Jahren im Bundeskanzleramt und beim Geheimdienst zurückgekehrt ins Innenressort, bei Schäuble ist er als Staatssekretär vorrangig für den Krieg gegen den Terror zuständig. Hanning hat das Vorsorgeprinzip vom Umweltschutz ins Polizeirecht gebracht. Nun kümmert er sich nicht mehr um Atomreaktoren, sondern um »Gefährder«. Seine Karriere erlaubt es uns, die Frage, um die es hier geht, zuzuspitzen: Kann man Bürger wie Atomreaktoren behandeln?

Atomkraftwerke haben den Vorteil, dass sie, will man sie testen, nicht einfach wegrennen oder sich verstecken können. Gleichwohl ist es weithin üblich, das Reduktionssatz-Verfahren auch auf Menschen anzuwenden. Wenn die Kulturbürokratie erfahren will, ob ein Gymnasiast die nötige Reife hat, veranstaltet sie Tests, genannt Abitur. Ob der Kandidat im Leben die richtigen, reifen, Antworten auf die wichtigen Fragen geben kann, wird mit Hilfe von Reduktionssätzen geprüft: Wir schreiben ihm die nötige Reife zu, wenn er auf die Frage, wann die Schlacht von Zama war, mit der Antwort »202 vor Christus« reagiert. Der Staat wendet Grenzwerte an, wenn er die Orthografiefehler im Abi-Aufsatz zum Maßstab für eine Aussage über die Disposition des Kandidaten macht, das Leben mit der notwendigen Regeltreue anzugehen. Jeder Psychologe wendet Testverfahren an, um über die verborgenen Neigungen seiner Patienten Auskunft zu bekommen.

Der Anspruch bei solcher Exploration des Menschen ist stets derselbe: in sein Inneres vorzudringen, um auf diese Weise zu erfahren, wie dieser konkrete menschliche Mechanismus künftig reagiert. Die Methoden der Pädagogik und Psychologie sind dabei recht altmodisch. Gerade im Kampf gegen das Böse ist heute schon ganz anderes möglich.

Regelmäßig verkehrt der unauffällige Sicherheitstransporter auf der Landstraße zwischen der Justizvollzugsanstalt Waldeck und der nahe gelegenen Psychiatrischen Uni-Klinik Rostock. Dort angekommen, werden die Insassen, manche von ihnen aus Sicherheitsgründen gefesselt, unter Bewachung in Untersuchungsräume geführt. Dann beginnt die Erkundung des Bösen. Verurteilte Gewalttäter lassen sich von Hirnforschern den Kopf zurechtrücken und anschließend durch das Portal eines Scanners schieben. Dort hinein werden ihnen Bilder projiziert, Bilder, die bei gewöhnlichen Menschen Entsetzen auslösen, Bilder, die sexuell erregen oder Mitleid erwecken. Ist jemand entsetzt, erregt, mitleidig? Der Kernspintomograf registiert die Hirnaktivität und zeichnet sie auf. Neurowissenschaftler beugen sich über die Bilder, die der dröhnende Kernspin aus dem Kopf der Verbrecher liefert. Sieht man was?

Ja, sagen immer mehr Neuromediziner, das Böse könne man sehen. Jürgen Müller, Leiter der Forensischen Psychiatrie der Uni-Klinik Göttingen, untersucht seit Jahren psychopathische Probanden im Kernspintomografen. Er vermutet, dass ihre neuronalen Systeme, die für Impulskontrolle, Lernen aus Bestrafung und Entscheidungsfähigkeit wichtig sind, anders arbeiten als bei normalen Menschen. Müller ließ Psychopathen und gesunde Kontrollprobanden im Kernspin verschiedene Tasten drücken, je nachdem, ob sie ein »X« oder ein »O« in die Röhre projiziert bekamen. Gleichzeitig zeigte er ihnen Bilder: Blumenwiesen, nackte Mordopfer, Häuser, Kriegsszenen. Während sich die normalen Probanden von den Horrorbildern emotional aus dem Konzept bringen ließen und die falschen Tasten drückten, hielten die Psychopathen ihr Leistungsniveau. Auf ihren Hirnscans fehlte der charakteristische Signalanstieg im Stirnhirn, der das Zusammenspiel von Gefühlen und Kognition kennzeichnet. Was Müller erblickte, war sozusagen ein neurobiologisches Korrelat der Kaltblütigkeit.[18]

Solche Beobachtungen bringen Wissenschaftler zu der Ansicht, dass alle Dispositionen des Menschen biologisch nachvollziehbar und damit im Prinzip auch anzuschauen sind. »Unser Handeln in einer spezifischen Situation«, sagt der Bielefelder Hirnforscher Hans Markowitsch, »ist durch die Verschaltungen in unserem Gehirn determiniert.« Die Schule der Neuropsychologen um den Frankfurter Mediziner Wolf Singer folgert aus solchen Annahmen konsequent, dass es keinen freien menschlichen Willen gebe, Böses zu tun, also die Übung der Gesellschaft, Täter ihrer Schuld wegen zu bestrafen, ein grässlicher Irrtum sei.

Tatsächlich braucht man, ist man im Besitz der Singer'schen Methoden, bald kein Strafrecht mehr. Wenn es möglich ist, unliebsame Dispositionen der Menschen sichtbar zu machen, bevor die Probanden etwas getan haben, ließe sich bei systematischen Kontrollen nicht nur der Terrorismus, sondern jedes Verbrechen, ja jedes unliebsame Verhalten abschaffen, indem man die Kandidaten mit entsprechenden Dispositionen rechtzeitig unschädlich macht. Besonders Strafrichter werden von solchen Visionen geplagt. Axel Boetticher, früher Richter am Bundesgerichtshof, hat schon die »unglaubliche Vorstellung, aus präventiven Gründen die Gehirne von Kindern und Jugendlichen zu scannen«, um auf diese Weise junge Intensivtäter rechtzeitig aussortieren zu können. So unglaublich ist das im Übrigen gar nicht mehr. In den USA sind bereits Hirnscanner für den forensischen Einsatz entwickelt – vorerst nur zur Überprüfung der Glaubwürdigkeit von Zeugen. Die Hirnscanner der nächsten Generation lassen sich vielleicht einsetzen, zu erforschen, was ein Täter über seine Tat wirklich denkt, dann ist es nur ein kleiner Schritt, die Gedanken von künftigen Tätern lange vor der Tat zu kontrollieren.

Die biologische Versuchung wird nicht vor einem Staat haltmachen, der Bürger wie Atomreaktoren behandelt. Heute schon stehen Gesichtserkennungsscanner an den Flughäfen, warum sollten da nicht eines Tages Hirnscanner stehen, jeden Einreisenden auf terroristische Neigung zu durchleuchten?

Beim Grenzschutz das rote Türchen für Böse, das grüne für Gute? Wird die Europäische Kommission im »gemeinsamen Raum der Freiheit, der Sicherheit und des Rechts« eine Richtlinie für die Zertifizierung aller europäischen Hirne erlassen? Wird nicht die globale Zusammenarbeit der Sicherheitskräfte massiv vereinfacht, wenn jeder Mensch – oder vielleicht nur die aus Risikostaaten – ein Hirnzertifikat bei sich tragen muss, fälschungssicher, das über den Status seines limbischen Systems Auskunft gibt? Was wollen Sie denn, meine Herren, das ist nichts weiter als ein biometrisches Merkmal, das dürfen wir, das steht im Passgesetz.

Der Gewaltforscher Jan Philipp Reemtsma fragt: »Was für eine Gesellschaft haben wir dann, wenn Menschen einem Test unterworfen werden, die keine Tat begangen haben? Die möglicherweise präventiv Erziehungsmaßnahmen unterworfen werden?« Denn – das wäre die Konsequenz: Warum soll man denn bei jemandem, dessen Gefährlichkeit man erkannt hat, warten, bis er wirklich etwas Schlimmes tut? Warum soll man es dabei belassen, ihn zu beobachten, zu verfolgen, vielleicht seine Telefone abzuhören oder seine Wohnung zu verwanzen. Muss sich ein Staat eine solche Zurückhaltung gegenüber seinen Feinden auferlegen? Warum kann man diesen Menschen nicht vorbeugend in Sicherheitsverwahrung nehmen oder noch besser irgendwohin deportieren, von wo er nie mehr zurückkommt?

Die präventive Versuchung: Der Staat, der versucht, seine »Gefährder« zu erkennen, respektiert keine Grenzen mehr für sein Handeln. Das Eindringen in das Ich seiner Bürger durchstößt den inneren Kern dessen, was Reemtsma das »rechtsfähige Subjekt« nennt. In dieser Situation bekommt die These der Neuromediziner, mit eifernder Gewissheit vorgebracht, explosive Bedeutung: dass es das »Ich« der Menschen gar nicht gibt. Ebenso wenig wie den freien Willen, so die naturwissenschaftliche Erkenntnislage, gebe es eine Instanz, von der ein solcher Wille ausgehen könne. Der Mensch, verdrahtet und durchschaubar wie ein Atomkraftwerk.

Der Philosoph Jürgen Habermas warnt: Das Ich, das den freien Willen bestimmt, sei vielleicht eine »soziale Konstruktion«, aber »deshalb ist es noch keine Illusion«.

Ist nicht auch die Macht, die ein Staatssekretär über die Menschen im Land hat, Teil einer großen sozialen Konstruktion namens »Rechtsstaat«?

»Genau abgegrenzte Ausnahmefälle«

Nichts ist wie vorher – Hammervorschriften – Sofern bestimmte Tatsachen hinweisen – Gefahren-Gefahren – T ist relativ zu Z – Das Verfassungsgericht macht die Verwirrung noch größer

Früher kamen die Herren noch ins Haus, »wegen der Reparatur der Zentralheizung«, und statt die rostigen Ventile zu erneuern, bauten sie haarfeine Hightech ein, fertig war der Lauschangriff. Heute kommen sie nicht mehr selbst. Sie schicken eine Mail, in deren Anhang, »bitte öffnen«, der Autohändler des Computerbesitzers seine Frühjahrsmodelle anbietet. Oder sie lassen ein Microsoft-Fenster aufleuchten, das zum Herunterladen des neuesten Sicherheitsupdate auffordert – »urgent«. Wer könnte da widerstehen?

Bei solchen Angeboten handelt es sich um geschickte Fakes, eingeschmuggelt möglicherweise vom Bundeskriminalamt. Wer darauf eingeht, holt sich einen Spion in den Kasten, einen »Trojaner«. Kaum geht der Benutzter online, nimmt der digitale Undercoveragent seine Geschäfte auf, fordert heimlich von seinem Auftraggeber übers Netz Spionagesoftware an, installiert sie auf der Festplatte. Die Helfershelfer, kaum angekommen, suchen die Festplatte nach interessanten Dateien ab und senden diese, für den Benutzer unbemerkt, ans BKA. Falls geeignete Hardware vorhanden, können die kleinen Spione auch mal die Webcam oder das Mikro einknipsen, damit die Auftraggeber ein bisschen fernsehen können. Ist die Arbeit getan, verduften die

Eindringlinge sehr leise, löschen alle verräterischen Spuren. Die
Onlinerazzia ist vorbei. Es herrscht wieder Friede im Computer,
alles ist wie vorher.

Nichts ist wie vorher. Seit die Fahnder das Netz als Schauplatz
im Krieg gegen den Terror entdeckt haben, kann die Online-
community ihren eigenen Computern nicht mehr vertrauen.
Privatpost, Steuererklärungen, Familienfotos, der Entwurf für
dieses Buch: Nichts ist sicher vor den digitalen Schnüfflern. Es
gibt kein Versteck mehr auf der Festplatte, das die amtliche Spy-
software nicht aufspüren könnte, keine Firewall, die unüber-
windbar ist. Auch Auslagern auf fremde Server hilft nichts: Die
Fahnder finden's.

Onlinerazzien nach diesem Muster hat es in Deutschland
mehrfach gegeben. Zwar verbot der Bundesgerichtshof den
Einsatz digitaler Trojaner zwischenzeitlich. Das hatte aber nur
zur Folge, dass sich Sicherheitsexperten in Bund und Ländern
dranmachten, die vom BGH vermisste Rechtsgrundlage eben
nachzuliefern. Ein Update im Gesetz. Mit nicht nachlassender
Energie kämpfte Innenminister Schäuble dafür, die Erlaubnis für
den digitalen Angriff auf die Computer auch ins Gesetz für das
Bundeskriminalamt zu schreiben. Die heimliche Ausforschung
sei unerlässlich: »Das Netz bietet dem Terrorismus ein giganti-
sches und schier unzerstörbares Forum: Kommunikationsplatt-
form, Werbeträger, Fernuniversität, Trainingscamp und Think-
tank in einem.« Alles nicht strafbar, aber sehr gefährlich.

Ein »Gemeinsames Internetzentrum« von Geheimndiensten
und BKA ist seit 2007 in Berlin in Betrieb. »Check the web«, ist
die von Schäuble verbreitete Devise, die europäischen Partner-
staaten sollen alsbald in den großen Staatsgoogle einbezogen
werden. Alles, was nicht geheuer ist, kommt dann in einen
gemeinsamen Topf. Und Krönung der Sammlung sollen nun
wichtige Teile verdächtiger Festplatten werden.

»Hammervorschriften«, so charakterisiert der Frankfurter
Polizeirechtsexperte und Staatsrechtsprofessor Erhard Denninger, was da entsteht. Der digitale Zerfall der Bürgerrechte ist

nicht mehr zu bemänteln. Die Fahnder fahnden nicht mehr nach Terror – sie fahnden nach bösen Gedanken. Sie wollen mitlesen, sich übers Netz einklinken in die Köpfe künftiger Terroristen. Das geht weiter als jeder Lauschangriff. Denn das heimliche Abhören zielt auf die Kommunikation der Bürger, die Äußerungen, deren sich der Belauschte bewusst entäußert, wenn auch nicht für Ohren der Spitzel. Doch sind die digitalen Zeichen auf der Festplatte überhaupt Äußerungen? Findet sich da nicht gerade das Ungeäußerte, das Zurückgehaltene, stille Erinnerungen, vergleichbar mit den Ideen, den geheimen Wünschen, den Gedanken? Sind die Gedanken noch frei, wenn sie vorsichtshalber vom BKA abgesaugt werden? Der Onlineangriff ist ein Angriff auf die Köpfe. Was geht im Kopf eines »Gefährders« vor? Die Polizei will es wissen.

Als die ersten Proteste gegen diese Geheimwaffe der Terrorabwehr laut wurden, sah der Sprecher des Innenministeriums Anlass zu beschwichtigen: »Ängste vor einem übermächtigen Überwachungsstaat«, schrieb er an den Autor, der zuvor kritische Artikel veröffentlicht hatte, würden »unnötigerweise geschürt«. Es gehe darum, das neue Instrument »in genau abgegrenzten Ausnahmefällen für bestimmte Personen und bei Vorliegen hoher Eingriffsschwellen zu gestatten«.

Das Versprechen machte neugierig. Zugegeben ist auch die härteste Hammer-Ermächtigung abgepuffert, wenn die Voraussetzungen ihrer Anwendung hinreichend strikt auf außergewöhnliche Notfälle beschränkt sind. Doch in der Schwierigkeit, solche Voraussetzungen rechtsstaatlich präzise zu formulieren, besteht ja gerade das Dilemma der Krieger gegen den Terror: Sie wollen über Instrumente verfügen, um »Gefährdern« auf die Spur zu kommen, bevor die wirklich eine konkrete Gefahr auslösen. Beispiel Onlinedurchsuchung: Was soll denn der Griff in die Festplatte eines »Gefährders« nutzen, wenn ziemlich klar ist, was er an Terroraktionen plant. Die Prävention besteht ja gerade darin, bei einem nicht hinreichend Verdächtigen nun Klarheit zu bekommen, die anders nicht zu erlangen ist. Es geht also darum, strenge Voraussetzungen zu formulieren in Bezug auf einen Zeitpunkt, zu dem diese noch gar nicht vorliegen können.

Darum müssen wir uns die Mühe machen, den Entwurf der Ermächtigung für Onlineangriffe im neuen BKA-Gesetz ebenso genau zu betrachten wie die »Gefährder«-Vorschriften im vorangegangenen Kapitel. Denn hier geht es ums Eingemachte der Bürgerkommunikation. Auch hier darf der Leser sich mit dem Ergebnis begnügen, wenn er die Tour durch die Rechtslogik für zu anstrengend hält.

Die Vorschrift in Paragraf 20k des neuen BKA-Gesetzes lautet: Onlinedurchsuchungen sind schon dann zulässig, »wenn sich noch nicht mit hinreichender Wahrscheinlichkeit feststellen lässt, dass ohne Durchführung der Maßnahme in näherer Zukunft ein Schaden eintritt, sofern bestimmte Tatsachen auf eine im Einzelfall durch bestimmte Personen drohende Gefahr ... hinweisen«.

Die Formulierung gibt einige Rätsel auf. Offenbar handelt es sich bei der Voraussetzung, dass »bestimmte Tatsachen auf eine im Einzelfall durch bestimmte Personen drohende Gefahr hinweisen« um den Hinweis auf eine andere Situation als die, in der sich »mit hinreichender Wahrscheinlichkeit feststellen lässt, dass ohne Durchführung der Maßnahme in näherer Zukunft ein Schaden eintritt«. Wir dürfen wohl davon ausgehen, dass sich die zweitgenannte Situation als »konkrete Gefahr« umschreiben lässt. Dann bezeichnet Situation eins, also die Voraussetzung, die im BKA-Gesetz für den Einsatz von Trojanern als hinreichend genannt wird, eine Situation, die zwar nicht als konkrete Gefahr anzusehen ist, in der sich gleichwohl feststellen lässt, dass Tatsachen auf eine drohende Gefahr hinweisen. Vereinfacht gesagt: Wenn keine Gefahr vorliegt, reicht es, wenn eine Gefahr droht.

Nun wäre es interessant zu wissen, was der Unterschied zwischen einer Gefahr und einer drohenden Gefahr ist. Wir haben oben festgestellt, dass eine konkrete Gefahr von der Rechtsordnung angenommen wird, wenn sich zum Zeitpunkt (Z) aufgrund

aller als relevant erkannten Tatsachen (T) ein Schadensereignis
(E) mit einem hinreichenden Wahrscheinlichkeitsgrad prognos-
tisch erschließen lässt. Im »Sofern«-Satz des Paragrafen 20k wird
im ausdrücklichen Unterschied dazu an eine Situation ange-
knüpft, in der Tatsachen auf eine Gefahr »hinweisen«, was wohl
korrekt nur so verstanden werden kann, dass sie den Schluss auf
eine Aussage über das Auftreten einer Gefahr zulassen. Dieser
Schluss kann, da es um eine Aussage über die Zukunft geht (die
Gefahr »droht«), wenn er korrekt angestellt wird, ebenfalls nur
eine Prognose sein. Sie lässt sich also genauso formalisieren wie
die Prognose eines Schadensereignisses, sodass wir vereinfachen
können: Der »Sofern«-Satz bezieht sich auf einen Zeitpunkt (Z1),
an dem aufgrund aller als relevant erkannten Tatsachen (T1) ein
Gefahr genanntes Ereignis (E1) mit einem gewissen Wahrscheinlichkeitsgrad prognostiziert werden kann, das seinerseits zum
Zeitpunkt (Z2) als Tatsachengrundlage (T2) betrachtet werden
kann, die eine Prognose mit hinreichender Wahrscheinlichkeit
des Schadensereignisses (E2) zulässt.

Dies ist ein schwieriger Schluss. Es ist nämlich selten möglich,
von Z1 aus zu beurteilen, was an Z2 als Tatsachengrundlage zur
Verfügung steht. Es können im Zeitraum zwischen Z1 und Z2
jederzeit neue Informationen auftauchen, die den Schluss von Z2
auf E2 als unzulässig erkennen lassen. Beispielsweise entpuppt
sich der vermeintliche »Gefährder« als Agent Provocateur eines
anderen Geheimdienstes. Eine sinnvolle Aussage lässt sich nur
für den Sonderfall anstellen, dass die »Hinweise« zu Z1 bereits
so stark sind, dass sie eine gute Grundlage bilden, eine Aussage
über die Möglichkeit des Auftretens von Informationen zum
Zeitpunkt Z2 und damit über die dann mögliche Wahrscheinlichkeitsaussage über E2 zu treffen. Wem das alles überspitzt
genau erscheint, der möge sich in Erinnerung rufen, dass es hier
um die Voraussetzungen eines hochsensiblen Grundrechtsein-
griffs geht – und um die Überprüfung des Versprechens aus dem
Innenministerium, Onlineangriffe seien nur unter den strengs-
ten Voraussetzungen zugelassen.

Nun weiter: Wenn der Sonderfall vorliegt, dass die »Hinweise« (T1) auf das Drohen einer Gefahr bereits eine Aussage über die Möglichkeit zulassen, zum Zeitpunkt (Z2) auf das Schadensereignis (E2) zu schließen, so lässt sich ebenso gut feststellen, dass zum Zeitpunkt Z1 bereits eine Aussage über die gewisse Wahrscheinlichkeit von E2 möglich ist. Eine Aussage über eine drohende Gefahr ist danach möglich, wenn (jetzt schon) eine Aussage über die Wahrscheinlichkeit eines Schadensereignisses möglich ist. Vereinfacht: Eine drohende Gefahr ist eine Gefahr. Dies entspricht im Übrigen auch dem Sprachgebrauch des Polizeirechts, das nicht zwischen (tatsächlich vorliegenden) »Gefahren« und »drohenden Gefahren« unterscheidet. Eine drohende Gefahr und eine Gefahr ist im Polizeirecht und ebenso nach den Regeln der Logik dasselbe. Dies zugrunde gelegt, erlaubt Paragraf 20k Onlineangriffe, »wenn eine Gefahr nicht vorliegt, sofern eine Gefahr vorliegt«. Das ist natürlich Unsinn.

Möglichweise hilft allerdings die in Paragraf 20k genannte Zusatzbedingung weiter, die von dem Fall ausgeht, dass ein Schadensereignis nicht »in näherer Zukunft« eintritt. Die Vorschrift hieße dann: wenn eine Gefahr sich nicht auf ein Schadensereignis in näherer Zukunft bezieht, reicht eine (allgemeine) Gefahr. Dies aber ergibt ebenfalls keinen Sinn. Denn dass das Vorliegen einer (allgemeinen) »Gefahr« ausreicht, Computerangriffe vorzunehmen, sieht die Vorschrift im selben Absatz an anderer Stelle ohnehin vor. Der »Sofern«-Satz will vielmehr, so lässt sich vermuten, von einer Bedingung befreien, die dem im Übrigen vorausgesetzten Gefahrbegriff innewohnt. Diese Bedingung bezieht sich offenbar darauf, dass der Zeitpunkt, an dem über »Hinweise« auf eine Gefahr geurteilt wird, also Z, sich zeitlich in gefahrbegriffwidriger Weise vom Schadensereignis wegbewegt. In unserer Rekonstruktion von oben würde also Z1 aus näher zu klärenden Gründen, weil er vor Z2 liegt, die Bedingungen an das Vorliegen einer Gefahr nicht erfüllen.

Klärung könnte ein Blick in die Geschichte dieser problematischen Vorschrift bringen. Eine Journalistin und auch der ehemalige Bundesinnenminister Gerhart Baum erhoben 2007 Verfassungsbeschwerde gegen Vorschriften im nordrhein-westfälischen Verfassungsschutzgesetz, die ebenfalls Onlinedurchsuchungen erlaubten. Von der Karlsruher Entscheidung, das war auch in Berlin klar, würde das Schicksal auch der in Arbeit befindlichen BKA-Ermächtigung abhängen. Das Bundesverfassungsgericht entschied im Februar 2008 relativ milde.[19] Unter gewissen Voraussetzungen sei ein Onlineangriff mit dem Grundgesetz vereinbar. Dermaßen massive Grundrechtseingriffe dürften aber erst »von bestimmten Verdachts- beziehungsweise Gefahrenstufen an« erlaubt werden.[20] Diese Voraussetzungen waren vom nordrhein-westfälischen Landesgesetz schon wegen dessen mangelnder »Normenklarheit und Normenbestimmtheit«[21] nicht erfüllt. Weil es nicht klar erkennen ließ, wer in welcher Situation mit einem Angriff auf seinen Laptop rechnen musste, wurde es für nichtig erklärt. An die Berliner Adresse gerichtet, formulierte das Gericht dann, von welcher »Gefahrenstufe« an ein Onlineangriff verfassungsmäßig sein könnte: Ein solcher Eingriff könne auch schon dann gerechtfertigt sein, »wenn sich noch nicht mit hinreichender Wahrscheinlichkeit feststellen lässt, dass die Gefahr schon in näherer Zukunft eintritt, sofern bestimmte Tatsachen auf eine im Einzelfall drohende Gefahr ... hinweisen«.

Da ist sie wieder, die rätselhafte Konstruktion. Um ja nichts falsch zu machen, haben die Gesetzesautoren beim Bundesverfassungsgericht abgeschrieben. Damit ist das Problem der rätselhaften Zeitverschiebung aber noch nicht gelöst. Eine Gesetzesvorschrift wird nicht dadurch klarer, dass sie vom Bundesverfassungsgericht stammt. Und es handelt sich dabei um kein kleines Problem: Die Beurteilungsgrundlage für die Annahme einer Gefahr ändert sich, so war oben deutlich geworden, mit jeder Sekunde. Eine massive Gefahr kann sich im nächsten Augenblick schon als vollkommen harmlose Situation darstellen – und umgekehrt. Beispiele aus der Geschichte des Krieges gegen den Terror wurden auch hier schon zahlreich erwähnt: Wenn ein vermeintlicher Flugzeugentführer sich im Zeitablauf als kleiner Junge erweist[22], wenn ein vermeintlich zur Tat in Deutschland entschlossener Islamist plötzlich ein Video vom anderen Ende der Welt schickt[23] muss dies Einfluss auf die Entscheidung der Frage haben, ob massive Grundrechtseingriffe (zum Beispiel gegen mutmaßliche Unterstützer in Deutschland) zulässig sein sollen oder nicht. Wenn das Definitionsmerkmal Z im Gefahrbegriff nicht klar ist, ist die gesamte Vorschrift unbrauchbar, denn dann ist das Merkmal T – die Ermächtigungsgrundlage – beliebig einsetzbar. Jeder Eingriff lässt sich rechtfertigen, wenn sich der Entscheider nur ein bisschen dümmer stellt, als er inzwischen ist. Umgekehrt ist es möglich, einen Gefahrabwehreingriff beliebig vorzuverlegen nach dem Motto »meine Ansicht über den Mann steht fest, irritieren Sie mich nicht mit weiteren Nachforschungen«.

Das Bundesverfassungsgericht macht die Verwirrung nur noch größer. Es sagt uns einerseits, wann eine Gefahrenprognose voreilig und damit rechtswidrig ist: »Wenn nur ein durch relativ diffuse Anhaltspunkte für mögliche Gefahren gekennzeichnetes Geschehen bekannt ist.« Die Geschehnisse könnten dann »in harmlosen Zusammenhängen verbleiben, aber auch den Beginn eines Vorgangs bilden, der in eine Gefahr mündet«.[24] Andererseits wird als ausreichend angesehen, »dass zumindest tatsächliche Anhaltspunkte einer konkreten Gefahr … bestehen«. Diese Unterscheidung ist einerseits trivial – natürlich geht es nicht um »mögliche Gefahren«, sondern um Gefahren. Andererseits hat sie keinerlei Bezug zum Zeitpunkt Z – die Situation der »Diffusität« kann, wie etwa das Breininger-Beispiel[25] zeigt, ebenso gut nach wie vor dem maßgeblichen Zeitpunkt auftreten. Eine »dringende« Gefahr kann ohne Weiteres zu einer nur »möglichen« herabgestuft werden. Doch vielleicht kommt es dem Gericht auf die zeitliche Komponente gar nicht an. Darauf deutet die Formulierung, dass «zumindest« tatsächliche Anhaltspunkte einer konkreten Gefahr bestehen müssten. Es kommt also nicht auf den Zeitpunkt der Tatsachenerhebung, sondern auf den Umfang der Tatsachengrundlage an. Im Fall terroristischer Bedrohung, so lässt sich das Urteil lesen, dürfe die Prognosegrundlage in gewisser Weise ausgedünnt werden. Doch diese Rekonstruktion führt ins selbe Dilemma wie die Freigabe des Zeitpunkts[26] der Prognose: Es gibt keine Festlegung mehr, welche Informationen über welche Tatsachen denn nun maßgeblich sind und auf welche verzichtet werden darf. Keine Information ist für sich gesehen als »Anhaltspunkt« für ein drohendes Schadensereignis zu sehen, sondern stets nur in einem vollständigen Bündel aller als relevant erkannten Informationen. Das zeigt das Beispiel des maskierten Spielzeugpistolenmannes vor einem Juweliergeschäft an einem Sonntag.[27] Welche Information darf ich zur Beurteilung der Situation weglassen, welche ist »zumindest« ein Anhaltspunkt? Und welche Rechtfertigung sollte es geben, zu einem beliebigen Zeitpunkt nicht alle verfügbaren Informationen zu prüfen? Und gegebenenfalls zu entscheiden: Jawohl, Gefahr erkannt – oder: Nein, keine Gefahr erkennbar. Und welche Rechtfertigung sollte es geben, im zweiten Fall gleichwohl aufgrund von »Anhaltspunkten« zu so massiven Eingriffen zu schreiten? Das Hinzufügenmüssen oder Weglassendürfen ist stets maßgeblich für die Korrektheit des Ergebnisses und damit für die Erlaubnis zum Eingriff. Steht die Auswahl »passender« Informationen frei, sind der Willkür Tür und Tor geöffnet. Mit seiner Andeutung, dass im Terrorfall der Gefahrenbegriff in der Weise ausgelegt werden darf, dass statt aller nur (»zumindest«) einige Informationen dem Urteil zugrunde zu legen sind, riskiert das Gericht eine gefährliche Aufweichung eines zentralen polizeirechtlichen Begriffs – und das Bundeskriminalamt greift beherzt und dankbar zu.

Eine Analyse des ehrgeizigsten Regelungsprojekts im neuen BKA-Gesetz zeigt, dass der Versuch, den Kampf gegen den Terror in rechtsstaatlich-polizeirechtliche Formen zu kleiden, auch bei großer Anstrengung im rechtlichen Nichts endet: Nach der Vorschrift des Paragrafen 20k lässt sich ein Onlineangriff praktisch gegen jedermann begründen, der aus welchen Gründen auch immer als »Gefährder« geführt wird. Dass dies und nichts anderes im Kern auch so gewollt ist, zeigen die weiteren Ausschmückungen der Computerrazzia-Erlaubnis. In der »Sofern«-Vorschrift des Paragrafen 20k wird an die »bestimmten Tatsachen«, die auf eine »drohende Gefahr hinweisen« die zusätzliche Bedingung gestellt: Sie müssen nicht auf irgendeinen schädlichen Ereignisablauf hinweisen, sondern auf einen, der »durch bestimmte Personen« herbeigeführt wird. Auch dies beruht auf einer Bedingung des Bundesverfassungsgerichts, das formuliert: Die Hinweistatsachen müssten sich auch darauf beziehen, »dass bestimmte Personen beteiligt sein werden, über deren Identität zumindest so viel bekannt ist, dass die Überwachungsmaßnahme gezielt gegen sie eingesetzt... werden kann«.

Verzichten wir auf eine erneute Diskussion des rätselhaften »zumindest« und beschränken uns auf die erstaunte Frage, inwieweit wohl die Kenntnis der Identität einer Person für einen Angriff auf ihren Computer verzichtbar sein mag. Der wesentliche Gehalt dieser Bedingung, wie sie vom Gesetzgeber aufgenommen wurde, führt in bekannte Bahnen. Auch die Vorschrift des Paragrafen 20k knüpft an die Denkfigur an, die beim BKA für den »Gefährder« bereitliegt. In Wahrheit stellt die Erlaubnis zur Computerspionage auf die Disposition von Personen ab, terroristisch tätig zu werden. Da hat es einen Sinn, wenn nach »Anhaltspunkten« dafür gefragt wird, dass eine Person einen Schaden herbeiführt, der ein »wenigstens seiner Art nach konkretisiertes und zeitlich absehbares Geschehen darstellt« – so eine weitere Bedingung des Bundesverfassungsgerichts.[28] Dies aber entspricht genau der Rekonstruktion, die wir oben zum »Gefährder«-Begriff angestellt haben: Es wird darauf abgestellt, ob eine Person die Neigung hat, Terrorakte einer gewissen Art irgendwann irgendwo demnächst zu realisieren. Die »Anhaltspunkte« dafür beziehen sich – trotz entgegengesetzter Versicherungen des Bundesverfassungsgerichts – nicht etwa auf eine konkrete Gefahr, sondern auf die Disposition eines Probanden.

Was Wunder, dass es da auf Zeitpunkte der Beurteilung nicht mehr ankommt. Wer einmal als »Gefährder« erkannt ist, bleibt es für immer.

Die scheinbare Begrenzung der Befugnis zur Onlinedurchsuchung auf konkrete Gefahren ist rechtsstaatlicher Budenzauber. In Wahrheit ermächtigt die »Hammervorschrift« des BKA-Gesetzes zur neuen Art von Prävention: zur Verfolgung des Feindes.

Viertes Kapitel
Der weite Raum der Sicherheit

Der Fluggast Mamoun Darkazanli war gebucht auf die Abendmaschine der Iberia von Berlin nach Madrid. Dass die ohne ihn flog, verdankt der Mann dem Bundesverfassungsgericht.

Der in Syrien geborene Deutsche ist nach Ansicht von Terrorfahndern eine Schlüsselfigur im Al Kaida-Netz. Darum saß er an jenem Tag im November 2004 schon gut bewacht im Hubschrauber, der ihn aus der Hamburger Auslieferungshaft zum Flughafen Tegel bringen sollte, als die Karlsruher Richter die zwangsweise Überstellung des Mannes an die spanische Justiz auf den Tisch bekamen. Die beiden Polizeibeamten, die sich extra aus Madrid herbemüht hatten, um den mutmaßlichen Terrorhelfer in spanische Justizhaft zu bringen, waren sogar schon im Besitz ihrer Bordkarten, als das Gericht 50 Minuten vor Abflug die Reise per Fax stornierte. Der Spanienflug des deutschen Staatsbürgers Darkazanli, befand der Zweite Senat des Bundesverfassungsgerichts, werfe grundsätzliche Probleme auf, über die man in Ruhe reden müsse. Die einstweilige Anordnung rettete den Mann in letzter Minute vor einer Anklage in Madrid. Auch der deutsche Generalbundesanwalt konnte sich nicht entschließen, Mamoun Darkazanli vor Gericht zu stellen. So ist er im März 2009, mehr als vier Jahre nach dem dramatischen Nowshow in Berlin Tegel zum Ärger des BKA und der CIA, der spanischen Staatsanwaltschaft und der Europäischen Kommission noch immer frei.

Einer wie der Bürger Mamoun Darkazanli hat dem Rechtsstaat gerade noch gefehlt. Nach den Regeln, die das BKA an solche Leute legen möchte, ist er der ideale Kandidat für einen Onlineangriff auf seine Festplatte. Die Ermittler sind sich vollkommen sicher, dass der Kaufmann mit Wohnsitz und Ehefrau in Hamburg-Uhlenhorst eng in die Anschläge vom 11. September 2001 verwickelt ist, dass er ebenso Kontakte zu der Islamistenzelle hatte, die am 11. März 2004 die tödlichen Bomben in Madrider Vorortzüge legte. Der globale Datenverbund bei der Verfolgung Verdächtiger brachte die CIA an Kontounterlagen, wonach Darkazanlis Ehefrau Gelder an den mutmaßlichen Chef eines afghanischen Camps überwiesen hat – Verwendungszweck »Familienhilfe«. Dann wieder soll der Geschäftsmann am Kauf eines Schiffes für die Terrorgruppe von Osama Bin Laden und seinen Stellvertreter Aiman al-Sawahiri beteiligt gewesen sein. Das Geld, wissen die Spanier, floss zum Teil über sein Konto bei der Deutschen Bank. Für ein Frankfurter Konto eines in Bayern schon 1998 verhafteten mutmaßlichen Bin Laden-Finanziers besaß Darkazanli eine Vollmacht. Zu Zeiten, als der Hamburger noch freiwillig nach Madrid reiste, übernachtete er gern in der Calle Pablo Neruda, in der Wohnung von Abu Dahdha. Abu Dadha ist der Aliasname eines mittlerweile zu 27 Jahren Haft verurteilten spanischen Terrordrahtziehers.

Erdrückend scheint die Beweislage gegen den Hamburger Syrer. Na und?, sagt der, dies alles sei nicht illegal, in Deutschland zumindest nicht strafbar. »Ich vermittle zum Beispiel Tinte für Drucker und Papier nach Syrien. Ich vermittle Lampen nach Jordanien und Autos nach Albanien.«

Lampen nach Jordanien, die Fahnder knirschen mit den Zähnen. Ausgerechnet so einer wird zum Testfall des deutschen Rechtsstaates. Das Bundesverfassungsgericht nahm den Fall Darkazanli tatsächlich zum Anlass, Grundsätzliches zum Umgang mit Terrorverdächtigen zu sagen. Der für die Entscheidung zuständige Richter Udo Di Fabio hatte immer wieder darauf hingewiesen, dass der Versuch, die innere Sicherheit über die Staatsgrenzen hinweg auf europäischer oder gar globaler Ebene zu verfolgen, leicht in einem »Superstaat« enden könne, und in der Entrechtung der Bürger. Die »ununterbrochene Übertragung von Kompetenzen« auf Brüsseler Institutionen etwa führe zu einer »Austrocknung« der staatlichen Ordnung in den Mitgliedstaaten. Irgendwann, so der hohe Richter, könne ein einzelner Staat wie Deutschland dann die Rechte, die Grundrechte seiner Bürger nicht mehr wirksam schützen, weil höhere Instanzen hineinregieren dürfen.

Di Fabios Kollegen haben mehrheitlich sein Votum im Fall Darkazanli unterschrieben. Der Versuch, den deutschen Staatsbürger wegen seiner dubiosen Geldgeschäfte an ein Land auszuliefern, das ihn allein deshalb bestrafen will, ist bedenklich und muss bis auf Weiteres unterbunden werden. Denn in Deutschland war damals, anders als in Spanien, die Finanzierung ausländischer Terrorvereinigungen, selbst wenn nachweisbar, nicht strafbar. Und mit dem Nachweis, den die Spanier ihrem Haftbefehl zugrunde gelegt hatten, konnte so mancher deutsche Verfechter einer strengen rechtsstaatlichen Ordnung seine Probleme haben: Das spanische Justizsystem gibt dem ermittelnden Richter umfassende Vollmachten, so heikle Maßnahmen wie das Abhören des Telefons selbst anzuordnen. Der spanische »Ermittlungsrichter« ist einem Staatsanwalt in Deutschland vergleichbar, der sich auch seine Haftbefehle selbst genehmigt. Entsprechend stützen sich spanische Haftbefehle, so auch der gegen Darkazanli, nahezu vollständig auf belauschte Telefonate. Die ausufernde Abhörpraxis führt in Spanien stets dann zu Problemen, wenn sich zum ersten Mal im Verfahrensgang, nämlich in der Hauptverhandlung, die Prozessrichter mit der Beweislage befassen. So musste im großen Terrorprozess gegen die Täter des 11. März 2004 einer der mutmaßlichen Drahtzieher des Attentats freigesprochen werden, weil die Richter die umfassende Lauschpraxis der Ermittler für wenig beweiskräftig hielten.

Verfahrenssicherungen, die aus deutscher Sicht zum Schutz der Rechte im Strafverfahren essenziell sind, verschwinden, wenn verdächtige Bürger eines Staates ohne Gegenwehr in Länder verschoben werden können, in denen für sie nicht nur die passenden Beweise bereitliegen, sondern auch das passende Strafrecht parat steht. Genau dies aber sieht der Europäische Rahmenbeschluss vor, mit dem die Mitgliedstaaten gezwungen werden, terrorverdächtige Staatsbürger dorthin zu liefern, wo sie einfacher zu verurteilen sind. Di Fabio und seine Kollegen kippten 2005 schließlich das deutsche Gesetz, das den europäischen Beschluss umsetzte, nach einer dramatischen Verhandlung: Vor den Schranken des hohen Hauses mussten Abgeordnete der damals regierenden Rot-Grünen Koalition Auskunft geben, wie es dazu kommen konnte, dass ein derart himmelschreiend ungerechtes Gesetz eine Mehrheit im Parlament finden konnte. Die Antwort zum Beispiel des Grünen-Abgeordneten Christian Ströbele: Er habe für den europäischen Haftbefehl gestimmt, weil das Justizministerium ihm zu verstehen gegeben habe, dass er dazu verpflichtet sei. »Normativ unfrei«, gab der Abgeordnete zu Protokoll, habe er sich gefühlt.

Der Streit mit dem Bürger Darkazanli ist noch lange nicht zu Ende, er wird immer spannender. Doch bevor wir ihn weiterverfolgen, sollten wir einige grundsätzliche Klärungen vornehmen – um der Ehrlichkeit willen. Ist es eigentlich erfreulich oder unerfreulich, dass Mamoun Darkazanli immer noch und vielleicht für immer frei herumläuft? Natürlich wäre es einfacher, die problematischen Weiterungen des globalen Kampfes gegen den Terror anhand von Beispielen vorzuführen, in denen jemand in die Mühlen der Justiz kommt, der wie Kafkas Josef K. mit hoher Wahrscheinlichkeit ein harmloser Bürger ist. Solche Beispiele werden auch im Folgenden noch herangezogen. Doch die Diskussion – wie es häufig geschieht – auf solche Beispiele zu beschränken, betrügt um einen wichtigen Aspekt: dem berechtigten Bedürfnis, Schutz vor Leuten wie Mamoun Darkazanli zu haben.

Denn natürlich ist es unerfreulich, wenn jemand unkontrolliert Gelder durch die Welt schicken kann, die mit hoher Wahrscheinlichkeit der Finanzierung neuen Terrors dienen. Wir befinden uns mit diesem Urteil in der guten Gesellschaft des Märchenkönigs, der sich darüber beklagt, er wisse genau, dass die Hälfte seiner Dienerschaft ihn bestiehlt – er wisse nur leider nicht, welche Hälfte. Der König im Märchen ist ein gerechter

König und kommt zu den Schluss: Da kann man eben nichts machen. Und in der Wirklichkeit ist die gerechte Antwort die Antwort des Rechtsstaates. Es gibt vieles Unerfreuliche, gegen das sich in den Grenzen des Rechts nichts unternehmen lässt. Und das Recht deshalb zu ändern, seine Grenzen zu erweitern, bedeutet stets, den Schutz aller Bürger vor staatlichen Eingriffen einzuschränken. Das ist ebenfalls unerfreulich. Unsicherheit oder Unfreiheit, Pest oder Cholera.

Dass dies die Wahl ist, bekräftigt Wolfgang Hoffmann-Riem, der ehemalige Bundesverfassungsrichter und Autor zahlreicher Urteile, mit denen die Bürgerfreiheiten gegen staatliche Sicherheitsübergriffe zumindest etwas geschützt wurden: Beim Lauschangriff, bei der Rasterfahndung, beim Onlinezugriff auf Computer. Hoffmann-Riem, der Hamburger Rechtsprofessor, rechnet vor, dass »Sicherheit nicht zum Nulltarif« zu bekommen ist: Je mehr Sicherheitsvorkehrungen der Innenminister in Gesetze gießen lasse, desto größer wird die Chance, dass unbescholtene (und natürlich auch bescholtene) Bürger Objekt staatlicher Zugriffe, vielleicht sogar Opfer unrechtmäßiger Verurteilung und Bestrafung werden. Es müsse, fordert der Wissenschaftler, ein »gesellschaftlicher Konsens« gefunden werden, welches Maß an Unsicherheit in Kauf genommen werden solle, um das erwünschte Maß an Freiheit zu erhalten. Hoffmann-Riems Beispiel: Die Unsicherheit im Straßenverkehr fordert mehr Opfer als der schlimmste Terrorismus. Gleichwohl gibt es einen politischen und gesellschaftlichen Konsens, die Unsicherheit beim Benutzen einer Fahrbahn hinzunehmen – unerfreulich für alle Schulkinder, erfreulich für die Autoindustrie.

Man kann es wenden, wie man will: Sicherheit kostet Freiheit, Freiheit kostet Sicherheit. Wer verspricht, Freiheit und Sicherheit zugleich zu maximieren, ist ein Betrüger.

»Ohne Bürgerrechte zu verletzen«

Freiheit dank Hamlet – Ist Europa auch ein Monster? –
Sechs klopfen alles fest – Die Haager Datenkrake – Fesseln
oder Schwerter?

Europa hat überall dort Kompetenzen der Mitgliedstaaten übernommen, wo Brüssel meint, etwas zu können, was kein anderer
kann. Dies ist, vereinfacht ausgedrückt, Sinn und Zweck der Europäischen Union. Dieser Räson ist auch zu verdanken, dass die
Organe der EU seit langem versuchen, im Kampf gegen den Terror das Unmögliche möglich zu machen: Sicherheit und Freiheit
gemeinsam zu gewährleisten: »Raum der Freiheit, der Sicherheit
und des Rechts« ist die Bezeichnung für das Projekt der gemeinsamen Justiz- und Polizeipolitik, bislang eine Kooperation in der
»dritten Säule« der Verträge, nach dem neuen Lissabon-Vertrag
ein Teil der zentral gesteuerten Gemeinschaftspolitik. Schon die
Vereinigung von Justiz und Polizei in einem Atemzug klingt in
deutschen Juristenohren nach Alchemie, ist doch hierzulande
eine sorgsame Abgrenzung zwischen dem Machtbereich der
Justizministerin Brigitte Zypries und dem des Innenministers
Schäuble ein Teil zumindest der rechtsstaatlichen Hygiene: Im
Zweifel soll ja die Justiz darüber richten, was die Leute von Innen
angerichtet haben. Auch eine andere Abgrenzung, die man in
Deutschland für zentral hält, gilt nach dem Vertrag von Lissabon
nicht mehr: Die zwischen Polizei und Militär. Gegen den Terror
sollen im Raum der Freiheit, der Sicherheit und des Rechts notfalls beide gemeinsam dienen.[29]

Dass sich Sicherheit und Freiheit auf hohem Niveau und
zugleich in rechtlich ansprechender Form durchsetzen lassen,
erhofft sich wenigstens EU-Industriekommissar Günter Verheugen, der sich irgendwie auch ein bisschen zuständig für die
Sicherheit und Freiheit fühlt, weil dahinter ja eine gewaltige
Industrie steht – jedenfalls, was die Sicherheit betrifft: Schon
2007 stellte er das gemeinschaftlich finanzierte Projekt »Hamlet«

vor. Hamlet soll, wenn es fertig ist, verdächtige Personen in einer Menschenmenge aufspüren können, ohne dass die (zunächst) etwas davon merken. Sicherheit und Freiheit zu vereinen – dem Kommissar ist nichts zu schwer. Verheugen baut auf das Kommissionsprojekt »i-tracs«, das Reise- Kommunikations- und Finanzdaten der Europäer ausspähen soll, »ohne Bürgerrechte zu verletzen«.

Der Wunderglaube beruht auf einer neuen europäischen Sicherheitsphilosophie, die nicht nur von der Brüsseler Kommission, sondern in enger Kooperation auch vom Berliner Innenminister Schäuble vertreten wird: Freiheit und Sicherheit sind danach keine Gegensätze, sondern bauen aufeinander auf. »Freiheit und Sicherheit sind kein Widerspruch«, erklärte der damalige stellvertretende Kommissionspräsident Franco Frattini, »Freiheit setzt Sicherheit voraus«, mehr noch, »Sicherheit ist Voraussetzung für Menschenrechte«. Mit solchen Parolen kann man was werden: Mittlerweile ist Frattini Berlusconis Außenminister und sitzt als solcher im Brüsseler Rat. Doch als er 2007 solche Äußerungen machte, saß er auf demselben Podium mit seinem Freund Wolfgang Schäuble bei einer Tagung der »Zukunftsgruppe«, einem Projekt der deutschen EU-Ratspräsidentschaft für mehr Sicherheit – und natürlich mehr Freiheit – in Europa.

Schäuble nickt heftig, wenn Frattini so spricht, und fügt hinzu: »… weil es Freiheit ohne Sicherheit so wenig gibt, wie Sicherheit ohne Freiheit irgendeinen Nutzen hat. Deswegen glaube ich, dass es ganz wichtig ist, der Behauptung eines Widerspruchs zwischen Sicherheit und Freiheit entgegenzutreten, so wie wir auch dem Eindruck einer Arbeitsteilung zwischen europäischer Ebene und nationalen Mitgliedstaaten entgegenwirken müssen«, worauf dann wieder Frattini heftig nickt.

In dem Bemühen um die europäische Einigung geht tatsächlich manches verloren, was früher zum Kernbestand moderner Nationalstaatlichkeit gehörte. Danach definiert sich »Freiheit« als Abwesenheit staatlicher Unterdrückung. Freiheit ist die

Freiheit des Andersdenkenden, des Meinungsäußernden, des Privaten und des Besitzenden dem Staat gegenüber. Sicherheit hingegen ist die Abwesenheit der Unterdrückung durch das Böse drum herum. Um der Sicherheit willen haben im Modell des Staatstheoretikers Thomas Hobbes die Menschen den Staat als Leviathan, als Monster, geschaffen und sich als Bürger ihm ein Stück weit unterworfen, damit er sie mit seinem Schwert vor den Gefahren der Umwelt beschütze. Um der Freiheit willen haben die selben Bürger irgendwann Rechtsstaat und Demokratie durchgesetzt: dem Leviathan Fesseln angelegt.

Europa – ein Monster? – könnte tatsächlich ein neues Staatsmodell sein, in dem Leviathan nicht nur für die Sicherheit, sondern auch für die Freiheit sein Schwert schwingt. Dann braucht er tatsächlich keine Fesseln, dann braucht er mehr Schwerter. Doch diese Freiheit, die Europa meint, ist eine andere Freiheit: Es ist die vom Staat gewährte Freiheit vor den Gefahren des Terrorismus, vor der Angst vor Verbrechen. Diese Freiheit ist nur ein anderes Etikett für Sicherheit. Der »Raum der Freiheit, der Sicherheit und des Rechts« ist in Wahrheit der Raum des europäischen Polizeistaates.

In diesem Staat gibt es kein Halten mehr. Beschlüsse über den Europäischen Haftbefehl werden mit Beschlüssen über die »Europäische Beweisanordnung« erweitert, mit deren Hilfe neuerdings etwa Hausdurchsuchungen in Deutschland im Auftrag anderer EU-Staaten stattfinden dürfen. Ein europäischer Staatsanwalt darf gemäß dem Vertrag von Lissabon vorerst nur im Großraum der europäischen Sicherheit ermitteln, wenn er Finanzinteressen der Union betroffen sieht, doch es ist nur eine Frage der Zeit, bis sich die Zuständigkeit des obersten EU-Ermittlers auch – wie im Vertrag schon vorgesehen – auf Terrorermittlungen erweitert. Anders als Staatsanwälten in den alten Rechtsstaaten steht dem EU-Staatsanwalt keine Strafprozessordnung zur Seite, die essenzielle Rechte des Verdächtigen festschreibt. Was geschieht mit unzulässig erlangten Beweisen? Welche Geheimdienstmethoden sind im europäischen Raum der Sicherheit erlaubt? Nichts ist geregelt.

Stattdessen haben die europäischen Mitgliedstaaten Sorge getragen, dass über den europäischen Knotenpunkt Europol ein umfassender Informationsaustausch gewährleistet ist. Die Haager Datenkrake organisiert die grenzüberschreitende polizeiliche Zusammenarbeit einschließlich des Austausches personenbezogener Informationen von »Gefährdern«, dazu DNA-Analysen, Fahrzeugdaten, Fingerabdrücke. Ziel ist der Aufbau zentraler Datenbanken für die europäische Terrorismusbekämpfung, ein Pool, in den Verdächtigungen und Beschuldigungen, Verurteilungen und Beobachtungen, selbst Daten über Kontaktpersonen und mutmaßliche Unterstützer der Terrorszene ohne jede gerichtliche Kontrolle Aufnahme finden. So landen im großen Topf Informationen, die nach der Rechtsordnung einzelner Mitgliedstaaten gar nicht erhoben werden dürften. Dazu soll neuerdings auch ein Satz detaillierter Angaben über die Flugreisen aller EU-Bürger gehören, die von der EU bei den Luftfahrtgesellschaften einverlangt werden. Komplettiert wird die Rundumüberwachung durch das mittlerweile in die Union übernommene Schengen-Informationssystem (SIS), das alle Personen, die das Schengengebiet betreten oder verlassen, einer Registrierung und bei Bedarf auch einer beobachtenden Verfolgung quer durch den Raum der Sicherheit und Freiheit unterwirft.

Der Motor solcher Entwicklungen ist nicht die Kommission, sondern es sind die sogenannten G-6-Treffen: Die Innenminister der sechs größten EU-Mitgliedstaaten Deutschland, Frankreich, Großbritannien, Italien, Spanien und Polen treffen sich regelmäßig zu informellen Runden, um die nächsten Schritte abzusprechen, die sie dann im Brüsseler Rat der Innen- und Justizminister durchsetzen wollen. Das Spiel läuft ohne jede parlamentarische Kontrolle: Wenn der Deutsche Bundestag oder das Europäische Parlament auf die Dinge aufmerksam werden, ist alles schon festgeklopft.

Eine Studie der Berliner Stiftung Wissenschaft und Politik vom Januar 2007 stuft diese Sicherheitspolitik als bedenklich ein: »So ist belegt, dass die Politikgestaltung auf europäischer Ebene es den sicherheitsorientierten Akteuren der nationalen Exekutiven prozedural erleichtern kann, ihre Prioritäten unter Umgehung des nationalen Parlaments und der Opposition durchzusetzen. Dadurch, dass sie die Diskussion der Anti-Terror-Maßnahmen auf die europäische Ebene heben, gelingt es den nationalen Exekutiven, ihre Handlungsspielräume als faktischer Gesetzgeber auszuweiten. Die Regierungen können nämlich, indem sie die Terrorabwehr in den Verhandlungszusammenhang der intergouvernementalen Zusammenarbeit der EU stellen, einen im Kern innenpolitischen und die nationale Souveränität berührenden Aufgabenbereich als außenpolitisches Prärogativ definieren und unter diesem Vorzeichen einen Politikraum etablieren, zu dem sowohl Parlamente als auch die Gerichte nur äußerst eingeschränkt Zugang erhalten. Die Externalisierung der Politik der Inneren Sicherheit hat somit zur Konstruktion eines ›parlaments- und gerichtsschwachen‹ Kompetenzbereichs geführt. Die Absprachen und Übereinkommen, die auf diese Weise zustande kommen, können dann als außeninduzierter ›Handlungszwang‹ auf die einzelstaatliche Ebene übertragen und den nationalen Akteuren auferlegt werden.«

Mit »außeninduzierten Handlungszwängen« erklärt sich zum Beispiel die Hartnäckigkeit, mit der Schäuble innenpolitisch auf die Einführung weitreichender präventiver Kompetenzen im Gesetz für das Bundeskriminalamt drängte. Besonders die antiterrorkriegs-erprobten Briten verlangten, die Deutschen mögen doch endlich eine zentrale Antiterror-Polizei einrichten. Einer G-6-Absprache ist auch der Plan zu verdanken, eine supranationale Internetpolizei aufzubauen, die – wie schon länger in Deutschland – das Netz auf verdächtige Aktivitäten durchforstet.

Die G-6-Runde wird zum Einfallstor für Hardlinervorschläge ins europäische und auch ins nationale Recht. Das führt dazu, dass das Niveau des gesamten europäischen Sicherheitsraumes sich auf die Dauer auf den Stand des am härtesten agierenden G-6-Mitgliedes reduziert. Und das sind ohne Zweifel die Briten.

»Gefährder« dürfen dort umfassend überwacht und unter polizeiliche Kontrolle gestellt werden. Vorbeugehaft gegen jedweden Verdächtigen kann bis zu 28 Tage verhängt werden. Berüchtigt ist das umfassende Videoüberwachungssystem auf der Insel. Im Oktober 2008 erst enthüllte der *Independent* irrwitzige Pläne des Londoner Innenministeriums, den gesamten E-mail- und Telefonverkehr, der die Insel verlässt oder dort ankommt, aufzuzeichnen und zu kontrollieren. Im Mai 2006 geriet ein Memo des Premierministers an Innenminister John Reid an die Öffentlichkeit, in dem eine Revision der in Großbritannien geltenden Menschenrechtsgarantien erwogen wurde. Blair schlug vor, die Richter darauf zu verpflichten, die individuellen Menschenrechte gegen das »Gemeinschaftsrecht auf allgemeine Sicherheit« abzuwägen. Ebenso wurde in dem Memo die Möglichkeit erwogen, der Regierung die Befugnis zu verleihen, aus ihrer Sicht negative Entscheidungen der oberen Gerichte zu annullieren.[30] Im Februar 2009 wurde es schließlich dem Europäischen Gerichtshof für Menschenreche in Straßburg zu dicke: Er verurteilte den britischen Staat, Entschädigung an elf mutmaßliche Terrorhelfer zu zahlen, die nach dem 11. September 2001 vorbeugend inhaftiert worden waren. Das britische Vorbeugehaftgesetz, so urteilte das Menschenrechtsgericht, sei rechtsstaatswidrig und diskriminiere Ausländer.

Doch die Runde der G-6 ist kaum zu bremsen. Juristen, die trotz allem der neuen Sicherheitslehre im »Raum der Freiheit der Sicherheit und des Rechts« den staatsrechtlichen Segen geben, finden sich immer. In Bezug auf die »Sicherheitsphilosophie im 21. Jahrhundert« hielt der inzwischen verstorbene Kölner Verfassungsrechtler Peter Tettinger eine »gründliche Überarbeitung« des Sicherheitsrechts für nötig, insbesondere »umfassende Überlegungen zur Erhaltung und Verstärkung der Sicherheit« in der Europäischen Union, »die auf nationaler Ebene der Mitgliedstaaten flankierend entsprechende verfassungsrechtliche Absicherungen naheliegend erscheinen lassen.«

»Eine Art Todesurteil«

*Kein Geld für Darkazanli – Finanzielles Guantanamo – Zuruf
von der CIA – Bestimmte spezifische restriktive Maßnahmen
gegen bestimmte Personen – Der Wettbewerb wird nicht verzerrt*

Wie weit die Sicherheitsphilosophie des 21. Jahrhunderts
schon gediehen ist, musste der Hamburger Mamoun Darkazanli erfahren, nachdem er vor dem deutschen Bundesverfassungsgericht erfolgreich gegen seine Auslieferung nach Spanien geklagt und bei der Gelegenheit das deutsche Gesetz den
Europäischen Haftbefehl betreffend für verfassungswidrig hatte
erklären lassen. Zwar machte sich die Bundesregierung umgehend an die Arbeit, nach den Karlsruher Vorgaben ein neues
Haftbefehlsgesetz zu basteln, doch Darkazanli war davon nicht
mehr betroffen, weil die Bundesanwaltschaft mittlerweile das
Ermittlungsverfahren gegen ihn eingestellt hatte. Dem Mann
sind seine Verstrickungen in die Finanzierung des Al Kaida-
Terrors mit rechtsstaatlichen Mitteln in Deutschland nun mal
nicht nachzuweisen, also erstritt er, Recht ist Recht, sogar eine
Entschädigung für die Zeit, die er verfassungswidrig in Ausli-
ferungshaft gesessen hatte.

Doch nun zeigte sich, was der »Raum der Sicherheit« mit
einem Mann macht, dem er nichts nachweisen kann: Die Staatskasse, obgleich zur Zahlung verurteilt, weigert sich, das Geld
an den deutschen Staatsbürger auszuzahlen. Sie darf es auch
nicht. Denn »Darkazanli, Mamoun, Uhlenhorster Weg 34, 22085
Hamburg, Deutschland« steht auf der europäischen »Terrorliste«. Und ein Bürger, der auf dieser schwarzen Liste der EU
steht, stirbt seinen Bürgertod. Der Bann aus Brüssel verbietet
bei Strafe jedermann, jeder Bank, jedem mildtätigen Privatmann,
der Staatskasse sowieso, auch nur einen Euro an den Verfem-
ten zu zahlen. Der muss, wenn er nicht zufällig Bares unter der
Matratze hat, verhungern. Ein »Servicezentrum Finanzsanktionen« der Deutschen Bundesbank hat sein Büro in München und

ist berufen, Ausnahmegenehmigungen von diesem Verbot in Höhe des Hartz-IV-Satzes zu erteilen.

Dem Opfer solch staatlicher Finanzexekution geht es wie Josef K. in Kafkas *Prozess*: Er wird weder vorher angehört noch ist irgendein Gericht vorgesehen, vor dem er sich verteidigen könnte. Alle Klagen bitte an das »Servicezentrum«. Im Dezember 2008 versuchte Darkazanli mithilfe eines Rechtsanwaltes noch immer, an etwas Geld zu kommen.

Die scharfe Waffe im Kampf gegen »Gefährder« trifft nicht nur so umstrittene Figuren wie den suspekten Deutschsyrer aus Hamburg. Ein arbeitsloser Berliner musste 2008 erleben, dass ihm das Arbeitslosengeld verweigert wurde, weil sein Name auf der Terrorliste stand. Nur mühsam konnte er beweisen, dass er nicht im entferntesten mit Osama Bin Laden zu tun hat, sondern dass der Name auf der Liste zu einer ganz anderen Person gehörte. Eben so ahnungslos verstrickten sich zwei Schwestern in das weitgespannte Netz des »Raumes der Sicherheit«: Die Frauen hatten im Dezember 2000 für rund 12 Millionen Mark eine Berliner Immobilie an drei Männer mit arabischen Namen verkauft. Das Geld zahlten die Geschäftspartner wie üblich auf ein Notaranderkonto, bei der Umschreibung des Eigentums im Grundbuch auf die neuen Besitzer gab es jedoch Verzögerungen. Die beiden Schwestern warteten derweil auf ihr Geld, das beim Notar lag. Doch 2005 lehnte das Grundbuchamt ab: Einer der Käufer, Herr Aqeel Abdulaziz Al-Aqil, fand sich mittlerweile auf der Terrorliste wieder – und damit war jedermann verboten, ihm Eigentum zu übertragen.

Die Schwestern, die endlich an ihr Geld wollten, versuchten, vor dem Europäischen Gerichtshof zu ihrem Recht zu kommen. Der lehnte im Oktober 2007 ab: Über die Rechtmäßigkeit der Terrorliste traute sich das Gericht kein Urteil zu.

Der in der Schweiz und in Italien lebende Tunesier Youssef Nada kam auf die Terrorliste, weil der amerikanische Geheimdienst CIA Informationen über angebliche Finanzverstrickungen des Geschäftsmannes mit Al Kaida streute. Nada ist heute ruiniert: »Meine Konten sind gesperrt, ich kann nicht mehr arbeiten und nicht mal zum Arzt fahren.« Vier Jahre lang haben Schweizer Staatsanwälte versucht, irgendetwas über illegale Praktiken des Geschäftsmannes herauszubekommen – nichts. »Keiner kann sagen, dass ich in meinem Leben etwas Unrechtes getan habe«, sagt der Tunesier– und niemand kann die CIA zwingen, ihre Vorwürfe zu belegen oder auch nur glaubhaft zu machen. Der weltweite Datenaustausch der Kämpfer gegen den Terror läuft unkontrolliert: Kein Gericht kann Nada helfen.

Der Fall Nada war für den Europarat – ein Menschenrechts- bündnis aus 47 Staaten – Anlass, den Tessiner Exstaatsanwalt Dick Marty mit Recherchen über die schwarzen Listen gegen den Terror zu beauftragen. Marty berichtete vor dem Rechtsaus- schuss der Parlamentarischen Versammlung des Europarates von »vollkommen willkürlichen« Entscheidungen der Listen-Beauf- tragten – mit weitreichenden Folgen. Die Aufnahme in die Liste, so Marty, sei »eine Art Todesurteil«. Und »heutzutage hat ein Serienkiller mehr Rechte als ein Mensch, der auf der Terror- liste steht«. Beim Bundesverfassungsgericht sehen sie das nicht viel anders. Ein Richter spricht intern von einem »finanziellen Guantanamo«. Es gibt im hohen Haus bereits Überlegungen, auf welcher Rechtsgrundlage man dem dunklen Treiben der Brüs- seler ein Ende setzen könnte.

Tatsächlich hat sich die EU im Wahn, die Sicherheit Europas selbst in die Hand zu nehmen, in etwas verstrickt, aus dem sie so leicht nicht mehr herauskommt. Die Idee für das Listenver- fahren gegen den Terror stammt von den Vereinten Nationen. Der Sicherheitsrat beschloss bald nach dem 11. September 2001, Osama Bin Ladens Terrorkonten zu sperren – mithilfe aller Geldinstitute der Welt. Mit einer Resolution verpflichtete der Sicherheitsrat alle Uno-Mitglieder, die Gelder der Personen ein- zufrieren, die auf einer vom Uno-Sanktionsausschuss geführten Liste stehen. Als Prominentester landete natürlich auf der Liste: »Usama bin Laden (auch bekannt als Usama Bin Muhammad Bin Awad, auch bekannt als Osama bin Laden, auch bekannt als

Abu Abdallah Abd Al-Hakim). Geboren am 30. 7. 1957, Jeddah, Saudi-Arabien. Aberkennung der saudischen Staatsbürgerschaft, jetzt offiziell afghanischer Staatsangehöriger.«

So etwas kann sinnvoll sein, wenn es die Richtigen trifft und wenn es hinreichend Rechtsschutz für jene gibt, die sich zu Unrecht betroffen fühlen. Doch der Uno-Sanktionsausschuss hat natürlich keine eigenen Terrorismusforscher, sondern arbeitet auf Zuruf. Und der wichtigste Stichwortgeber ist die CIA, der folternde Geheimdienst der einzigen Supermacht im Sicherheitsrat, der USA. Gegen dessen Erkenntnisse sind ohnehin keine Rechtsmittel gegeben. Und welche Gerichte hätten die Vereinten Nationen auch aufbieten sollen, Listenwünsche der Sicherheitsratsmitglieder zu überprüfen?

Die Weltorganisation meinte, das Problem damit lösen zu können, dass sie die Durchführung der Finanzsanktionen in die Hand der Mitgliedstaaten legte: In einem Land wie Deutschland etwa, so die berechtigte Erwartung, gibt es nicht nur ein Grundgesetz, sondern auch detaillierten Rechtsschutz. Ein unzureichend gerechtfertigtes Vorgehen gegen gelistete Terrorverdächtige, sollte man meinen, würde schon vom nächsten Verwaltungsgericht abgeblasen.

Aber da sah die Europäische Union ihre Chance, sich ein Profil als Pionier der Sicherheit gegen den Terrorismus zu geben. Auf Vorschlag der Kommission erließ also der Rat die Verordnung Nr. 881/2002 »über die Anwendung bestimmter spezifischer restriktiver Maßnahmen gegen bestimmte Personen, die mit Osama Bin Laden, dem Al-Quaida-Netzwerk und den Taliban in Verbindung stehen«. In der Verordnung werden die Sanktionen gegen Firmen, Vereinigungen und Personen auf der jeweils aktualisierten Uno-Terrorliste zum verbindlichen europäischen Recht erklärt, das alle Bürger aller Mitgliedstaaten der EU befolgen müssen.

Das war tatsächlich ein kühner Schritt – denn nicht nur, dass die EU-Kommission zu solchen martialischen Schritten gar nicht verpflichtet gewesen wäre, sie wäre dafür auch gar nicht zuständig gewesen. Die Aufgabe der Bewahrung der Freiheit, der

Sicherheit und des Rechts ist – jedenfalls vor Inkrafttreten des Lissabon-Vertrages – eine Kompetenz der so genannten »Dritten Säule«. In diesem Bereich darf das Recht der Mitgliedstaaten zwar per Rahmenbeschluss koordiniert werden – aber die EU darf kein eigenes, für die Mitgliedstaaten verbindliches Recht setzen. Rechtsverordnungen sind also gar nicht zulässig, die Kommission, das Machtzentrum der Gemeinschafts-Politik, hat hier nichts zu suchen.

Mit welcher Chuzpe sich die Kommission über solche Grenzen hinwegsetzt, hat sie beispielsweise bewiesen, als sie per Richtlinie die Mitgliedstaaten zur Vorratsdatenspeicherung der Telefon- und Internetverbindungen zwang: Es gehe hier um die Regelung des Binnenmarktes, darum sei sie zuständig, argumentierte die Superbehörde. Zur Rechtfertigung der Terrorliste argumentierte Brüssel mit der »Erwägung«, die Anti-Terror-Verordnung sei »insbesondere zur Vermeidung von Wettbewerbsverzerrungen erforderlich«.[31] Es ist natürlich wahr, dass die Kommission zur Verteidigung des freien Wettbewerbs in der EU aufgerufen ist. Aber wenn es auch nur einen Funken von Humor im düsteren Reich des Islamismus gäbe, müsste dieses Dokument in die Sammlung von Beispielen für die Verrücktheit des Gegners aufgenommen werden. Da macht sich doch die größte Wirtschaftsmacht der westlichen Welt ernsthaft Mühe, den fairen Wettbewerb der Terrorfinanziers zu schützen.

Vielleicht liegt es daran, dass niemand in Europa die wortreichen Texte aus Brüssel wirklich liest – jedenfalls gab es keinen Widerspruch gegen die neue EU-Machtvollkommenheit. Wenn Sicherheit die Voraussetzung von Freiheit ist, dann ist ja in solchem Machtzuwachs eigentlich ein Freiheitsgewinn zu sehen. So müssen sie das beim Rat der EU auch gesehen haben, denn um der Sicherheit willen beschlossen sie, alles noch viel besser zu machen als der Sicherheitsrat der Vereinten Nationen. Zusätzlich zu der Uno-Liste führten sie gleich eine eigene EU-Terrorliste ein.

Auf der Liste, die Brüssel unabhängig von der Uno aus eigener Machtvollkommenheit führt, standen Ende 2008 rund sechzig

Namen und Gruppen. Die Liste wird von einer geheimnisvollen Brüsseler Instanz gepflegt, die sich intern *Clearing House* nennt und deren Mitglieder fast niemand kennt. *Clearing House* wird mit Vorschlägen gefüttert, die aus den Mitgliedstaaten der EU kommen. In Deutschland hat ein Beamter des Auswärtigen Amtes den heiklen Auftrag, Kandidaten für die zivilen Todesurteile zu benennen.

So ist der Schlamassel komplett: Die Mitgliedstaaten, die ausgebaute Rechtsschutzsysteme haben, können sich allenfalls per Vorschlag in die Terrorliste einmischen. Die EU, die alle Kompetenzen dafür an sich gezogen hat, verfügt hingegen nur über rudimentären Rechtsschutz, der für dermaßen heikle Eingriffe in Bürgerrechte auch gar nicht gedacht ist. Hilflos reagierte so wiederholt das Gericht erster Instanz des Europäischen Gerichtshofs, an das sich Gelistete wendeten. Als sich die Richter 2006 erstmals dazu durchrangen, die Sache überhaupt zur Überprüfung anzunehmen, äußerten sie sich sogar richtig frech: Auch die Uno, so erklärte das Gericht erster Instanz, hätte sich an das »Jus Cogens«, einen zwingenden Menschenrechtskern, zu halten. Deshalb werde man die Berechtigung der Uno-Terrorliste gegebenenfalls überprüfen. »Gegebenenfalls« heißt: Jetzt erst mal nicht. Kein einziger Fall, der den Richtern bislang vorlag, war Anlass genug für eine solche Überprüfung, die tatsächlich unerhört wäre.

Mit der eigenen, der EU-Liste, gingen die europäischen Richter nicht so zimperlich um. Gleich mehrfach erklärten sie es für rechtswidrig, dass die iranische Exilorganisation Volksmudschahidin, die seit Jahren der Gewalt abgeschworen hat, als Terrorhelfer geführt werde, und verlangten die Streichung. *Clearing House* reagierte jedes Mal prompt, überprüfte alles – und ließ die rebellischen Iraner auf der Liste. Erst im Januar 2009 wurden sie von der Liste genommen.

Wenigstens Herrn K. hat der EuGH recht gegeben: Ein Listenmitglied namens Kadi erreichte es in der zweiten und letzten europäischen Instanz, dass das Gericht eine Verletzung seines »Eigentumsrechts« konstatierte, weil er ohne angemessene Rechtsbehelfe zum Terrorhelfer erklärt und sein Vermögen blockiert worden war. Nun warten seine Anwälte darauf, dass die vom Gericht vermissten Rechtsbehelfe eingerichtet werden. Auch der Lissabon-Vertrag verspricht solche Vorkehrungen in seinem Artikel 75 über Finanzsperren.

Mamoun Darkazanli, 22085 Hamburg, fragt sich, ob er bis dahin verhungert ist.

»Einschließlich der militärischen Mittel«

Schlafentzug und Gemeinschaftsgeist – Sonderwünsche fürs FBI – Digitale Viren stecken an – Die getragene Sprache des Völkerrechts – Einsatzraum: die ganze Welt – Panzer und Raketen für die Solidarität

Schwarzer Johannisbeerlikör hat die guten Sitten in Europa verdorben. Das klebrige Getränk, das die Franzosen so gern mit Champagner mischen, durfte lange Zeit in Deutschland nicht verkauft werden – weil es, wie so manches aus Frankreich, den hiesigen Vorstellungen über gesunde Ernährung nicht entsprach. Die Franzosen waren empört: Das könne doch keine Wirtschaftsgemeinschaft sein, wo dermaßen unterschiedliche Einschätzungen über die Qualität von Cassislikör regierten. Der Europäische Gerichtshof schlichtete: Was für Frankreich gut ist, ist für alle gut. So entstand das Prinzip der »gegenseitigen Anerkennung«.

Die Idee, dass alle Mitgliedstaaten zulassen müssen, was in einem Mitgliedstaat als gut und richtig beurteilt wird, bestimmt mittlerweile weite Teile der europäischen Rechtsordnung. Die gegenseitige Anerkennung von Gerichtsentscheidungen, Haftbefehlen und Beweisbeschlüssen führt zur Nivellierung der europäischen Rechtsstaatssysteme auf dem jeweils niedrigsten Niveau. So müssen nun nicht nur alle anderen Mitgliedstaaten anerken-

nen, dass der regelmäßige Genuss von Cassislikör ungefährlich
ist. Sondern sie müssen sich ebenfalls damit auseinandersetzen,
dass im gemeinsamen Vorgehen gegen den Terror das Land des
guten Essens und Trinkens Europas Sicherheit mit außerordent-
licher Brutalität verteidigt. Unter dem langjährigen Innenminister und heutigen Präsidenten Nicolas Sarkozy hat Frankreich für
Europa polizeistaatliche Maßstäbe gesetzt. Im Juli 2008 meldete
sich die Menschenrechtsorganisation Human Rights Watch, um
mit einer Studie vor den französischen Zuständen zu warnen.
Die Franzosen selbst sind auch noch stolz darauf: Sicherheitsexperten verweisen – so berichtet *International Herald Tribune* –
darauf, dass der französische Weg der »flexiblen« Anwendung
der Sicherheitsgesetze das Land bisher vor großen Anschlägen
bewahrt habe. »Flexibel« ist auch der Umgang mit Verdächtigen.
Human Rights Watch behauptet, mutmaßliche Terroristen würden – ähnlich wie bei der CIA – einem *oppressive questioning*
unterzogen, folterähnlichen Befragungsmethoden inklusive
Schlafentzug und Psychoterror.

Unterstellt, es stimmt, was die weltweit renommierte Organisation an »glaubwürdigen Beschuldigungen« (Studie) undemen-
tiert verbreitet: Was bedeutet es für das Prinzip der »gegenseitigen Anerkennung«? Müssen wir uns darauf einrichten, dass
Folter demnächst zum europäischen Bestand gehört? Natürlich
nicht. Völkerfreundschaft und auch die Begeisterung für den
freien Wettbewerb kann nicht zur unkritischen Übernahme
von Menschenrechtsverletzungen aus purem Gemeinschaftsgeist führen. Und Schweden: Seit 2009 gilt dort ein Gesetz, das
es dem militärischen Geheimdienst des EU-Mitgliedstaats nach
US-Vorbild erlaubt, ohne richterliche Anordnung den gesamten
grenzüberschreitenden Kommunikationsverkehr zu belauschen
und aufzuzeichnen. Auch dies zum Schutz vor dem Terrorismus.
Muss dies, weil die EU die EU ist, auch zum Level deutscher
Telefonüberwachung werden?

Das wird es wohl durch den europäischen Datenverbund, der
Schritt um Schritt ausgebaut wird: In gemeinsamen Antiterror-

dateien bringen die europäischen Partner ein, was sie nach dem Polizeirecht ihres Landes an Informationen über ihre Bürger und über Ausländer sowieso ausspioniert haben. Der unbegrenzte Datenaustausch im Zeichen des gemeinsamen Raums der Freiheit, der Sicherheit und des Rechts überwindet nicht nur die Grenzen der Mitgliedstaaten, sondern auch die Grenzen der jeweiligen Rechtsstaaten. Terroristendaten fließen frei als gegenseitig anerkannte digitale Spuren von staatlichen Eingriffen, die nicht mehr daraufhin befragt werden, ob sie vielleicht Übergriffe waren. Mit der Verwendung von Daten, die aus dem Hochsicherheitsland Sarkozys kommen, werden etwaige Menschenrechtsverletzungen nicht nur anerkannt, sondern sogar perpetuiert. Rechtsstaatswidriges Verhalten kann ansteckend wirken, der Virus ist digital und verbreitet sich rasend schnell.

Dem lässt sich natürlich entgegenhalten, dass zum Gemeinschaftsgeist im Raum der Sicherheit auch das gegenseitige Vertrauen der Partner gehöre, das Vertrauen in die Treue zu Menschenrechten und Menschenwürde. Als Konstrukt lässt sich diese Haltung eine Weile aufrechterhalten, ganz Europa ist ja ein Konstrukt des Vertrauens und des guten Willens. Solange die Daten Europas im gemeinsamen Haus bleiben, könnte man sagen, ist es in Ordnung – aber was, wenn sie jemand herausgibt?

Und genau das betreibt die EU mit Fluggastdaten: 2007 haben Wolfgang Schäuble als Vertreter der deutschen Ratspräsidentschaft und sein Freund Michael Chertoff, der damalige US-Heimatschutzminister der USA, vereinbart, dass das Ministerium in Washington vorab Daten jedes Europäers erhält, der in einen Transatlantikflieger steigt: Alle Daten zur Person, sogar die private Telefonnummer, auch sensible Informationen wie die über Religionszugehörigkeit, die Reisedaten dazu, Sonderwünsche an Bord, sogar die Nummer des Gepäckabschnitts, falls am Ziel Schnüffelbedarf besteht. Das US-Heimatschutzministerium darf die Daten, wenn es Anlass dazu sieht, weitergeben an FBI und CIA: damit sind sie drin, im weltweiten Datenkreislauf. Und dieser Datenkreislauf wird nach Schäubles Willen immer weiter angeheizt: Nicht nur mit den USA, auch mit Russland möchte der deutsche Innenchef Abkommen schließen.

Was will nur alle Welt mit den Fluggastdaten? Der ehemalige EU-Justizkommissar und Schäuble-Freund Franco Frattini kann das genau erklären: »Terroristen reisen vor ihren Anschlägen, und hinterher auch.« Registriert man alle Fluggäste, hat man mit großer Sicherheit auch Terroristen auf dem Schirm.

Es ist die Logik der Total-Überwachung. Und diese Logik muss etwas so Faszinierendes haben, dass sie im »Raum der Sicherheit« immer weiter um sich greift. Das nächste Projekt der Kommission: Die Registrierung sämtlicher Fluggäste innerhalb Europas. Darüber hinaus sollen die für die USA bestimmten Daten auch durch die EU-Mitgliedsländer genutzt werden können.

Noch gefährlicher ist freilich die Ausbreitung der digitalen Viren fremder Staaten innerhalb der EU. Daten stinken ebenso wenig wie Geld, egal, ob sie aus den Foltergefängnissen der CIA oder von den Militärspitzeln Pakistans stammen. Informationen, die in Deutschland oder Europa niemals gewonnen werden, geschweige denn vor einem Gericht verwendet werden dürften, können so gewaschen werden wie Geld der Mafia. Und der Bedarf an schmutzigen Details über den Terror ist auch im zivilisierten Deutschland unbegrenzt. »Kooperation«, lehrt Schäubles scharfer Staatssekretär August Hanning, »erfordert, dass wir mit internationalen Standards in den Ermittlungsmethoden Schritt halten oder im Wettbewerb um Informationen leer ausgehen.« Ein leitender Ermittler der Bundesanwaltschaft hat schon gefordert, nicht so genau hinzusehen, wenn bei der Terrorermittlung ausländische Beweismittel verwendet werden[32], und bei den deutschen Geheimdiensten schaut man sowieso nicht so genau hin: Natürlich, erklärte der BND-Chef Ernst Uhrlau, sei man empört, wenn es stimme, dass in Guantanamo gefoltert werde. »Die US-Seite hat uns allerdings auch erklärt, dass die Informationen, die bei den verschiedenen Verhören gewonnen wurden, für die Verhinderung weiterer Anschläge erheblich gewesen sind. Wir haben davon unter dem Gesichtspunkt der Abwehr und der Strukturaufklärung der Netzwerke profitiert, nicht aber in Strafverfahren.«

Darum muss man, wie Wolfgang Schäuble vertritt, nicht nur im europäischen, sondern auch im weltweiten Maßstab den unterschiedlichen Vorstellungen von Freiheit und Sicherheit Vertrauen und Anerkennung zollen. Es gebe, sagt Schäuble, nun mal »unterschiedliche Rechtstraditionen« und »nach meiner Einschätzung auch die Erfahrung, dass wir Bedrohungsrisiken unterschiedlich wahrnehmen.« Dies gelte im Verhältnis zu Amerika ebenso wie »auch innerhalb der Europäischen Union«. In der Annäherung an das US-Verständnis von Rechtsstaat hat der deutsche Innenminister im März 2008 einen wichtigen Schritt voran gemacht: Da schloss Deutschland nahezu unbeachtet mit den Vereinigten Staaten ein Abkommen, das dazu geeignet ist, den europäischen Datenverbund weitgehend zu globalisieren.

»In dem Bestreben, durch partnerschaftliche Zusammenarbeit schwerwiegende Kriminalität, insbesondere Terrorismus, wirksamer zu bekämpfen«, heißt es da in der getragenen Sprache des Völkerrechts, und »in dem Bewusstsein, dass der Austausch von Informationen ein wesentlicher Faktor bei der Bekämpfung schwerwiegender Kriminalität, insbesondere des Terrorismus«, sei, im Übrigen dem »Beispiel des Vertrags von Prüm« folgend, der den europäischen Datenverbund begründete, weiterhin »in der Erwartung, dass die Vereinigten Staaten von Amerika und andere Mitgliedstaaten der Europäischen Union dieses Abkommen als Beispiel für vergleichbare Abkommen zwischen den Vereinigten Staaten von Amerika und diesen anderen Mitgliedstaaten ansehen könnten«.

So geht das immer weiter – kaum jemand macht sich die Mühe, so etwas Unverdauliches zu lesen. Ohne Luft zu holen verkaufen die Juristen des Völkerrechts mit schönen Worten den europäischen »Raum der Sicherheit« an Amerika. Nach diesem Vertrag dürfen die Beauftragten der europäischen und amerikanischen Sicherheit in Berlin und Washington einander sämtliche Daten über »Gefährder« frei mitteilen. Vorgesehen ist darüber hinaus der automatisierte Abruf von DNA-Profilen und biometrischen Daten. Die USA bekommen unbegrenzten Zugriff auf deutsche Datenbanken. Die überspielten Daten können weiter in Umlauf gegeben werden. Unter »Schutz der Privatsphäre« ist geregelt: »Die Vertragsparteien verpflichten sich, personenbezogene Daten nach Treu und Glauben und nach ihren jeweiligen Rechtsvorschriften zu verarbeiten.« Gemessen am Datenschutzstandard in den USA klingt das wie eine Drohung.

Die Globalisierung des Europäischen »Raums der Sicherheit« scheint komplett. Doch wer im weltweiten Antiterrorkampf nur Informationen austauscht und Bürger mit schwarzen Listen verfolgt, könnte auf Dauer in die Defensive geraten. Der ehemalige BND-Vize und heutige Präsident der Bundesakademie für Sicherheitspolitik, Rudolf Adam, betont: »Dschihadismus ist eine universelle Gefahr«, die einen »weltweiten Verbund von Aufklärung und Verfolgung« erfordere. Nur Datensammeln reicht nicht, im Krieg.

Doch auch da ist auf EU-Ebene schon vorgesorgt. Nach Artikel 43 des neuen Lissabon-Vertrages dürfen Streitkräfte der Europäischen Union, angefordert bei den Mitgliedstaaten, zu Missionen gegen den Terror in alle Welt geschickt werden. Und der Europäische Rat nimmt gemäß Artikel 222 »regelmäßig eine Einschätzung der Bedrohungen« vor, »denen die Union« nicht zuletzt im Krieg gegen den Terror »ausgesetzt ist«. Denn die Union und ihre Mitgliedstaaten müssen ja »auf effiziente Weise tätig werden können«. Der Krieg gegen den Terror, so wird der nächste Vorschlag lauten, erfordert ein von Brüssel gesteuertes Spionagenetz. Denn, so sagt Rudolf Adam: »Potenziell ist die gesamte Welt Einsatzraum« geworden – »deshalb müssen Erkenntnisse über praktisch sämtliche Regionen gesammelt werden«.

Der Einsatzraum der europäischen Streitmacht soll dabei nicht nur die ganze Welt sein, sondern auch das europäische Inland. »Solidaritätsklausel« nennt sich Artikel 222 im Lissabon-Vertrag, in dem die Union verspricht, »alle ihr zur Verfügung stehenden

Mittel, einschließlich der ihr von den Mitgliedstaaten bereitgestellten militärischen Mittel« aufzubieten, um »terroristische Bedrohungen im Hoheitsgebiet von Mitgliedstaaten abzuwenden« und, darüber hinaus, »die demokratischen Institutionen und die Zivilbevölkerung vor etwaigen Terroranschlägen zu schützen«.

Panzer und Raketen rollen, wenn das gilt, künftig in Europas Auftrag, um einen »etwaigen« Terroranschlag präventiv zu verhindern. So weit ist nicht einmal Präsident George W. Bush gegangen, als er Al Kaida den Krieg erklärte. Und im Übrigen, sagen die Deutschen, ist nicht der Einsatz des Militärs im Landesinneren vom Grundgesetz verboten?

Ach, was gilt schon das Grundgesetz im Raum der gegenseitigen Anerkennung und des Vertrauens?

Dritter Teil

DER KRIEG
Im Kampf gegen den Terrorismus
gerät die Weltordnung aus den Fugen

Erstes Kapitel
Der Feind im Land

Wer in den Vereinigten Staaten einen Leguan überfährt, muss bis zu 10 000 Dollar Strafe zahlen. Denn die Naturschutzgesetze sind streng. Und Leguane stehen unter Naturschutz.

Besonders viele Leguane gibt es im tropischen Klima der Gefängnisanlagen von Guantanamo auf Kuba. Und der Menschenrechtsanwalt Clive Stafford Smith erzählt, dass sein Wagen auf dem Gelände des US-Militärstützpunktes von einem sirenenheulenden Polizeiauto gestoppt wurde. Der Fahrer war einem geschützten Tier über den Schwanz gefahren. Fast.

Der Anwalt war gerade auf dem Heimweg vom Besuch bei einem seiner Mandanten. Er vertritt einen der Gefangenen, die im »Krieg gegen den Terror« als »feindliche Kämpfer« irgendwo auf der Welt eingefangen, mit verbundenen Augen auf die Insel der geschützten Leguane geflogen und dort unter menschenunwürdigen Bedingungen rechtlos als Kriegsbeute gehalten, gefoltert, bedroht, lange Zeit jedem gerichtlichen Schutz entzogen waren.

Der Jurist Smith beschwerte sich für seine Mandanten beim US-Supreme Court, dem Verfassungsgericht der Vereinigten Staaten in Washington: »Es wäre ein großer Schritt für die Menschheit, wenn man unseren Klienten die selben Rechte geben würde wie den Leguanen.«

Amerikas Recht zwingt zu zynischen Urteilen. Der neue Präsident hat begonnen, Guantanamo aufzulösen, doch der Kampf gegen den Terror geht weiter. Der Krieg, in dem manche Tiere besser geschützt sind als Menschen, hat sich über weite Teile des Erdballs ausgebreitet. Wann erreicht das Recht der Leguane Deutschland?

Ist Guantanamo auch im Staat des Grundgesetzes möglich? Ernst Uhrlau, der Präsident des Bundesnachrichtendienstes, schließt das aus. »Auch als Fiktion undenkbar« sei es, Lager für die vorbeugende Internierung »feindlicher Kämpfer« in Deutschland zu errichten – von Folterpraktiken mal ganz abgesehen.

Jetzt passen Sie mal auf, Herr Uhrlau.

Jemand musste K. verleumdet haben, denn ohne dass er etwas Böses getan hätte, wurde er eines Morgens verhaftet. Die Köchin der Frau Grubach, seiner Zimmervermieterin, die ihm jeden Tag gegen acht Uhr das Frühstück brachte, kam diesmal nicht. Das war noch niemals geschehen.

Das kennen wir, das hatten wir schon im Zweiten Teil[1], der Anfang von Franz Kafkas *Prozess*, eines Romans über die Vernichtung eines Menschen durch die Beseitigung seiner Rechtsperson. Oben, im Zweiten Teil, war die Sache aber noch relativ harmlos. Da herrschte noch Frieden. Nun sind wir im Krieg: Josef K. steht im Verdacht, ein »feindlicher Kämpfer« zu sein.

»›Ich will doch Frau Grubach …‹, sagte K., machte eine Bewegung, als reiße er sich von den zwei Männern los, die aber weit von ihm entfernt standen, und wollte weitergehen. ›Nein‹, sagte der Mann beim Fenster, warf das Buch auf ein Tischchen und stand auf: ›Sie dürfen nicht weggehen, Sie sind ja verhaftet.‹

›Es sieht so aus‹, sagte K. ›Und warum denn?‹, fragte er dann.

›Wir sind nicht dazu bestellt, Ihnen das zu sagen. Gehen Sie in Ihr Zimmer und warten Sie. Das Verfahren ist nun einmal eingeleitet, und Sie werden alles zur richtigen Zeit erfahren. Ich gehe über meinen Auftrag hinaus, wenn ich Ihnen so freundschaftlich zurede. Wenn Sie weiterhin so viel Glück haben wie bei der Bestimmung Ihrer Wächter, dann können Sie zuversichtlich sein.‹«

Die ätzende Süße des Tons verursacht jedem Übelkeit, der mal von der Stasi verhört wurde oder auch nur in einem der abgelegenen Räume der Grenzkontrollbaracken bei der Einreise in die DDR festgehalten wurde. Sie wühlen in deinen Büchern, sie sind scheißfreundlich und sagen dir nicht mal, was sie eigentlich gegen dich in der Hand haben.

»Was waren denn das für Menschen? Wovon sprachen sie? Welcher Behörde gehörten sie an? K. lebte doch in einem Rechtsstaat, überall herrschte Friede, alle Gesetze bestanden aufrecht.«

K. konnte nicht wissen, dass er als »feindlicher Kämpfer« in der Datei des Bundeskriminalamtes geführt wurde. Feindliche Kämpfer sind Personen, die als »Gefährder« identifiziert sind und deren Gefährlichkeit als so erheblich anzusehen ist, dass sie außerhalb der normalen Rechtsordnung stehen, Menschenrechte und Grundrechte gelten für sie nur sehr eingeschränkt. Weil sie Feinde im Krieg gegen den Terror sind und weil der Krieg gegen den Terror anders ist als normale Kriege, gilt für sie auch kein normales Kriegsrecht. Genau betrachtet galt für K. überhaupt kein Recht.

»›Wie kann ich denn verhaftet sein, und gar auf diese Weise?‹

›Nun fangen Sie also wieder an‹ sagte der Wächter und tauchte ein Butterbrot ins Honigfässchen. ›Solche Fragen beantworten wir nicht.‹

›Sie werden sie beantworten müssen‹, sagte K. ›Hier sind meine Legitimationspapiere, zeigen Sie mir jetzt die Ihrigen und vor allem den Verhaftbefehl.‹

›Du lieber Himmel‹, sagte der Wächter, ›dass Sie sich in Ihre Lage nicht fügen können und dass Sie es drauf angelegt zu haben scheinen, uns, die wir Ihnen jetzt wahrscheinlich von allen Ihren Mitmenschen am nächsten stehen, nutzlos zu reizen!‹«

K. hatte nicht bedacht, dass es schon deshalb keinen Haftbefehl gegen ihn geben konnte, weil er ja gegen kein Strafgesetz verstoßen hatte. Er hatte, wie gesagt, überhaupt nichts Böses getan.

K. muss sich bei Kafka belehren lassen, »dass die hohen Behörden, in deren Dienst wir stehen, ehe sie eine solche Verhaftung verfügen, sich sehr genau über die Gründe der Verhaftung und die Person des Verhafteten unterrichten. Es gibt darin keinen Irrtum. Unsere Behörde, soweit ich sie kenne, und ich kenne nur die niedrigsten Grade, sucht doch nicht etwa die Schuld in der Bevölkerung. Sondern wird, wie es im Gesetz heißt, von der Schuld angezogen.«

»›Dieses Gesetz kenne ich nicht‹, sagte K.

›Desto schlimmer für Sie‹, sagte der Wächter. ›Sie werden es zu fühlen bekommen.‹«

Hier verabschieden wir uns von Kafka und führen die Geschichte vom feindlichen Kämpfer K. im Krieg gegen den Terror weiter. K. wird, um es kurz zu machen, auf den Rücksitz eines Autos ohne Innenklinken gesetzt, wobei er die sowieso nicht benutzen könnte, weil er gefesselt ist. Auf seine Bitte, seinen Anwalt zu informieren, lautet die lakonische Gegenfrage: »Warum?«

Weil er sich das nicht gefallen lassen wolle. Der Anwalt müsse die Sache vor Gericht bringen. Das ganze müsse ein Irrtum sein. Es gebe keinerlei Beweise für eine terroristische Tätigkeit. Er kenne auch keine Terroristen.

K.s Wächter antwortet, ein Anwalt könne schon deshalb nichts tun, weil für ihn gar kein Strafrichter zuständig sei. Und das sei nur logisch, denn die Erkenntnisse über ihn und seine Absichten stammten von ausländischen Geheimdiensten, die legen ihre Beweismittel niemals vor. Ob hier ein Irrtum vorliege, werde sich ja bei den Verhören im Lager herausstellen.

Im Lager?

K. wird im Hubschrauber zusammen mit anderen feindlichen Kämpfern nach Helgoland gebracht. Dort ist ein kaum zugängliches Gelände mit hohen Zäunen abgesperrt. Ein verminter Geländestreifen sichert die Anlage. Hunde an langen Drahtseilen streifen an der Umfriedung entlang. Die Gefangenen drinnen leben bei schönem Wetter in offenen Käfigen, im Winter in fensterlosen Zellen.

»Wie lange?« – fragt K. ängstlich, als man ihn in eine Zelle führt. Der Wächter antwortet ausweichend: »Bis zu zehn Jahre wird von den oberen Behörden für unbedenklich gehalten.«

Wir wollen dem Leser ersparen, sich im Einzelnen damit zu beschäftigen, was K. bei den dann folgenden Verhören erleben muss. Das Rote Kreuz, das zu dem Lager regelmäßig Zugang bekommt, hat wiederholt Beschwerde erhoben, Klagen vor dem Menschenrechtsgerichtshof bleiben erfolglos, weil das Gericht sich für die kriegsähnliche Situation des Kampfes gegen den Terrorismus für nicht zuständig erklärte. Auch als kürzlich ein Gefangener, der entwichen war und sich in einem nahen Wald versteckt hielt, von Scharfschützen gezielt erschossen wurde, dauerte der Protest in der Öffentlichkeit nur kurz, alle Zeitungen, die sich kritisch äußerten, wurden wegen des Verdachts der Kontaktaufnahme zu feindlichen Kämpfern oder ihren Unterstützern einem Abhörprogramm unterworfen, die Wohnungen der verantwortlichen Redakteure wurden verwanzt, die Textsysteme der Medienhäuser werden seitdem über das »Gemeinsame Zentrum für Terrorabwehr« geleitet.

Als Menschenrechtsanwälte Klage erhoben, der Gefangene K. werde einem folterähnlichen Psychoterror durch das ständige Abspielen von Yoko-Ono-Liedern unterworfen, war die Antwort aus dem Innenministerium: Diese Praxis sei in US-Camps erprobt, gerade Yoko-Ono-Lieder seien ein absolut übliches Mittel der nervlichen Zerrüttung und immer noch besser als *Waterboarding*. Schließlich sei so etwas geeignet und erforderlich, um Terrorbedrohungen wie die des 11. September 2001 abzuwenden – das erweise sich schon dadurch, dass K. mittlerweile ein Geständnis unterschrieben habe.

Abscheu und Empörung wird diese Geschichte auslösen – zumindest bei Ernst Uhrlau. So bösartig, dieser Einwand liegt wirklich nahe, dürfe man die Bemühungen der Bundesrepublik im Kampf gegen die terroristische Bedrohung nicht verzerren.

Doch anders als der Anfang der Geschichte von Josef K. ist die gruselige Fortsetzung nicht im Kopf eines kleinen genialen depressiven Versicherungsangestellten in Prag am Beginn des Ersten Weltkrieges entstanden, sondern sie steckt in den Köpfen führender Staatsrechtler und Politiker eines Landes, das sich am Vorabend des Ersten Weltkrieges gegen den Terrorismus befindet. Alles ist vorbereitet und durchdacht. Nichts von der deutschen Guantanamo-Fiktion, was nicht mit Gutachten, Rechtstraktaten und in internen Diskussionen an entscheidender Stelle bereits überlegt und gerechtfertigt worden wäre. Der deutsche Innenminister Wolfgang Schäuble hat ein Verbot in seinem Haus erlassen, über Pläne von Gefangenenlagern für »Gefährder« auch nur zu sprechen, geschweige denn zu schreiben: Dieses Staatsgeheimnis gibt es vorerst nur in den Köpfen. Unbeweisbar, wie die geheimen Pläne der meist bärtigen Männer, die in den Listen des BKA verzeichnet und alle Anwärter für solche Lager sind.

Wer es nicht glaubt, soll lesen. In den Schriften der Rechtsdenker, von denen nicht wenige auch den deutschen Innenminister beraten, ist das neue Recht gegen den Terror, ein gefährlicher Mix aus Strafrecht, Polizeirecht und Kriegsrecht, bereits in wichtigen Punkten vorgeschrieben. Es ist ein Recht des Ausnahmezustands, mit verdünntem Grundrechtsschutz, Gefangenenlagern, auch Folter ist nicht tabu. Es ist ein Recht, in dem die Obrigkeit ohne Beweise und ohne gesetzliche Rechtsgrundlagen, weitgehend ohne parlamentarische und gerichtliche Kontrolle agieren kann. Ein Recht, das Lager wie Guantanamo alt aussehen lässt: So umständlich wie die Amis, die extra auf die Karibikinsel Kuba gingen, um exterritorial den Bindungen der amerikanischen Verfassung zu entkommen, brauchen die Deutschen das gar nicht aufzuziehen. Bei uns funktioniert das Recht der Leguane auch auf Helgoland – wir setzen das Grundgesetz auf unserem eigenen Territorium außer Kraft.

»Rebarbarisierung auf hohem Niveau«

Ein ganz neues Recht – Krieg ist Krieg – Das Gesetz des Tötens – Ein skandalöser Befund – Josef K. atmet auf – Aber zu früh – Über Unschädlichmachung

Wie gesagt – wer es nicht glaubt, soll lesen. In einer neuen, viel beachteten Schrift mit dem Titel *Der Terrorist und sein Recht*[2] hat der Regensburger Strafrechtsprofessor und Rechtsphilosoph Michael Pawlik die Grundzüge eines Kriegsrechts gegen den Terrorismus entworfen. Denn Krieg, das ist Pawliks Prämisse, sei es unbestreitbar, was da auf uns zukomme: Man werde für terroristische Angriffe »den Kriegsbegriff kaum mehr vermeiden können«. Das gelte nicht nur für Afghanistan, sondern ebenso für den Staat des Grundgesetzes, konstatiert der Professor: »Terrorismus ist eine Form der Kriegführung«, die Auseinandersetzung mit den islamistischen Netzwerken sei »an die Stelle des Staatenkrieges getreten«.

Dies ist allerdings ein faktischer, kein normativer Befund. Pawlik meint nicht etwa, dass nun die Regeln des Krieges im Inland als Regeln der Terrorismusbekämpfung gelten sollten. Wegen der Unterschiede, die es zwischen dem Staaten-Krieg und dem Terrorismus-Krieg gebe, müsse über ein ganz neues Recht nachgedacht werden, der Terrorismus sei »ein formensprengendes Phänomen«, im Kern zutreffend sei Schäubles Ansicht, dass »die herkömmliche Trennung zwischen Kriegsrecht, Polizeirecht und Strafrecht an unserer heutigen Situation vorbei« geht. Der Gegner zwinge zu einer »Rebarbarisierung auf hohem Niveau«, die staatliche Auseinandersetzung mit dem Terror habe eine »asymmetrische Grundstruktur«, die anknüpfe an die Gewaltaustragungsformen der Zeit vor dem Westfälischen Frieden, die also den blutigen Glaubensauseinandersetzungen während des Dreißigjährigen Krieges verwandt ist.

Dieser weithin geteilten Analyse[3] fügt Pawlik die juristische Konsequenz hinzu, dass also die Aufgabe des Staates im Kampf gegen den Terror einerseits die traditionelle »Verteidigung des Rechts gegen das Unrecht« sei, die Mittel andererseits »kriegsrechtsähnlich« sein müssten. Und dies ist in der Tat eine brisante Kombination: Geradezu kennzeichnend für die Aufgabe des Staates nach innen – mit den Mitteln des Rechtsstaats also – ist die Verteidigung des Rechts gegen das Unrecht. Kennzeichnend für die Aufgabe des Staates als kriegführender Staat nach außen ist gerade die Rechtlosigkeit. Im Westfälischen System[4] gibt es keine Kriege zur Durchsetzung rechtmäßiger Ziele. Krieg ist Krieg, er muss sich zwar an gewisse Mindestregeln halten, im Übrigen gilt die Definition des Kriegstheoretikers Carl von Clausewitz: Krieg sei »ein Akt der Gewalt, um den Gegner zur Erfüllung unseres Willens zu zwingen«.[5] Dass er, wie in der UN-Charta verlangt, nur zur Verteidigung unternommen werden darf, ist Rechtmäßigkeitsvoraussetzung, nicht Definitionsmerkmal. Sonst hätten wir, schön wäre es, den Angriffskrieg – und damit auch den Verteidigungskrieg als Reaktion auf den Angriffskrieg – einfach wegdefiniert.

Pawliks Konsequenz bedeutet also, dass der Staat zur Verfolgung von Zielen, die herkömmlich mit rechtsstaatlichen Mitteln[6] erreicht werden müssen, die rechtlosen, nur im Falle des Exzesses begrenzten Mittel des Krieges anwenden darf. Wie weit diese Konsequenz reicht, zeigt der simple Vergleich der rechtlichen Situation im Falle der gezielten Tötung von Personen: Im Rechtsstaat ist das staatliche Töten von Menschen außer in Fällen der Notwehr und Nothilfe verboten – von der hierzulande verfassungswidrigen Todesstrafe einmal abgesehen. Handelt der Staat als Krieger, ist das Töten – ohne jede spezielle Rechtsgrundlage – geradezu geboten. Soldaten auch der Bundeswehr werden dafür sorgfältig und mit Steuergeldern ausgebildet.

Pawlik weiß um die Brisanz seiner Forderung, verteidigt sie aber: Der »Befund der Vermischung« von Kriegsrecht und rechtsstaatlichem Recht »gilt zwar weithin als skandalös« – dennoch »tun Gesetzgebung und Rechtspraxis das zur Terrorabwehr notwendig Erscheinende«. Die im Zweiten Teil beschriebenen Verschärfungen des Polizeirechts wie auch die weitreichenden neuen Antiterrorgesetze des Strafrechts sieht Pawlik als erste Gehversuche im Krieg gegen den Terror, die allerdings von Verfassungsrichtern immer wieder behindert würden, deren Verhalten »am Gefahrenbewusstsein« des hohen Hauses zweifeln lasse.

Pawlik, der Strafrechtsprofessor, räumt ein, dass die strafrechtlichen Antiterrorgesetze einem rechtsstaatlichen Strafrecht Hohn sprechen. Viele neue Gesetze wie etwa die Strafbarkeit der Zugehörigkeit zu einer terroristischen Vereinigung oder der Reise in ein Terroristencamp mit bösen Absichten knüpften an die »künftige Gefährlichkeit« eines Delinquenten. Mit dem strafrechtlichen Schuldprinzip habe das nichts mehr zu tun. »Der Befund, dass vom Verhalten einer Person überhaupt eine Gefahr für die Rechtsgüter anderer ausgeht, kann deshalb unmöglich genügen, um das Recht der betreffenden Person auf die strafgesetzliche Respektierung ihres Privatbereichs zu übertrumpfen.« Irgendwelche Überwachungsmaßnahmen aufgrund solcher mutmaßlicher »Gefährder« sind deshalb für den Strafrechtsprofessor nicht akzeptabel. Wenn man gar nicht genau wisse, worin eigentlich das Verbrechen genau bestehen soll, könne die Verhältnismäßigkeit einer Ermittlungsmaßnahme nicht überprüft werden. Besonders empört ist Pawlik über die Straftatbestände, die – wie etwa bei der Reise ins Terrorcamp – auf die »Absicht« des Täters abstellen, mit seinem neuen Wissen Böses zu tun. »Cogitationis poenam nemo patitur« ist der lateinische Spruch gegen Gesinnungsstrafrecht: »Allein die Interna eines Subjekts können keine soziale Störung sein«, zitiertPawlik seinen Kollegen Günther Jakobs, der statuiert: »Ohne Privatbereich ist ein Bürger überhaupt nicht vorhanden.« Das klingt schwer nach Kafka.

»Na also«, möchte Josef K. sagen und aufatmen. Er sieht das nicht anders, und dann wird sich der Professor, der sich schließlich ganz deutlich auch von Auswüchsen wie denen in Guantanamo distanziert, ja umgehend für seine Freilassung aus dem Lager Helgoland einsetzen.

Doch der Professor macht eine überraschende Volte. All die Empörung, schreibt er, gilt zum Schutze von Bürgern. Der Feind im Krieg gegen den Terror aber ist – egal ob Deutscher oder nicht – kein Bürger, er ist feindlicher Kämpfer. Er wird mit den Mitteln des Krieges bekämpft, nicht mit denen des Rechtsstaats. Die Wohltat des Strafrechts und seiner Bedenkenträger bleibt ihm verschlossen. Wenn der Rechtsstaat mit K. nicht fertig wird – umso schlimmer für K.

All die strafrechtlich unerträglichen Verhunzungen des Rechtsstaates, die Pawlik eben noch niedergemacht hat, werden sogleich von ihm gerechtfertigt als »nicht wünschenswert sondern unvermeidlich« auf der Grundlage eines »kriegsrechtlich orientierten Präventionsrechtes« wie es gegen Terroristen zu gelten habe. Es handele sich um »Kriegsrecht, gebunden durch die spezifische Begründungslogik des neuartigen Präventionsrechts«. Die Pawliksche Begründungslogik: »Der Gegner wird so genommen, wie er sich präsentiert«, er müsse »als Feind anerkannt« und entsprechend dem Clausewitz'schen Satz behandelt werden, dass der Feind »niedergeworfen« werden müsse. »Inhaftierung« und »Tötung«, und zwar auch »außerhalb konkreter Kampfhandlungen«, gehörten zum Niederwerfen dazu. Deshalb müsse auch im Umgang mit Terrorverdächtigen »gezielte Tötung außerhalb der engen Grenzen des Polizei- und Notwehrrechts« möglich sein – ebenso vorbeugende Inhaftierung. Solch »Präventionshaft« solle aber »in der Regel die Dauer von zehn Jahren nicht überschreiten«. Das sei keine Willkür: Es gehe um »rechtlich eingehegte Unschädlichmachung«.

In Guantanamo rechtfertigen sich Militärs und Juristen für ihren menschenrechtswidrigen Umgang mit Gefangenen mit dem Standardspruch: »Wir dürften sie erschießen, warum sollen wir sie da nicht einsperren dürfen?« Die Logik der Leguane gilt ebenso in Pawliks Krieg: Wenn »Gefährder« unter dem Verdacht, feindliche Kämpfer zu sein, sogar abgeschossen werden dürfen – warum soll man sie da nicht wenigstens ein bisschen foltern dürfen? Pawlik schreckt nicht wirklich vor dieser Konsequenz zurück. Ob das Verbot des Paragrafen 136a Strafprozessordung, Aussagen »durch Misshandlung, durch Ermüdung, durch körperlichen Eingriff, durch Verabreichung von Mitteln, durch Quälerei, durch Täuschung oder durch Hypnose« zu erpressen, auch in der Präventivhaft gelte, »sei offen gelassen«. Von wem? Von ihm.

Der Logik, Terrorverdächtigen den Status als Rechtsperson zumindest zeitweise abzusprechen, entspricht auch die Forderung Pawliks, ihnen den Schutz der Menschenrechte zu entziehen. Die Garantievorschriften der Europäischen Menschenrechtskonvention, die beispielsweise Vorbeugehaft verbieten, seien unter der Bedrohung durch den Terror wegen »öffentlichen Notstands« zu kündigen.

Der Import kriegsrechtlicher Grundsätze in das Innere des Staates vernichtet nicht nur den Menschenrechtsschutz eines jeden, der in den Verdacht gerät, dem Terror zu dienen, also zum Feind zu gehören – er vernichtet auch jegliche Überprüfbarkeit des Verdachts. Denn im Krieg bedarf es keiner tatsächlichen Voraussetzungen für Maßnahmen gegen Menschen – allein die Zugehörigkeit zum Feind genügt sogar zum Töten. Die Zugehörigkeit zum Feind aber wird im Krieg gegen den Terror ebenfalls unüberprüfbar: Die Mitgliedschaft in einer terroristischen Vereinigung erweist sich weder durch Uniform noch durch Mitgliedsausweise. Das Gericht, so weit es überhaupt etwas zu sagen hat, ist mangels subsumtionsfähiger Eingriffsermächtigungen zur Rechtsanwendung gar nicht in der Lage. Ob jemand feindlicher Kämpfer ist, weiß letztlich nur die CIA. Deren erfolterte Beschuldigungen, so versichert der BND-Chef Ernst Uhrlau, werden in Deutschland »nicht im Strafverfahren« verwendet, wohl aber im Krieg gegen den Terror: Deutschland habe von solchen Geständnissen »unter dem Gesichtspunkt der Abwehr und der Strukturaufklärung der Netzwerke profitiert«.[7]

Das ist genau die doppelte Moral des Professors Pawlik: Was sich in einem rechtsstaatlichen Strafverfahren verbietet, rechtfertigt sich ohne Weiteres, wenn man Bürger zu Feinden erklärt, die Gefahrenabwehr zum »Krieg«. Die Rede von »Gefährdern« klingt so rechtsstaatlich harmlos. Was dahintersteckt, zeigt sich nun ganz offen: Die unbegrenzte Ermächtigung des Staates, Krieg gegen seine Bürger zu führen. Feindliche Kämpfer sind zumindest nach den US-Grundsätzen auch Journalisten, die durch unbotmäßige Heimlichtuerei den Krieg gegen den Terror behindern.[8] Da ist es nur konsequent, wenn im neuen BKA-Gesetz das Ausspionieren dieser Feinde ebenso erlaubt ist. Da auch sie sich außerhalb der Gemeinschaft der Menschenrechts-

Träger befinden, brauchen sie sich nicht zu wundern, wenn ihre redaktionsinterne Kommunikation wie im Fall K. von den Jungs im Gemeinsamen Terrorabwehrzentrum rein präventiv gegengelesen wird.

»Selbstverschuldete Rettungsbefragung«

Die strafbare Absicht – Ein Grundrecht auf Sicherheit – Warum nicht foltern? – Der Punkt ist gekommen – Umso schlimmer für das Grundgesetz – Wolfgang Schäuble hat recht behalten

Es nutzt gar nichts, sich über Michael Pawlik zu empören. Der Wissenschaftler denkt nur mit Stringenz zu Ende, was im Krieg gegen den Terrorismus von anderen, weit vorsichtigeren Kämpfern angedacht und vorbereitet worden ist. Wie der Rechtsstaat unter der Maske des biedermännischen Strafrechts (allein der Titel »Terrorismusbekämpfungsergänzungsgesetz« müsste jeden Bürger schlaflos machen) den Paradigmenwechsel zum Kriegsstaat vollzieht, führt der Strafrechtsprofessor ja eindringlich vor: Dass die Bundesjustizministerin verkündet, sie werde künftig das »Aufnehmen oder Unterhalten von Beziehungen zu einer terroristischen Organisation« unter Strafe stellen, »wenn dies in der Absicht geschieht, sich in der Begehung von Anschlägen unterweisen zu lassen«, ist das eine Illustration des Befundes, dass der Staat nicht Tätern, sondern Feinden hinterherjagt. Wenn die Ministerin dies als eine »Feinjustierung unseres strafrechtlichen Instrumentariums« erklärt[9], versucht sie, ihre Bürger nicht nur für rechtlos, sondern auch noch für dumm zu verkaufen.

Viele Politiker machen sich gar nicht mehr die Mühe solcher Camouflage. Dass man die Mittel des Krieges anwenden müsse, um im Land mit dem Terror fertig zu werden, ist nicht nur die Auffassung Wolfgang Schäubles, es ist mittlerweile geradezu Koalitionskonsens. Brigitte Zypries' Parteifreund, der SPD-Innensprecher Dieter Wiefelspütz, publiziert kühne Thesen[10], die auf der Einsicht beruhen: »Eine Bekämpfung ausschließlich mit den Mitteln des Strafrechts, der Polizei und der Justiz ist nicht mehr angemessen und ausreichend.« Notfalls müsse die Bundeswehr ran: »Entscheidend ist, dass die Unversehrtheit des eigenen Hoheitsgebietes und seiner Bürger geschützt wird und polizeiliches Handeln erkennbar nicht für die Gefahrenabwehr ausreicht.« Der Einsatz gegen den Terror schließe auch ein, »Tötungshandlungen vorzunehmen, die nicht gegen geltendes Kriegsvölkerrecht verstoßen«.

Wiefelspütz geht weiter: Es folge aus der Verfassung geradezu die Pflicht des Staates, seine Bürger mit allen Mitteln, notfalls auch kriegerischen, vor der unheimlichen Bedrohung zu schützen: »Diese Schutzpflicht«, schreibt der Rechtspolitiker, »ist umfassend. Sie gebietet dem Staat, sich schützend und fördernd vor seine Bürger zu stellen; das heißt vor allem, die Bürger auch vor rechtswidrigen Eingriffen von Seiten anderer zu bewahren. An diesem Gebot haben sich alle staatlichen Organe, je nach ihren besonderen Aufgaben, auszurichten.«[11] Aus solchen, nicht ganz neuen Überlegungen folgern Staatsrechtler wie der Bonner Josef Isensee ein »Grundrecht auf Sicherheit«. Der Rest ist Dogmatik: Von dieser Grundlage aus lässt sich jeder Verfassungsbruch, kann er nur als verhältnismäßig verkauft werden, als »Verteidigung des Grundrechts auf Sicherheit« verteidigen.

Wiefelspütz tut so, als habe er mit seiner Argumentation das Bundesverfassungsgericht auf seiner Seite. Er verweist für seine Thesen auf das berühmte Karlsruher Urteil zur Entführung Hanns Martin Schleyers. Im Herbst 1977 ging es um die Frage, ob die Bundesregierung das Leben des Arbeitgeberpräsidenten retten müsse, indem sie auf die Forderungen der Entführer eingeht. Das Gericht verneinte dies im Ergebnis, statuierte aber gleichzeitig: Das Grundrecht auf Leben »verpflichtet den Staat, jedes menschliche Leben zu schützen. Diese Schutzpflicht ist umfassend. Sie gebietet dem Staat, sich schützend und fördernd vor dieses Leben zu stellen; das heißt vor allem, es auch vor rechtswidrigen Angriffen von Seiten anderer zu bewahren«.[12] Wiefelspütz übernimmt in seinen Darlegungen den Wortlaut des Urteils mit einer kleinen, gemeinen Änderung. In Karlsruhe ging es um den Schutz des akut bedrohten einzelnen Lebens. Beim innenpolitischen Sprecher der SPD wird daraus der Schutz der Bürger vor jedem rechtswidrigen Angriff. So macht man Politik.

Ein Grundrecht auf Sicherheit gibt es nicht. Eine solche Gewährleistung ist zwar durch die französische Erklärung der Menschen- und Bürgerrechte 1789 in die Welt gelangt, in modernen Verfassungen jedoch hat das Grundrecht auf Sicherheit keinen Platz, weil es nicht begrenzbar und folglich nicht einklagbar ist. Es führt jedoch ein Eigenleben als Leerformel für den Krieg gegen den Terrorismus: Der Krieg gegen verdächtige Bürger dient ab sofort dem Grundrechtsschutz.

Warum dann nicht auch die Folter? Seit der Vizepräsident der Frankfurter Polizei dem – damals noch mutmaßlichen – Kindermörder Magnus Gäfken körperliche Qualen androhte, um ihn dazu zu bringen, das Versteck seines vielleicht noch lebenden Opfers preiszugeben, ist das Tabu gebrochen: Ist die Verletzung des Folterverbots im Notstandsfalle erlaubt? Eine breit in der Rechtswissenschaft vertretene Ansicht neigt zu einem vorsichtigen Ja. Der Osnabrücker Rechtsphilosoph Rainer Trapp fand auch gleich die richtigen Worte. Statt von Folter müsse man gegebenenfalls von »selbstverschuldeter Rettungsbefragung (SRB)« sprechen.[13] Auch der Verfassungsrichter Udo Di Fabio hat offenbar schon mal darüber nachgedacht: Er sah jedenfalls dann keinen Verstoß gegen die Menschenwürde in solchen staatlichen Rettungsaktionen, wenn der Malträtierte »die Situation in der Hand hat oder so herbeiführt, dass er als Subjekt voraussehbar die Bedingung für bestimmte Konsequenzen setzt und verantwortet«. Denn »der wird nicht erniedrigt, wenn die öffentliche Gewalt in erforderlichem Umfang darauf reagiert«.[14] Ähnlich gefährliche Überlegungen stellt auch der Strafrechtler und Rechtsphilosoph Reinhard Merkel an, wenn es nicht nur um Folter, sondern um den gezielten staatlichen Todesschuss geht: Ein Täter, der damit rechnen müsse, vom Staat unschädlich

gemacht zu werden, sei in Wahrheit »de-jure-suicident«, begehe
rechtlich Selbstmord,wenn er von seinem Tun nicht ablasse.[15]
   »Selbst schuld«, dies ist die Stammtischversion dieser wissenschaftlich formulierten Ansicht. Doch von welcher Grenze
seiner Unbotmäßigkeit an soll ein Täter rechtlos gestellt sein?
Erst, wenn er trotz Aufforderung die Waffe nicht fallen lässt?
Oder schon, wenn er in Verdacht steht, trotz Aufforderung vielleicht die Waffe nicht fallen zu lassen? Oder schon, wenn er als
einer gilt, der Waffen mit sich führt? Oder schon, wenn er eine
Reise nach Pakistan antritt in der Absicht, dort den Umgang
mit Waffen zu erlernen? Oder gar, wenn einer vermutlich einer
Gruppe angehört, deren Mitglieder die Absicht haben könn-
ten … – wir wollen das nicht weiterverfolgen: Das Präventions-
recht, das Juristen wie Pawlik oder Politiker wie Wiefelspütz im
Kopf haben, wird auf jede klare tatbestandsmäßige und durch
Fakten überprüfbare Abgrenzung im Interesse effektiver Terror-
bekämpfung verzichten. Der Fall Josef K. zeigt, wie leicht solche
Ideen in den Unrechtsstaat führen können: Hatte der Gefangene
K. in seinem Käfig auf Helgoland es etwa nicht in der Hand, das
Abspielen von Yoko-Ono-Liedern sofort zu stoppen, wenn er
nur endlich gestanden hätte, was man von ihm hören wollte?
Ja, natürlich, das sieht man ja schon daran, dass er tatsächlich
gestanden hat.
   »Wo ist der Punkt gekommen«, fragt der ehemalige Verfassungsrichter und Staatsrechtsprofessor Dieter Grimm, »von dem
an ich nicht mehr mein Modell einer freien menschenwürdigen
Gesellschaft verteidige, sondern es demjenigen annähere, das ich
eigentlich bekämpfe?«
   Für das Karlsruher Bundesverfassungsgericht war der Punkt
gekommen, als die Rot-Grüne Koalition 2004 ein »Luftsicher-
heitsgesetz« verabschiedete, in dem vorgesehen war, voll besetzte
Passagierflugzeuge in Terroristenhand abzuschießen. Es war
das Gesetz, das die Arbeit der Wächter in der Luftsicherheitszentrale von Uedem bei Kalkar[16] auf eine Rechtsgrundlage stellen sollte – die Antwort auf die Frage, was passieren soll, wenn

eine Linienmaschine plötzlich von ihrem Kurs abweicht und im Sinkflug (vermutlich? vielleicht? möglicherweise?) auf ein voll besetztes Hochhaus oder während eines Länderspiels auf ein Fußballstadion zurast. Die Antwort: Krieg. Die Kampfjets der eilig aufgestiegenen Alarmrotten der Bundeswehr sollten aus ihren Bordkanonen die Schüsse abgeben, die mit Sicherheit Hunderte das Leben kosten würde. Darunter auch die Terroristen.

Dieses Gesetz wurde vom Bundesverfassungsgericht im Luftsicherheitsurteil[17] im Februar 2006 für nichtig erklärt. Zwei Verdikte des Gerichtes waren es, die seitdem die innenpolitische Debatte über den Krieg gegen den Terror prägen: Zum einen erklärten die Richter, der Einsatz kriegerischer Mittel im Inland sei von der Kompetenzordnung des Grundgesetzes nicht erlaubt. Zum zweiten sahen die Richter im gezielten Abschuss und damit in der vorsätzlichen Tötung unbeteiligter Passagiere eine Verletzung der Garantie der Menschenwürde in Artikel 1 Absatz 1 des Grundgesetzes, die in Verbindung mit dem Schutz des Lebens in Artikel 2 des Grundgesetzes die bewusste Inkaufnahme des Todes von hilflosen Menschen verbiete – sei, wie hier angenommen, das Ziel auch die Rettung weit größerer Menschenmengen. Solche Abwägung zwischen (mehr) Menschen und (weniger) Menschen sei im Staat des Grundgesetzes generell verboten. Denn nicht nur sei das Leben das höchste Gut der Verfassung, es sei auch jedes einzelne Leben gleich viel wert. »Schlechthin verboten ist jede Behandlung des Menschen durch die öffentliche Gewalt, die dessen Subjektqualität, seinen Status als Rechtssubjekt, grundsätzlich in Frage stellt, indem sie die Achtung des Wertes vermissen lässt, der dem Menschen um seiner selbst willen, kraft seines Personseins zukommt.«

Das Urteil betraf einen extrem unwahrscheinlichen Einzelfall. Dass sich tatsächlich der 11. September 2001 in Deutschland wiederholt, dass dann ein Terrorflugzeug so rechtzeitig entdeckt wird, dass die Abfangjäger rechtzeitig aufsteigen können, dass es dann noch Erfolg verspricht, das Flugzeug abzuschießen, dass der drohende Schaden am Boden durch einen Abschuss eine solche Entscheidung nicht von vornherein verbietet: all dies erwartet kein ernst zu nehmender Politiker im Lande. Über die Entscheidung aus Karlsruhe wird dennoch seit Jahren heiß gestritten. Denn mit ihrem Urteil haben die Richter – offenbar ganz gezielt – den Umbau des Rechtsstaates zum Kriegsstaat auf breiter Front stoppen wollen. Schon mehrfach hat das Gericht, wo die demokratische Politik versagte, mit seinem Veto die Geschichte der Bundesrepublik geprägt. So war es 1958, als die Richter in ihrem »Lüth-Urteil« den prägenden Einfluss grundrechtlicher Freiheiten für die gesamte Rechtsordnung statuierten. So war es 1961 beim Versuch Konrad Adenauers, mithilfe einer Bund-Länder-Großmauschelei staatskontrolliertes Fernsehen einzuführen. Und so war es auch 2006: Das »Luftsicherheitsurteil« könnte die Geschichte der Bundesrepublik des 21. Jahrhunderts bestimmen.

Die Bedeutung des Richterspruchs erschließt sich erst richtig auf der Grundlage der Geschichte von Josef K., dessen »Status als Rechtssubjekt« von höheren Mächten missachtet wurde. Es ist eine Absage an den Import des Krieges in den Staat des Grundgesetzes. Vergleichen wir die Karlsruher Rechtslage mit der beim Abschießen von Flugzeugen nach den Regeln des Kriegsvölkerrechts: Ein Flugzeug, das als feindliches, nicht von den Schutzregeln der Genfer Konventionen geschütztes Objekt zu betrachten ist, darf angegriffen und abgeschossen werden. Der Tod von Zivilisten ist, so weit unvermeidlich, als »Kollateralschaden« in Kauf zu nehmen – so weit nicht die Menschenopfer den militärischen Vorteil massiv überwiegen. Zuständigkeitsprobleme für das Militär: keine. Menschenwürdebedenken: keine. Es ist ja Krieg.

Indem das Verfassungsgericht – verfassungsdogmatisch durchaus angreifbare – Einwände solcher Art geltend machte, statuierte es, dass der Unterschied zwischen Krieg und Frieden keineswegs, wie der Innenminister und mit ihm ein großer Teil der Rechtsgelehrten finden, verschwimme. Ein Terroranschlag vergleichbar dem am 11. September 2001 in den USA, gedacht in Deutschland, fällt laut Verfassungsgerichtsurteil nicht in die Kategorie Krieg, sondern in den Zuständigkeitsbereich diesseits der Grenze unserer Verfassung. Anschlägen, die nicht schlimmer sind als der am 11. September, darf nach herrschender Verfassungslage nicht mit den Mitteln des Krieges begegnet werden. Der Krieg gegen den Terror findet im Staat des Grundgesetzes nicht statt.

Die Reaktion in Berlin war entschlossen: »Das darf so nicht stehen bleiben«, hieß es im Bundesinnenministerium, das schon damals nicht mehr von den finster entschlossenen SPD-Autoren des Luftsicherheitsgesetzes, sondern vom freundlich entschlossenen Wolfgang Schäuble geleitet wurde. Wenn der Krieg gegen den Terror ein Verstoß gegen das Grundgesetz ist, umso schlimmer für das Grundgesetz: Dann muss es halt geändert werden. Dass es ohne Verfassungsänderung nicht gehen würde, hatte Schäuble den sozialdemokratischen Luftschützern von vornherein prophezeit. So konnte er, bei allem Ärger über das Urteil, immerhin triumphierend darauf verweisen, dass er wieder mal recht behalten habe.

Die Schwierigkeit bestand allerdings darin, dass man nun zwar versuchen konnte, die Kompetenzregeln der Verfassung umzuschreiben und eine kriegsfreundlichere Fassung mit der Zweidrittel-Koalitionsmehrheit in Kraft zu setzen. Doch die Bedenken des Gerichtes in Bezug auf die Menschenwürde ließen sich nicht so einfach wegregeln: Artikel 1 Absatz 1 des Grundgesetzes ist gemäß Artikel 79 unveränderbar.

So hat das Verfassungsgericht eine unübersteigbare Hürde errichtet: Im Geltungsbereich des Grundgesetzes ist jede Rechtsbestimmung, die eine Relativierung der Garantie der Menschenwürde in der Auslegung des Verfassungsgerichts mit sich bringt, unzulässig, für immer. Punkt.

Und wenn es wirklich zu einem Krieg kommt? Die Richter haben eine winzige Hintertür gelassen: Über den Fall der »Abwehr von Angriffen, die auf die Beseitigung des Gemeinwesens und die Vernichtung der staatlichen Rechts- und Freiheitsordnung gerichtet sind«, brauche der Senat nicht zu entscheiden, denn darum gehe es jedenfalls in Situationen wie denen des 11. September 2001 nicht. Mit dieser Klausel haben die Richter tatsächlich große Verwirrung gestiftet. Haben sie doch – wie Schäuble meint – den Fall terroristischer Angriffe auf die Grundlagen des Gemeinwesens der Verfügung des Innenministers überlassen wollen? Warum haben sie diesen Vorbehalt überhaupt geäußert, wenn doch der Schutz der Menschenwürde vorbehaltslos ist?

Immerhin ist klargestellt, dass die Grenze zum Krieg jedenfalls deutlich hinter dem Terrorangriff mit Zivilflugzeugen verläuft. Denn den Fall des 11. September haben die Richter ja gerade als Anwendungsfall der Friedensordnung des Grundgesetzes gesehen. Es muss, so lässt sich folgern, schon deutlich Schlimmeres geschehen, damit man von einem »Fall des Angriffs auf die Grundlagen des Gemeinwesens« sprechen kann. Nur was denn – und was soll dann gelten? Darüber eben ist gerade keine Entscheidung getroffen.

»Man hätte sich damit zu weit ins Völkerrecht vorgewagt«, sagt zur inoffiziellen Erklärung einer vom Verfassungsgericht.[18] Der Satz ins Ungefähre macht die massive Argumentationsklemme deutlich, die das Gericht mit seinem mutigen Verdikt in Kauf genommen hat: Es lässt sich unter Zugrundelegung der absoluten Menschenwürde-Interpretation nämlich nicht schlüssig begründen, warum die Garantien, die das Verfassungsgericht für den Fall des Friedens gibt, im Krieg nicht gelten.

Verfassungsdogmatisch ist die Sache klar: Die öffentliche Gewalt muss die Menschenwürde eines jeden Menschen ausnahmslos respektieren und sogar beschützen. Bundeswehrsoldaten üben öffentliche Gewalt aus. Also müssen Bundeswehrsoldaten bei ihren Einsätzen überall auf der Welt, nicht nur im Bundesgebiet, die Menschenwürde achten. Andererseits kann das irgendwie nicht stimmen: Dürften deutsche Generäle nicht den Befehl geben, Menschen zu opfern, um militärische Ziele zu erreichen, könnten sie gleich zu Hause bleiben. Das wäre zwar, könnte man einwenden, besser so, ist aber lebensfremd. Auch Verfassungsrichter, fragt man sie privat, tun sich schwer, die Frage, ob die Garantie der Menschenwürde auch im Krieg gilt, klar zu beantworten. Eine Antwort versucht immerhin Dieter Grimm: »Das Gebot, die Menschenwürde zu achten und zu schützen, gilt auch für deutsche Soldaten. Aber man muss genau prüfen, welches Verhalten die Würde berührt und welches nicht.« Vielleicht waren da die Richter, so meinen manche, zu großzügig. Und das haben sie nun davon, lästert die Terrorbekämpfer-Szene nicht ohne Schadenfreude, jetzt sind sie in der Klemme. Grimm teilt diese Schadenfreude nicht: »Das Gericht ist erstmals herausgefordert gewesen, an der Garantie der Menschenwürde zu arbeiten.«

Die Schwierigkeiten der Richter, vom Krieg zu reden, ermutigt die Krieger gegen den Terror. Wenn es nicht gelingt, das Grundgesetz am Verfassungsgericht vorbei aus den Angeln zu heben, dann muss eben das Verfassungsgericht aus den Angeln gehoben werden.

»Bereit, ihr Leben hinzugeben«

Aus der Zukunft des Verteidigungsministers – Wie gefährlich ist der Krieg? – Ohne Selbstaufgabe keine Selbstachtung – Die Schutzbefohlenen – Der Feind ist überall

Manche Texte sind so plumpe Übertreibungen, dass sie sich ohne Weiteres als Fälschung entlarven. Etwa dieser:

Berlin, 1. September 2011

Der Bundesminister der Verteidigung
Abteilung XIa – Abwehr terroristischer Gefahren
1. Der Verteidigungsminister gibt bekannt: Es liegen Hinweise vor, dass zum zehnten Jahrestag der Attentate auf New York und Washington ein Anschlag mit möglicherweise nuklearem Material auf eine öffentliche Einrichtung der Bundesrepublik Deutschland geplant ist. Aus diesem Grund habe ich die Bewachung sämtlicher Regierungsgebäude, Großstadtbahnhöfe, Flug-

häfen, Rundfunkanstalten durch Kräfte der Bundeswehr angeordnet. Lebenswichtige Versorgungsbetriebe werden durch
entsprechend ausgerüstete Bundeswehreinheiten übernommen
und weitergeführt. Die Kräfte haben Anweisung, gegen jeden,
der sich ihren Anordnungen widersetzt, die Schusswaffe, notfalls
gepanzerte Geschütze einzusetzen.

2. Die Berichterstattung durch Presse und Fernsehen über
etwaige Anschläge sowie über Maßnahmen zu deren Verhinderung wird aus Gründen der öffentlichen Sicherheit verboten, da
die Verbreitung der unrechtmäßigen Erfolge seiner Betätigung
eines der wichtigsten Ziele des transnationalen Terrorismus ist.
Um diese vorrangige Aufgabe der Gefahrenabwehr sicherzu-
stellen, sind ab sofort sämtliche Veröffentlichungen zum Thema
innere Sicherheit den zuständigen Polizeibehörden zur Genehmigung vorzulegen.

3. Die Bevölkerung ist angewiesen, bei unvermeidlichen Stra-
ßenkontrollen durch die bewaffneten Kräfte Ruhe zu bewahren und den Schutzbefohlenenausweis stets bei sich zu führen.
Die Ausweise können – wie bereits in der Terrorabwehrergän-
zungsnotverordnung vom 10. September 2010 vorgesehen – bei
den örtlichen Polizeidienststellen gegen Vorlage der üblichen
Unbedenklichkeitsbescheinigung mit dem aktuellen Verlänge-
rungsdatum der Verfassungsschutzstellen – abgeholt werden.
Wer ohne Schutzbefohlenenausweis angetroffen wird, kann in
Sicherungshaft genommen werden. Menschenansammlungen
von mehr als zwei Personen sind verboten.

4. Für die Haftanstalten der terroristischen Gefahrenabwehr
gilt Isolationssperre. Weder Anwälte noch Familienangehörige
bekommen Zutritt zu den Sicherungsinhaftierten.

5. Der Rechtsschutz gegen die oben genannten Maßnahmen
wird aus dringenden Gründen der öffentlichen Sicherheit für
vier Wochen suspendiert.

6. Das Bundesverfassungsgericht bleibt geschlossen.

Gezeichnet: Dr. Jung.

Beglaubigt: die Urkundsstelle der Abteilung XIa – Müller

Wer nicht glauben will, soll lesen. Im renommierten Münchner Beck Verlag erschien Ende 2008 die aktuelle Ergänzungslieferung des Loseblattkommentars zum Grundgesetz, der unter den Namen der Gründer »Maunz–Dürig« zur Bibel des deutschen Verfassungsrechts geworden ist. Die Wissenschaftler, die sich an der Kommentierung der einzelnen Grundgesetzartikel im Maunz-Dürig beteiligen dürfen, gehören zur juristischen Elite des deutschen Verfassungsstaates. Entsprechend erwartet die Fachwelt das Erscheinen der Loseblattlieferungen stets mit großer Neugier. Denn zentrale Rechtsentwicklungen im Verfassungsrecht kündigen sich in der Regel durch Neufassungen der Kommentierung in diesem dickleibigen Vierbänder an.

Diesmal lieferte der Verlag die Neukommentierung des Artikels 87a des Grundgesetzes aus – der Artikel handelt vom Einsatz der Bundeswehr. Der Kommentator ist der Kölner Staatsrechtsprofessor Otto Depenheuer, den wir schon als Stichwortgeber für Wolfgang Schäuble kennengelernt haben[19], der umgekehrt die Lektüre der Depenheuer'schen Werke ausdrücklich empfiehlt.[20] Auch was Depenheuer im MDH über den Einsatz der Bundeswehr im Krieg gegen den Terror schreibt, ist ohne Zweifel in Schäubles Sinn. Die Kölner Lesart der Verfassungsnorm über das Militär jedenfalls ist als juristische Grundlage für die oben skizzierte Anordnung des Schäuble-Mitstreiters Franz Josef Jung aus dem Bundesverteidigungsministerium ganz gut geeignet. Wenn es danach geht, bedarf es für den Krieg in Deutschland, für die Stilllegung des Bundesverfassungsgerichts und die Suspendierung der Grundrechte nur eines Federstrichs.

Der Artikel 87a, um den es hier geht, hat wie fast alle Vorschriften mit kleinen Buchstaben hinter der Ziffer eine delikate Geschichte. Denn die Buchstaben sind stets der Hinweis darauf, dass ein Gesetz oder eine Verfassungsnorm nachträglich in ein von den Vorgängern geschaffenes abgeschlossenes Regelwerk hineingeklemmt wurde, um besserwisserisch den großen, runden Wurf der Vergangenheit zu verändern. An den kleinen Buchstaben hinter der Zahl erkennt man sämtliche Verschärfungen des Polizeirechts und des Strafrechts im Kampf gegen den Terror, je weiter fortgeschritten im Alphabet sich eine Gesetzesvorschrift präsentiert, desto deutlicher haben sich ihre Schöpfer bereits von den Ideen ihrer Vorgänger entfernt. Die Vorschrift über Onlinedurchsuchungen bei »Gefährdern« im neuen BKA-Gesetz[21] zum Beispiel heißt 20k – es geht weiter bis 20x.

Der Artikel 87a musste ins Grundgesetz 1956 gedrückt werden, als etwas geschah, das bei der Erfindung der Bundesrepublik 1949 undenkbar erschien: Deutschland sollte wieder Krieg führen. Franz Josef Strauß und Konrad Adenauer hatten die Wiederbewaffnung der jungen Republik gegen den Geist ihrer Gründer durchgesetzt. Das passende Verfassungsupdate wurde hinter die Vorschrift in Artikel 87 über die »Gegenstände der bundeseigenen Verwaltung« – Bundes-Wasserstraßen, Bundes-Finanzverwaltung, Bundes-Kriminalamt – geklemmt: nun also auch Bundes-Wehr.

Die sich damals entschlossen, a zu sagen, wollten unter keinen Umständen b sagen: Die Einrichtung der Bundeswehr sollte auf keinen Fall die Rolle des neuen Deutschlands als kriegerische Macht begründen. Nur »zur Verteidigung« sollten die Feldgrauen ihre Waffe in die Hand nehmen dürfen. Erst später, zusammen mit den Notstandsgesetzen (Artikel 115a bis 115l!), wurden ein paar Ausnahmen eingeführt. So erlaubt Artikel 87a, Absatz 3 den Militärs, der Polizei beim Objektschutz bei der Regelung des Verkehrs personell auszuhelfen, wenn auch nur im vom Bundestag festgestellten »Fall, dass das Bundesgebiet mit Waffen angegriffen wird« (Artikel 115a). Im Fall von Katastrophen und Volksaufständen darf die Bundeswehr nach Absatz 4 den Ländern helfen, mit polizeilichen Mitteln die öffentliche Ruhe und Ordnung wiederherzustellen und Katastrophenfolgen zu beseitigen – wie zum Beispiel, als bei Hochwasser 2002 die Elbe über ihre Ufer trat. »Außer zur Verteidigung«, heißt es sicherheitshalber in Artikel 87a, »dürfen die Streitkräfte nur eingesetzt werden, soweit das Grundgesetz es ausdrücklich zulässt.«

»Ausdrücklich«: Ein Interpretationsspielraum sollte den kalten Kriegern der Sechzigerjahre ausdrücklich verschlossen bleiben. Und im Geiste dieser Zeit entstand auch die verbindliche Lesart des 87a, die der Mitherausgeber Günter Dürig 1971 verfasste: Eine enge Auslegung des Bundeswehr-Artikels sei von »entscheidender Bedeutung für unser gesamtes Verfassungsleben«, dazu gehöre die Gewissheit, dass die Militärs im Innern nur »subsidiär«, das heißt als Gehilfen der Polizei, niemals aber als Krieger tätig werden dürfen: Die »Vernichtung« des Gegners, das Ziel eines Kriegseinsatzes, habe keinen Platz im Staat des Grundgesetzes. Entsprechend bedenklich sei, so Dürig später, auch die Ermächtigung für die Bundeswehr, Volksaufstände im Land zu bekämpfen – weil unklar sei, auf welcher Rechtsgrundlage die Soldaten dabei handelten.

»Die Scheu vor der Bundeswehr als innenpolitischem Kampfinstrument durchzieht das ganze geltende Verfassungsrecht«, schrieb der Kommentator Dürig. Die Idee, wieder stiefeltragende, stramm marschierende Trupps, Kampflieder auf den Lippen, durch Berlins Straßen und dann in die ganze Welt ziehen zu sehen, hat der Generation der Verfassungsväter noch Angst gemacht.

Den Enkeln geht das nicht mehr so. »Die Last der deutschen Geschichte mit ihrem leichtfertigen wie überdehnten Einsatz der militärischen Gewalt«, so formuliert frisch und unschuldig der Kölner Staatsrechtler Depenheuer, habe zu lange den Blick verstellt für die wahre Aufgabe des deutschen Militärs. Doch weitere Zurückhaltung, heißt es in seiner Kommentierung des Bundeswehr-Artikels, sei »unverantwortlich«.

Depenheuer nimmt die »Verantwortung des Verfassungsinterpreten« wahr, den Staat und seine Streitmacht auf ihre eigentlichen Aufgaben hinzuweisen. »Politische Herrschaft steht und fällt mit der beglaubigten Fähigkeit und Bereitschaft, den Sicherheitsanspruch der Schutzbefohlenen faktisch einzulösen.«

Wir merken uns: »Schutzbefohlenen.«

Weiter: »Die Staatsaufgabe Sicherheit ist genuine Staatsaufgabe und damit Verfassungsvoraussetzung« – sie »steht nicht zur Disposition des Verfassungsgebers«.

Wir merken uns: »Verfassungsvoraussetzung«. Mögen aber nicht weiterlesen, weil wir nicht wissen, was das ist. Handelt es sich um eine tatsächliche Voraussetzung, also etwa genug Essen oder hinreichende Rohstoffe? Offenbar nicht, es geht um eine »Staatsaufgabe«. Die kommt aber nicht natürlich vor. Jemand muss sie stellen. Es ist eine normative Vorgabe. Aber wer gibt hier etwas vor? Der Staat offenbar. Kann der Staat etwas vorgeben, was nicht in der Verfassung steht, sondern sie bedingt? Und wem gibt er das vor? Sich selbst?

Komischer Staat.

Wir ahnen natürlich, woher Depenheuer das hat: von Carl Schmitt. Der Staatsdenker, der mit seinem mystischen Antiliberalismus schon einmal eine Demokratie, die Weimarer, in jenen Grund und Boden geschrieben hat, der anschließend zum Nährboden der Nazi-Diktatur wurde, ist erklärtermaßen Depenheuers Vorbild. Im neuen Maunz-Dürig setzt er Carl Schmitt eins zu eins um: Die Idee, dass der Staat zuerst kommt, und dann erst die Verfassung, dass die Staatsmacht aus dem Nichts der freien Entscheidung des Souveräns geboren ist, klingt nach absoluter Monarchie, ist aber tatsächlich vom »Meister«. Nun wird sie zur Idee des deutschen Grundgesetzes.

Daraus folgt für Depenheuer: Die Sicherheit als Staatsaufgabe ist auch die Voraussetzung der Freiheit, wie sie die Verfassung garantiert. Das ist nun wiederum keine normative, sondern eine empirische Beziehung: »Es kann zwar Sicherheit ohne Freiheit geben, nicht aber Freiheit ohne Sicherheit«. Aus der Beschreibung schließt er schnell auf eine neue normative Vorgabe: Die Freiheit dürfe keinen Vorrang vor der Sicherheit haben – »in dubio pro libertate«, der fundamentale Verfassungsgrundsatz des Grundgesetzes, habe darum keine Geltung.

Weil der Staat vor der Verfassung der Freiheit rangiert, muss er sich auch nur begrenzt nach dieser richten. Der Staat hat seine eigenen Rechte unabhängig von der Verfassung. Nur woher? Schmitt hat darauf nie eine klare Antwort gefunden. Depenheuer aber schon: Von der Natur. Der Staat hat »naturgegebene Rechte«, etwa – und nun sind wir beim Punkt – »das Recht zur individuellen wie auch kollektiven Verteidigung gegen bewaffnete Angriffe«. Es sei nun mal so: »Nur wenn ein Staat und dessen Soldaten im Grenzfall bereit sind, ihr Leben hinzugeben, haben diese Zukunft.« Denn ohne Selbstaufgabe keine Selbstachtung. Staaten aber, »die über keine Selbstachtung verfügen, müssen über kurz oder lang unter den Hegemonialanspruch fremder Staaten geraten«. Lieber tot als rot, hieß das früher.

Wo der Staat von der Verfassung daran gehindert werde, so die logische Konsequenz, dieses Naturrecht der Verteidigung »effektiv« auszuüben, müsse die Verfassung, »sei es durch Verfassungsänderung, sei es durch Interpretation« eben angepasst werden. »Aufgabe der Verfassungsinterpretation« sei es also, »die sicherheitspolitischen Herausforderungen sachadäquat zu bewältigen«. Eine Verfassungsinstanz, die das verhindert, muss in der Konsequenz ebenfalls bewältigt werden. Über naturgegebene Befugnisse kann natürlich nicht das keineswegs naturgegebene Verfassungsgericht entscheiden. Es ist folglich zu schließen, im Widersetzungsfalle effektiv unschädlich zu machen.

So müsse man, sagt Depenheuer, die traditionelle Trennung von Krieg und Frieden, zwischen Militär und Polizei endlich aufgeben: »Polizei und Streitkräfte erfüllen die gleiche Funktion der Gefahrenabwehr.« Jeder Krieg sei wie eine polizeirechtliche Störung der öffentlichen Sicherheit oder Ordnung, nur viel schlimmer. Darum sei es generell Aufgabe der Soldaten, weiterzumachen, wo die Mittel der Polizei nicht ausreichen. »Die Intensität der Gefahr« sei entscheidend, »nicht, woher sie kommt oder wo ihr begegnet wird.« Heute die Welt, morgen ganz Deutschland: Der Feind ist überall. Also muss die Bundeswehr überall sein: Die »Unbedingtheit der staatlichen Sicherheitsverantwortung« lasse keine Einsatzbegrenzung zu. Denn es geht dem Staatsrechtler nicht nur um die Selbstbehauptung Deutschlands, es geht ihm darum, dem Feind überall entgegenzutreten, wo er sich zeigt. Zur Verteidigung gehöre eben auch die »Bürgerverteidigung« – das ist die Verteidigung der »Schutzbefohlenen« des Staates gegen jene, die ihre Sicherheit bedrohen, speziell also Terrorverdächtige. Aber auch die »Staatsgewalt« sei militärisch im Inland zu schützen – vor den Bürgern offenbar, zumindest vor den Verfassungsrichtern. Die Verfassung, auch eine Schutzbefohlene des Staates, sei ebenfalls der Verteidigung wert. Die Bundeswehr müsse ebenso gegen »Verfassungsfeinde« vorgehen können. Ein neuer Radikalenerlass mit Lizenz zum Töten.

Depenheuer legt Wert auf die Feststellung, dass durch die Loslösung des Militärs von der Verfassung für die kriegerischen Aktionen auch keine speziellen Ermächtigungsgrundlagen wie im Polizeirecht erforderlich seien. Die Bundeswehr kämpfe gegen den Terror »aus eigener Kompetenz«, aus »originärer« – man möchte sagen: naturgegebener – Zuständigkeit. Dies hat zur Folge, dass, wie in jedem Krieg, die Grundrechte und Freiheiten des Grundgesetzes nicht bindend sind. Pressefreiheit? Versammlungsfreiheit? Friedenskram. Das behindert die »Effektivität« der Verteidigung.

Wie aber soll effektive Verteidigung gegen Terroristen möglich sein? Anders als im Krieg tragen die ja keine Uniform. Wie soll der Staat seine unbedingte Verpflichtung gegenüber den Schutzbefohlenen wahrnehmen, wenn er sie nicht so richtig von den »Gefährdern« unterscheiden kann? Wie soll mit militärischen Mitteln überhaupt sinnvoll Prävention, die Arbeit mit dem Zweifel, möglich sein?

Die Praxis wird es weisen. Überragende Gefahren kann ein erfahrener Militär spüren. Oft gehe es ja nur um »Restzweifel«, weiß Depenheuer, diese verdammte Unsicherheit, die den Rechtsstaat lähmt und hartes Durchgreifen verhindert. Insoweit, so der Wissenschaftler, »verfügt der Verteidigungsminister über eine Einschätzungsprärogative.«

Wäre da, Herr Professor, der Vorschlag, »Schutzbefohlenenausweise« zur Beseitigung von Restzweifeln über die eigenen Bürger auszugeben, nicht effektiver?

Zweites Kapitel
Der Angriff der Drohnen

Kein Zischen, kein Knall. Sinan al-Harthi hat nichts mehr gehört von dem Geschoss, das ihn tötete. Die Hellfire-Rakete, die am 4. November 2002 punktgenau in seinem Geländewagen einschlug, war schneller als der Schall. Im Feuerball ihrer Explosion verglühte Harthi zusammen mit fünf Weggefährten.

Der Zwischenfall am Rande der fast menschenleeren 780 000 Quardratkilometer großen Rub-al-Chali-Wüste war in Washington vorbereitet worden. CIA-Agenten hatten Harthi monatelang beobachtet und dann ein unbemanntes Kleinflugzeug auf seine Spur geschickt. Dessen Videokamera verfolgte vom Himmel aus die Wüstentour des Delinquenten und übertrug die Bilder in einen fensterlosen Container irgendwo in Dschibuti. Der Pilot in dem Container konnte mit dem Zoomobjektiv sogar die Nummernschilder des Fahrzeugs auf der Wüstenpiste lesen. In einem günstigen Augenblick drückte der Mann auf den Knopf: Am Himmel über der Wüste löste sich in rund 7000 Meter Höhe die Rakete vom Flügel des kleinen Flugzeugs. In Washington erklärte der damalige Verteidigungsminister Donald Rumsfeld anschließend sichtlich zufrieden, Harthi sei »aus dem Verkehr gezogen« worden.

Die Attacke auf den gefürchteten mutmaßlichen Al Kaida-Drahtzieher Harthi, einen ehemaligen Leibwächter Osama Bin Ladens, hatte die CIA mit großem technischen Aufwand vorbereitet. Es handelte sich um eine Weltpremiere. Erstmals hatte sich eine neue Kriegstechnik zu bewähren, die entscheidende Bedeutung im gerade begonnenen weltweiten Krieg gegen den Terror bekommen sollte. Mit Drohnen und ferngesteuerten Raketen können seitdem von der Einsatzzentrale in Washington aus bequem und ohne eigenes Risiko Gegner in aller Welt blitzschnell getötet werden. Vorbeugende Exekutionen sind nun per Joystick ohne Rücksicht auf die rechtlichen Bedenken der betroffenen Staaten rund um den Erdball möglich.

Blanker Mord war es, was da am 3. November 2002 geschah. Für die gezielte Tötung eines für gefährlich gehaltenen mutmaßlichen Terroristen gab es keine Rechtsgrundlage. Doch wer fragt im Krieg nach Recht? Schwedens Außenministerin Anna Lindh kritisierte die Attacke in der Wüste: Wenn solche »summarischen Hinrichtungen« ohne Gerichtsverfahren Schule machen sollten, dann könne künftig »jedes Land einfach alle umbringen, die es für Terroristen hält«.

Jedenfalls sind einige Staaten seit Längerem dabei, dafür die technischen Voraussetzungen zu schaffen. In aller Welt werden verstärkt Drohnen ähnlich der CIA-Mordmaschine »Predator« gebaut: Etwa acht Meter lang, hinten ein Schubpropeller, vorne die Videokamera, Infrarotsensoren und Laserzielgerät, unter den Tragflächen Hellfire-Raketen. Diese Drohnen senden ihre Aufnahmen direkt oder über Satellit an eine Bodenstation. Dort überwacht eine drei Mann starke Crew die Maschine mit dem Joystick.

Die Israelis, Pioniere auf dem Gebiet der präventiven Tötungen, verfügen bereits über eine Vielzahl solcher Maschinen, auch die Bundeswehr setzte ihre zusammen mit den Franzosen und Kanadiern entwickelte Drohne »CL-289« erfolgreich im Kosovokrieg ein. In den USA arbeiten rund fünfzig Firmen an über hundert Drohnentypen. Für 1,2 Milliarden Dollar pro Jahr ließ das Pentagon in der Bush-Ära die absonderlichsten Luftfahrzeuge entwickeln: insektengroße Mikrospäher etwa, die unerkannt das Innere von Häusern und Fahrzeugen erkunden sollen, solargetriebene Flugsaurier, die fast unbegrenzt in der Stratosphäre kreisen und von oben die Erde punktgenau detailliert beobachten können.

Für den Krieg der Drohnen ist alles bereit. Die Hardware würde es mittlerweile ohne Weiteres zulassen, eine Attacke wie jene im Jahr 2002 im Jemen jederzeit etwa auf missliebige »Gefährder« in der Neu-Ulmer Konvertitenszene zu fliegen. Allenfalls die

Männer der Luftsicherheitszentrale in Uedem bei Kalkar, die Tag und Nacht den Himmel nach Terrorflugzeugen absuchen, würden die Drohne auf ihren Computerbildschirmen kommen sehen. »Renegade?« Nö, das sind ja unsere Leute, das ist nur eine Todesmaschine der CIA.

Ja aber können denn die USA ihren Krieg gegen den Terror einfach ohne zu fragen in Deutschland führen? Was passiert, wenn Frankreich demnächst nach Spanien ballert, wenn die Deutschen den Israelis ein bisschen helfen, per Joystick von Berlin aus den nächsten Krieg gegen die Hamas zu gewinnen? Und was passiert, wenn sich eine Hellfire in den Dienstwagen Angela Merkels bohrt, deren Absenderkennung zusammen mit dem Dienstwagen verglüht? Was ist, wenn Osama Bin Laden der Absender ist? Das alles ist keine Frage der Hardware, sondern der Software. Es geht hier um rechtliche Software – das Völkerrecht. Und die Programmierer des Weltrechts sind schon intensiv an der Arbeit, dem Krieg der Drohnen die nötige juristische Grundlage zu verschaffen.

»Instant, overwhelming, leaving no choice of means«

Parole »Caroline« – Ein naturgegebenes Recht – Schlechte Gewohnheiten – Wir lesen genau – Lauter Leviathane – Ein Krieg der Menschen – Böllerschuss der UN

Bei dem Versuch, das Völkerrecht fit zu machen für den Krieg gegen den Terror, müssen die Rechtsexperten einen langen Weg in die Geschichte zurückgehen, um fündig zu werden. Bis ins Jahr 1837.

Die Geschichte beginnt dort, wo viele dramatische Storys ihren Höhepunkt haben: An den Niagarafällen. Hier, auf der Grenze zwischen den Vereinigten Staaten und Kanada, hatten Aufständische, die gegen die britische Herrschaft auf der kanadischen Seite des Niagaraflusses kämpften, ihren Rückzugsraum. Des Nachts schafften die Rebellen Waffen von der amerikanischen Seite über den Fluss, um sie drüben gegen die Besatzer einzusetzen. Für die heimlichen Waffentransporte nutzten sie den amerikanischen Dampfer »Caroline«, der ansonsten ganz friedlich am Flussufer der Vereinigten Staaten vertäut lag.

Eines Nachts setzte ein britisches Kommando über den Niagarafluss. Die Truppe bemächtigte sich der »Caroline« und zündete sie an. Dann ließen die Soldaten das führerlose Schiff die Niagarafälle hinunterstürzen. Zwei der amerikanischen Besatzungsmitglieder kamen ums Leben.

Der »Caroline«-Fall, was Wunder, führte zu diplomatischen Verwicklungen zwischen Großbritannien und seiner ehemaligen Kolonie Amerika. Der amerikanische Außenminister Daniel Webster beschwerte sich bei seinem britischen Kollegen Lord Ashburton wegen des unglaublichen Übergriffs der einstigen Kolonialmacht auf das Hoheitsgebiet der Vereinigten Staaten von Amerika. Amerikanische Bürger, amerikanisches Eigentum waren durch britische Hand zu Schaden gekommen.

Ashburton, der Brite, gab zurück: Es habe sich um einen Akt der Selbstverteidigung gehandelt, es sei das »naturgegebene Recht« aller Staaten, um sich vor Angriffen zu wehren.

Von wegen naturgegebenes Recht, entgegnete der Amerikaner, die Verteidigung richtete sich gegen Angriffe von Rebellen, Gangstern, Terroristen, wie auch immer: Die Vereinigten Staaten hätten damit nichts zu tun, für das Unrecht von Verbrechern sei die Justiz zuständig, nicht das Militär. Da könnte ja jeder kommen und amerikanische Schiffe anzünden.

Der Brite gab zu bedenken, dass es sich um eine Aktion des Britischen Empire in höchster Not gehandelt habe: Seine Leute könnten den von Webster geforderten Beweis einer »necessity of self-defence, instant, overwhelming, leaving no choice of means, and no moment for deliberation« führen.[22]

Man mag die Begründung glauben oder nicht, den Amerikanern hat sie damals jedenfalls gereicht. Der »Caroline«-Fall ist seitdem in die Völkerrechtsgeschichte eingegangen: In Extremfällen, so die Lehre, sei es völkerrechtlich in Ordnung, wenn ein Staat gegen Angriffe von außen mit militärischer Gewalt vorgeht, auch wenn die Angriffe nicht von einem feindlichen Staat, sondern von – na ja, heute würde man sagen: Terroristen – ausgehen.

Völkerrecht ist zum Teil Gewohnheitsrecht, es entsteht durch tatsächliche Übung der Staaten, durch gute und auch durch schlechte Gewohnheiten. Völkerrecht ist also nicht immer gerecht, sondern oft Ergebnis diplomatischer Kosten-Nutzen-Abwägungen, politischer Kompromisse oder einfach des Kräfteungleichgewichtes der Beteiligten. Zu Zeiten des Dampfers »Caroline« mag es an den Niagarafällen ein Gebot der Klugheit gewesen sein, sich mit den – aus amerikanischer Sicht – anmaßenden und mächtigen Briten nicht weiter anzulegen. Heute sind die damals düpierten Amis wahrscheinlich froh drum. Denn was damals Ergebnis des Briefwechsels zwischen dem amerikanischen und dem britischen Außenminister war, ist heute gut zu gebrauchen als Rechtsgrundlage für den Krieg gegen den Terror: Ein Staat wehrt sich mit seinem Militär gegen Terrorakte ausländischer Gewalttäter – und das auf dem Gebiet anderer Staaten, in Afghanistan oder Jemen, in Deutschland oder Großbritannien. Wenn dabei gelegentlich Zivilisten aus dem Hoheitsbereich anderer Länder zu Schaden kommen oder deren Eigentum den Bach runtergeht, dann ist das, völkerrechtlich gesehen, ein hinzunehmender Kollateralschaden.

Der Dampfer »Caroline« tauchte wieder auf, als am 11. September 2001 die Twin Towers in Manhattan kollabierten. Die Attacke der Flugzeuge in Terroristenhand – an einen solchen Fall hatte Ashburton damals wohl gedacht: Eine »Necessity of self-defence, instant, overwhelming, leaving no choice of means and no moment for deliberation«. »Das ist der Krieg«, rief im Angesicht der brennenden Türme überwältigt der damalige Senator und spätere Präsidentschaftskandidat John McCain aus, *no moment of deliberation*. Und in Europa zog der SPIEGEL seinen Erscheinungstag von Montag auf Samstag vor, um *instant* die Schlagzeile in die Welt zu bringen: »Krieg im 21. Jahrhundert«.

Was da Unglaubliches in Amerika passierte, war so offenkundig Krieg, dass die ganze Welt zustimmend nickte, als der Sicherheitsrat der Vereinten Nationen gleich am folgenden Tag seine Resolution 1368 verabschiedete, in der er – »in Anerkennung des naturgegebenen Rechts zur individuellen und kollektiven Selbstverteidigung in Einklang mit der Charta« – nicht nur »unmissverständlich mit allem Nachdruck die grauenhaften Terroranschläge« verurteilte und sie als »Bedrohung des Weltfriedens und der internationalen Sicherheit« einordnete, sondern forderte, »die Täter, Organisatoren und Förderer dieser Terroranschläge vor Gericht zu stellen«.

Diese Resolution reichte aus, um einen großen Teil der Welt in den Krieg zu ziehen. Denn, *no moment of deliberation*, gleich darauf stellte die Nato den »Bündnisfall« fest, den Fall des Beistandes für ein kriegerisch angegriffenes Bündnismitglied. Parole »Caroline«: Die Operation *Enduring Freedom* begann, der Einmarsch von Nato-Truppen in Afghanistan, die Verteilung von Nato-Kriegsschiffen, auch deutscher, vor den Küsten afrikanischer »Terror-Länder«, die weltweite Jagd Amerikas auf Al Kaida-Verdächtige, schließlich der Feuerblitz in der jemenitischen Wüste. Dies alles schien völkerrechtlich kein Problem mehr – hatte nicht der Sicherheitsrat, das höchste politische Organ der Welt, selbst zur Jagd geblasen?

Als sich der Rauch über Manhattan verzogen hatte, der Politik und Recht vernebelte, als das Entsetzen über die 3000 Toten nachließ, die grauenvolle Arbeit der Identifizierung der Leichen erledigt war, als auch in Amerika wieder so etwas wie Alltag begann, las so mancher die UN-Resolution vom 12. September erneut und in Ruhe. Komisch, hatte der Sicherheitsrat nicht der schwer verwundeten Nation das »naturgegebene Recht auf Selbstverteidigung« zugestanden, hatte das Gremium nicht zum Krieg gegen Al Kaida aufgerufen?

Lesen wir genau: Der Sicherheitsrat »verurteilt« das Attentat, »bekundet« Beileid, »fordert«, die Täter vor Gericht zu stellen, »fordert« verstärkte Zusammenarbeit zur Verhütung des Ter-

rors, »bekundet« seine Bereitschaft, alle erforderlichen Schritte
zu unternehmen, »beschließt mit der Angelegenheit befasst zu
bleiben«.

Fertig. Von Krieg steht da nichts. Allerdings ist die ganze Resolution verfasst »in Anerkennung des naturgegebenen Rechts zur
individuellen und kollektiven Selbstverteidigung im Einklang
mit der Charta«.

Was erkennt der Sicherheitsrat an – die Charta der Vereinten Nationen? Wieso kommt es darauf an, ob er sie anerkennt?
Wahrscheinlich ist mit dem Originalausdruck »recognizing«
gemeint, der Sicherheitsrat weist darauf hin, dass es in der UN-
Charta ein Recht auf Selbstverteidigung gibt. Ganz offenbar ist
damit aber nicht gemeint, dass der Sicherheitsrat den Angriff
vom 11. September als Fall des Selbstverteidigungsrechts »anerkennt«. Die Lektüre des Artikel 51 der Charta zeigt, dass er das
auch gar nicht kann.

In Artikel 51 steht: »Diese Charta beeinträchtigt im Falle eines
bewaffneten Angriffs gegen ein Mitglied der Vereinten Nationen keineswegs das naturgegebene Recht zur individuellen
oder kollektiven Selbstverteidigung, bis der Sicherheitsrat die
zur Wahrung des Weltfriedens und der internationalen Sicherheit erforderlichen Maßnahmen getroffen hat. Maßnahmen, die
ein Mitglied in Ausübung dieses Selbstverteidigungsrechts trifft,
sind dem Sicherheitsrat sofort anzuzeigen; sie berühren in keiner
Weise dessen auf dieser Charta beruhende Befugnis und Pflicht,
jederzeit die Maßnahmen zu treffen, die er zur Wahrung oder
Wiederherstellung des Weltfriedens und der internationalen
Sicherheit für erforderlich hält.«

Der Wortlaut dieser Charta-Vorschrift ist in den vergangenen
Jahren zum Dreh- und Angelpunkt für die weltweite Diskussion
um den Einsatz von Militär gegen Terroristen geworden. Darauf,
dass der UN-Sicherheitsrat den Angriff vom 11. September als
Fall des Selbstverteidigungsrechts ansieht, baut auch der Deutsche
Innenminister seine Thesen über den Einsatz der Bundeswehr. Es
lohnt darum, den Artikel 51 noch einmal in Ruhe zu lesen.

Dann wird klar, warum der Sicherheitsrat über alles, aber nicht über den Krieg befunden hat: Das staatliche, kriegerische Selbstverteidigungsrecht wird in Artikel 51 erwähnt als Ausnahme von dem grundsätzlich geltenden Kriegsverbot der Vereinten Nationen. Ausnahmen vom generellen Verbot, kriegerische Gewalt zu üben, darf nur der Sicherheitsrat im Einzelfall erteilen – etwa zur Wiederherstellung des Weltfriedens. Von dieser Ausnahmeregelung gibt es wiederum eine Ausnahme: Fälle der Selbstverteidigung gelten nicht als Bruch des Gewaltverbotes, bedürfen darum auch keiner Erlaubnis des Sicherheitsrates. Vielmehr steht den Staaten ihr Selbstverteidigungsrecht unabhängig von den Regeln der Charta zu, allerdings nur, bis der Sicherheitsrat seinerseits eine chartagemäße Maßnahme der Friedenssicherung getroffen hat. Das Selbstverteidigungsrecht, das in Artikel 51 erwähnt ist, ist insoweit nicht verschieden vom Notwehrrecht des deutschen Strafrechts: Man darf es nur ausüben, bis die Polizei da ist.

Mit dem Sicherheitsrat lässt sich kein Krieg führen – jedenfalls nicht gegen den Terror. Nicht einmal als Ermutigung zum Einmarsch in Afghanistan lässt sich die Resolution deuten. Vielmehr schlägt das Weltgremium so konventionelle Maßnahmen vor wie die, Terroristen vor Gericht zu stellen.

Das schließt natürlich nicht aus, dass die Vereinigten Staaten und ihre Bündnispartner sich auf das in Artikel 51 der UN-Charta erwähnte »naturgegebene Selbstverteidigungsrecht« gleichwohl berufen durften, als sie zum Mittel des Krieges griffen. Die Gründungsväter der Vereinten Nationen haben 1945 dieses Recht so respektieren wollen, wie es »naturgegeben« war. Nun wissen wir, dass der Staat – anders als die Menschen – nicht in der Natur vorkommt, sondern von Menschen gemacht ist. Folglich kann er, anders als die Menschen mit ihren Menschenrechten, auch keine »naturgegebenen Rechte« haben. Und damit sind wir wieder bei »Caroline«: Seit damals jedenfalls ist es Brauch, ein Recht des Staates, sich zu verteidigen, nicht nur gegenüber staatlichen Angriffen, sondern unter Umständen auch gegenüber terroristischen Angriffen anzuerkennen.

Und dass sich das entsprechend in Artikel 51 der UN-Charta so niedergeschlagen hat, ist zumindest die Ansicht so namhafter Völkerrechtsexperten wie des Kölner Professors Claus Kreß, der sich schon in einer Untersuchung von 1994[23], also lange vor den Attentaten in den USA, vorsichtig so ausdrückte: Es gebe »Gründe von mehr als nur sehr geringem Gewicht für die Subsumtion grenzübergreifender Gewaltanwendung Privater« unter die Formulierung »Angriff« in Artikel 51 UN-Charta. Allerdings sieht Kreß, dass es nicht vollkommen gleichgültig sein kann, wie der Staat, von dem aus etwa Terroristen agieren, sich in dieser Sache verhält. Für einen Selbstverteidigungsschlag auf fremdem Staatsgebiet sei zumindest Voraussetzung, dass dem »Basen-Staat«, in dem der Krieg gegen die Täter geführt wird, in irgendeiner Weise völkerrechtswidriges Verhalten vorzuhalten sei – und sei es, dass er zu wenig gegen den Terrorismus in seinem Land unternommen hat.

Darf also nach dieser Lesart des Selbstverteidigungsrechts Amerika seine Drohnen nach Afghanistan schicken – nach Deutschland aber nicht? Und was dürfte Deutschland in einem »Caroline«-Fall tun? Und was folgt daraus für die These des Kreß-Kollegen Depenheuer, der Staat dürfe zur Selbstverteidigung auch Krieg im eigenen Land führen? Das Kreß-Zitat in seiner vorsichtig tastenden Art zeigt, wie vermint das Gelände ist, auf dem die Völkerrechtler schon lange vor dem 11. September 2001 zugange waren.

Denn das Selbstverteidigungsrecht ist der Hebel, der die gesamte moderne Weltordnung reguliert: Wird es streng begrenzt, stärkt dies die Staatenordnung der Vereinten Nationen, die auf dem allgemeinen Gewaltverbot und dem Entscheidungsmonopol des Sicherheitsrates basiert, aber auch auf dem Prinzip gleichberechtigter, souveräner Staaten, die gegenseitig ihre Grenzen und die Unverletzlichkeit ihres Staatsgebietes zu respektieren haben. Wird das Selbstverteidigungsrecht großzügiger ausgelegt, stärkt es die Eigenmächtigkeit der Staaten und schwächt das Sanktionsmonopol der Vereinten Nationen. Wer es schließlich,

Parole »Caroline«, so auslegt, dass es Schläge gegen Angriffe durch Nichtstaaten rechtfertigt, riskiert nicht nur die Friedensordnung der Uno, sondern das ganze Westfälische System, denn in diesem Falle ist es unter Umständen möglich, kriegerische Gewalt statt gegen den feindlichen Staat gezielt gegen einzelne Menschen auf dem Gebiet eines (vielleicht gar nicht feindlichen) anderen Staates auszuüben – etwa Krieg gegen Al Kaida-Terroristen zu führen. Dies aber ist ein Bruch mit dem Prinzip der gegenseitigen Unverletzlichkeit staatlicher Souveränität. Wenn ein Staat Krieg gegen Menschen auf einem benachbarten oder aber auch – wie im Falle Al Harthis – einem weit entfernten Staatsgebiet führen darf, dann unterstehen diese Menschen potenziell der Gewalt nicht nur »ihres« Leviathan, sondern einer unübersehbaren Anzahl fremder, drohnenschießender Leviathane. Das würde den Zusammenbruch des Prinzips des Krieges als geordnetes Gegeneinander von Staaten bedeuten, ein Gegeneinander, in dem Menschen nicht als Rechtspersonen, sondern nur als bezahlte Büttel der Über-Rechtsperson Staat eine Rolle spielen. Aus dem Krieg der Staaten wird, Parole »Caroline«, ein Krieg der Menschen.

Die Zurückhaltung des Sicherheitsrates bei seiner Resolution anlässlich der Anschläge vom 11. September 2001 mag aber auch mit der Unsicherheit hinsichtlich der Frage zu begründen sein, welches eigentlich eine angemessene Reaktion der »Selbstverteidigung« gegen die Attentate von Manhattan und Washington sein kann. Wie verteidigt man sich gegen den bereits vollzogenen Angriff? Wie verteidigt man die Unversehrtheit des Staatsgebiets der USA, wenn die Eindringlinge tot sind oder das Land freiwillig wieder verlassen haben? Wie verteidigt man im Nachhinein das Leben der fast 3000 Menschen, die in den Trümmern der Twin Towers starben? Das herkömmliche Mittel jedes Staates, die Verletzung seiner Ordnung im Nachhinein zu verteidigen, ist das Strafrecht. Darauf weist der Sicherheitsrat ja auch nicht zufällig hin. Doch den Rächern im Weißen Haus war das nicht genug. Sie wollten Krieg.

Das kriegerische Recht der Selbstverteidigung ist auf das Erforderliche beschränkt. Rache und Vergeltung sind nicht erlaubt. Kein Militärakt jedoch ist erforderlich, sich gegen Vergangenes zu wehren. Die »Unmittelbarkeit« des Angriffs, gegen den ein Staat sich verteidigen darf, ist darum eine wichtige Voraussetzung des völkerrechtlichen Selbstverteidigungsrechts: Es muss etwas Konkretes zu verteidigen geben. Im Falle des 11. September wäre danach nur die Verteidigung gegen ein unmittelbar bevorstehendes weiteres Attentat erlaubt gewesen. Darauf allerdings gab es keinen Hinweis – vielmehr gilt der Erfahrungssatz, dass nach einer derart großen Operation die Kräfte einer Terrororganisation erst mal geschwächt sind, sodass ein erneuter Schlag eher unwahrscheinlich ist.

Dass gleichwohl niemand durchgreifende rechtliche Bedenken gegen einen Einmarsch der Vereinigten Staaten und seiner Verbündeten in Afghanistan hatte und bis heute hat, dass auch deutsche Soldaten sich an der *Operation Enduring Freedom* (OEF) beteiligen, ist letztlich der alten schmutzigen Geschichte an den Niagarafällen zu verdanken: Auch der Angriff gegen das Schiff »Caroline« geschah ja nicht zur Verteidigung gegen einen unmittelbar bevorstehenden Übergriff der Rebellen gegen die Engländer, sondern um den Gewalttätern rein präventiv den Waffennachschub abzuschneiden. Präventive Selbstverteidigung? Im »Caroline«-Fall wurde sie 1837 für zulässig gehalten, eben weil die Bedrohung eine »necessity of self-defence, instant, overwhelming, leaving no choice of means, and no moment for deliberation« begründet habe.

»Necessity of self-defence, instant, overwhelming, leaving no choice of means, and no moment for deliberation«, so beteten es die Rechtsberater des amerikanischen Präsidenten am 12. September 2001 herunter[24]: Parole »Caroline«, so begann der Krieg gegen den Terror. Es handelte sich, völkerrechtlich gesprochen, um eine präventive Selbstverteidigungsmaßnahme. Und in den folgenden Monaten wurde die historische Aktion der Not für eine neue weitreichende Doktrin genutzt. Eine neue Sicherheitslage, in der Terroristen oder Schurkenstaaten womöglich mit ABC-Waffen ausgerüstet sind, dulde kein Abwarten: »The United States will, if necessary, act preemptively«, heißt es in der Nationalen Sicherheitsstrategie von 2002. Was vor knapp 150 Jahren als Völkernotrecht entstand, wurde nun übers Gewohnheitsrecht zur schlechten Gewohnheit: Der präventive Krieg. Der erste präventive »Verteidigungs«-Krieg der Vereinigten Staaten war der Angriff auf den Irak, der doch zugleich die Problematik eines solchen Völkerrechtsgewächses deutlich werden ließ: Präventionsgründe wie die angebliche Aufrüstung des Saddam-Regimes mit Massenvernichtungswaffen lassen sich von einem cleveren Geheimdienst schnell konstruieren. Und noch schneller geht es, wenn der Gegner nicht etwa ein Staat sondern ein Terrornetzwerk ist.

Der vom Sicherheitsrat immerhin geduldete Schritt zur präventiven Selbstverteidigung gegen den Terror ist für den Berliner Völkerrechtsprofessor Georg Nolte der »Schritt in eine andere Rechtsordnung«. Der Wissenschaftler, zugleich Mitglied der Völkerrechtskommission der Vereinten Nationen, schreibt unermüdlich gegen den Wahnsinn eines präventiven Kriegsrechts an: In sehr viel ernsteren Situationen als der einer terroristischen Bedrohung, so der Professor, habe »das Völkerrecht ebenso wie innerstaatliche Rechtsysteme bewusst Risiken in Kauf genommen«, um das Schlimmste, den Krieg, zu verhindern. Nolte: »Die völkerrechtlichen Regeln haben niemals gestattet, dass eine Nuklearmacht ohne eine erkennbare Zuspitzung der Gefahrenlage eine andere Nuklearmacht präventiv angreifen darf, nur weil dies die letzte Chance sein könnte«, sich gegen einen kriegerischen Überfall abzusichern. Vor allem dürfe man nicht so tun, als sei es weniger problematisch, Krieg gegen Menschen statt Krieg gegen Staaten zu führen. »Auch im völkerrechtlichen Menschenrechtsschutz ist es bislang nicht akzeptiert worden, dass eine ›böse‹ Person präventiv getötet werden darf, bevor sie ihre Waffe tatsächlich erhoben hat. Das gleiche gilt für die internen Rechtsordnungen aller Rechtsstaaten.« Der Professor warnt:

Wenn die hergebrachte Begrenzung staatlicher Selbstverteidigung auf den unmittelbar drohenden Angriff aufgegeben wird,
habe »das nicht nur Folgen für einige ›Schurkenstaaten‹, sondern
für jedermann.«
Es ist in der Weltordnung wie daheim im Rechtsstaat: Knüpft
die Ermächtigung zur Gewaltanwendung an Risikoabwägung im
Vorfeld einer Attacke an, steigt die Wahrscheinlichkeit, dass Krieg
oder Polizeiaktionen unnötig oder gegen Unschuldige geführt
werden. Je vager die Bedrohung, die für eine Reaktion ausreichen
soll, desto weniger kontrollierbar – für den Sicherheitsrat, für die
Gerichte – ist die Behauptung eines Staatenführers, er müsse
zum Mittel der Selbstverteidigung greifen. Umgekehrt, darauf
weist Nolte hin, enthalte das Erfordernis der »Unmittelbarkeit«
der Bedrohung »das Element der Offensichtlichkeit«. Nur wenn
man daran festhalte, dass staatliche Verteidigungsrechte allein
gegen das Unstreitige, das Offensichtliche, möglich seien, könne
Missbrauch, das Ausufern der Kriege, vermieden werden.
Doch Nolte steht weitgehend allein. Die Erwähnung des naturgegebenen Selbstverteidigungsrechts der Staaten in der UN-
Resolution vom 12. September hat für zahlreiche UN-Mitglieder
wie der Startschuss für weltweite Präventivkriege geklungen.

»Kawum!«

*Ein Fight ist kein Krieg – Alles Quatsch, sagt Robert Gates –
Heißt es: umgebracht? – ASU-Plaketten am Hindukusch –
Zigarette vom Taliban? – Furchtbar und sinnlos*

Wofür ist Patrick Behlke gefallen? Fürs Vaterland? Für die Freiheit? Für die Gerechtigkeit?
Der Stabsunteroffizier des Fallschirmjägerbatallions 263 kam
am 20. Oktober 2008 gegen ein Uhr mittags zusammen mit seinem Kameraden, dem 22-jährigen Stabsgefreiten Roman Schmidt
in der Nähe der afghanischen Stadt Kundus ums Leben. Die bei-

den wurden Opfer eines Selbstmordattentäters. Sie starben am Hindukusch in einem Krieg, der nach Ansicht ihrer Vorgesetzten gar keiner ist, weil es keinen Feind gibt, jedenfalls keinen, den zu bekämpfen die Soldaten Behlke und Schmidt einen Auftrag hatten. »Mit dem Wort Krieg möchte ich vorsichtig sein«, sagt der deutsche Afghanistan-General Hans-Lothar Domröse. »Für mich ist das mehr ein Fight.« Fight heißt Kampf, aber mit dem Wort sollte man ebenso vorsichtig sein, denn ein Kampfeinsatz ist es gerade nicht, zu dem deutsche Soldaten zusammen mit den Nato-Verbündeten ins wilde Afghanistan ausgerückt sind. Die Soldaten sollen schützen, helfen, das zerstörte Land aufbauen. Der oberste Kriegsherr, nein: sagen wir, Befehlshaber, Verteidigungsminister Franz Josef Jung, spricht von einem »Einsatz« seiner Jungs: »Der Einsatz in Afghanistan hat etwas zu tun mit der Sicherheit hier. Es ist in unserem Interesse, wenn wir die Risiken dort beseitigen, wo sie entstehen.«

Alles Quatsch. Robert Gates, der US-amerikanische Verteidigungsminister, hält die deutschen Spitzfindigkeiten im Krieg gegen den Terror für typisch altes Europa: »Nato's first ground war«, der erste Bodenkrieg in der Geschichte des westlichen Militärbündnisses, das sei es, worin die rund 4000 deutschen Krieger am Hindukusch verwickelt sind.

Der Krieg um das richtige Wort macht den Tod von Patrick Behlke und Tausender anderer in Afghanistan zu einer Tragödie. Da sterben fast täglich Menschen in einem Land am anderen Ende der Welt – und niemand kann so richtig sagen, wozu das gut sein soll. Der Krieg der Vereinigten Staaten und ihrer Verbündeten, gleich nach dem 11. September 2001 unter dem Namen *Operation Enduring Freedom* (OEF) begonnen, zielte gegen das terrorgeneigte Taliban-Regime in Kabul und Terrornetzwerke in anderen unsicheren Staaten dieser Welt. Er dauert an, hat sogar unter dem neuen Präsidenten Barak Obama noch an Wucht gewonnen. Doch in Afghanistan amtiert längst eine Regierung von Washingtons Gnaden, und die Taliban haben nun die Rolle Aufständischer übernommen. Die Nato ist als

International Security Assistance Force (Isaf) angetreten. Security Assistance: Das ist die Operation, in der Patrick Behlke starb, und sie gilt, Robert Gates zum Trotz, als Friedensdienst, nicht als Kriegsdienst. *Isaf* ist ein Auftrag des Sicherheitsrates der Uno. Der beschloss kurz nach dem 11. September 2001 in seiner Resolution 1386 (nicht zu verwechseln mit der Selbstverteidigungsresolution 1368, die zur Grundlage für die *Operation Enduring Freedom* wurde) »the establishment for 6 months of an International Securitiy Assistance Force to assist the Afghan Interim Authority in the maintenance of security in Kabul and its surrounding areas, so that the Afghanistan Interim Authority as well as the personnel of the United Nations can operate in a secure environment«. Dieses Mandat wurde später auf ganz Afghanistan ausgedehnt und mehrfach verlängert.

So entwickelte sich, was ursprünglich als reine Polizeitruppe zum Schutz der öffentlichen Sicherheit und Ordnung in Kabul und Umgebung gedacht war, zur landesweit agierenden Streitmacht. Und in dem Maße, in dem die von der Macht vertriebenen Taliban sich gegen den neuen Machthaber und ihre Beschützer von der Nato formierten, entwickelte sich – jedenfalls in weiten Teilen des Landes – ein blutiger Bürgerkrieg. Eine Sonderrolle nahmen da die deutschen Soldaten ein, die versuchten, sich so weit wie möglich vom Kampfgeschehen fernzuhalten. Denn für Kampfeinsätze hatten sie kein Mandat des Bundestages. Doch alsbald wurden auch die deutschen *Isaf*-Soldaten in den unerklärten Krieg gegen die Taliban verwickelt, 2008 übernahmen sie im eigentlich ruhigeren Norden die Führung einer Spezialeinsatztruppe gegen die Rebellen, zudem sind es deutsche Tornados, die Luftaufklärung zur Beobachtung von »Feind«-Bewegungen und von Widerstandsnestern übernehmen. Dies alles geschieht – das hat die Uno ausdrücklich verlangt – in enger Zusammenarbeit mit der amerikanisch geführten Kriegsoperation *Enduring Freedom*.

Der *Isaf*-Einsatz geriet 2007 derart kriegerisch, dass es selbst der Regierung in Kabul zu heftig wurde. Im Eifer hätten die Nato-

Truppen, so klagte Regierungschef Hamid Karzai, »wahllos und ungenau« tödliche Einsätze gegen Taliban-Mitglieder geführt, dabei seien in nur zehn Tagen 90 Zivilisten getötet worden. Die *Isaf*-Führung selber bedauerte zwar die Kollateralschäden, wollte im Kampf gegen die Taliban ihr Licht andererseits keinesfalls unter den Scheffel gestellt sehen: An einem Wochenende, prahlte ein Sprecher, habe die Truppe 150 Taliban – ja was, vernichtet, ermordet, besiegt? – »umgebracht« ist die Formulierung der *Süddeutschen Zeitung,* die im fernen Deutschland über das Geschehen am Hindukusch berichtete.[25]

Umgebracht. Darf man das sagen? Für das Töten im Krieg wäre es sicher Polemik. Aber weit ab vom Schuss im friedlichen Deutschland bleiben sie dabei: Das ist kein Krieg, was die Nato da in Afghanistan macht. In Wahrheit geht es aus deutscher Sicht nach wie vor um eine Polizeiaktion, mag auch diesmal nicht Wolfgang Schäuble, sondern Franz Josef Jung dafür zuständig sein.

Bis ins Detail hat Berlin vorgesorgt, dass am Hindukusch für die deutschen Truppen Polizeirecht gilt, nicht Kriegsrecht. Sogar die deutsche Straßenverkehrsordnung gilt für die Militärfahrzeuge im *Isaf*-Einsatz, regelmäßig kommt ein Prüfer angeflogen und sorgt dafür, dass alle Autos die neuen ASU-Plaketten haben.

Dass die in Berlin so tun, als wäre Frieden, kann manchmal recht lästig sein. Das merken die Soldaten schon, wenn sie in den Jeep steigen, um auf Streife zu fahren. Der Geländewagen »Wolf« wurde bereits in den Sechzigerjahren konstruiert von Leuten, die sich die Mühen des Friedensdienstes am Hindukusch nicht vorstellen konnten. Das Militärfahrzeug hat nur zwei Türen. In voller Montur – Schutzweste (15 Kilo), Waffe, Ausrüstung – ist der Einstieg auf den Rücksitz für die Soldaten eine Tortur. Für lebensgefährlich halten Experten diese Konstruktion, wenn es darauf ankommt, den Wagen im Falle etwa eines Feuerüberfalls schnell zu verlassen. Soldaten in Afghanistan zeigten, dass sie auch mit unvorhergesehen Problemen neuartiger Einsätze umgehen können: Sie bauten die Rücksitze aus und setzten an ihre Stelle zwei längs zur Fahrtrichtung und parallel zueinander angebrachte Bänke. Ein- und Ausstieg nun vom Heck, mit dem Vorteil der Sicherung gegen Attacken von hinten. Genial.

Im Krieg vielleicht, aber nicht im Frieden. Das Berliner Verteidigungsministerium ordnete den Rückbau der Jeeps in die ursprüngliche Sitzordnung an: Andernfalls drohe der Verfall der Herstellergarantie für die Fahrzeuge.[26]

So ist es, wenn Beamte anfangen, über den Krieg zu rechten. Sie bestehen ja auch darauf, dass das Grab von Patrick Behlke nicht von der Kriegsgräberfürsorge betreut wird – denn der junge Soldat ist ja nicht in einem Krieg, sondern in einem »Fight« gestorben.

Irgendwann, das war nicht anders zu erwarten, würde der Etikettenschwindel beim Bundesverfassungsgericht landen. Ist nicht der Auftrag der deutschen Soldaten vom Grundgesetz auf die Landesverteidigung im Krieg beschränkt? Als Reaktion auf einen kriegerischen Angriff? Was also treibt die Bundeswehr am anderen Ende der Welt wirklich? Und zu welchem Zweck? Die Bundestags-Linken brachten, angeregt durch kritische Äußerungen des Völkerrechtlers Ulrich Fastenrath im SPIEGEL, mit einer Organklage diese Fragen nach Karlsruhe: Zumindest der Einsatz der Tornadoflugzeuge verwickle die Bundeswehr endgültig in Kriegsaktionen, die das Grundgesetz nicht erlaube.

Das Verfassungsgericht hielt sich nicht lange damit auf, zu klären, was in Afghanistan wirklich passiert. Krieg oder Polizeieinsatz: Jedenfalls sei die Beteiligung der Bundeswehr an der Nato-*Isaf*-Aktion vom Auftrag gedeckt, den die Nato mit Zustimmung des deutschen Parlaments habe, nämlich: »der Sicherheit des euro-atlantischen Raums« zu dienen. Dies könne auch durch militärische Einsätze weitab vom Nato-Gebiet, etwa am Hindukusch, geschehen. Denn: »Angesichts der heutigen Bedrohungen durch global agierende terroristische Netzwerke können, wie der 11. September 2001 gezeigt hat, Bedrohungen für die Sicherheit des Bündnisgebietes nicht mehr territorial eingegrenzt werden«.[27]

Das Urteil segnet die Waffen der Bundeswehr für Unternehmungen, die sich die Nato schon länger auf die Fahnen geschrieben hat. Zweieinhalb Jahre vor dem 11. September hatten die Strategen des transatlantischen Bündnisses in Washington das »Neue Strategische Konzept« der Nato beschlossen. Während herkömmlich nach Artikel 5 und 6 des Nato-Vertrages die Bündnispflicht im Falle eines »bewaffneten Angriffs« auf das Territorium eines Mitgliedstaates im Mittelpunkt stand, sollten die Militärs nun »präventive Krisenbewältigung« betreiben, mit vereinigter Waffengewalt gewährleisten, »dass potentiellen Krisen in einem frühen Stadium begegnet wird«. Die Risiken und möglichen Krisen wurden dabei außerordentlich weit definiert. Die Sicherheitsinteressen, für die militärische Vorsorge zu treffen ist, werden keineswegs mehr nur durch militärische bewaffnete Konflikte berührt, vielmehr können sie »von anderen Risiken umfassender Natur« berührt werden – einschließlich »Terror-Akten, Sabotage und organisiertem Verbrechen sowie der Unterbrechung der Zufuhr lebenswichtiger Ressourcen«.

Die Nato hat so bereits 1999 vorausgedacht, was nach 9/11 erstmals virulent wurde: Der Krieg gegen den Terror als weltweite Polizeiaktion. Militärs haben danach nicht nur präventiv die Sicherheit zu schützen, unabhängig von einem Angriff, ja selbst unabhängig von der Gefahr eines Angriffs. Sie haben ihre Waffen präventiv nicht nur gegen feindliche Staaten, sondern, Parole »Caroline«, auch gegen Menschen zu richten, die unter Terrorismusverdacht stehen, sie haben die Staatsgewalt zu übernehmen in fremden »gefährlichen« Staaten, die ihrerseits unwillig oder unfähig sind, mit Terrornetzwerken fertig zu werden.

Für den deutschen Staatsrechtler Erhard Denninger, der schon vor ein paar Jahren ein warnendes Buch über das *Recht in globaler Unordnung*[28] veröffentlicht hat, hat diese neue westliche Lehre wichtige Säulen zumindest des deutschen Verständnisses von Krieg und Frieden angeknackst: »Der Begriff der Verteidigung«, so Denninger, »verliert seinen territorialen Bezug« – der aber ist nach dem deutschen Grundgesetz essenziell: Verteidigung ist immer Landesverteidigung. Indem anstelle der Verteidigung die weltweite Krisenprävention trete, verschwinde zudem der »rechtfertigende Bezug« grenzüberschreitender militärischer Gewaltanwendung »zum universellen System der durch den Sicherheitsrat der UN repräsentierten Völkergemeinschaft«. Denn solche Kriseninterventionen seien nicht mehr an die »in der UN-Charta vorgesehenen Verfahren zur Wahrung oder Wiederherstellung des Weltfriedens und der internationalen Sicherheit« gebunden.

So hat sich, folgt man Denningers Analyse, die Uno mit dem *Isaf*-Auftrag an die Nato einen Nagel zum eigenen Sarg geschmiedet: Sie hat die Nordatlantik-Allianz ermutigt, den Krieg in Afghanistan zum Anlass zu nehmen, ihre neue Strategie gleich mal auszuprobieren – und sie künftig als völkerrechtlich rehabilitiert zu betrachten. Und das Verfassungsgericht – ohne Not – hat die grundgesetzliche Rehabilitation des Griffs nach der Weltpolizeigewalt gleich nachgeliefert. Nun gibt es kein Halten mehr: Da Karlsruhe zur Verteidigung gegen Terroristen in aller Welt eingeladen hat, können die Kameraden Patrick Behlkes Antiterrorfights praktisch überall beginnen – und ganz ohne Auftrag der Uno. »Die weittragenden Konsequenzen dieses Vorganges für das allgemeine und internationale Moral- und Rechtsbewusstsein«, ahnt Denninger, »sind derzeit noch kaum abzusehen.«

Die Konsequenzen für die Soldaten, die wie in Afghanistan für die neue Weltstrategie der Nato schießen müssen: Sie können nicht mehr absehen, was eigentlich die rechtlichen Grundlagen ihres Handelns sind. Indem ein regionaler Angriffskrieg zur Polizeiaktion umgelogen wurde, hat das Polizeirecht etwas Weltweites bekommen – und etwas Vages. Ist, was sie gelernt haben, Krieg – dann gilt das Gebot des Tötens. Ist, was die in Berlin behaupten, Frieden – dann gilt das Verbot des Tötens. Wie kompliziert es wird, wenn sich Polizeiarbeit und Kriegshandwerk vermischen, zeigt die »Taschenkarte«, das Dienstbüchlein für jeden deutschen Soldaten mit rechtlichem Rat für das korrekte Verhalten am Hindukusch.

Was ruft zum Beispiel der brave Soldat, bevor er auf einen Taliban schießt?

»Kawum!«

Ja, wirklich wahr, mit »Kawum«, so die Dienstanweisung in der »Taschenkarte«, soll der deutsche Soldat den Gegner warnen, bevor er auf ihn schießt. Das Wort ist ein Ausdruck der afghanischen Paschto-Sprache und steht am Ende eines Satzes, der – wenn genug Zeit ist, das auswendig gelernte Ausländisch aufzusagen – lauten muss: »Melgäro Mellatuna – dreesch, ka ne se dasee kawum.« Zu Deutsch: »Vereinte Nationen – stehenbleiben, oder ich schieße.« So ähnlich, mit anderem Absender, klingt es im Kriminalfilm, wenn der Kommissar einen Verbrecher stellt. Spricht der Gegner in der Wirklichkeit des dunklen Afghanistan zufällig auch Paschto – und nicht das ebenso verbreitete Dari – wird er vielleicht verstehen, dass es sich hier nicht um eine kriegerische Konfrontation handelt, sondern um eine polizeiliche – das Bundesverfassungsgericht spricht von »polizeiähnlicher«[29] Maßnahme. Jeder rechtskundige Taliban wird sich totlachen bei einer solchen Konfrontation. Denn die Drohung des deutschen Soldaten ist notwendig leer: So lange der Gegner nicht die Waffe gegen ihn erhebt, kann der Nato-Krieger nichts tun. Das Töten als Mittel zum Sieg ist im Nichtkrieg verboten. Die Vereinten Nationen selbst haben in ihrem *Isaf*-Mandat die Beachtung der Menschenrechte in Afghanistan als wichtiges Ziel formuliert.[30] Das Menschenrecht auf Leben aber darf außerhalb kriegerischer Situationen nur in Notwehrsituationen genommen werden.

Bleibt der mit »Kawum« angerufene Taliban aber einfach stehen und bietet dem deutschen Kämpfer sogar eine Zigarette an, gehen die Probleme erst richtig los. Was soll man mit dem Mann machen? Festnehmen? Mit welcher Begründung? Vorbeugehaft gibt es nicht im Recht des Dschungels, und Untersuchungshaft würde ein Ermittlungsverfahren wegen einer Straftat vorauset-

zen. Welche Straftat? Der Mann hat ein Gewehr und wahrscheinlich keinen deutschen Waffenschein, mehr ist gegen ihn nicht
vorzubringen. Die Praxis am Hindukusch sieht vor, verdächtige
Taliban den Mächten zu übergeben, die weniger rechtsstaatliche
Skrupel haben: den Häschern der afghanischen Regierung oder
den kriegführenden Amerikanern. Beide Möglichkeiten bedeuten erfahrungsgemäß: Folter und Rechtlosigkeit für die Nicht-
Kriegsgefangenen. Darf ein deutscher Soldat für so etwas die
Hand reichen?

Die Realität freilich ist oft so grausam wie im Fall Patrick Behlkes: Eine Detonation und eine schwarze Rauchwolke reißt den
angerufenen Selbstmordattentäter und mit ihm die tapferen
Soldaten mit ihrer Taschenkarte in den Tod. So furchtbar und
so sinnlos kann es enden, wenn Soldaten Räuber und Polizei
spielen.

»Vollkommen egal, ob er schläft«

*Die Grenze zwischen Krieg und Frieden – Der Feind als solcher –
Der Gegner als Verdächtiger – Reicht der Bart? – Der Gegner als
Risiko – Afghanistan überall – Bin Ladens Chauffeur*

Die Unterscheidung zwischen Krieg und Polizeieinsatz, sagt
der deutsche Bundesverfassungsrichter Udo Di Fabio, markiere
»eine zivilisatorische Errungenschaft«.[31] Und dass Di Fabio recht
hat, zeigen nicht nur die Schilderungen des – juristischen und
des menschlichen – Elends in Afghanistan. Tatsächlich ist das
moderne Völkerrecht weitgehend auf dieser Unterscheidung
aufgebaut. Krieg, eine Auseinandersetzung, in der es um die
voraussetzungslose, aber zweckgerichtete Vernichtung des Feindes und seiner Agenten, der Soldaten, geht, ist nur unter strikt
definierten Umständen zulässig, die Völkerrechtsordnung der
Vereinten Nationen wacht darüber. Das Internationale Strafrecht sieht sogar vor, Angriffskriege als Verbrechen zu behan-

deln. [32] Polizeiarbeit hingegen ist Verhinderung und Ahndung von Unrecht, vereinfacht Rechtsdurchsetzung – um ihrer selbst willen. Folglich hat sie keinen Anfang und kein Ende, sondern ist an die Existenz des rechtsgewährenden Staates gebunden. Es gibt keine Schlachten und keine Siege. Aber polizeiliche Gewaltanwendung ist dafür an strenge, in Gesetzen genau bezeichnete Voraussetzungen gebunden. Darüber hinaus gilt das Prinzip der Verhältnismäßigkeit – eine Art Antivernichtungsgebot: Die Opfer der polizeilichen Arbeit sind so weit nur irgend möglich zu schonen. Die Tötung ist nur ausnahmsweise und als Notwehr zulässig. Der Schutz von Menschenleben ist der eigentliche Zweck dieses wie jedes staatlichen Handelns.

Die Situation, in der die Polizei tätig wird, lässt sich so zusammenfassend als Frieden bezeichnen. Das Rechtssystem, das dies alles sichert, ist die wichtigste zivilisatorische Leistung seit dem Dreißigjährigen Krieg. Es ist in den letzten Jahrzehnten immer weiter verfeinert und ausgebaut worden. Das Ende des mörderischen Zweiten Weltkrieges und das Wissen um die unvorstellbaren Grausamkeiten, begangen durch deutsche Soldaten, markiert dabei einen völkerrechtlichen Wendepunkt wie einst der Friedensschluss nach dem dreißigjährigen Gemetzel 1648. Dreihundert Jahre nach dem Frieden von Münster und Osnabrück beschlossen die wichtigsten Völker der Welt, den Krieg eng zu limitieren und den Frieden friedlicher zu machen. Ersteres geschah durch das völkerrechtliche Gewaltverbot der Vereinten Nationen, Letzteres durch die nahezu weltweite Anerkennung der Menschenrechte. Nach dem Zweiten Weltkrieg wurde die Menschenrechtserklärung der Vereinten Nationen verfasst und die Europäische Menschenrechtskonvention ins Leben gerufen. Die Europäischen Menschenrechte sind sogar bei dem eigens zu diesem Zweck eingerichteten Menschenrechtsgerichtshof des Europarates in Straßburg einklagbar – wie die ähnlich ausgelegten deutschen Grundrechte vor dem Bundesverfassungsgericht.

Die Wichtigkeit, Frieden von Krieg zu trennen, hat zugenommen, denn die Menschenrechte, die im Völkerrecht mittlerweile

vielfältig verankert sind, gelten nur im Frieden, nicht im Krieg
(dies ist unstreitig unter Völkerrechtlern, allerdings lassen die Formulierungen der Europäischen Menschenrechtskonvention eine
solche Aussage nicht mit hinreichender Klarheit zu). Dies sagt
schon der Kriegsverstand jedes schlichten Gefreiten: Das Menschenrecht auf Leben erlaubt Töten nur als Notwehrhandlung.[33]
Im Krieg jedoch ist das Töten von Kombattanten Selbstzweck,
wenn auch im Rahmen des humanitären Kriegsvölkerrechts, das
(nicht zu verwechseln mit den Menschenrechten) das militärisch
nicht nützliche Töten verbietet. Nicht anders verhält es sich mit
dem Menschenrecht auf Freiheit: Zwar ist es erlaubt jemanden
einzusperren, aber nur aufgrund eines Gerichtsverfahrens. Im
Krieg unvorstellbar: Was soll ein General mit Kriegsgefangenen
anstellen, die auf rechtsanwaltlichem Beistand beharren und verlangen, einem Haftrichter vorgeführt zu werden? Und worüber
soll dieser Haftrichter auch richten? Krieg ist Krieg.

Wie die Barriere zwischen den Rechtszuständen des Krieges
und denen des Friedens im Zeitalter des Terrorismus aufrechterhalten werden kann, darüber hat sich der US-amerikanische
Kriegsrechtler Geoffrey Corn[34], ein Rechtsprofessor aus Texas
und juristischer Berater des Pentagon, der seine Ideen im März
2008 auf einer Völkerrechtstagung über »Contemporary Conflicts« in Jerusalem vorstellte, Gedanken gemacht. Es komme
darauf an, so analysiert der Amerikaner nach Durchsicht aller
Dienstanweisungen des US-Verteidigungsministeriums, ob die
Soldaten den Befehl haben, *status based* vorzugehen. Im Falle
statusbasierten militärischen Handelns sei Kriegsrecht anzuwenden, im Falle von *conduct based*, verhaltensbezogenem Agieren
des Militärs, müssten die Menschenrechte auch bei Kampfeinsät-
zen respektiert werden. Die Unterscheidung trifft recht gut die
oben skizzierten Unterschiede von Krieg und Frieden: Es kommt
darauf an, ob militärisch gegen einen Menschen vorgegangen
wird, weil er als Soldat einer feindlichen Armee den »Status«
eines zu Bekämpfenden hat, oder ob er als Handelnder bekämpft
wird, weil seine konkrete Handlung bedrohlich ist.

Der ehemalige Militärberater nimmt die amerikanische Art der Kriegsführung als Beispiel: Generell, auch in Afghanistan, auch in Deutschland, gelten für die GIs die »SROE«, die *Standing Rules of Engagement*. Den Status *hostile forces* hat danach »any civilian, paramilitary, or military force or terrorist(s) that has been declared hostile by appropriate US authority«. Corn: »Es ist ihr Status als Mitglied einer für feindlich erklärten Kraft, der sie zum Gegenstand von Attacken macht.« Dabei sei es »vollkommen egal«, ob der Gegner »gerade schläft, eine Dusche nimmt, zu Mittag isst oder US-Forces attackiert. In jedem Fall kann er angegriffen werden.« Und es sei nur eine Frage der Klugheit, ob der Gegner gleich getötet oder erst mal festgenommen werde: Der Überlebende kann immerhin, so gibt Corn zu bedenken, noch als Informant von Nutzen sein.

Statusbasiertes Handeln ist *mission accomplishment*, conduct-basiertes Handeln ist *self defense*. Im Krieg kann beides vorkommen: Soldaten haben nicht nur den Auftrag, den Gegner »als Gegner« zu bekämpfen, sie sind ebenso häufig in Situationen, in denen sie im Gefecht auf einen gegnerischen Soldaten einfach deshalb zielen, weil sie ihn daran hindern wollen, seinerseits Unheil anzurichten. Auch Corn sieht, dass es kaum möglich ist, einen rein statusbasierten Krieg zu führen. Umgekehrt ist aber das rein handlungsbezogene Vorgehen zugleich ein Kennzeichen polizeilicher Aktion gegen »Störer«, sodass diese Art der Operation tatsächlich zu Verwechslungen zwischen Krieg und Frieden führen kann.

Deshalb soll es für die Bezeichnung einer Situation als »Krieg« nach Corns Ansicht genügen, wenn die Befehle, die Militärs in ihren »Taschenkarten« mit sich führen, *auch* statusbasiertes Vorgehen erlauben. So etwa, sagt Corn, sei es bei amerikanischem Vorgehen in Afghanistan, weil Taliban gejagt werden, einfach weil sie Taliban sind. Die Folge ist dann nach dieser Ordnung von Krieg und Frieden, dass Taliban sich nicht auf die Menschenrechte berufen können – was ja bei statusbezogener Vorgehensweise wie dargestellt auch gar nicht geht.

So kommt es nach Corn letztlich nicht drauf an, ob eine Situation als »Krieg« zu bezeichnen ist, ebenso wenig, ob Militärs handeln oder Polizisten, entscheidend sei nur noch die Frage, ob das Vorgehen gegen Menschen ihren feindlichen Status oder ihre konkrete Gefährlichkeit betrifft. Im ersten Fall gelten die Menschenrechte nicht, sondern nur die Grenzen des humanitären Kriegsrechts, im zweiten Fall gilt das ganze Instrumentarium vom Recht auf Leben bis hin zum garantierten Rechtsschutz bei Freiheitsbeschränkungen. Der Schritt über den Rubikon der Zivilisation, der Schritt in den »richtigen« Krieg hängt also davon ab, was sich der Angreifer vornimmt: Will er sich gegen einzelne Täter wehren oder will er »den Feind« als solchen schlagen.

Für eine Welt, in der Kriege keine Veranstaltungen zwischen Staaten mehr sind, sondern wie in Afghanistan, im Gazastreifen, in Somalia Aktionen gegen militante Gruppen, ist der Versuch, ein neues Kriterium für die Geltung von Kriegsrecht zu entwickeln, sicher hilfreich. Doch gerade weil mit den Grenzen des Krieges auch die Konturen des »Feindes« verschwimmen, bringt die Corn'sche Unterscheidung Probleme – jedenfalls für alle Angegriffenen: Die Geltung der Menschenrechte ist gerade dann suspendiert, wenn sie am dringendsten benötigt werden. Denn die »statusbezogene« Dienstanweisung in der Taschenkarte, alle Islamisten einzufangen oder zu töten, klingt so einfach nur im Frieden. Woher weiß denn der brave Soldat, dass das Gegenüber im Dunkeln den Status »Islamist« hat? Taliban tragen keine Uniformen. Dass der Verdächtige ein Feind ist, erfährt der Bundeswehrmann erst, wenn der seine Waffe gegen ihn richtet. Dann aber braucht es kein »statusbezogenes« Vorgehen mehr, dann wird aus Gründen der Selbstverteidigung geschossen. Es geht, statusbezogen, gar nicht anders, als Menschen anzugreifen, zu töten oder einzusperren, die nur in Verdacht stehen, dem Gegner anzugehören. Bei klar strukturierten Aufständischengruppen mag das noch funktionieren. Doch was ist mit den ungreifbaren Netzwerken der Al Kaida? Woran erkennt man den Status des Terroristen?

Das Problem betraf die Deutschen so unmittelbar, dass der Bundestag damit sogar einen Untersuchungsausschuss befasste. Da ging es um den Bremer Türken Murat Kurnaz. Der Bremer mit dem Bart war als angeblicher Taliban-Kämpfer im Dezember 2001 in Pakistan verhaftet, zunächst nach Afghanistan und dann ins amerikanische Terroristengefängnis Guantanamo verschleppt worden. Erst fast fünf Jahre später kam der Deutschtürke wieder frei. Die Rolle der bundesdeutschen Terrorjäger im Fall des Mannes, dem nie eine Tat nachgewiesen wurde, ließ sich auch vor dem Bundestagsuntersuchungsausschuss nicht vollständig klären. Das lag auch daran, dass Akten des Verteidigungsministeriums über die Afghanistanaktivitäten des deutschen OEF-»Kommandos Spezialkräfte« (KSK) wegen »technischer Probleme« (Ministerium) vernichtet worden waren. Unbewiesen blieb so die Behauptung des Opfers, er sei von KSK-Soldaten im US-Gefangenenlager in Kandahar misshandelt worden.

Jedenfalls hat die Bundesregierung nichts unternommen, den Mann aus der Guantanamohaft zu holen, obgleich Vernehmer des Bundesnachrichtendienstes, die mit dem Häftling schon 2002 sprechen durften, zu dem Ergebnis kamen, dass er weder für die Sicherheit Deutschlands noch für die der USA eine Gefahr darstelle. Gleichwohl wurde Kurnaz zum »Sicherheitsrisiko« für Deutschland deklariert, dem auf keinen Fall die Einreise erlaubt werden dürfe. Vor dem Untersuchungsausschuss rechtfertigte August Hanning, damals Geheimdienstler, mittlerweile Schäubles Staatssekretär, diese Einschätzung: »Tatsächliche Anhaltspunkte« wie etwa die Art, in der das Flugticket nach Pakistan bezahlt wurde, alle »Umstände seiner Abreise« hätten »ziemlich genau dem typischen Verhaltensmuster von Personen« entsprochen, die sich als islamistische Terrorristen auf den Weg nach Afghanistan gemacht hatten. Hanning: »Dieser Mann ist zwar vielleicht noch kein Terrorist geworden ... aber die Menge und die Kombination dieser Indizien« machten ihn zu einem Sicherheitsrisiko. Das Risiko, so Hanning im März 2007, bestehe fort, doch angesichts der langen Haft in

Guantanamo hätten nun humantiäre Überlegungen die Ober-
hand gewonnen.[35]

So ist es im Krieg: Kein Wort von Grundrechten, kein Wort
von Menschenrechten, »humantitäre Überlegungen«, das Notrecht des Mitleids allein begrenzt die Verfolgung durch den Staat.
Das Urteil über Kurnaz war *status based*: Der Mann hat nichts
getan, aber er ist vermutlich einer Gruppe zugehörig, die als
Feind betrachtet wird.

Dem Leser mag diese Debatte vertraut vorkommen: Wir haben
sie oben[36] innenpolitisch geführt: Polizei- oder Strafrechtsnor-
men, die an die »Gefährlichkeit« von Bürgern anknüpfen, sind
nichts anderes als statusbasierte Normen: Verfolgt werden Menschen, weil sie vermutlich zum Feind gehören, nicht weil sie die
Waffe gegen die Gesellschaft oder eines ihrer Mitglieder erhoben
haben. Wenn ich an diesem Vorgehen erkennen kann, dass Krieg
herrscht – soll dann die Konsequenz sein, dass auch in Deutschland die Menschenrechte außer Kraft gesetzt sind? Oder ist es
nicht vielmehr umgekehrt so, dass solche statusbezogenen Übergriffe gerade deshalb bedenklich sind, weil sie sich so schwer mit
den Menschenrechten vereinbaren lassen? Wenn wir den Krieg
an statusorientiertem Vorgehen auf Verdacht erkennen – dann
ist Afghanistan überall.

Corns Unterscheidung ist dennoch fruchtbar, weil sie zu immer
neuen, interessanten Problemen führt, je länger man darüber
nachdenkt. Sein Gegensatz von statusbezogenen und verhal-
tensbezogenen Militäraktionen ist nahezu deckungsgleich mit
der Verwendung der Kriegsbegriffe Angriff und Verteidigung:
Statusbezogenes Handeln setzt im Einzelfall voraus, dass nichts
passiert ist, keine Bedrohung, kein Angriff, allein die Zugehörigkeit zu einer als Feind erklärten Truppe reicht. Wer nun schießt,
greift an – anders als der, der sich verteidigt, weil er auf die
konkrete Gefahr eines Angriffs – also handlungsbezogen – reagiert. Einen Schritt weiter, und wir haben das Grundgesetz in
der Hand: Artikel 87a regelt die Aufstellung von Truppen »zur
Verteidigung«. Folgt daraus, dass statusbezogene Taschenkarten

verfassungswidrig wären? Haben sich vielleicht die Oberen im Verteidigungsministerium, die den Soldaten in Afghanistan mit der Kawum-Regel ein streng handlungsbezogenes Vorgehen aufgaben, nach dem Kurnaz-Desaster von Geoffrey Corn beraten lassen?

Woran erkennt man den Unterschied zwischen Krieg und Frieden? Es wird immer schwieriger. Weltweite Verwirrung hat in dieser weltweiten Unordnung ein Urteil des US-amerikanischen Supreme Court aus dem Jahr 2006 gestiftet.[37] Da ging es um den jahrelang in Guantanamo inhaftierten ehemaligen Taxifahrer und späteren Chauffeur Bin Ladens Salim Ahmed Hamdan. Der Mann ist mittlerweile rechtskräftig wegen seiner subalternen Hilfestellung für den Terror zu einer Haftstrafe von fünfeinhalb Jahren verurteilt. Der Supreme Court, das amerikanische Verfassungsgericht, hatte darüber zu urteilen, ob seine Inhaftierung in Guantanamo als »feindlicher Kämpfer« gerechtfertigt war. Im Prinzip ja, entschieden die Richter: Das Vorgehen gegen Al Kaida und deren Helfer rechtfertige es, die Gefangenen nicht wie Verbrechensverdächtige, sondern wie Feinde zu behandeln, sie also allein wegen ihrer Zugehörigkeit zum Gegner zu internieren. Denn der Kampf mit Al Kaida sei ein »nicht internationaler bewaffneter Konflikt«, in dem Kriegsrecht gelte. Das verblüfft allerdings, weil ja der Krieg gegen den Terror alles andere als »nicht international« ist, sondern von den USA nahezu vollständig im Ausland geführt wird.

Die Richter benutzten den Ausdruck denn auch nur, um darauf hinzuweisen, dass sie auf den Krieg gegen den Terror die Vorschriften der Genfer Kriegsgefangenenkonvention[38] angewendet sehen wollten. Artikel 3 der Konvention stellt klar, dass ein Mindestschutz für Kriegsgefangene auch verlangt wird »im Falle eines bewaffneten Konflikts, der keinen internationalen Charakter aufweist und der auf dem Gebiet einer der Hohen Vertragsparteien entsteht«. Dies im Falle Hamdan anzuwenden, war nur gut gemeint: Denn das Pentagon verweigerte dem »feindlichen Kämpfer« Hamdan wie seinen Leidensgenossen auf der Insel der

Leguane selbst minimalen humanitären Schutz. Wer nach Guantanamo kam, hatte vor diesem Supreme Court-Urteil weniger Rechte als ein Tier, er war eine Sache, freigegeben zur beliebigen Misshandlung durch sadistische Aufseher.

Dem Völkerrecht hat diese Entscheidung weniger gut getan. Denn der Supreme Court stellte durch die Einbeziehung des Antiterrorkampfes ins humanitäre Kriegsrecht klar, dass überall dort, wo der Staat gegen Terroristen antritt, Krieg herrscht, dass die Menschenrechte hier nicht gelten. Die Abgrenzung zwischen Krieg und Frieden, zwischen nur humanitärem Schutz und Menschenrechtsschutz, ist im Völkerrecht tatsächlich bei innerstaatlichen bewaffneten Auseinandersetzungen schon immer problematisch gewesen. Eine »bewaffnete Auseinandersetzung«, die es erlaubt, in solchen Bürgerkriegssituationen statusbezogen, also wie im Krieg, zu kämpfen, wo es sinnvoll ist, zu töten und Kriegsgefangene zu nehmen, haben Völkerrechtler bislang nur dann angenommen, wenn der aufständische Gegner, einigermaßen solide organisiert, Teile des Staatsgebiets bereits unter Kontrolle hatte und der militärischen Staatsgewalt tatsächlich etwa ebenbürtig war. Versprengte Netzwerke von Verbrechern, spielten sie sich auch als Rebellen auf, sind herkömmlich eben nicht als Kriegsbeteiligte, sondern als Kriminelle Gegenstand anlassbezogenen polizeilichen Vorgehens – samt ihrer Menschenrechte.

Diese pragmatische Völkerrechtslehre auch im Angesicht der Untaten von Osama Bin Ladens Leuten aufrechtzuerhalten, musste Probleme machen. Denn nach dieser Lehre wäre der Angriff vom 11. September eben kein »bewaffneter Angriff«, sondern schlicht ein besonders schweres Verbrechen. Die Konsequenz: Im Inland wäre das FBI zuständig gewesen – und im Ausland hätten die Amerikaner wenig tun können. Ein Polizeieinsatz zur Verbrecherjagd in fremden Ländern? Wo gibt's denn so was? Das Verschleppen von Islamisten nach Guantanamo? Völkerrechtswidrige Entführungen.

Das hätte selbst der mutigste Supreme Court-Richter nicht mitmachen können. Der Ausweg: Im Zweifel zwischen Krieg

und Frieden, zwischen Kriegsrecht und Menschenrechten schlu-
gen die Richter den Konflikt mit Al Kaida dem Krieg zu – etwas
gewaltsam als »nicht internationalen bewaffneten Konflikt«.
Mit »nicht international«, so kommentierten Beobachter das
Orakel von Washington, sei eben gemeint gewesen, dass es sich
nicht um einen Konflikt zwischen Staaten, sondern um eine Auseinandersetzung mit Rebellen handele.

Der Machtspruch der Verfassungsrichter in Washington hat
die Grenze zwischen Krieg und Frieden jedenfalls verschoben.
Die Geltung der Menschenrechte ist für den Kampf gegen den
Terrorismus weltweit beseitigt worden. Weltweit? Der amerikanische Supreme Court ist kein Völkerrechtsgericht, seine Urteile
binden nur die Amerikaner. Tatsächlich haben die terrorgeplagten Spanier ebenso wenig wie die ebenso terrorgeschädigten und
zudem USA-nahen Briten die problematische Anregung aus der
Zentrale der Weltmacht beherzigt. In Spanien beschäftigt sich
noch immer die Guardia Civil mit dem Terror, in London Scotland Yard. Gleichwohl ist die Bedeutung des Hamdan-Urteils für
die Weltordnung nicht zu unterschätzen: Beim Supreme Court
sitzen die mächtigsten Juristen der Welt. Eiskalt, ohne Ideen
wie den Schutz der Menschenwürde auch nur in einer Fußnote
zu erwähnen, haben die Richter in mehreren Urteilen über die
Zustände in Guantanamo zwar ihrer Regierung Grenzen gesetzt,
aber an der Kriegsdoktrin festgehalten. Auf dem *battlefield*, so
schreiben sie, trete die Nation dem Terror entgegen.

Wird der Weltkrieg gegen den Terror Völkerrecht? Die Lehre
des Supreme Court, fürchtet der Kölner Völkerrechtsexperte
Claus Kreß, der die US-Rechtsprechung intensiv verfolgt, »wird
sich wohl völkerrechtlich verfestigen«. Das bedeutet, dass sich
in absehbarer Zeit die völkerrechtlichen Falken auf das Urteil
berufen werden – und eines Tages wird der Hamdan-Fall dann,
so wie der Fall »Caroline«, Völkergewohnheitsrecht.

Drittes Kapitel
Der Untergang des Staates

Das Gelände um das Hotel Schwielowsee bei Berlin ist einfach abzuschirmen gegen Gefahren aller Art. Der See begrenzt das Grundstück zur einen Seite, ein Wäldchen, von Hunden bewacht, zur anderen. Es gibt nur eine enge Zufahrtsstraße, mehrfach hintereinander gestaffelte Polizeiposten können den Weg eines jeden Besuchers durchs Gelände kontrollieren.

Der Konvoi schwarzer Limousinen, der am Morgen des 30. November 2007 durch die Polizeiabsperrungen auf das Gelände gewinkt wurde, lohnte jede Prävention: Bei Havelzander und badischem Wein trafen hier die obersten Terrorbekämpfer aus Amerika und Europa zusammen. Innenminister Wolfgang Schäuble war dabei, der damalige US-Heimatschutzminister Michael Chertoff, Kollegen aus Spanien, Frankreich, Großbritannien, Polen und Italien. Dazu eine Auswahl der besten Rechtsexperten der Welt. Insgesamt 120 Personen gehörten zu der prominenten Reisegruppe, die sich alsbald im Haus einrichteten. Damit es, kurz vor dem ersten Advent, ein bisschen nett wird, hatte die Hoteldirektion einen Weihnachtsbaum in die Vorhalle gestellt, der von einer Modelleisenbahn umkreist wurde.

Das Thema der Tagung war weniger gemütlich: Es sollte um Gefangenenlager und präventive Todesschüsse, um die Grenzen der Folter und um »Alternativen zu Guantanamo« (Schäuble) gehen. Das alte Problem: Was ist Frieden, was ist Krieg? Die versammelten Kämpfer gegen den Terrorismus brauchten eine Denkpause: »Unser klassisches Rechtssystem und das internationale Kriegsrecht«, so formulierte es der Amerikaner Chertoff bei dem Treffen, »beide greifen nicht« gegen den Terrorismus: »Aber wir brauchen eine Antwort.« Und Kollege Schäuble ergänzte: »Wir ringen um Lösungen.«

Lösungen hatten die Experten in ihren Aktentaschen mitge-
bracht: Lauter Papiere über die Neuordnung der Welt im Kampf
gegen das Böse: »Die Entwicklung eines einheitlichen Rechtsrah-
mens für ein internationales Polizeirecht auch zur präventiven
Terrorismusbekämpfung«, so verlautete es offiziell aus Schäubles Ministerium, sei am Schwielowsee besprochen worden. Das
klingt so harmlos. In Wahrheit ging es um ein neues Weltspezial-
recht gegen Terroristen.

Einer der Experten, die auf der Tagung ihre Papiere präsentierten, war der Kölner Völkerrechtler Kreß. Seine Thesen, wie ein
solches Recht aussehen könnte, haben mittlerweile den streng
bewachten Bereich von Schwielowsee verlassen und sind Dis-
kussionsgegenstand bei Sicherheitsstrategen und auf völkerrechtlichen Konferenzen in aller Welt.

Der Wissenschaftler arbeitet haargenau auf der Zivilisationsgrenze zwischen Krieg und Frieden: Im Kampf gegen den Terror, so die Idee, muss es etwas dazwischen geben, eine »dritte
Spur«, über die viele Völkerrechtler, aber auch Politiker wie
Schäuble nachdenken. Dem Terrorismus soll zwar kriegerisch,
aber gleichwohl nicht unter völligem Verzicht auf Menschenrechte entgegengetreten werden. Die dritte Spur: Man kann es
menschenrechtsgebundenes Kriegsrecht nennen – oder men-
schenrechtsvermindertes Polizeirecht, egal: »Es geht«, sagt Kreß,
»um ein spezielles internationales Rechtsregime, das staatliche
Selbstverteidigungsaktionen gegen transnationale Terrororganisationen regelt.«

Der Völkerrechtler setzt auf, wenn auch schwache, Impulse
in der Rechtswelt der Terrorbekämpfer, in ihrem Krieg einige
Errungenschaften der Friedenszivilisation zu übernehmen. So
war es ausgerechnet das Beit haMischpat haElyon, der Supreme
Court des ebenso kämpferischen wie terrorgepeinigten Staates
Israel, das in einer weltweit viel beachteten Entscheidung 2005
drauf bestanden hat, dass auch im Krieg gegen den Terror der
Grundsatz der Verhältnismäßigkeit gelten muss[39]. Dieser Grundsatz, so die israelischen Juristen, verbiete etwa die gezielte Tötung

von Feinden, ohne dass eine akute Gefahr dies erfordere. Wolfgang Schäuble hielt es im SPIEGEL-Interview 2007 immerhin
noch für eine bedenkenswerte und darum klärungsbedürftige
Möglichkeit, »eine ferngesteuerte Rakete« auf Osama Bin Laden
abzufeuern, »um ihn zu töten«. Einem Krieger muss der Grundsatz der Verhältnismäßigkeit lächerlich vorkommen, in der Friedensordnung der meisten Staaten hingegen hat dieser Grundsatz
Verfassungsrang. Das Votum des höchsten israelischen Gerichts
machte der zum Schlimmsten entschlossenen Regierung in Jerusalem viel Ärger und bedeutete nach Kreß »eine bemerkenswerte
und ausdrücklich menschenrechtlich motivierte Abweichung
von der staatlichen Tötungsbefugnis im Recht des internationalen bewaffneten Konflikts«.

Ähnlich ist es mit der – vom US-Supreme Court erzwun-
genen – Bereitschaft der USA, ihre »internierten feindlichen
Kämpfer« einer wenigstens gelegentlichen richterlichen Begut-
achtung zuzuführen: Auch ein Zugeständnis des Kriegsrechts
an die Zivilisation der Menschenrechte. »Niemand käme auf die
Idee«, tönte noch 2007 der damalige US-Heimatschutzminister
Chertoff, »einem Taliban, den wir in Afghanistan gefangen nehmen, einen Anwalt zur Seite zu stellen«. Doch dank der Richter
verkehrten schließlich doch Anwälte in der Gefängnisanlage von
Guantanamo.

Das sei, sagt Kreß, auch vernünftig: Denn im Kampf gegen
den Terrorismus gehe es nun mal nicht, wie im Krieg, um die
Vernichtung des Gegners, es gehe nur um *law enforcement*, um
Rechtsdurchsetzung, und mehr, als dafür erforderlich, müsse
man dem Gegner nicht antun. »Ein *Law-enforcement*-Regime
sollte Terroristen als Kriminelle behandeln. Das Gewicht ihres
Angriffs reicht nicht, sie zur Kriegspartei zu erheben«, formuliert
der Kölner Kreß. Entsprechend müssten Staaten, die wie Amerika unter Berufung auf ihr Selbstverteidigungsrecht das Militär
gegen den Terror mobilisieren, sich mäßigen: Der Krieg gegen
Osama Bin Laden und seine Leute müsse »sich an Menschen-
rechtsstandards orientieren«, mit der Folge, dass

– Töten außer zur Abwehr einer gegenwärtigen Attacke erlaubt ist, aber nur, wenn es »unbedingt erforderlich« und es nicht möglich ist, den Gegner festzunehmen;
– Vorbeugehaft zwar zulässig, aber nur unter richterlicher Kontrolle, und niemals unbegrenzt ist;
– unvermeidliche Kollateralschäden – also etwa das Töten Unbeteiligter – nur riskiert werden dürfen, wenn ihr Gewicht den militärischen Vorteil der Aktion nicht übersteigt;
– Folter ausnahmslos verboten ist.

Der Vorschlag, von dem Kreß selber einräumt, dass er einige »sensible Probleme« mit sich bringt, hat wie alle Versuche, Kriegsrecht und Polizeirecht zu vermischen, den Nachteil, dass er sich im Krieg als zahnlos erweist, für den Frieden aber brandgefährlich ist. Ein bisschen Kriegsrecht, ein bisschen Polizeirecht, das geht so wenig wie ein bisschen Krieg oder ein bisschen Frieden – oder ein bisschen Rechtsstaat. Indem einige menschenrechtliche Auffangnetze die »dritte Spur« weniger rau erscheinen lassen, sind die Probleme noch lange nicht gelöst, die wir darin sahen [40], dass Krieg gegen Menschen statt gegen Staaten geführt wird. Militärische Gewalt gegen Staaten ist voraussetzungslos, weil man in der Regel hoffen kann, die Richtigen mit den richtigen Mitteln zu treffen. Im Kampf gegen die uniformierten Streitkräfte eines bekennenden Feindes ist Rücksicht ein schlechter Ratgeber – wer am härtesten zuschlägt, gewinnt: Dies war das Modell des »symmetrischen Krieges« der Westfälischen Staatenordnung, das bis heute die Grundgedanken des Kriegsrechts prägt. Richtet sich die ganze Macht des Staates gegen einzelne Menschen, wird die Situation so unübersichtlich, dass die Einhaltung dieser Regeln kaum noch möglich ist. Woher weiß man überhaupt, dass man keinen Unschuldigen trifft?

Die Nagelprobe eines brauchbaren Rechts der Gewaltanwendung ist immer die Lizenz zum Töten. Will ich den tödlichen Schuss aus der Maschinenpistole, den Einsatz einer Killerdrohne per Joystick in der jemenitischen Wüste wie Kreß an das Vorliegen bestimmter Tötungsvoraussetzungen knüpfen, stelle ich jeden Soldaten vor schwierige Entscheidungen: Er muss wie ein Polizist erst prüfen, ob wirklich eine nicht anders abwendbare Situation vorliegt – und ob er das Gegenüber nicht ebenso gut festnehmen könnte. Was ist im Falle eines Verdachtes? Muss der Soldat sein Leben riskieren, um zu überprüfen, ob das scheinbar harmlose Bäuerlein ein Selbstmordattentäter ist?

Weiter: Wenn das Töten während einer gegenwärtigen Attacke ohne Weiteres erlaubt sein soll, wie lange ist eine Attacke gegenwärtig? Was ist bei einer (mutmaßlichen) Serie von Attacken? Ist dann präventives Töten zulässig? Wie weit im Voraus darf ich einer Attackenfolge entgegentreten?

Wie ist es bei einem solchen Rechtsregime überhaupt möglich, statusbezogen zu handeln, also etwa Personen anzugreifen, weil sie – vermutlich – Mitglieder eines Terrornetzwerkes sind? Ist es denkbar, Personen auf Verdacht zu töten, weil die Feststellung ihrer Identität zu gefährlich wäre? Und wenn nicht – was dann?

Es sind natürlich Situationen denkbar, in denen die Verhältnisse so ruhig – um nicht zu sagen: friedlich – sind, dass eine sorgfältige Prüfung aller Menschenrechtsvoraussetzungen möglich ist. Dann aber muss sich der Verfechter eines kriegerischen Antiterrorrechts fragen lassen, warum er das Recht haben will, mit Kanonen auf Verbrecher zu schießen. Warum soll dann nicht einfach Polizeirecht gelten?

Die Antwort auf die letzte Frage ist scheinbar einfach – und zeigt erst das wirkliche Problem: Mit Polizeirecht geht das nicht. Denn nach seinem Polizeirecht kann ein Staat nur auf seinem eigenen Gebiet vorgehen, nach dem Polizeirecht des Staates, in dem er den Terror bekämpfen will, kann er erst recht nicht handeln. So ist die Ordnung der Welt: auswärts steht kein Polizeirecht zur Verfügung, nur Kriegsrecht. Der Zugriff eines Staates auf die Menschen in einem anderen Staat aus Gründen der Verbrechensbekämpfung oder Gefahrenabwehr ist herkömmlich ausgeschlossen. Wenn, wie Kreß zugrunde legt, die Terroristen nichts weiter sind als gefährliche Kriminelle, dann ist ihre Verfolgung allein die Aufgabe des Staates, auf dessen Gebiet sie sich befinden.

Eröffnet man aber mit der Begründung, dass dies, wie zum Beispiel in Afghanistan, faktisch nicht möglich ist, jedem Staat die Tür, für Recht und Ordnung (*law enforcement*) im Nachbarstaat zu sorgen, führt dies zu einem gefährlichen Durcheinander. Was in Afghanistan geschieht, könnte in etwas gepflegterer Form zum Prinzip des Umgangs miteinander werden: Die Killerdrohne aus Washington, die zur Bekämpfung eines nach CIA-Informationen unmittelbar bevorstehenden Attentats in Neu-Ulm einschlägt, wäre keine Vision eines bösartigen Buchautors, sondern völkerrechtlich vollkommen in Ordnung. Das Mehr an Menschenrechtschutz für die Bürger Afghanistans könnte, wenn es schlecht läuft, ein Weniger an Grundrechtsschutz für die Menschen in Deutschland bedeuten: Wenn amerikanische GIs nach dem nächsten Anschlag in den Vereinigten Staaten durch Deutschland brausen, um den Tätern nachzustellen, könnten sich die Bürger lange auf ihre Grundrechte berufen. Für amerikanische Soldaten sind die vollkommen unverbindlich.

So könnten wir, mitten im Frieden, afghanische Verhältnisse mitten in Europa bekommen: Im Kampf gegen den Terror weiß niemand mehr, wer eigentlich das Sagen hat. Und jeder Bürger muss wie Kafkas Josef K. damit rechnen, von einem Rechtsdurchsetzer einer fremden Macht unter Verdacht verhaftet und ohne Prozess in ein Gefangenenlager gesteckt zu werden. Wie gut, dass wenigstens die Folter verboten sein würde.

»Sollen sich jeder Gewaltanwendung enthalten«

Ein Toyota gibt Gas – Der Weltfrieden vor dem Amtsgericht – Der Mensch als Subjekt – Völkerrecht für jedermann – Eine Zerreißprobe für den Staat – Bürger im Dunkel

Am 28. August 2008 schoss an einer Kontrollstelle in der Nähe des afghanischen Kundus ein Feldjäger der Bundeswehr auf ein sich näherndes Fahrzeug. Eine Frau und zwei Kinder wurden getötet. Der Schütze hatte den Wagen für ein Terroristenfahrzeug gehalten. Durfte er das?

Mit der Frage beschäftigte sich Anfang 2009 die Staatsanwaltschaft Frankfurt/Oder. Denn dort war der Soldat zuvor stationiert, und nun, da Menschen umgekommen sind, prüfen die Frankfurter Juristen nach deutschem Strafrecht, was am Hindukusch geschah: Hat sich der Feldjäger eines dreifachen Totschlages gemäß Paragraf 212 Strafgesetzbuch schuldig gemacht – oder war es vielleicht nur eine fahrlässige Tötung gemäß Paragraf 222? Oder handelt es sich um das, was im Krieg »Kollateralschaden« heißt? Die zuständige Staatsanwältin ist nicht zu beneiden.

Der Anlass für die tödlichen Schüsse war eine Warnung des Geheimdienstes, dass an jenem Tag Taliban auf dem Weg nach Kundus unterwegs seien. Zudem hatte es in der Vergangenheit Anschläge mit Fahrzeugen des Typs Toyota Corolla gegeben. Ein deutscher Hauptfeldwebel war zuvor durch eine Sprengfalle getötet worden. Zwei Toyota Corolla näherten sich an jenem Abend der Sperre, einer, so sah es aus, wendete plötzlich und gab Gas. Da fielen die Schüsse.

Es geht nicht. Weder der Leser noch ein Richter in Frankfurt an der Oder kann ein vernünftiges Urteil fällen, wenn am Hindukusch die Sicherheit Deutschlands verteidigt wird. Zu weit ist der Krieg entfernt von der Weisheit des deutschen Strafrechts. Der Staat, der seine Gewalt weit über seine Grenzen hinaus ausdehnt, dessen Vollstrecker am anderen Ende der Welt tätig werden, kann nicht zugleich die Grenzen seiner heimischen Rechtsordnung garantieren: Dies ist der Fluch der »Entterritorialisierung«. Damit meinen Völkerrechtler wie Claus Kreß den besonderen Fluch des modernen Terrorismus, der nicht nur die Grenzen des Völkerrechts, sondern auch die räumlichen Grenzen staatlicher Souveränität einfach unterläuft. »Transnationale Gewalt« (Kreß), die nicht von Staaten, sondern von Menschen oder Menschengruppen ausgeht, verlangt nicht nur den international gefragten Ideen des Kölner Völkerrechtlers zufolge, son-

dern nach Auffassung der meisten Experten nach einer »transnationalen«, also völkerrechtlichen Antwort: Was der Feldjäger an
der Kontrollstelle in Kundus/Afghanistan für den »Weltfrieden«
(Uno in ihrem *Isaf*-Mandat) getan hat, kann nicht in Frankfurt/
Oder beurteilt und entschieden werden. »Die Bekämpfung des
internationalen Terrorismus«, so vertritt der Kreß-Kollege Lars
Mammen in einer jüngst vorgelegten Untersuchung[41], sei »eine
Aufgabe der internationalen Staatengemeinschaft und nicht nur
eines einzelnen Staates«. Der »Krieg gegen den Terror« könne als
niemandes »nationale Angelegenheit« betrachtet werden.

So gibt es offenbar gar keinen anderen Weg, als den Einsatz
militärischer Gewalt gegen Menschen oder Menschengruppen
neu zu fundieren – statt wie bisher durch das (Polizei- und
Straf-) Recht der Staaten durch überstaatliches Völkerrecht.
Ein solcher Versuch, Kriegsvölkerrecht in gebremster Form in
Polizeivölkerrecht umzudenken, liegt mit den Ideen von Kreß
vor.[42] Den umgekehrten Weg geht der Völkerrechtler Mammen:
Er denkt nicht das Völkerrecht, sondern die Menschen um. Sein
Vorschlag besteht darin, Terrorbanden oder sogar einzelne Terroristen als Völkerrechtssubjekte anzuerkennen.[43] Damit werden
sie Träger von völkerrechtlichen, also überstaatlichen Rechten
und Pflichten. Sie geraten rechtlich gesehen auf Augenhöhe mit
den Staaten, die sie angreifen, können also einen veritablen Krieg
führen, verlieren dafür aber ihren Menschenrechtsschutz. Die
neuen Teilnehmer am Völkerrechtsverkehr sind allerdings, so
Mammen, nur »teilrechtsfähig«. Sie haben, so der Autor, »vor
allem Rechtspflichten, kaum Berechtigungen«, und darin unterscheiden sie sich von den bisherigen voll rechtsfähigen Völker-
rechtssubjekten, den Staaten. Terroristen wären demnach als
Teilnehmer winziger teilrechtsfähiger aber nicht territorialer
Staatsgebilde anzusehen – ihr Recht bestünde darin, als Kombattanten im Krieg gegen den Terror behandelt zu werden, allerdings nur so weit, wie sie selber (was sie nicht tun) die Regeln
des Kriegsrechts einhalten, also etwa ihre Waffen offen tragen
und sich im Kampf zu erkennen geben. Ihre Pflicht? Mammen

schlägt vor, das völkerrechtliche Gewaltverbot der Uno-Charta für Staaten zur Friedenspflicht für Terroristen auszudehnen, etwa so: »Sie sollen sich jeder Bedrohung oder Gewaltanwendung gegen jeden Staat enthalten sowie der Bedrohung und des Tötens von Individuen in jeder Art bewaffnetem Konflikt.«

Ganz offensichtlich glaubt auch Mammen nicht daran, dass so eine Pflichtenstellung irgendeinen Terroristen zur Umkehr bringen würde. Es geht dem Wissenschaftler offenbar mehr um die völkerrechtlich saubere »Konstruktion« seiner neuen Subjekte. Doch auch die Konstruktion macht schon deutlich, wo der Haken an dieser Idee ist: Wie soll es möglich sein, ein pflichtengetreues Völkerechtssubjekt der beschriebenen Art zu identifizieren? Solange Terroristen sich an ein etwaiges völkerrechtliches Gewaltverbot halten, sind sie keine Terroristen, sondern Bürger irgendeines Staates. Auf Augenhöhe mit ihrem Staat oder anderen Staaten kommen sie erst, wenn sie Bomben legen oder wenigstens damit drohen. Ein Völkerrechtssubjekt, das sich erst dadurch konstituiert, dass es die ihm obliegenden Pflichten verletzt, ist ein Widerspruch in sich. Der Vorschlag lässt sich allenfalls so präzisieren: Völkerrechtlich werde eine Pflicht für *jedermann* verankert, sich aggressiver Gewalt zu enthalten. Dann wird insoweit jeder Mensch zum Völkerrechtssubjekt. Das ist nicht abwegig, denn andererseits ist jedermann auch Träger der völkerrechtlich fundierten Menschenrechte.

Mammen steht mit seinem Vorschlag in der Welt des Völkerrechts jedenfalls nicht allein. Immer wieder ist die Frage diskutiert worden, ob und wie man die »Asymmetrie« (Herfried Münkler) des Kampfes von Staaten gegen nicht staatliche Menschengruppen rechtlich ausgleichen kann. Die Geschichte der Kriege lehrt, dass der Versuch ehrenwert ist und Erfolg verspricht. »Von der Antike bis zur Gegenwart« hat ein Team von Historikern die »Formen des Krieges« in der Geschichte untersucht[44] und dabei herausgefunden, dass es »asymmetrische Kriege« von Staaten gegen private Kriegsherren schon immer gab – und dass sich Warlords aller Couleur meist dadurch zur Staatsräson bringen ließen, dass sie mit ihren Interessen klug und geduldig in die Staatspolitik einbezogen wurden: auf Augenhöhe. Es mag Staaten wehtun, Verbrecherbanden als Verhandlungspartner zu akzeptieren, es ist aber nichts anderes als deren Anerkennung als Völkerrechtssubjekte. Warum sollte der Gedanke nicht auch zur Befriedung von Terroristen brauchbar sein? »Niemals, niemals«, schreien da die Hüter der Weltgerechtigkeit, oft genug Vertreter von Staaten, die früher selbst brandschatzend Terror über die Welt gebracht haben, sei es in Kreuzzügen, sei es in kolonialen Eroberungsunternehmen. Doch auch in der jüngeren Zeit haben Terroristen sich die Anerkennung der Welt als Rechtspersonen des Völkerrechts oder doch zumindest als Verhandlungspartner erstritten: Was war denn mit den wilden Horden der Arafat-PLO? Was war mit den aufständischen Albanern des Kosovo? Und auch die libanesische Terrortruppe der Hisbollah hat es geschafft, sich an den Regierungsgeschäften zu beteiligen.

Pflichtenträger des Völkerrechts sind einzelne Menschen seit dem Ende des Zweiten Weltkrieges: In den Nürnberger Prozessen der Alliierten gegen Nazi-Kriegsverbrecher haben die Sieger erstmals durchgesetzt, dass Staatsmänner und Militärs sich für das Unrecht, das sie angerichtet haben, vor einem Völkerrechtstribunal persönlich strafrechtlich zu verantworten haben. »Die Ordnung der Welt nach den Grundsätzen des Rechts«, nannte das damals der Chefankläger des Hauptkriegsverbrecherprozesses, der US-Jurist Robert Jackson. Und da war etwas dran: Damals entstand ein Völkerstrafrecht, mit dessen Hilfe mittlerweile Kriegsverbrecher und Tyrannen auf dem Balkan wie in Afrika verfolgt werden. Der Internationale Strafgerichtshof in Den Haag ist das erste unabhängige Weltstrafgericht: Kein einzelner Staat, auch nicht die Uno, sponsert diese Art von Gerechtigkeit – hier entsteht tatsächlich das selbst tragende Recht der Weltgemeinschaft.

Die Bezugnahme des Völkerrechts auf Menschen statt auf Staaten ist seine Entterritorialisierung. Denn während die traditionellen Beteiligten im Völkerrechtsverkehr, die Staaten, an ein Stück Land gebunden waren, sind Terroristen überall und nirgends. Ortlos und grenzenlos wie die terroristische Bedrohung ist das Terrornetz von Al Kaida und befreundeter Gruppen. Damit aber wird alles, was im Völkerrecht so schön klar war, auf einmal unklar. Die Zugehörigkeit zu einer Rechtsperson des Völkerrechts lässt sich nicht mehr durch einfache Ausweiskontrolle oder durch den Verweis auf eine in allen Landkarten eingetragene Staatsgrenze feststellen. Terrorzellen haben keine Fahne und wahrscheinlich auch keine Hymne, sie haben keine Identität. Wie also kann man ihnen gegenübertreten? Beziehe ich die Völkerrechtssubjekt-Qualität auf einzelne Menschen, stellt sich die Frage entsprechend: Woran erkenne ich, dass die Frau in dem Auto in Kundus, das nicht bremsen will, ein Völkerrechtssubjekt ist und nicht in ihrer Eigenschaft als Bürgerin unterwegs?

Die Entgrenzung des Völkerrechts führt nur dann zur »symmetrischen« Auseinandersetzung, wenn alle Beteiligten gleich beweglich sind. Das bedeutet, auch die Staaten müssen oder dürfen sich »entgrenzen« – und das tun sie ja auch, wenn sie sich über ihr Territorium hinaus auf Terroristenjagd machen. Sogar das Bundesverfassungsgericht hat in seinem Tornado-Urteil[45] bestätigt, dass der Staat des Grundgesetzes nicht abwarten muss, bis die Terroristen kriegerisch an seinen Grenzen stehen: Schon am Hindukusch beginnt der Angriff gegen die Sicherheit der Völkerrechts-Rechtsperson Deutschland, schon am Hindukusch muss zurückgeschlagen werden.

Wenn die Völkerrechtsqualität einer Person aber nicht mehr auf ein Territorium bezogen ist, das per Grenze gegenüber anderen Territorien anderer Völkerrechtssubjekte abgeschlossen ist, entfällt der Begriff der völkerrechtlichen Souveränität als des ausschließlichen Herrschaftsanspruchs über ein Gebiet. Terroristen kann das nur recht sein, den alten Mitgliedern der Völkerrechtsgemeinschaft, den Staaten, aber nicht. Denn so, wie sich ihr Handeln entgrenzt, entgrenzt sich auch das Handeln der Nachbarstaaten: Wir sind wieder im Krieg der Drohnen, in

dem jeder Staat sich auf dem Gebiet eines jeden anderen Staates
zuständig fühlt, gegen den Terrorismus zu kämpfen.

Der deutsche Staatsrechtler Erhard Denninger weist darauf
hin, dass es gerade der »territorialstaatlich geprägte Souverä-
nitätsbegriff« war, der seit dem Westfälischen Frieden 1648 die
Verhältnisse der zivilisierten Welt geordnet hat – »Höhe und
Kulminationspunkt dieser Epoche des internationalen Rechts ist
die Charta der Vereinten Nationen mit ihren Grundsätzen der
souveränen Gleichheit aller Mitglieder, des Gewaltverbots und
des Interventionsverbots.«

Keiner dieser Grundsätze würde in der neuen Völkerrechtsordnung überleben. Die Staatengemeinschaft würde sich einer
Art Weltinnenpolitik gegenübersehen, in der es keine Zuständig-
keiten und keine verbindliche Entscheidungsinstanz mehr gäbe.
Es wäre ein Völkerrecht für jedermann. Ein »kommunitäres Völkerrecht« (Mammen) wäre die rechtliche Grundlage für einen
Weltpolizeistaat: Auf der Suche nach dem obersten Feldherrn
in diesem Kriegsdurcheinander gegen den Terror käme man im
Zweifel schnell auf den amerikanischen Präsidenten.

Nicht mal das. Auch das amerikanische Imperium ist nicht
vor dem globalen Trend der Entterritorialisierung gefeit: Vom
Untergang bedroht ist der Staat an sich – der Staat als die größte
Kulturleistung der Neuzeit. Die Entwicklung, so die Princeton-
Professorin und Völkerrechtlerin Anne-Marie Slaughter, »ver-
weist auf die Zeit vor dem Westfälischen Frieden«.

Der Untergang des Staates ist allerdings ein quälender Prozess,
eine ständige Zerreißprobe. Die amerikanische Soziologin Saskia
Sassen, Professorin an der Columbia-Universität in New York
und zurzeit eine der am meisten zitierten Vordenkerinnen einer
neuen Weltordnung, lehrt[46]: »Ein entscheidendes, doch gern
übersehenes Kennzeichen der heutigen Zeit ist die wachsende
Zahl einer ganzen Reihe von unvollständigen, oftmals hoch
spezialisierten globalen Verknüpfungen aus Bruchstücken des
Territoriums, der Autorität und der Rechte, die sich allmählich
dem Zugriff der institutionellen Rahmenwerke des National-

staats entziehen.« Der Begriff »Globalisierung« sei dafür viel zu einfach: »Diese Verknüpfungen verlaufen quer zu der binären Unterscheidung von Nationalem und Globalem.« So seien diese übernationalen Vorgänge und Probleme zwar weiterhin in den nationalen, von territorialer Souveränität geprägten Institutionen »verortet«. Andererseits »entziehen sie sich (dem Staat) durch einen Prozess der Entnationalisierung«. Der Nationalstaat in der Krisenmangel.

125 »Instanzen« zählt die Wissenschaftlerin in der Welt des Jahres 2008, die ähnlich wie der Internationale Strafgerichtshof völkerrechtlich frei schwebend über dem Kopf der Nationalstaaten zur weltweiten Problemlösung angetreten sind, sie alle nagen an der guten alten Westfälischen Souveränitätsidee. Doch – »ihre wachsende Zahl bedeutet nicht das Ende der Nationalstaaten. Vielmehr wird das Nationale allmählich in seine Einzelteile zerlegt.«

Die These der Weltordnungs-Wissenschaftlerin: Diese neuen Entwicklungen »weisen auf das Entstehen neuartiger Anordnungen hin, die neben älteren Strukturen wie dem Nationalstaat und den zwischenstaatlichen Systemen bestehen können«. Kein Wissenschaftler und kein Politiker, schon gar kein Jurist habe das noch in der Hand: »Wir erleben heute den Übergang von einer zentrierten nationalstaatlichen Struktur zu einer wachsenden Anzahl spezialisierter, zentrifugaler Verknüpfungen.«

Die »bündelnde Kraft« (Sassen) des Nationalstaats ist »zentrifugalen« Kräften gewichen, die Westfälische Staatenordnung fliegt auseinander. Manche, die wie der Philosoph Jürgen Habermas auf die Kraft der Menschenrechte als »Weltbürgerrechte« bauen, mögen diese aufhaltsame oder unaufhaltsame Entwicklung begrüßen, so wie es von Menschenrechtsvereinigungen begrüßt wird, dass die Macht des Internationalen Strafrechts sich über Immunität und Souveränitätsansprüche von Diktatoren wie dem per Haftbefehl verfolgten Präsidenten des Sudan Omar al-Bashir hinwegsetzt. Das Ende der staatlichen Souveränität westfälischer Art erscheint gerade fortschrittlichen Denkern als Befreiung des Menschen von obrigkeitlicher Gängelung.

Doch sie sollten sich nicht zu früh freuen. Die Forscherin Sassen sieht für die Menschen des modernen Völkerrechts eine eher bedrohliche Entwicklung: »Wir erkennen eine neuartige Segmentierung innerhalb des Staatsapparates. Einerseits ist da ein wachsender und zunehmend privatisierter exekutiver Bereich, der auf spezielle globale Projekte ausgerichtet ist, wie nationalistisch seine Reden auch klingen mögen. Andererseits beobachten wir eine Aushöhlung der Legislative, die – wenn überhaupt – nur noch für innenpolitische Fragen zuständig ist.« Die Amerikanerin mag die amerikanische Kriegführung gegen den Terror im Hinterkopf gehabt haben, in der private Kriegsunternehmen wie Blackwater unter Berufung auf die *War Powers* des Präsidenten auf dem Schlachtfeld unkontrolliert gewütet haben. Sie nimmt aber auch das amerikanische Antiterrorgesetz, den *Patriot Act*[47], als Beispiel dafür, wie ein Polizeistaat entsteht: Durch die zunehmende Selbstermächtigung einer an internationalen Handlungsnotwendigkeiten orientierten Exekutive »erodieren die Persönlichkeitsrechte der Bürger«.

Staaten, die nicht mehr leben und noch nicht sterben können, die chronisch zerrissen sind zwischen internationalem Auftrag und nationaler Verantwortung, werden zur Gefahr für ihre Bürger. Die »wachsende Distanz« zwischen Staat und Bürgern manifestiert sich für die Wissenschaftlerin darin, dass sich Bürger in ihrem Staat nicht mehr zu Hause fühlen, ihn sogar zunehmend verklagen, sich als »Weltbürger« ihre individuelle »Ausstiegsstrategie« suchen. So werden Bürger heimatlos – und der Staat verliert sein Staatsvolk. In einem Gemeinwesen, das kein gemeinsames Projekt mehr hat, schwindet alle nationale Identität. So ein Gemeinwesen lässt sich nur noch mit Mühe durch eine Verfassung zusammenhalten. Für Staaten wie die Bundesrepublik oder auch die USA, die sich allein durch ihre Verfassung konstituieren, entfällt damit die Existenzgrundlage – und die Rechtsgrundlage ihrer Bürger.

Ende einer mehr als dreihundertjährigen Erfolgsgeschichte des Staates? Das Fazit der Bemühungen ums Völkerrecht im Zeitalter des Terrorismus ist jedenfalls bedrohlich: Erst haben die Völkerrechtler die staatliche Souveränität immer weiter zurückgedrängt, um den Menschenrechten zum Durchbruch zu verhelfen. Am Ende stehen die Menschen im Dunkel des Mittelalters. Ohne Staat. Und ohne Rechte.

Vierter Teil

FRIEDEN?
Schritte zu einem zivilen Weltgewaltrecht

Erstes Kapitel
Die Geschichte auf dem Rückweg

Der kleinste Krieg der Neuzeit war der Wasunger Krieg. Er kostete nur einen Soldaten das Leben. Schon deshalb lohnt es sich, seine Geschichte zu erzählen.

Der Krieg begann beim Abendessen. Die Speisen waren bereits aufgetragen, der Page stand zum Gebet bereit. Am Hof des Herzogs Anton Ulrich von Sachsen-Meiningen herrschte ein strenges Tischzeremoniell, das besonders pingelig eingehalten wurde, wenn der Souverän nicht da war. Und an diesem Augusttag des Jahres 1746 war er – wie so häufig – nicht da. So war es der Stallmeister und Hof-Stabs-Commandant von Buttlar, der sich berufen fühlte, der rangältesten Hofdame, Christiane Auguste von Gleichen, einer geborenen von Schick, die unangenehme Mitteilung zu machen, der Landesherr habe befohlen, »dass die Frau von Pfaffenrath den Rang vor allen Damens haben soll«. Frau von Gleichen, zutiefst empört, konnte zunächst gar nicht reagieren. Als sich die Flügeltüren zum Speisesaal öffneten, betrat Frau von Pfaffenrath, die günstig postiert war, als Erste den Saal. Frau von Gleichen eilte um die Tafel herum zum Minister von Pfau und erklärte, wenn sich dieser Affront am Ende der Tafel wiederholen sollte, werde sie die Pfaffenrath »mit Aufopferung ihres Reifrockes zurückziehen und ihr ein paar Worte sagen, welche sehr verdrießlich werden könnten«. Der kluge Minister wendete den Eklat ab, indem er der Edelfrau empfahl, doch einfach die Tafel vor dem Schlussgebet zu verlassen – dann sei sie ja beim Hinausgehen die Erste.

Schlechte Zeiten für Diplomatie. Frau von Gleichen wollte Krieg. Zu ungerecht fand sie die Anordnung des Herzogs, ihre Degradierung. Diente ihr Gatte, der Landjägermeister Ludwig von Gleichen, nicht seit vierzig Jahren? Wohingegen der Mann der Pfaffenrath ein Geworfener war, kein Geborener. Justus Hermann Pfaffenrath war doch erst eilig geadelt worden, nachdem er sich das Herz der Comtesse Wilhelmine Amalie gegen den Willen des Vaters, des Grafen Friederich Wilhelm zu Solms-Hohensolms selig, erobert, nein, erschwindelt hatte. Nun hieß die Comtesse zu Solms-Hohensolms einfach nur noch Frau von Pfaffenrath – und dadernach war sie auch. Gerüchte über voreheliche Abenteuer der lebenslustigen Comtesse verbreitete die düpierte Frau von Gleichen unermüdlich überall im Meininger Land. Sie trieb es so toll, dass schließlich der Herzog eingriff. Er verlangte erst, dass sich die ehemalige Erste Hofdame bei der neuen Ersten Hofdame »knieend und öffentlich« entschuldige. Als das – natürlich – nicht fruchtete, ließ der Herzog die Edle und ihren Gatten einsperren – in das berüchtigte Gefängnis »Rosenthal«.

Die Affäre eskalierte: Aus der Haft heraus vermittels eines Freundes rief die inhaftierte Hofdame am 7. Januar 1747 die oberste juristische Instanz des Heiligen Römischen Reiches Deutscher Nation an – das Reichskammergericht in Wetzlar. Die Richter reagierten prompt: Das Ehepaar, so erging Befehl an das Herzogtum Meiningen, sei sofort aus der Haft zu entlassen. Die Meininger reagierten, indem sie die Haftbedingungen verschärften.

Nun schickte das Gericht eine Zweitausfertigung des Befehls dem Herzog persönlich. Dieser war allerdings mal wieder nicht da, sondern weilte in Frankfurt. Auch in Frankfurt konnte der Gerichtsbote nichts ausrichten: Der Herzog warf ihn einfach aus dem Haus.

Da beauftragte das Reichskammergericht Herzog Friedrich III. aus dem benachbarten Sachsen-Gotha damit, das Ehepaar von Gleichen zu befreien, es sicher zu verwahren und innerhalb eines Monats Bericht zu erstatten.

So macht man das: *law enforcement* im Alten Reich. Herzog Friedrich III., froh, seinem ungeliebten Vetter eins auswischen zu können, setzte 20 Offiziere und 891 Mann in Marsch, ausgestattet mit einem Blockmörser und 18 Bombarden. Die Meininger ihrerseits besserten ihre Wälle aus, richteten die Kanonen, ließen Wasser in den Graben und schlossen die Stadttore. Beim meiningenschen Dorf Niederschmalkalden kam es zum Gefecht, am 12. Februar 1747 fiel der sachsen-meiningensche Leutnant Zimmermann. Tags darauf besetzten die siegreichen sachsen-gothaischen Truppen das Städtchen Wasungen und machten Anstalten, Meiningen zu erobern. Schon die Nachricht wirkte Wunder: Alsbald meldete sich die umgehend freigelassene ehemalige Erste Hofdame bei der feindlichen Heeresleitung in Wasungen. Dort war man enttäuscht: Der Kriegsgrund war beseitigt, keine Heldentaten mehr und keine Siege.

Die Soldaten machten ihren eigenen Frieden mit den Wasunger Bürgertöchtern. Einige von ihnen haben sie sogar geheiratet. Am Haus der Meininger Ernestinerstraße Nummer 14 aber kündet bis heute eine Plakette: »Hier wohnte Wilhelmine von Pfaffenrath, Urheberin des Wasunger Krieges.«

Schon diese Inschrift muss den kundigen Leser dieses Buches aufhorchen lassen. Wieso eigentlich Krieg? Hier hat ein Gericht das Recht durchgesetzt. War das nicht eine gerichtliche Vollstreckungsmaßnahme, klassische Polizeiarbeit? Und wieso ist die gute Pfaffenrath schuld? War sie doch von edelstem Geblüt derer von Solms-Hohensolms. Außerdem hatte sie doch den Herzog auf ihrer Seite, und der Herzog war der Souverän: Er setzte das Recht. Wie kommt das Gericht in Wetzlar überhaupt dazu, sich da einzumischen?

Der Frankfurter Rechtshistoriker Michael Stolleis hat, nach einem Spaziergang in Meiningen, die alte Geschichte ans Licht der staatsrechtlichen Fachwelt gezogen.[1] Denn der 250 Jahre alte Fall verweist auf eine weitgehend vergessene Einrichtung, die manchen als Modell für eine Neuordnung der Welt von morgen erscheinen könnte: Das Reichskammergericht, das mehr als dreihundert Jahre lang – mit wechselndem Erfolg – im Heiligen Römischen Reich Deutscher Nation dafür zuständig war, im Durcheinander kleiner und großer Fürstentümer und Staaten, eigensinniger Herzöge und frömmelnder Politiker so etwas wie eine überstaatliche Ordnung zu pflegen. Die Richter hatten das letzte Wort über die Zwistigkeiten im Reich ohne Mitte: Das Deutsche Reich hatte keine andere funktionierende Machtzentrale, zu Zeiten der Ersten Hofdame etwa setzte sich Deutschland aus bald 2000 Ministaaten zusammen, neben den Giganten Preußen und Österreich meist kleinen, nicht selten aber größenwahnsinnigen Fürstentümern, deren souveräne Herren den Umgang mit ihren Bürgern als »innere Angelegenheiten« betrachteten.

Dreihundert Jahre lang, bis zum Zerfall des Reiches 1806, funktionierte die Superinstanz. Sie fasziniert, mitsamt ihren skurrilen Rechtsfällen, noch heute Rechtshistoriker und Völkerrechtsexperten. Könnte so eine Instanz ein Vorbild für die Neuordnung der ins Durcheinander von innen und außen geratenen Staatenwelt sein? Ein Weltkammergericht, zuständig für die Grenzfälle zwischen Krieg und Frieden, ebenjene Grenzfälle, die nun die Westfälische Staatenordnung an den Rand ihrer Funktionsfähigkeit zu bringen drohen?

Das Reichskammergericht war die erste Instanz einer Idee, die bis heute das Völkerrecht antreibt: Frieden durch Recht. Das ist eine Idee, die viel älter ist als die moderne Staatenwelt, sie steht am Anfang der Neuzeit. 1495, gleich nach der Entdeckung Amerikas und der Erfindung des Buchdrucks mit beweglichen Lettern, verkündete Maximilian I. auf dem Reichstag in Worms den »Ewigen Landfrieden«. Zu seiner Durchsetzung gründete er das Reichskammergericht.

Die Trennung von Recht und Gewalt, von Frieden und Krieg, erlangte Bedeutung für die gesamte zivilisierte Welt. Dabei war es ein Jahrhunderte langer Prozess gewesen, der zum »Ewigen Landfrieden« geführt hatte. Stück für Stück, wie das Land am Ufer des Meeres, war das von Willkür, Aberglaube und dem Gewaltrecht des Stärkeren geprägte gesellschaftliche Leben des Mittelalters trockengelegt, dem Friedensregime des Rechts zugeführt worden. Der Trockenlegungsprozess begann bereits im 10. Jahrhundert in Frankreich. »Gottesfrieden« hießen die

Vereinbarungen zwischen dem weltlichen Adel und kirchlichen Würdenträgern: Kirchen und Priester, Frauen und Bauern sollten wenigstens an heiligen Tagen der Woche von willkürlichen Übergriffen der adeligen Obrigkeit verschont sein. Bald wurden in ganz Europa solche Landfriedensvereinbarungen gepflegt, in denen sich die Adligen unter Eid der Kirche verpflichteten. Später gab es dazu das erste Strafrecht: Todesstrafe gar drohte denjenigen, die den Landfrieden, der nun auf immer mehr Wochentage ausgedehnt wurde, verletzten. Zur Überwachung des Friedens gab es extra Truppen – die Geburtsstunde der Polizei. Fast fünfhundert Jahre funktionierte dieses Selbstbefriedungssystem in den Staaten des Reiches mehr schlecht als recht – bis 1495 Maximilian I. auf den entscheidenden Trick kam: Damit der Frieden »ewig« würde, brauchte er eine zentrale Macht, die das Recht des Friedens auch gegen den Willen der streitlustigen Fürsten durchsetzte.

Das Gericht in Speyer, später in Wetzlar hielt sich trotz aller Anfeindungen, es überlebte den Dreißigjährigen Krieg – den es andererseits nicht verhindern konnte – und die anschließende Gründung souveräner, selbstbewusster Staaten im Westfälischen Frieden. Es überlebte den hochnäsigen jungen Herrn Goethe, der 1772 in Wetzlar hospitierte und sich über den von Streitfällen aus dem Riesenreich völlig überlasteten Laden lustig machte. Er hatte ja recht: Manche Prozesse vor dem Reichskammergericht dauerten mehr als hundert Jahre.

Auch dies erinnert an die Zustände der späten Neuzeit: Preußen, die Supermacht unter den vielen kleinen Staaten des Reiches, fand die Wetzlarer unsäglich und tat alles, dem Gericht die Luft zu nehmen. So war es auch im Wasunger Krieg. Bald nach Freilassung der Frau von Gleichen intervenierte aus Preußen Friedrich der Große bei dem Sachsen-Gothaer Herzog und Namensvetter: Er hätte das Mandat des Reichskammergerichts nicht annehmen dürfen. Denn natürlich habe der Herzog von Meiningen recht, das Verfahren vor dem Reichskammergericht sei der »Reichsstände Ehre, Würde und Ansehen höchst präjudizierlich und nachteilig«. Wundervoll: präjudizierlich. Ein zierliches Wort, das deutlich macht, was den Ärger des Friedrich erregte. Nicht mehr er hatte das letzte Wort, sondern das Recht. Das Reichskammergericht überlebte auch dies. Frieden durch Recht: So einfach war die Idee nicht kaputt zu kriegen.

»Eine neue Weltgewaltordnung«

Der Stärkste sorgt für Frieden – Globale Unordnung –
Es wird dunkel – Frieden durch Krieg – Frieden durch Recht –
Heiliger Römischer Innenminister

Das Reichskammergericht, so sagen manche, war das auf Europa begrenzte Modell eines Weltsicherheitsrates. Doch das stimmt nicht ganz. Das Gericht war so beständig, weil es unabhängig war von den Launen der Fürsten, auch von denen Friedrichs des Großen. Der UN-Sicherheitsrat ist im Griff der egoistischen Machtinteressen der Vetomächte. Mit seinen Resolutionen, die meistens mühsam ausgehandelte Kompromisse sind, hat die Weltinstanz es nicht hinbekommen, die Unterscheidung von Krieg und Frieden, die entscheidende zivilisatorische Barriere der Neuzeit, aufrechtzuerhalten. Die bedingungslose Gewaltanwendung der Militärs und die rechtsgeleitete Rechtsdurchsetzung der Polizei verschwimmen in den weltweiten Auseinandersetzungen mit dem Terrorismus. Die territorialen und rechtlichen Grenzen der Staaten lösen sich auf. Wenn Frieden durch Recht der Traum der Neuzeit war, dann droht uns im 21. Jahrhundert die Postneuzeit. Von »einer neuen Weltgewaltordnung« reden schon die Politikwissenschaftler[2], einer Weltordnung, in der, wie in den Zeiten vor dem Reichskammergericht, der Stärkste für Frieden sorgt – eine Pax Americana.

Wer versucht, die in diesem Buch geschilderten Entwicklungen zusammenzufassen, kann den Eindruck gewinnen, dass die Geschichte rückwärts abläuft. Vor den Herausforderungen der terroristischen Bedrohung neigen Politiker in Europa und in den Vereinigten Staaten dazu, die Errungenschaften des Ewigen Landfriedens abzuwickeln. Sachverhalte, die über Jahrzehnte, vielleicht Jahrhunderte zum rechtlich geregelten Konfliktbereich zwischen Staat und Bürgern gehörten, werden nun dem Krieg zugeschlagen oder ihm wenigstens angenähert.

Im Zweiten Teil wurde ausführlich untersucht, wie innerhalb der staatlichen Grenzen immer mehr Bürger von Normadressaten des Rechtsstaates zu Feinden eines nicht erklärten Krieges gegen den Terror werden. Im Dritten Teil wurden Versuche referiert, die Ordnung des Krieges in die Rechtsordnung der Staaten zu importieren und zugleich die völkerrechtliche Barriere zwischen menschenrechtlich geschütztem Frieden und nur von humanitären Erwägungen entschärftem Krieg zu verwischen. Immer häufiger scheint es unmöglich, noch zwischen Rechtsdurchsetzung und kriegerischer Gewalt zu unterscheiden. Im Ergebnis bleibt – so befürchten kritische Beobachter – der Bürger schutzlos gegenüber einem unangreifbaren und unkontrollierbaren Konglomerat kriegerischer staatlicher Mächte: eine Weltordnung, in der Krieg und Frieden nicht mehr zu trennen sind. Das Recht in »globaler Unordnung« (Erhard Denninger). Kann ein Gericht da noch was richten?

Es wird dunkel wie im Mittelalter. Statt der Neufassung eines Ewigen Landfriedens erleben wir, wie das Völkerrecht ausfranst: Statt staatliche Gewalt zu begrenzen, gibt es immer neuen Gründen der gewaltsamen Selbstverteidigung Raum, die Menschenrechte als neue Weltbürgerrechte werden an die immer enger werdenden Bedingungen eines »Friedens« geknüpft, den keiner mehr halten kann. Stattdessen greift die vorneuzeitliche Idee wieder Raum, dass Frieden mit Gewalt zu erzielen sei. Frieden durch Krieg: Das ist die zynische Umkehrung der Ordnung des Ewigen Landfriedens, wie wir sie erleben, seit der »Krieg gegen den Terror« ausgerufen wurde, seit die Vereinigten Staaten wie einst die Kreuzzügler gegen die »Achse des Bösen« antraten, Menschen verschleppten und fremde Länder mit Gewalt und

Verheerung überzogen. Frieden durch Krieg: Das ist die Sicherheitsphilosophie, mit der Nato-Truppen sich ermächtigt sehen, am anderen Ende der Welt »Risiken« militärisch zu bekämpfen, weil die eines Tages in einem Europäischen Land zu Rechtsbrüchen führen könnten.

Die atavistische Weltgewaltordnung infiziert schließlich die inneren Rechtsordnungen der Staaten. Für den deutschen Innenminister ist »mittlerweile von allen Fachleuten anerkannt«, dass es zwischen innerer und äußerer Sicherheit keinen Unterschied mehr gibt. Entgrenzt wird damit nicht nur der Zuständigkeitsbereich des Innenministers, entgrenzt wird die staatliche Souveränität und der von ihr garantierte Rechtsstaat. Und wo es keine Grenzen gibt, gibt es kein Recht. Der deutsche Innenminister wird Teil eines Welt-Polizeireichs, das – wie einst das Heilige Römische Reich Deutscher Nation – keine Zentrale hat, sondern nur mehr oder weniger größenwahnsinnige Machthaber. Krieg und Frieden sind nicht mehr zu trennen. Und kein Kammergericht weit und breit. Ist dies das Ende der Geschichte von Frieden durch Recht?

»Die innere und die äußere Sicherheit sind nicht mehr zu trennen«: Mit diesem Satz ist die Welt aus den Fugen zu heben. Wenn der deutsche Innenminister mit dieser Behauptung recht hat, sind staatliche Grenzen überflüssig, und rechtliche Grenzen in der Folge auch. Dann steht es in unserem Belieben, Bürger als Feinde auszuzeichnen und statt Recht zu üben Krieg zu führen. Wenn der deutsche Innenminister recht hat, wären Krieg und Frieden weltweit nicht mehr auseinanderzuhalten.

Er hat aber nicht recht.

Um das zu zeigen, gehen wir abermals zurück in die ruhmreiche Geschichte des Wasunger Krieges. Wofür ist denn der arme Leutnant Zimmermann gefallen? Für den Herzog? Für Sachsen-Meiningen? Er ist überhaupt nicht gefallen, er ist im Dienst verunglückt beim Versuch, die Rechtsdurchsetzung zu behindern. Der Herzog, wenn er denn mal da gewesen wäre, hätte dem toten Soldaten gleichwohl einen postumen Orden verliehen: Er starb, aus seiner Sicht, bei der Abwehr eines Angriffs auf die Unversehrtheit des Herzogtums Meiningen und der Souveränität des Herzogs.

Galt der Wasunger Krieg der inneren oder der äußeren Sicherheit? Innen und außen, so scheint es, kann man viel leichter verwechseln als rechts und links. Das heißt aber nicht, dass es keine klaren Unterschiede gebe.

Die innere Sicherheit ist die Unversehrtheit aller rechtmäßig eingesetzten Institutionen, Rechte und Rechtsvorschriften innerhalb einer Rechtsordnung. Das Wort »innen« stammt daher, dass diese Rechtsordnung normalerweise eine staatliche ist – und ein Staat herkömmlich ein territorial begrenztes Gebilde. Es hat aber ebenso Sinn, von der »inneren Sicherheit«

etwa einer Selbstverwaltungskörperschaft wie einer Universität zu sprechen, die zwar eine abgeschlossene Rechtsordnung darstellt, aber nicht notwendig auf einen territorialen Fleck bezogen ist. Zwar ging es im Fall der eingekerkerten Frau von Gleichen nicht um die Rechtsordnung des Herzogtums Sachsen-Meiningen, und darauf wies der wütende Herzog den Gerichtsvollzieher auch hin, indem er sagte, er habe nichts Unrechtes getan, er habe mit der Inhaftierung der Widerspenstigen nur »sächsisches Recht angewendet«. Aber, das war der Trick, der Ewige Landfrieden begründete höheres Recht, durchgesetzt von einer höheren Instanz. Innerhalb dieser Rechtsordnung war aber die Befreiung der Frau angeordnet worden. Es ging also um eine Affäre der inneren Sicherheit.

Innere Sicherheit entsteht durch Verrechtlichung: Alles, was nicht mehr der nackten Gewalt des Krieges, sondern der organisierten Rechtlichkeit unterliegt, ist »innen«. Derjenige, der den Rahmen setzt, überwacht auch seine Einhaltung – dann herrscht innen Sicherheit. So entstand mit der Verkündung des Ewigen Landfriedens ein europäischer Raum der inneren Sicherheit und des Rechts.

Ein bisschen Klarheit schafft Frieden: Wenn wir genau wissen, was innere Sicherheit ist, werden die Grenzen zwischen Krieg und Frieden klarer: Gewalt des Garanten der inneren Sicherheit zur Durchsetzung »seines« Rechts ist friedensstiftende Polizeiarbeit, Gewalt, die anderen Zwecken dient, findet »draußen« statt, im Dschungel: Da ist Krieg.

Der äußeren Sicherheit dienen Bemühungen der Gewalthaber eines Rechtssystems, die nicht der Durchsetzung eben dieses Systems dienen. Was für Bemühungen können das sein?

Gefahren vom ganzen System »als solchem« abzuwenden. Das ist eine verbreitete Antwort. Sie liegt auch nahe, weil sie sich mit der üblichen Kriegsrhetorik nicht nur im Herzogtum Sachsen-Meiningen deckt, die den Tod im Krieg als gewaltsamen Kampf für die äußere Sicherheit als Opfer für das »Ganze« deklariert, heißt es nun Vaterland oder Nation oder westliche Freiheitsordnung. Doch diese Begrifflichkeit, so eindrucksvoll und ordensträchtig sie sein mag, führt in die Irre. Denn wie erkenne ich eine »Gefahr fürs Ganze«?

Traditionell war das natürlich nicht schwer: Ein Eroberer, der einem Staat den Krieg erklärt, will ans »Ganze«. Er will, wie dies die amerikanische Soziologin Saskia Sassen ausdrückt[3], die spezielle Zuordnung von Territorium, Rechtsordnung und Autorität verändern – und zwar in der Regel zu seinen Gunsten. Auch ohne Kriegserklärung konnte diese Absicht, wie Adolf Hitler im Zweiten Weltkrieg mörderisch deutlich machte, ohne Weiteres erkennbar sein. Doch das beklagte Zerfließen der inneren mit der äußeren Sicherheit wird ja gerade damit begründet, dass die großen Bösewichter der Gegenwart ihre Absichten, so weit sie denn welche haben, nicht mehr deutlich machen, sondern durch Gewalttaten handeln, die deutungsbedürftig sind: Ist das nun ein Angriff auf die innere oder die äußere Sicherheit?

In dieser Not sind Deutungsregeln entwickelt worden, deren Gefährlichkeit wir in den vorangegangen Kapiteln kennengelernt haben. Es komme darauf an, so ist eine verbreitete Ansicht, ob der Täter sich außerhalb der Rechtsordnung stelle und diese quasi von außen angreife und so als Ganzes bekämpfe.[4] In die gleiche Richtung zielen Überlegungen, den Feind der äußeren Sicherheit vom inneren Rechtsbrecher durch dessen »politische« Motivation abzugrenzen – dies geschieht gern in Anlehnung an Carl Schmitts Theorie des Partisanen. Hier wird der Kämpfer für eine fremde (Rechts-)Ordnung dem um sich schlagenden Michael Kohlhaas als Feind der inneren Rechtsordnung gegenübergestellt.[5] Ähnlich auch der Vorschlag Herfried Münklers, der von »politischen Akteuren«[6] spricht – so, als wäre das Mitglied einer rabiaten Bürgerinitiative ein feindlicher Krieger. All diese Deutungsregeln haben für die Betroffenen katastrophale Folgen: Kommt der Gewalthaber zu dem Ergebnis, dass nicht die innere, sondern die äußere Sicherheit bedroht sei, dass es also ums Ganze gehe, kann es dem Betroffenen passieren, dass er all seiner Grundrechte und Menschenrechte verlustig geht, dass er inhaftiert oder sogar getötet wird. Wir haben oben[7] Franz Kafkas Josef K. bemüht, um die Katastrophe zu beleuchten, die es für einen Menschen bedeutet, zum Feind erklärt zu werden.

Wer einem Menschen solches zumutet, muss sich seiner Sache zumindest sehr sicher sein können. Doch gerade daran mangelt es bei den erwähnten Unterscheidungsvorschlägen. Einem uniformierten Soldaten lässt sich ohne Weiteres ansehen, ob er Freund oder Feind ist. Das Feindbild der sogenannten asymmetrischen Kriege ist weitaus vager. Denn überall, wo der Staat gegen nicht staatliche Gewaltkräfte antritt, lassen sich Beteiligte nur schwer in Rechtsbrecher und Rechtstreue einerseits, Feinde andererseits aufteilen. Selbst im manifesten Krieg, wie ihn Israel zu Jahresbeginn 2009 gegen die Hamas-Bewegung im Gazastreifen führte, ist Streit entstanden, ob die uniformierten israelischen Soldaten nicht bei ihren Angriffen auf die Bevölkerung in den Städten und Dörfern Gazas die Falschen getroffen haben – auch im Krieg ist das, wenn es mutwillig geschieht, ein Verbrechen. Wie viel schwerer wird die Trennung von Feinden und Nichtfeinden erst, wenn es, wie im Kampf gegen den Terror, um die Abwehr nicht manifester, sondern künftiger Übergriffe geht? Wenn das Vorgehen gegen den Terror sich auf Verdacht gründet, schlimmer noch, auf der Möglichkeit eines Geschehens, sogar, wie wir oben zeigten[8], auf böse Absicht oder innere Neigungen abstellt? In Situationen, in denen Menschen solchen Unterstellungen der Gewalthaber ausgesetzt werden, sind sie umso mehr auf ihre Grundrechte und Menschenrechte angewiesen, um sich wehren zu können. Gerade solchen Personen den Schutz der »inneren« Rechtsordnung verweigern? Irgendetwas stimmt da nicht.

Die Fragwürdigkeit solcher Deutungsversuche der »äußeren Sicherheit« könnte als Beleg dafür gesehen werden, dass der deutsche Innenminister mit seiner Behauptung, man könne Äußeres und Inneres nicht mehr sinnvoll trennen, doch recht hat. Es könnte aber auch sein, dass diese Deutungsversuche auf den falschen Weg führen.

»Anhaltende koordinierte Kampfhandlungen«

Alte und neue Kriege – Unendlich viele Ursachen – Flugzeug Richtung London – Nerven behalten – Unlösbare Probleme – Alle Schurken werden bestraft – Die Rechtsordnung wirkt, so weit sie wirkt

Die Abgrenzung von innerer und äußerer Sicherheit muss, statt sich mit Verdächtigungen in die Ziele des Angreifers hineinzuversetzen, von der Situation des Verteidigers ausgehen. Für die (staatliche) Autorität, die als Garantiemacht einer Rechtsordnung Verantwortung trägt, lässt sich jedes Sicherheitsproblem danach beurteilen, ob sie rechtlichen Zugriff auf die Problemursachen hat. Liegen die Ursachen der drohenden Rechtsverletzung im Regelungsbereich einer der Normen des Rechtssystems, handelt es sich um ein Problem der inneren Sicherheit. Liegen die Ursachen außerhalb der rechtlichen Reichweite, geht es um ein Problem der äußeren Sicherheit. Im inneren Bereich kann folgerichtig die Problemlösung nur in rechtlich geordneter Rechtsdurchsetzung liegen, im äußeren Bereich kommen, da die Mittel des Rechts definitionsgemäß nicht zur Verfügung stehen, nur Mittel der nackten Gewalt in Betracht.

Es ist wichtig festzuhalten, dass die Unterscheidung nicht am Unrechtserfolg, sondern an der Unrechtsursache anknüpft: Der unerwünschte Erfolg – Verletzung einer Rechtsnorm, eines Rechtsguts oder einer Institution – ist meistens ein Erfolg, der sich innerhalb des Rechtsordnung abspielen würde, wenn er sich verwirklichen dürfte: Die »äußere Sicherheit« ist ja nicht die Sicherheit ausländischer Werte, sondern die Sicherheit der betroffenen Rechtsordnung mit Mann und Maus. Auch der Feind wird nicht bekämpft, weil er fremde Länder erobern will, sondern weil er irgendwann als Eindringling im eigenen Lande steht. Geht es umgekehrt darum, den Feind vom Verletzen fremder Rechtsordnungen abzuhalten, mag auch dies ein legitimes Kriegsziel sein – niemand würde dies ohne Weiteres mit dem

Schutz der »äußeren Sicherheit« des Bundesgebietes rechtfertigen.

Es ist also nicht überzeugend, wenn Depenheuer[9] erklärt, es komme nicht darauf an, ob ein Angriff von innen oder von außen komme, wichtig sei nur, ob er sich im Inland manifestiere. Wer nicht auf die Ursachen, also auf die Herkunft eines Terrorangriffs schaut, hat natürlich kein Problem, innere und äußere Sicherheit mangels Unterscheidbarkeit in einen Topf zu werfen und sie – wie Depenheuer – gemeinsam dem Zugriff der Bundeswehr zu unterstellen.

Unsere These, dass es zur Abgrenzung von innerer und äußerer Sicherheit und damit letztlich zur Abgrenzung von Krieg und Frieden drauf ankommt, ob eine Gefahr von innen oder von außen droht, hat den Vorteil, dass sie vernünftig klingt. Damit ist gemeint, dass sie ganz allgemein den Sprachgebrauch trifft, der sich seit jeher mit dem Begriff des Krieges verbindet. Dass sie gegenüber den neuen, asymmetrischen Kriegen nicht greife, dass sie nutzlos sei gegenüber Feinden, die ortlos, oft nur im Internet, meist undercover zwischen außen und innen fluktuieren, kann nur von jenen behauptet werden, die »innen« und »außen« rein territorial betrachten. Beziehen wir die Unterscheidung auf die rechtlichen Handlungsmöglichkeiten des Staates, lösen sich viele Probleme von selbst.

Aber, aber. Es gibt ein wichtiges Gegenargument gegen die Brauchbarkeit der Unterscheidung: Jedes Schadensereignis, jeder Terrorakt hat prinzipiell unendlich viele Ursachen. Aus der von Juristen allgemein als »Äquivalenztheorie« bezeichneten Einsicht, dass jede Ursache wieder ihre Ursache hat und dass alle Ursachen gleich gewichtig sind, folgt leider, dass sich die Ursachen aller Terroranschläge so lange zurückverfolgen lassen, bis man irgendwann im Ausland landet. Umgekehrt ist es sehr wahrscheinlich, dass auch ein Terrorakt im Irak, sucht man nur lange genug, Ursachen in der Rechtsordnung des Grundgesetzes finden wird. Abseits aller Spitzfindigkeiten wird das Problem ja schon im vorgestellten Fall deutlich, dass ein Flugzeug in Paris startet, beim Überfliegen des Rheins von Terroristen übernommen wird und nach mehreren Abfangversuchen Richtung London verschwindet, wo es abzustürzen droht: Was ist für wen wann außen und innen?

Wenn alle Beteiligten die Nerven behalten und auch der deutsche Verteidigungsminister seine Ankündigung, in so einem Falle einfach den Abschuss zu befehlen, nicht wahr macht, kommt man zu ganz vernünftigen Ergebnissen. Ausgangspunkt für die Frage, ob hier die innere oder äußere Sicherheit der Bundesrepublik bedroht ist, ist die Rechtsmacht, die der Staat zum Zeitpunkt der Entscheidung über die dann zur Disposition stehenden Ursachen hat: Natürlich ist es müßig, in der geschilderten Situation darüber zu diskutieren, ob die Sicherheitsvorkehrungen am Ausgangsflughafen hätten verbessert werden müssen. Die einzige Ursache für den drohenden Absturz, die der deutschen Rechtsordnung überhaupt zugänglich ist, ist die im deutschen Luftraum fliegende Maschine. Was mit dieser Maschine zu geschehen hat, liegt nicht nur in der tatsächlichen, sondern auch in der rechtlichen Reichweite des Staates. Die Maschine fliegt nicht im rechtlichen Niemandsland, der Umgang mit ihr ist verrechtlicht. Die rechtliche Ordnung, innerhalb der die Maschine fliegt, sagt allerdings aus dem Mund des Bundesverfassungsgerichts[10], dass die Menschenwürde der Flugzeuginsassen nicht durch deutsche Gewaltakte beeinträchtigt werden darf. Es handelt sich also – vorübergehend – um ein Problem der inneren Sicherheit, allerdings um ein unlösbares. Damit wird es aber nicht zum Problem der äußeren Sicherheit. Denn dann wäre der Zustand erreicht, den sich ein Innenminister nur wünschen kann: Alle Probleme, die zu lösen das Gesetz verbietet, lösen wir eben mit dem Kriegsrecht.

Es reicht also, wenn zumindest eine der vielen in Betracht kommenden Ursachen in Reichweite des deutschen Rechts liegt. Andererseits kommt es darauf an, ob diese Ursache geeignet ist, im zuständigen Recht eine sicherheitsfördernde Maßnahme auzulösen. Wenn nicht, kommt es darauf an, nach weiteren rechtlich einschlägigen Ursachen zu suchen. Dieses Verfahren ist im innerstaatlichen Polizeirecht geradezu Standard: Ob eine »Gefahr« im Sinne der Polizeigesetze vorliegt und ein Eingreifen ermöglicht, entscheidet sich[11] an der zum Zeitpunkt der Entscheidung zur Verfügung stehenden Prognosegrundlage. Diese Grundlage ist die Erkenntnis über eine Reihe von Tatsachen, die als Ursachen eines bevorstehenden Schadens in Betracht kommen. Nun kann es vorkommen, dass solche Ursachen für die Begründung einer Schadensprognose mit der notwendigen Wahrscheinlichkeit keine hinreichende Grundlage bieten – die Voraussage wäre beispielsweise zu vage. Dann liegt keine Gefahr im Sinne des Gesetzes vor. Die Polizei darf nichts tun, sondern muss neue Ursachen suchen gehen. Zweite Möglichkeit: Auch wenn eine Gefahr prognostiziert wird, ist der Zugriff auf die rechtlich erreichbaren Ursachen gleichwohl nicht möglich, weil er aus anderen Gründen der Rechtsordnung verboten ist – etwa und typischerweise, weil er eine unverhältnismäßige Verletzung konkurrierender Rechtsgüter mit sich brächte. Auch dann kann nichts getan werden, die innere Sicherheit zu schützen. Das ist die Situation des Flugzeug-Beispiels.

Der extrem unwahrscheinliche Fall der Bedrohung der inneren Sicherheit durch ein Terrorflugzeug am Himmel über Deutschland wird in der politischen Diskussion so häufig zitiert, weil er das Dilemma so deutlich macht, in das sich ein Staat begibt, der auf der Trennung von innerer und äußerer Sicherheit beharrt: Es kann vorkommen, dass Gefahren, die unter das Regime der inneren Sicherheit gelangen, nicht bekämpft werden können, weil die Rechtsregeln, die dann einschlägig sind, die Gefahrenabwehr verbieten. Im Flugzeug-Fall bedeutet das, dass unter Umständen Tausende sterben müssen, weil die Rechtsordnung verbietet, ein Flugzeug, das auf ein vollbesetztes Fußballstadion zurast, mit militärischen Mitteln vom Himmel zu schießen.

Nun soll das Szenario nicht mit dem Hinweis vom Tisch gemogelt werden, dass es extrem unwahrscheinlich ist. Aber

die Erkenntnis, dass es kaum einen denkbaren Fall gibt, in dem
so ein Abschuss rechtzeitig möglich und nützlich wäre, gibt uns
ein wenig Gelassenheit, das Problem in rechtsstaatlicher Ruhe
zu betrachten. Der Fall ist tatsächlich nur die extreme theore-
tische Zuspitzung einer bekannten und allgemein akzeptierten
Situation: Im Geltungsbereich der von uns akzeptierten Rechtsordnung gibt es zahllose Fälle, in denen Gefahren, ja sichere
Verheerungen in Kauf genommen werden, weil wir die Opfer
einer wirksamen Abwehr scheuen. Das gesamte Polizeirecht und
genau betrachtet auch das Strafrecht existieren gerade zu dem
Zweck, die Fälle, in denen staatlich interveniert werden darf,
von denen zu trennen, in denen das besser unterbleibt. »Alle
Schurken werden angemessen bestraft« – eine solche Norm
würde unter einem geeigneten Justizminister flächendeckende
Remedur schaffen – allein, sie wäre kein Recht, weil sie nichts
begrenzt. Das Recht begrenzt nicht nur die Suche nach Sicherheit, es zwingt zuweilen sogar dazu, bewusst Risiken in Kauf
zu nehmen: »Im Zweifel für den Angeklagten« ist ein Gebot
des Strafrechts, das manchmal in der rechtsdurchsetzungslüs-
ternen Öffentlichkeit für Irritationen sorgt. »Im Zweifel für die
Freiheit« ist ein Verfassungsgrundsatz des Grundgesetzes, der
sogar bei manchen Staatrechtslehrern für Irritationen sorgt. [12]
Sogar Massensterben nimmt die Rechtsordnung in Kauf, weil
die Bekämpfung der Ursachen zu viele Freiheitseinschränkun-
gen oder einfach zu viel Geld kosten würde: Tausende, die im
Autoverkehr sterben, sind so nicht Grund genug, auch nur die
Geschwindigkeit nachhaltig zu beschränken. Die Menschenopfer, die jährlich durch Feinstaub in der Luft gefordert werden,
zählt man in Brüssel penibel – und die Kosten einer umfassenden Sanierung der verantwortlichen Dreckschleudern werden
von den Mitgliedstaaten dagegen aufgerechnet. Die Gesellschaft
ist eine »Risikogesellschaft« [13]: Mit welchen Risiken sie leben will,
entscheidet sie durch die Grenzen, die sie staatlichem Handeln
mit Parlamentsgesetzen setzt. Zumindest in der Demokratie
werden die Grenzen der inneren Sicherheit vom Volk gesetzt.

Entsprechend ist es kein Wunder, wenn der Staat und die von ihm bezahlten Minister dies als Begrenzung ihrer Bemühungen empfinden. Doch wenn sie mit der Behauptung, sie könnten innere und äußere Sicherheit nicht trennen, statt des Polizeirechts das Kriegsrecht benutzen wollen, ist dies undemokratisch. Denn im Bereich des Kriegsrechts gelten ganz andere Risikoregeln. Und über die hat das Parlament kaum etwas zu bestimmen, sie sind Sache des Völkerrechts.

Die Grenze zwischen Friedensrecht und Kriegsrecht im friedlichen Deutschland zu ziehen, ist eine Sache. Doch ist die Ordnung der Welt nicht am anderen Ende derselben durcheinandergeraten, im wilden Afghanistan, um das sich bisher Diktaturen wie die UdSSR ebenso vergeblich bemühten wie neuerdings Demokratien? Ist nicht das seit Jahren, Jahrzehnten während Problem des Terrorismus im Nahen Osten, bei Israels Nachbarn, die entscheidende Herausforderung für eine Debatte über das Verhältnis von Frieden und Krieg? Welches Recht soll gelten, wenn Raketen libanesischer Hisbollah-Terroristen in Israel friedliche Zivilisten töten? Ist eine Bodenoffensive israelischer Truppen in Gaza dasselbe wie der US-Krieg gegen den Terror in Afghanistan? Wenn die Unterscheidung zwischen Krieg und Frieden, zwischen Kampf mit Waffen und Kampf mit dem Recht funktionieren soll, muss sie auch hier funktionieren. Menschenrechte und Demokratie sind nicht dem gemütlichen Teil der Welt vorbehalten.

Die Frage, wo die innere Sicherheit endet und der Krieg beginnt, stellt sich gerade in den nicht etablierten Staaten der Welt, ringen sie, wie Palästina, um ihren Bestand, seien sie, wie Afghanistan, von fundamentalistischen Eroberern in die Anarchie gestoßen oder, wie Sudan, von brutalen Potentaten zugrunde regiert. Der Geltungsbereich der Rechtsordnung, die eine Sphäre der inneren Sicherheit konstituieren könnte, ist zumindest unklar, oft gar nicht vorhanden. Das Völkerrecht, das hier Ordnung schaffen müsste, steht vor demselben Problem, seit es Bürgerkriege gibt: Von welchem Zeitpunkt, von welcher Wucht der Gewalt an ist ein Aufstand von Rebellen nicht mehr als Problem der inneren Sicherheit zu sehen, folglich nicht mehr in den Grenzen des Polizeirechts (so es eines gibt) und des Strafrechts (das es meistens gibt) zu behandeln?

Geht man vom herkömmlichen Verständnis des Krieges als gewaltsamer Auseinandersetzung zwischen Staaten aus, so ist der Punkt, da ein Volksaufstand zum Krieg wird, niemals erreicht. Denn in dieser engen Definition kann ein Staat nicht gegen Privatleute Krieg führen, sei es innerhalb oder außerhalb seiner Grenzen. Nun ist allgemein anerkannt, dass diese strenge Auslegung der Definition von Krieg in Bezug auf die gewaltsamen Auseinandersetzungen auf der Welt zu nichts führt: Staaten im Kampf gegen Aufständische auf die innerstaatliche Rechtsordnung zu verpflichten und sie am Kriegführen zu hindern, ist ab einer gewissen Eskalationsstufe der Gewalt weltfremd. Durch Zusatzabmachungen zu den Genfer Kriegsrechtskonventionen und zum Teil durch Völkergewohnheitsrecht sind die Grenzen zwischen Kriegsrecht und innerstaatlicher Rechtsordnung neu bestimmt worden. Diese noch immer nicht ganz abgeschlossene Rechtsentwicklung lässt sich so zusammenfassen: In einem innerstaatlichen bewaffneten Konflikt ist der Staat berechtigt, wie in einem Streit um die äußere Sicherheit vorzugehen. Er darf sein Militär einsetzen, es darf getötet werden, und der Gegner darf interniert werden – allerdings nach den humantitären Regeln des Kriegsrechts.

Interessant ist die Bestimmung des Punktes, an dem die Sache der inneren Sicherheit zur kriegerischen Sache wird: Es ist der Punkt, an dem organisierte bewaffnete Gruppen »unter einer verantwortlichen Führung eine solche Kontrolle über einen Teil des Hoheitgebits der Hohen Vertragspartei ausüben, dass sie anhaltende, koordinierte Kampfhandlungen durchzuführen vermögen«. Dies ist die Definition in den Genfer Konventionen von 1949.[14] Natürlich ist diese Vereinbarung einst nicht getroffenen worden, um von Aufruhr zerrüttete Staaten von den letzten Resten ihrer Rechtsstaatlichkeit zu befreien, sondern um anar-

chischen Zuständen der Rechtlosigkeit wenigstens kriegsrechts-
ähnliche humanitäre Bindungen zu verschaffen. In der modernen
Welt des Kampfes gegen den Terror hat es sich jedoch eingebür-
gert, die Annäherung innerstaatlicher Konflikte an die Situation
des Krieges als Erleichterung für jene Staaten zu betrachten, die
sich für den Normalfall an Demokratie und Rechtsstaatlichkeit
gebunden sehen. Das zeigte sich etwa im Jahr 2000, als Israel
nach Ausbruch der Unruhen im damals besetzten Gaza durch
seine Militärjuristen erklären ließ, es handele sich nicht etwa
um besonders schwere Rechtsbrüche, sondern um einen »armed
conflict short of war«. Dies hielten Regierungsvertreter später
auch den Klagen entgegen, sie hätten bei der Niederwerfung der
Aufstände unverhältnismäßig hart reagiert: Dies war kein *law
enforcement*, das war Krieg oder so ähnlich.[15] Im Jahr 2009, als
es erneut kriegsähnliche Auseinandersetzungen zwischen Israel
und der Hamas in Gaza gab, war das Gebiet nicht mehr besetzt,
sondern von Hamas kontrolliert. Damit war Gaza zwar kein
innerer Teil Israels mehr, aber gleichwohl (noch) kein richtiger
eigener Staat. Ein klassischer Krieg war die Schlacht von 2009
auch nicht. Auch in diesem Fall war unstreitig Kriegsrecht anzuwenden, weil Hamas de facto wie eine staatliche Organisation
über Gaza herrschte. Generell hat sich so die völkerrechtliche
Regel herausgebildet, dass, egal ob innerhalb oder außerhalb der
staatlichen Grenzen, jene Gegner nach Kriegsrecht zu behandeln
sind, die dem Staat faktisch auf Augenhöhe gegenübertreten:
wie eine organisierte Streitmacht, deren Befehlshaber die tatsächliche Kontrolle über ein Stück Land innerhalb oder außerhalb
des angegriffenen Staates haben.

Diese im Völkerrecht entstandene Regel lässt sich für den
Gebrauch in Mitteleuropa vereinfacht so ausdrücken: Die innere
Ordnung eines Staates ist verbindlich, so weit und so lange sie
wirkt. Sie wirkt natürlich ebenso, wenn – und sei es in spektakulärer Form – das Recht gebrochen wird. Sie wirkt aber nicht
mehr, so weit sie nicht mehr anerkannt wird und nicht mehr
durchsetzbar ist, weil andere Autoritäten ihren Willen zur Gel-

tung erhoben haben. Die Rechtsordnung wirkt, so weit sie wirkt: So einfach ist das.

Wenn wir den Bereich der inneren Sicherheit mit der Rechtsmacht eines Garanten der Rechtsordnung identifizieren, ergeben sich bislang in der Wildnis der Weltordnung keine Abgrenzungsprobleme. Die Grenze zwischen innerer und äußerer Sicherheit verläuft an der Grenze der Rechtsmacht der (staatlichen) Autorität, der Durchsetzbarkeit der Rechtsordnung.

»Die größte Gewalt ist immer der Staat«

Das Problem daheim – Hinter den Kulissen des Verfassungsrechts – Siehste! – Der Import von Unrecht – Überforderte Abgeordnete – Das ungute Gefühl

Die Problematik der Abgrenzung zeigt sich zunächst nicht so sehr in der weiten Welt, sondern in der Rechtsordnung daheim. Sie liegt darin, dass es möglicherweise Fälle gibt, die zwar in den Wirkungsbereich der deutschen Rechtsordnung fallen, die aber gleichwohl nicht im Rahmen dieser Rechtsordnung gelöst werden können. Drücken wir es so aus: Fälle, in denen die Rechtsordnung uns zwingt, Risiken oder gar Schäden aus rechtlichen Gründen in Kauf zu nehmen, die aus übergeordneten Gründen nicht in Kauf genommen werden sollen oder können. Diese Idee liegt der verbreiteten Äußerung zugrunde, der transnationale Terrorismus »sprenge« die Grenzen des Rechts.

»So einen Fall gibt es nicht – jedenfalls finde ich ihn nirgends überzeugend dargelegt, noch kann ich ihn mir vorstellen«: Der das so bestimmt vertritt, ist dem Bundesinnenminister schon öfter entschlossen entgegengetreten: der Berliner Staatsrechtsprofessor und Rechtsphilosoph Bernhard Schlink, der sich neben seiner Arbeit als Autor zeitkritischer Romane (*Der Vorleser*) hinter den Kulissen erfolgreich als Verfechter des Verfassungsrechts stark macht. Ihm schieben im Innenministerium manche das ungeliebte Luftsicherheitsurteil des Bundesverfassungsgerichts in die Schuhe, in dem die Menschenwürde auch im Falle eines terroristischen Angriffs unter absoluten Schutz gestellt wird. Ein Essay Schlinks im SPIEGEL hatte, so behaupten manche, »denen in Karlsruhe den Kopf verdreht«. Jedenfalls zeigte sich der Wissenschaftler im Nachhinein als einer der heftigsten Verteidiger des umstrittenen Karlsruher Spruchs.

Schlink ist sich so sicher, weil er der Rechtsordnung zutraut, dass sie auch zukünftig erfolgreich den Rahmen der inneren Sicherheit vorgeben kann. Das Instrumentarium des Polizeirechts und Strafrechts sei hinreichend für alle Fälle von Bedrohungen, auch terroristischer. Es gebe also keinen Grund zur rechtlichen Aufregung, und schon gar keine Probleme in der Abgrenzung von innerer Sicherheitsgewähr und Krieg: »Die internen rechtmäßigen Machtmittel des Staates haben im Vergleich zu den Aktionen Einzelner ein so überwältigendes Übergewicht, dass es für jede Bedrohung eine Lösung im Rahmen des Rechts gibt.« Und wenn es nicht um die Taten Einzelner, sondern um organisierte Gewalt geht? »Die größte und am besten organisierte Gewalt ist immer der Staat«, sagt der Professor.

Was aber, Herr Schlink, ist mit dem Fall Ganczarski?

Deutsche Ermittler belauschten am 11. April 2002 ein Telefonat, das der Duisburger Elektronikfachmann Christian Ganczarski mit dem Tunesier Nisar Nawar führte. Nisar Nawar machte darin deutlich, dass man sich wohl nie wiedersehen werde. Nur hundert Minuten später steuerte der Tunesier einen Lastwagen mit 5000 Litern Flüssiggas gegen die Ghriba-Synagoge auf Djerba. Bei der Explosion starben 21 Menschen, darunter 14 deutsche Touristen.

Ganczarski in Deutschland wurde festgenommen: Offenbar, so meinten die Ermittler zu wissen, war er ein Drahtzieher des Al Kaida zugerechneten Anschlags. Doch am folgenden Tag war der Deutsche wieder auf freiem Fuß: Schließlich war es nicht verboten, mit einem Ausländer zu telefonieren, der sich später als Attentäter entlarvt.

Die Terroristenfahnder blieben dem Mann mit den verdächtigen Kontakten allerdings auf der Spur. Alsbald entdeckten sie ein Video, das Ganczarski zeigt: mit Osama Bin Laden, mit dem Terrorpiloten von New York Mohammed Atta und einem weiteren mutmaßlichen Drahtzieher des 11. September. Also wurde Ganczarski abermals festgenommen – und wieder freigelassen, denn es ist ja nicht verboten, sich mit mutmaßlichen Terroristen filmen zu lassen.

Als der ehrenwerte Herr Ganczarski 2003 auf einer Reise auf dem Pariser Flughafen Charles de Gaulle umsteigen wollte, erwarteten ihn am Ausgang französische Polizeibeamten und verhafteten ihn. Nicholas Sarkozy, damals noch Innenminister in Frankreich, verkündete der staunenden Welt: »Ein ranghohes Al Kaida-Mitglied« sei den nationalen Fahndern ins Netz gegangen. Und in Frankreich war das Netz besser geknüpft. Ganczarski blieb in Haft. Anfang 2009 wurde er von einem Pariser Schwurgericht zu einer langen Haftstrafe verurteilt. »Irritationen«, so heißt es in der Sprache der Diplomaten, löste der Fall im deutsch-französischen Verhältnis aus. Und das nicht etwa, weil Frankreichs Polizei über notorisch stramme Rechtsvorschriften verfügt, mit denen sie einen Deutschen fing, sondern weil die deutschen Ermittler sich vom Nachbarn als Weicheier hingestellt sahen, die nicht mal Topterroristen kriegen.

Siehste!, würde Schäuble sagen: Es geht doch nicht, mit der Begrenzung auf die eigene Rechtsordnung. Es kann nicht angehen, dass die anderen mehr können und dann unsere Terroristen fangen.

Herr Schlink? »Man muss«, sagt Schlink, »solche Fälle in internationaler Zusammenarbeit lösen.« Nicht umsonst gebe es ja eine Verknüpfung von staatlichen Rechtsordnungen, das reiche aus, um grenzübergreifende Situationen rechtsstaatlich zu regeln. Doch im Fall Ganczarski bleibt trotzdem ein ungutes Gefühl: Ist die deutsche Rechtsordnung eigentlich ausreichend für den internationalen Terror, wenn wir Fälle nicht in den Griff bekommen, die andere, weitaus weniger zuständig, im Handumdrehen lösen?

Das ungute Gefühl hat deutsche Rechtspolitiker auf Veranlassung der Europäischen Union dazu gebracht, an der Rechtsordnung zu drehen: Der neue Paragraf 129b Strafgesetzbuch stellt die Mitgliedschaft in einer terroristischen Vereinigung im Ausland unter Strafe. Zur Zeit der Jagd auf Ganczarski galt das noch nicht – »hätte es damals einen Paragrafen 129b gegeben«, sagt Terroristenjäger Horst-Rüdiger Salzmann von der Bundesanwaltschaft, »wäre der Fall sicher anders bewertet worden«[16]. Dann hätte man den deutschen Tunesien-Freund zumindest mit dem dringenden »Tatverdacht« belegen können, Mitglied im selben Verein zu sein wie der Attentäter, von dem er sich so freundschaftlich verabschiedet hatte. Und nach Auftauchen des Videos hätte wohl jeder Haftrichter mitgemacht.

Nun wissen wir aber, dass die Erfindung des Paragrafen 129b eine Kateridee war. Das ungute Gefühl, so wurde oben ausgeführt[17], lässt sich so nicht beseitigen, es wird noch schlimmer. Wir sind nun allerdings in der Lage, das Unwohlsein zu lokalisieren. Paragraf 129b macht nicht nur Unrecht im Ausland zur Sache der inneren Sicherheit (es war ein unglücklicher Zufall, dass auch Deutsche unter den Opfern in Djerba waren), er knüpft auch Straffolgen an Ursachen der Rechtsgutverletzung, die »an sich« der Reichweite der deutschen Rechtsordnung entzogen sind. Mit »an sich« ist gemeint: Der Tatbestand »Mitgliedschaft in einer terroristischen Vereinigung im Ausland« kann nahezu von jedermann überall auf der Welt erfüllt werden, ohne dass der deutsche Staat sich auch nur vornehmen kann, dies zu verhindern. Denn die deutsche rechtliche Polizeigewalt würde natürlich nicht reichen, eine Mitgliedschaft etwa in Somalia oder auch nur in Tunesien zu verhindern. Die Polizei wäre schlicht »nicht zuständig«. Ein Staat, der Strafrechtsfolgen an Sachverhalte knüpft, die er weder wirksam verbieten noch rechtmäßig verhindern kann, macht sich nicht gerade glaubwürdig. Die Sache wird nicht besser dadurch, dass im Fall Ganczarski der Täter ein Deutscher war: Paragraf 129b setzt dies – in der möglicherweise berechtigten Annahme, dass viele Terroristen aus arabischen Ländern kommen – keineswegs voraus. Es gibt zwar in seltenen Ausnahmefällen staatsübergreifende Strafrechtsbefugnisse im Völkerstrafrecht, dort betrifft es aber die Verletzung von Rechtsgütern einer nicht staatlichen Rechtsordnung. Dazu kommen wir später. Paragraf 129b des Strafgesetzbuches ist, um es schlicht zu sagen, eine Einmischung in Angelegenheiten, die den deutschen Staat nichts angehen.

Die problematische Erfindung des Weltrechtsparagrafen in der Provinz des deutschen Rechts lässt ein Prinzip ahnen, nach dem in der deutschen Rechtsordnung zunehmend das beschriebene ungute Gefühl bekämpft wird: Weil unsere Rechtsmacht nicht reicht, um an die Ursachen des Bösen im Ausland heranzukommen, müssen wir die rechtlichen Möglichkeiten erweitern, neue Anknüpfungspunkte für polizeiliches Handeln vom Inland aus zu finden. Diese Strategie verschiebt nicht die Grenzen zwischen innen und außen – sondern die inneren Grenzen des Rechtsstaates. Beispiel 129b: Weil die Polizei keine Möglichkeit hat, die Ursachen des internationalen Terrorismus im Ausland zu bekämpfen, müssen eben auswärtige Ursachen zur inneren Straftat erklärt werden.

Die Strategie, mangels Rechtsmacht im Ausland Anknüpfungspunkte für das Vorgehen gegen Personen im Inland zu finden, der Import von Unrecht, führt zu der im Zweiten Teil ausführlich diskutierten Verhunzung des Rechtsstaates. Die klassischen Eingriffsvoraussetzungen der inneren Sicherheit müssen so weit aufgebogen werden, bis alles darunter passt, was die Sicherheitsbehörden – in der Regel auf Hinweis aus dem Ausland – unter ihre Kontrolle bringen wollen. Wer sich mit den im Zweiten Teil diskutierten Neuerungen des Polizeirechts befasst, wird einräumen müssen, dass dies nur eine geringfügig polemische Zuspitzung ist. Weil die Informationen, die tatsächlich die Annahme einer konkreten Gefahr zulassen würden, auf Sachverhalte verweisen, die außerhalb der Reichweite des deutschen Rechts liegen, wird die Eingriffsvoraussetzung der »Gefahr« zur Voraussetzung herabgestuft, dass ein

»Gefährder« im Zugriffsbereich der deutschen Behörden sein Unwesen treibt. Je weiter der Kreis der in Betracht kommenden inländischen Anknüpfungspunkte gezogen wird, desto vager müssen notwendig die tatbestandsmäßigen Voraussetzungen der Rechtsnormen werden, die exekutives Handeln steuern. Ein Beispiel dafür ist die im Zweiten Teil vorgeführte Befugnis, in den Computern von »Gefährdern« zu spionieren: Nur scheinbar knüpft sie noch an das Vorliegen einer Gefahr an.[18] Dies ist nicht nur zerstörerisch für den Rechtsstaat und damit für den Rechtsschutz der Bürger, es stellt die Exekutive Stück für Stück von gesetzgeberischer Begrenzung frei – und damit vom demokratisch verankerten Risikokonsens. Es ist ebendiese Entwicklung, die von der Soziologin Saskia Sassen für Amerika diagnostiziert wurde: Die Exekutive koppelt sich ab von parlamentarischer Kontrolle, indem sie sich beliebig interpretationsfähige Gesetze verschafft. Eindrucksvoll beschreibt die Wissenschaftlerin[19], wie sich der amerikanische Kongress im »Krieg gegen den Terror« – leichtfertig, mutwillig? – lange unbegrenzte Vollmachten abhandeln, ja sogar, an der Nase herumführen ließ, bis der damalige Justizminister stolz verkünden konnte: »The rules have changed.«

In Deutschland ist es noch nicht so weit. Niemand würde dem Berliner Innenministerium unterstellen können, es beteilige sich an einer rechtsstaatswidrigen Verschwörung zulasten des Parlaments. Andererseits muss sich jeder Abgeordnete des deutschen Parlaments fragen lassen, warum er derart unsäglichen Normen wie etwa dem Paragrafen 129b oder so betrügerischen Formulierungen wie denen im neuen BKA-Gesetz zugestimmt hat. Schon einmal sind die Bundestags-Parlamentarier in Verdacht gekommen, von ihrer Aufgabe überfordert zu sein. Das war, als sich Abgeordnete der Rot-Grünen Koalition vor dem Bundesverfassungsgericht 2005 öffentlich dafür rechtfertigen mussten, warum sie die europäischen Vorgaben für das Gesetz zum Europäischen Haftbefehl einfach übernommen hatten, ohne sich um ihre Verfassungswidrigkeit zu scheren.

Die Erkenntnis, dass der Staat nicht ohne erhebliche Folgen für seine Glaubwürdigkeit und seine Funktionsfähigkeit den Handlungsbereich der inneren Sicherheit erweitern kann, führt freilich nicht unbedingt dazu, dass wir Bernhard Schlink zustimmen. Seine These, dass der Rechtsstaat sich immer zu helfen weiß, ist nicht bewiesen. Aber wir wissen jetzt, dass wir sie gern bewiesen hätten. Denn so lange da ein »ungutes Gefühl« bleibt, werden die Hüter der inneren Sicherheit versuchen, an ihren Außengrenzen zu rütteln.

Drittes Kapitel
Im Niemandsland

Ein ungutes Gefühl hatte auch Bill Clinton. Und das rettete Osama Bin Laden wahrscheinlich das Leben. Der Präsident verfügte über Namen und Adresse des Mannes, der wie kein anderer die Sicherheit der Vereinigten Staaten bedrohte. Doch was konnte man gegen ihn tun? Nie zuvor hatte sich der mächtige amerikanische Präsident so machtlos gefühlt.

Während Clinton im Weißen Haus residierte, wohnte Osama Bin Laden, schon damals der erklärte Feind Amerikas und Drahtzieher diverser Attentate, zeitweise auf der Tarnak-Farm, einer alten festungsähnlichen Anlage inmitten wilder Salbeisträucher im afghanischen »Nowhereland« nahe Kandahar. Die kleine Siedlung steht heute noch, von Mauern aus Lehm umgeben, eine Ansammlung von Hütten für die Landarbeiter, ein in den Zeiten des kommunistischen Regimes aus Beton gegossener Bürotrakt, in der Mitte ein eingeschossiger Flachdachbau, die Residenz: Da hielt sich die ganze Familie Bin Laden auf – dazu die Familien enger Freunde.

Schon 1998 hatte die CIA vor, den Feind der westlichen Welt dort zu überfallen und zu kidnappen. Doch dem Weißen Haus schien das zu gefährlich. Dann gab es immer wieder Pläne, eine Rakete in die Tarnak-Farm zu schießen. Wie es hinter den Lehmmauern zuging, wusste der US-Geheimdienst sehr genau. Nicht nur war die Farm seit Langem im Fadenkreuz von Satellitenkameras. Über der Tarnak-Farm probierten die Amerikaner zudem ihre neue *Predator*-Technik aus. *Predator* heißen die Drohnen, die ferngesteuert mit ihren Kameras den Feind sogar noch am Esstisch auf der Terrasse beobachten können. Kein Detail der Menüfolge entgeht ihnen. Selbst ein Sprung in Osamas Gemüseschüssel, falls es ihn gab, wäre dem Weißen Haus aufgefallen.

Dann, gut drei Monate vor Ende der Amtszeit Clintons im Oktober 2000, ein heißer Tipp von Verbindungsleuten der CIA in Afghanistan: Es lasse sich mit Bestimmtheit sagen, in welcher Nacht Bin Laden bei seiner Familie auf der Tarnak-Farm sein werde. Ein idealer Zeitpunkt, zuzuschlagen. Eine Rakete. Genau ins Schlafzimmer.

Tagelang saßen Geheimdienstler mit Militärs und Experten des Weißen Hauses zusammen, um den Schlag vorzubereiten. Sie beugten sich über Pläne der Anlage, über die Zimmeranordnung, sie studierten die Statik der kleinen Hütten: Wie könnte man ein Geschoss so setzen, dass zwar mit Sicherheit der Hausherr, aber möglichst wenig Unbeteiligte auf der Farm getötet würden. Was würde zum Beispiel passieren, wenn die Druckwelle der Explosion die Wände der Wohnhäuschen eindrücken und diese deren Bewohner unter sich begraben würden? Welche Auswirkungen hätte sie auf die kleine Moschee auf dem Gelände? Trigonometrische Berechnungen wurden in Auftrag gegeben: Die Berechnung der Gewalt sollte sicherstellen, dass auf der Tarnak-Farm nichts geschah, was unverhältnismäßig erscheinen musste. »Das war das erste Mal in der Geschichte, dass die Führer einer Militärmacht tagelang in Konferenzen über mathematische Feinheiten ihrer Zerstörungskraft stritten«, schreibt Steve Coll, einer der leitenden Redakteure der *Washington Post*. Pulitzerpreisträger Coll hat später mit Clinton über diese Tage und Nächte gesprochen.[20]

Clinton selber habe, berichtet Coll, schließlich die Vorlage der Aufnahmen aus der Tarnak-Farm verlangt. Ein Einblick in das Familienleben dieser Menschen: Frauen, Kinder, Wäsche auf der Leine zwischen zwei Hütten. »Ich hatte das Gefühl«, sagte Clinton später zu Coll, »er wolle mich herausfordern, die alle zu töten.« Er: Osama Bin Laden.

Was mag dem Präsidenten durch den Kopf gegangen sein?

Sollte der mächtigste Mann der Welt die Tarnak-Farm unter Kriegsrecht stellen und mit Raketen beschießen, egal wie viele Tote das kostet? Oder sollte er das Risiko des Friedens auf sich nehmen, zwar edel, aber vielleicht unangemessen?

Gemessen an dem, mag sich der Präsident gesagt haben, was so über die Grenzen der inneren Sicherheit geschrieben wird, spielt der Fall Osama Bin Laden in der Außenwelt. Eine Angelegenheit der inneren Sicherheit wäre Al Kaida nur dann, wenn im Rahmen der US-Verfassung Regeln zu finden wären, nach denen der Fall zu behandeln ist. Nun gibt die Verfassung keiner amerikanischen Behörde die Rechtsmacht, außerhalb des US-Hoheitsgebietes mit den Mitteln des Rechts zu handeln.

Für die Behandlung des Falles innerhalb der amerikanischen Rechtsmacht gibt es andererseits jede Menge Regeln des Strafrechts und polizeiliche Befugnisse, aber es steht im Innern keine Ursache für Bedrohungen zur Verfügung, die Anknüpfungspunkt rechtlich geordneten Eingreifens sein könnte. Für einen Politiker, der die Nerven bewahrt, handelt es sich tatsächlich um ein Problem der inneren Sicherheit, das sich aber erst dann lösen lässt, wenn irgendwelche Anhaltspunkte für geplante Attentate auftauchen, denen mit den Mitteln des amerikanischen Rechts entgegengetreten werden kann.

Nun kann man als Präsident immerhin versuchen, das Recht der Vereinigten Staaten so weit auszuweiten, dass es auch Reaktionen auf äußerst vage Anhaltspunkte erlaubt. Doch die Ausweitung hat ihre Grenzen: Vorgänge, die sich vollständig außerhalb Amerikas abspielen, sind auch durch sehr weitreichende Ermächtigungen vom amerikanischen Recht nicht zu bremsen. Es ließe sich allerdings entgegenhalten, dann müsse man halt zuwarten, bis sich die Bedrohung derart konkretisiert, dass sie die Grenzen der Rechtsordnung von außen erreicht hat. Im Falle Al Kaidas wäre das beispielsweise die Einreise zum Terror entschlossener Mitglieder der Bande. Doch diese Lösung ist zumindest problematisch, weil angesichts der jüngsten Erfahrungen dann die Risiken, dass es für Maßnahmen der Gefahrenabwehr zu spät ist, unangemessen groß werden: Gegen überfallsartige Angriffe aus der Luft ist so kaum etwas zu unternehmen.

Allerdings wird nach solchen Grundsätzen nicht alles, was sich den Instrumenten der inneren Sicherheit entzieht, automatisch zum Gegenstand der äußeren Sicherheit, also zur kriegerischen, mit den Mitteln des Krieges zu bekämpfenden Bedrohung. Es gilt vielmehr: Alles, was nicht mit den Regeln der Rechtsordnung eines Staates bekämpft werden kann, kann überhaupt nicht von diesem Staat bekämpft werden – außer es ist Krieg. Soll man wirklich die Bedrohung durch Bin Laden als Krieg behandeln? Kann man tatsächlich jede schwere Bedrohung, die von außen an die Rechtsordnung herangetragen wird, als Angriff auf die äußere Sicherheit betrachten? Wenn wir das täten, hätten die Politiker recht, die behaupten, innere und äußere Sicherheit ließen sich nicht mehr trennen. Denn viele Bedrohungen haben sehr viele Ursachen, inländische und ausländische, von der Rechtsordnung erreichbare und nicht erreichbare. Die Grenzen zwischen innerer und äußerer Sicherheit würden tatsächlich verschwimmen.

Wir könnten uns allerdings zu helfen versuchen, wenn wir von einer Bedrohung der äußeren Sicherheit nur in Fällen sprechen, in denen die Ursachen ausschließlich im Ausland liegen. Das stellt uns vor neue Abgrenzungsschwierigkeiten, denn im Verlauf der Entwicklung des Bösen verändern sich die Faktoren seiner Entstehung auch räumlich. Zu einem frühen Zeitpunkt finden die Vorbereitungen des Attentats beispielsweise mit Flugzeugen auf New York ausschließlich außerhalb des Geltungsbereichs der amerikanischen Rechtsordnung statt. Irgendwann reisen die Täter aber ein, irgendwann besteigen sie amerikanische Flugzeuge, irgendwann übernehmen sie womöglich das Steuer – welcher Zeitpunkt soll maßgeblich sein?

Bei der Entscheidung zwischen Krieg und Frieden kommen wir nur weiter, wenn wir beim Angriff auf die äußere Sicherheit ein besonderes Merkmal identifizieren, an dem wir erkennen können, welche Gewalt nun speziell den Krieg auszeichnet. Dieses Merkmal war herkömmlich die Bedingung, dass die Ursachen der Bedrohung von einem anderen Staat gesetzt sind: der für Europa klassische Fall des Krieges. Die Abgrenzungsprobleme entstanden ja erst, als Privatleute wie Krieger in einen Kampf zogen, der nun gemeinhin »asymmetrischer Krieg« genannt wird. Dabei ist dieses Wort eine sehr problematische Bezeichnung: Lange Zeit war das Kennzeichen des Krieges gerade seine Symmetrie. Er war auf dem alten Kontinent eine Auseinandersetzung zwischen Staaten auf Augenhöhe. Das Gegenargument, es habe in der Geschichte schon immer asymmetrische Kriege gegeben, auf die Symmetrie könne es also nicht ankommen, gilt ja nicht für die Kriege, um die es uns geht: Mit der Durchsetzung des staatlichen Gewaltmonopols ist unbestritten, dass die Gewalt von Menschen rechtswidrig und damit als Rechtsbruch eine Sache der inneren Sicherheit ist. Man müsste, um dieses Gegenargument aus der Welt zu bringen, streng genommen darauf beharren, dass es asymmetrische Kriege seit dem Ewigen Landfrieden in Europa nicht mehr gibt.

Doch auch dem amerikanischen Präsidenten nützt es nichts, Kriege einfach wegzudefinieren. Es lässt sich aber festhalten, dass es gar nicht so einfach ist, ein Merkmal des Krieges zu finden, das sowohl auf symmetrische wie asymmetrische Kampfsituationen passt. Die Völkerrechtswissenschaft hat sich damit beholfen, dass sie Fälle isolierte, in denen die privaten Gewaltunternehmen staatlich mehr oder weniger direkt gesponsert wurden – sodass sie indirekt an der staatlich organisierten Gewalt teilnahmen und »quasi« symmetrisch mit dem angegriffenen Staat operierten. Doch die insoweit bestehende Einigkeit hat neuen Streit in der Frage gebracht, wie es sich denn dann in Fällen verhält, in denen der Staat die Umtriebe von Terrortrupps zwar nicht unterstützt, aber aus Unwillen oder Unfähigkeit nichts mit den Mitteln seiner Rechtsordnung gegen sie unternimmt. Dieser letzte, umstrittene Fall aber ist es, der immer häufiger wird. So werden innerlich schwache Staaten wie Pakistan zum Hort von Terroristen.

Ebenso auf eine De-facto-Symmetrie stellt die Übung der Kriegsrechtler ab, ihr Recht auf Situationen anzuwenden, in denen eine nicht staatliche Kampfgruppe derart gut organisiert und machtvoll ist, dass sie dem Staat als Konkurrent gegenübertreten kann. Das wurde in einem Zusatzprotokoll zu den Genfer

Kriegsrechtskonventionen zuerst für innerstaatliche Auseinandersetzungen anerkannt und gilt nach verbreiteter Ansicht mittlerweile auch für Kämpfe von Gruppen gegen den Staat, die nicht innerhalb des Staatsgebietes stattfinden – wie zum Beispiel die Auseinandersetzung Israels mit palästinensischen Terrortrupps in den Nachbarländern. Bei allem Ungleichgewicht der Kampfstärke besteht in solchen Situationen immerhin kein so krasses Missverhältnis, wie wir es im Unterordnungsverhältnis zwischen Bürger und Staat aus dem Bereich der Innenpolitik kennen. Das Gegeneinander von Mensch und staatlicher Machtmaschine ist im Bereich staatlicher Souveränitätsausübung in Wahrheit ein Übereinander, und weil diese Art von Asymmetrie so erdrückend sein kann, eben rechtlich gebändigt. Der Krieg als die rechtlich kaum gebändigte Form der Gewalt ist dabei ein zu hartes, ein unnötig hartes Mittel.

Dies war es im Kern, was Clinton angesichts der Aufnahmen aus der Tarnak-Farm gedacht oder gespürt haben muss. Was also würde seine Entscheidung sein? Krieg mit Bin Laden? Der Präsident ließ sich die Fotos vom Zielgebiet der Raketen seines Militärs immer weiter vergrößern. Da, auf einem Ausschnitt entdeckte er eine hölzerne Kinderschaukel.

Das gab, berichtet Steve Coll, schließlich den Ausschlag: Der Präsident sagte die Operation ab.

»Amerikanische Ideale«

Schaukeln im Krieg – Wirklich gute Nerven – Lob des Opportunismus – Der Clinton-Konflikt – Wir treffen alle wieder – Wie es gehen könnte

Kriegskitsch? Ganz falsch. Es war eben kein Krieg, den Clinton mit Al Kaida wollte. Der Präsident bestand darauf, auch im Falle schwerster Bedrohung und größter Versuchung die Grenze zwischen Krieg und innerer Sicherheit zu wahren. Es ging um ein

Problem der inneren Sicherheit. Ausdrücklich hat Clinton es abgelehnt, Bin Laden zum Feind zu erklären: Der Mann war ein Fall für die Polizei. Im Krieg geht es zu, wie es zuging, als Israel 2009 unter Berufung auf sein Selbstverteidigungsrecht gegen Hamas im Gazastreifen zu Felde zog. Innerhalb einer Woche starben durch israelische Waffen Hunderte von Menschen auf der gegnerischen Seite. Auf Kinderschaukeln und deren unschuldige Benutzer konnte da niemand Rücksicht nehmen. So etwas heißt im Krieg »Kollateralschaden«. Die Entscheidung Clintons im Angesicht der Holzschaukel war eine überhaupt nicht kitschige Entscheidung für die Grenzen der polizeilichen Handlungsmacht des Staates – und für das damit verbundene Risiko, dass der Mann, der so viel Unheil zu bringen versprach, sein Versprechen halten könnte.

Natürlich war auch in diesem Oktober 2000 die Welt nicht so heil, wie sie hier rekonstruiert wird. Natürlich hat Clinton, gibt auch Coll zu bedenken, seine Entscheidung ganz opportunistisch getroffen: Sein Vize Al Gore war gerade in der Schlussphase des Wahlkampfes um die Präsidentennachfolge. Da hätten Fernsehbilder von toten Kindern und zerfetzten Schaukeln zumindest dann dem Ruf der Clinton- und Al Gore-Demokraten geschadet, wenn das Ziel des Angriffs, der Weltbösewicht, zugleich verfehlt worden wäre. Und dieses Risiko bestand immerhin. Aber ist solcher Opportunismus nicht zu loben? Kann uns ein Präsident nicht Vertrauen einflößen, der Angst hat, in der Öffentlichkeit als rücksichtsloser Krieger dazustehen? Ist die sentimentale Achtung einer Kinderschaukel im Angesicht des Bösen nicht in Wahrheit ein Ausdruck guter Nerven?

Es braucht gute Nerven, die Grenzen zwischen Krieg und Frieden zu wahren. Jeder Politiker, der sich bescheidet mit den Mitteln, die ihm das Recht in die Hand gibt, der Menschenrechte und den Rechtsstaat respektiert, braucht gute Nerven. Denn er geht das Risiko des Scheiterns ein. Doch Clintons Entscheidung wird nicht dadurch widerlegt, dass der Mann, den die Amerikaner alsbald zu seinem Nachfolger wählten, nach dem 11. September die Nerven verlor.

Dennoch: Da ist etwas, ein Niemandsland zwischen Krieg und Frieden, zwischen Militär und Polizei, zwischen innerer und äußerer Sicherheit. Die Geschichte mit der Schaukel ist ein Fall, der geeignet ist, die Abgrenzung infrage zu stellen. Wenn sich im Fall Osama Bin Ladens und seiner Al Kaida die Grenze nicht aufrechterhalten lässt, könnte Wolfgang Schäuble doch noch recht bekommen.

Die Symmetrie im staatlichen Krieg gegen einzelne Terroristen, und seien sie so schlimm wie Bin Laden, lässt sich nicht konstruieren. Es handelt sich auch bei Al Kaida nicht um eine Truppe von Kämpfern, die einer Bürgerkriegsarmee vergleichbar organisierte Gewalt ausübt. Der gefürchtete transnationale Terrorismus besteht vielmehr aus einem Netzwerk, das heißt kleinen, lose verknüpften Grüppchen, die überall in der Welt verstreut sind und vermutlich ohne zentrales Kommando agieren. Im Herbst 2008 wurde eine Studie von Wissenschaftlern der Universitäten Yale und Cambridge bekannt, die gerade den Netzwerkterrorismus für weniger gefährlich hält als allgemein angenommen, weil die Netzwerkstruktur nicht nur Vorteile, sondern auch große Nachteile bringe und die Terroristen darum zentralen staatlichen Sicherheitsorganisationen unterlegen seien.[21]

Dass es ein wichtiger Unterschied ist, ob ein kriegerischer Kampf gegen eine kriegerisch organisierte Truppe von offen agierenden Gewalttätern wie etwa die Hisbollah geführt wird oder ob ein Staat sich außerhalb der offenen Schlacht einen einzelnen, oft ahnungslosen Terrorismusverdächtigen als »Gefährder« mit einer Rakete herauspickt und tötet, wird sogar im kriegerischen Israel anerkannt: Der israelische Oberste Gerichtshof[22] verlangte, dass beim »Targeting«, dem gezielten Töten von Terroristen per Fernlenkwaffen, ein Minimum an Menschenrechten auch dann zu beachten sei, wenn der ungleiche »Kampf« außerhalb des Regelungsbereichs der eigenen Rechtsordnung stattfindet: Wenn immer möglich, sei darum die Festnahme eines gefährlichen

Terroristen seiner Tötung vorzuziehen, denn auch dieser habe ein Menschenrecht auf Leben.

Es gibt, fassen wir zusammen, auch im Kampf gegen Terroristen einen Bereich, der nur mit Mühe den Vorstellungen von Krieg zuzuordnen ist – und dennoch als Angelegenheit der inneren Sicherheit nicht angemessen zu behandeln ist. Es ist der Clinton-Konflikt.

Bis zu diesem Punkt kommen sie irgendwie alle – von verschiedenen Standpunkten her: Schäuble, der diesen Befund zum Anlass nimmt, die Grenzen von innerer und äußerer Sicherheit für obsolet zu erklären. Pawlik[23] und Depenheuer[24], die das Problem lösen wollen, indem sie das Recht der inneren Sicherheit um ein kriegsrechtliches Kapitel erweitern, Kreß[25], indem er sehr differenziert ein skrupulöses Kriegsrecht auch für diesen Grenzbereich erwägt. Alle Lösungen haben sich als mehr oder weniger problematisch, manche gar als ruinös für den Rechtsstaat erwiesen.

Doch was ist die Alternative? Was soll Barack Obama, der gleich bei Amtsantritt versprochen hat, den Krieg gegen den Terror in den Rahmen »amerikanischer Ideale« zurückzuführen, denn nun tun mit dem Clinton-Problem? Soll er Bin Laden laufen lassen? Auf eine günstige Gelegenheit warten, ihn mithilfe seiner Kollegin Angela Merkel auf dem Frankfurter Flughafen abzufangen? Wer solche Vorschläge macht, braucht wirklich gute Nerven. Denn schon wenn dieses Buch erscheint, könnte der Autor durch katastrophale Ereignisse widerlegt sein.

Was also machen wir, um den Frieden zu retten vor dem Terrorismus – und vor denen, die alle Grenzen niederreißen, um Krieg gegen den Terrorismus führen zu können? Was tun zur Befriedung jenes Stückchens Niemandsland zwischen innerer und äußerer Sicherheit? Unser Ausflug in die Geschichte des Krieges war ausführlich genug, um zu wissen, wie es gehen könnte: Frieden durch Recht.

Die Geschichte geht weiter

Vom Wasunger Krieg (1746) bis zur Amerikanischen Unabhängigkeitserklärung (1776) waren es nur ein paar Jahre. Die Gründungsväter der amerikanischen Weltmacht jedenfalls haben aufgebaut auf den Ideen der Staatsdenker jenes alten Europas: Thomas Hobbes und John Locke. Und die amerikanische Revolution, spotteten spätere Generationen, war ohnehin von Rechtsanwälten gemacht, nicht von Politikern. 25 von 56 Unterzeichnern der Unabhängigkeitserklärung waren Rechtsanwälte, und als die Verfassung ein paar Jahre später die Unabhängigkeit von der Krone staatsrechtlich besiegelte, schwärmte der damals auch in der alten Welt geschätzte politische Kolumnist Thomas Paine: »Das Recht ist jetzt König.«

Frieden durch Recht: Der neue Präsident der Vereinigten Staaten von Amerika, Vorbild: Abraham Lincoln, hat sich auf der Suche nach einer besseren Ordnung auf den Weg in die Geschichte gemacht – da wird er irgendwann unausweichlich bei der großen Idee ankommen, die 1776 aus Europa nach Amerika übersprang. Dem Präsidenten, ehemals Staatsrechtsprofessor in Chicago, kann nicht entgangen sein, welche Rolle das Reichskammergericht einst für die Staatenordnung des alten Europas gespielt hat. Das ermutigt uns, zu der Gedenktafel im thüringischen Meiningen zurückzukehren, zu dem Krieg, der keiner wurde, weil das Reichskammergericht die Probleme mit Frau von Pfaffenrath mit den Mitteln des Rechts lösen konnte. Frau von Gleichen, die Aufsässige, wäre wohl für immer in den meiningenschen Kerkern verschwunden und die ganze Anekdote zum Staatsgeheimnis des Herzogs erklärt worden, hätte es nicht eine übergeordnete Rechtsordnung und ein übergeordnetes Gericht gegeben.

Wenn sich ein Staatsmann fände mit der Macht eines amerikanischen Präsidenten, mit der Weisheit eines Maximilian I., könnte er einen neuen Ewigen Landfrieden erreichen. Eine Antigewaltrechtsordnung, die nicht nur, wie die UN-Charta, Gewalt zwischen Staaten einem strengen Regiment unterwirft, sondern Verbindlichkeit entfaltet für die Auseinandersetzung mit gewalttätigen Menschen zwischen Kriegsrecht und Polizeirecht.

Es geht um die Befriedung jenes Stückchens Niemandsland zwischen innerer Rechtsordnung und Kriegsrecht: In jenem Bereich treibt sich Osama Bin Laden herum, dieser Bereich ist der Rückzugsraum des transnationalen Terrorismus. Man erkennt ihn erst, nachdem man innere und äußere Sicherheit sorgfältig voneinander geschieden hat. Diesen Bereich zu befrieden, braucht es ein Recht der Gefahrenabwehr, das erlaubt, was nationales Polizeirecht und Strafrecht auch des mächtigsten Staates nicht können: unrechtmäßige Gewalt außerhalb des Einzugsbereichs begrenzter staatlicher Rechtsordnungen zu verhindern und zu verfolgen. Ein Antigewaltrecht, das die ganze Erde als Regelungsbereich einer inneren Weltsicherheit ansieht, müsste sich gar nicht so sehr vom klassischen Recht der Staaten unterscheiden. Auch ein solches Recht müsste wohl über Instrumente verfügen, die wir aus dem Kriegsrecht kennen – die vorbeugende Inhaftierung von Gewalttätern etwa, unter Umständen sogar ein Tötungsrecht, das über die Fälle reiner Nothilfe hinausgeht. Aber wenn es möglich wäre, die Ursachen jeder Bedrohung ohne Rücksicht auf Staatsgrenzen genau dort anzugreifen, wo sie auftreten und am wirksamsten angreifbar sind, wären viele neue Wunderwaffen der Terrorismusabwehr überflüssig. Und auch die schärfsten Instrumente einer Ordnungsmacht sind rechtsstaatlich zu beherrschen, wenn ihre Anwendung vor Ort an manifeste Umstände der besorgniserregenden Art geknüpft ist. Die Notwendigkeit, im Nebel vager Verdächtigungen zu operieren, würde weniger drängend – und damit die Besorgnis der Bürger, es könnte ihnen ergehen wie Kafkas Josef K.

Eine Polizeimacht, die ein solches Weltrecht zur Verfügung hätte, wäre nicht darauf angewiesen, die Rechtsgrundlagen ihres Handelns so weit zu verbiegen, dass sie ins Intimste ihrer Bürger hineinspionieren kann, um herauszubekommen, ob diese wohl irgendwann einmal etwas Terroristisches tun oder etwa mit bösen »Absichten« Auslandsreisen antreten. Sie müsste, um außerhalb staatlicher Grenzen tätig zu werden, ihr Auftreten nicht als militärischen Einsatz tarnen und ihn der Nato überlassen, die mit ihren dicken Fingern nicht zur Rechtsdurchsetzung taugt, sondern nur zum Kriegführen. Sie würde sich nicht ständig den Vorwurf einhandeln, bei der Terrorjagd in die Souveränität anderer Staaten einzugreifen, denn sie könnte sich auf rechtliche Handlungsgrundlagen stützen, die ein grenzüberschreitendes Agieren erlauben würden – Aktionen des Rechts, nicht der Krieges.

Eine supranationale Polizeimacht wäre eine Instanz nach dem Modell des Reichskammergerichts: Juristen an der Spitze, nicht Politiker und nicht Generäle. Es müsste sich um ein »Weltinnenrecht« handeln, das sich deutlich von dem gegenwärtigen Recht der Antiterrorsanktionen des Sicherheitsrats unterscheidet. Dessen rechtsstaatliche Zügellosigkeit weckt bei Völkerrechtlern wie Kreß die »Assoziation des Wirtschaftskrieges«. Es soll um Recht gehen, nicht um Krieg. Die Vollstrecker des Weltrechts sollen keine Politik machen, sondern den Frieden bewahren, den Rechtsfrieden. Sie sind Inhaber eines rechtlich gesteuerten Gewaltmonopols für jenen verminten Freiraum, der sich aus der Draufsicht auf die Staatengemeinschaft nicht als Todesstreifen zwischen innerer und äußerer Sicherheit, sondern als bislang unzureichend geregelter Graubereich der Überschneidung von Regelungsräumen verschiedener Staaten darstellt. Des einen Staates Außenwelt ist in der Regel die Innenwelt eines anderen Staates. Ausnahmen von dieser Regel gab es herkömmlich draußen auf den Weltmeeren. Diesen »negativen« Überschneidungsbereich, diese Staatenlücke, nutzten schon immer die Piraten aus. Ähnliche »negative« Überschneidungen gibt es im Verhältnis zu

Staaten, deren innere Ordnung zu schwach oder zu korrupt ist, um als »innere Ordnung« zu funktionieren. Die Terroristen sind es, die diese Lücken zu nutzen wissen.

Nur eine überstaatliche Macht kann in den verwickelten Verhältnissen schwacher, halb starker und gefährlich starker Staaten, in den umstrittenen Niemandsländern der zerstrittenen Völkerfamilie regelnd eingreifen, ohne in den Ruch zu kommen, einen Krieg zu führen oder auch nur Politik zu machen. Im Heiligen Römischen Reich Deutscher Nation hat es immerhin rund dreihundert Jahre lang funktioniert – wenn auch, zugegeben, nicht immer gut.

»Schreie, Getrampel, Jubel«

Die Neuordnung der Welt – Ein bisschen gelungen –
Die Betonierung des Staates – Der Beweis, dass es geht –
Ein Terroristen-Tribunal? – Das Ich und das Recht

Das Prinzip des Reichskammergerichts hat sich gleichwohl bis heute gehalten. Im Völkerstrafrecht ist eine Entwicklung zu beobachten, die das historische Modell aufgenommen hat und die hier skizzierte Utopie im Kern vorwegnimmt. Diese Entwicklung begann mit den Nürnberger Kriegsverbrecherprozessen nach dem Zweiten Weltkrieg. Die kühne Rechtsschöpfung amerikanischer Völkerrechtler war ein Gerichtsstatut, das zunächst nur die Durchsetzungskraft der siegreichen Alliierten über Deutschland hatte, gleichwohl zum epochalen Vorbild wurde. Erstmals wurde im sogenannten »Hauptkriegsverbrecherprozess« gegen eine Handvoll führender Politiker und Militärs der Hitler-Diktatur ein völkerrechtlich begründetes Strafrecht angewandt, das für sich in Anspruch nahm, als Recht der Völkergemeinschaft, ohne Rücksicht auf staatliche Souveränität und ohne Bezug zu irgendeiner innerstaatlichen Rechtsordnung, direkten Zugriff auf einzelne veranwortliche Personen zu nehmen, gleich welches Staates Bürger sie waren. Der ehrgeizige US-Jurist Robert Jackson war es, der sich vorgenommen hatte, in Nürnberg »die Neuordnung der Welt nach den Grundsätzen des Rechts« in Angriff zu nehmen. Das war der Satz aus dem Mund eines Mannes, der sich durchaus vorstellen konnte, einmal amerikanischer Präsident zu werden.

Es ist ihm gelungen – ein bisschen. Jacksons rechtliche Heldentat von Nürnberg ist immer wieder der Politik des Präsidenten George W. Bush entgegengehalten worden: Die US-Politik im Krieg gegen den Terror, so machten innenpolitische Gegner des Präsidenten geltend, ruiniere das große Vermächtnis, das Amerikaner wie Jackson mit Nürnberg hinterlassen haben. »Nuremberg« wurde in Reden demokratischer Senatoren zum Gegenbegriff zu Guantanamo.

Die historische Heldentat von Juristen, den besiegten Gegnern einen Prozess statt ein Blutbad zu liefern, war die moderne Variante des alten Rezeptes »Frieden durch Recht«. Der Kalte Krieg, die Betonierung aller Staaten und ihrer »inneren Angelegenheiten«, verhinderten zunächst, dass das Nürnberg-Prinzip sich im Völkerrecht durchsetzte. Doch als mit dem Ende des Ost-West-Konflikts das Gleichgewicht des staatlich organisierten Schreckens ebenso wie die Staatenwelt auf dem Balkan zusammenbrach, bekam das Völkerrecht so wie nach dem Zweiten Weltkrieg einen Knacks. Das Wort von den »asymmetrischen Kriegen« breitete sich zusammen mit der wilden Gewalt aus, die aus dem Monopol souveräner Staaten ausgebrochen war. Die Idee, dass es der Mensch ist, der den Menschen bedroht – und nicht immer nur der Staat – brachte ein Revival des Völkerstrafrechts. Ausdrücklich als »friedenstiftende Maßnahme« nach Nürnberger Vorbild beschloss der UN-Sicherheitsrat die Einrichtung des Jugoslawien-Tribunals. Das internationale Gericht bekam den Auftrag, mit den Regeln des Völkerstrafrechts der Gewalt auf dem Balkan entgegenzutreten. Ein Kanon des überstaatlichen Strafrechts entstand. Völkermord, Verbrechen gegen die Menschlichkeit, Kriegsverbrechen: Dies sind seitdem

die weltweit definierten Untaten, die Anlass für Völkerrecht-
tribunale sind, gegen Tyrannen und Militärs vorzugehen, gegen
Staatsmänner vom Schlage des Serben-Diktators Slobodan Milosevic ebenso wie gegen Warlords vom Schlage des ugandischen
Sektenführer Joseph Kony.

Der entscheidende Schritt in der Entwicklung der Weltgerechtigkeit war im Jahr 1998 die Gründung des Internationalen Strafgerichtshofs in Den Haag. Das Statut von Rom ist das
Gründungsdokument, die Verfassung und das Gesetzbuch des
Gerichts – weit über hundert Staaten haben es mittlerweile
ratifiziert und sich mit ihren Bürgern der Weltjustiz unterworfen. Das Statut von Rom ist der Beweis, dass es geht, dass die
Welt mitmacht bei der Neuordnung nach den Grundsätzen des
Rechts. Die Begeisterung bei den Diplomaten und Völkerrechtlern aus aller Welt, die jahrelang für eine Übereinkunft gestritten
hatten und an einem Julitag des Jahres 1998 die Unterschriften
vollzogen, kann nicht kleiner gewesen sein als damals, beim
Ewigen Landfrieden. Der deutsche Diplomat Hans-Peter Kaul,
einer der Gründer des Gerichts, beschreibt, wie man sich fühlt,
wenn Frieden durch Recht gemacht wird: »Als das Statut mit 120
Ja, 21 Enthaltungen, sieben Nein-Stimmen angenommen wird,
bricht unter den tausendfünfhundert Teilnehmern ein Sturm
von Emotionen los, beispiellos für eine solche Konferenz: Schreie,
Getrampel, nicht enden wollender Jubel, Tränen der Freude und
der Erleichterung. Hartgesottene Delegierte und Journalisten,
die vorher die ganze Zeit die Konferenz mit heruntergezoge-
nen Mundwinkeln verfolgt haben, liegen sich gegenseitig in
den Armen. Und ich erinnere mich auch, dass ein deutscher
Delegierter, sonst eher besonnen, wie ein Gummiball auf- und
abhüpft, mir ständig in die Rippen boxt, völlig atemlos – ›Herr
Kaul, Herr Kaul, wir haben es geschafft, wir bekommen einen
internationalen Strafgerichtshof‹.«[26]

Anders als der Internationale Gerichtshof, mit dem das Weltstrafgericht oft verwechselt wird, ist die Neugründung kein Staa-
ten-Gericht, wo das alte Völkerrecht der symmetrischen Welt

gleichberechtigter Souveräne verhandelt wird. Das Internationale Strafgericht beschäftigt sich mit der Welt der asymmetrischen Kriege, mit Menschen als Völkerrechtsverbrechern und Menschen als ihren Opfern. So ist das Gericht ein Institut des Schutzes vor besonders schwerer Gewalt – der Schutz der Menschenrechte steht im Mittelpunkt der Arbeit der Weltrichter. Das Gericht übt seine Autorität über jenen Graubereich zwischen Krieg und Frieden aus, der im Kampf gegen den Terrorismus so problematisch geworden ist: Die Verbrecher, die vor diesem Gericht stehen, haben sich der Rechtsmacht ihrer Staaten in der einen oder anderen Weise entzogen und sind keine Angelegenheit der inneren Sicherheit mehr. Es sind entweder die Machthaber selbst, wie etwa der sudanesische Präsident Omar Hassan al Bashir, der von den Den Haager Anklägern per Haftbefehl verfolgt wird, oder es sind Rebellen, die ihr Land in Rechtlosigkeit gestürzt haben, so dass die Staats-Justiz, soweit sie überhaupt noch handlungsfähig ist, ihnen nicht contra bieten kann. International bedrohliche Terroristen gehören bislang noch nicht zur Klientel der Weltrichter. Aber Völkerrechtler wie der erste Präsident des Jugoslawientribunals Professor Antonio Cassese legen es nahe, auch den Al-Kaida-Terrorismus als Völkerrechtsverbrechen zu behandeln.

Das Erstaunlichste am Völkerrechtstrafgericht aber ist seine Unabhängigkeit: Kein Staat der Welt kann Einfluss auf das Recht nehmen, das hier gesprochen wird. Die Uno als Organisation des Westfälischen Staatensystems hat zwar das Völkerrechtstribunal für Jugoslawien noch selbst ins Leben gerufen, mit diesem neuen Menschheits-Gericht aber hat sie nichts zu tun. Die Gründer haben ihr Statut vielmehr als Unabhängigkeitserklärung vom mächtigen Welt-Sicherheitsrat gemeint. Nur marginale Befugnisse hat das Gremium der machtgierigen Weltmächte, in die Mühlen der Völkerrechtsjustiz einzugreifen – und auch diese werden bei Gericht als »Konstruktionsfehler« des Statuts empfunden. So gab es 2008 viel Aufregung, weil der Sicherheitsrat sich anschickte, den Chefankläger des Gerichts daran zu hindern, einen Haftbefehl gegen den sudanesischen Präsidenten al Bashir zu beantragen. Die Vetomacht China fürchtete um das Wohl des afrikanischen Verbündeten. Der freche Chefstaatsanwalt Luis Moreno Ocampo konnte es sich leisten, die teilweise sehr persönlichen Angriffe gegen ihn lächelnd abperlen zu lassen: »Das bin nicht ich, das ist das Recht.«

»Keimzelle eines Weltstaates«

Weltfremde Ideen – Aber nur zur Hälfte – Das Vermächtnis des Wachmanns – Der Haken, der Haken – Man muss jetzt abwarten – Neuzeitliches Ende

Viel mehr als einen hemdsärmeligen Ankläger, weltweite Autorität und ein Hightechgefängnis in Scheweningen hat das Gericht allerdings nicht zu bieten. Vor allem hat es keine eigene Streitmacht, keine Gerichtsvollzieher und keine Polizisten. Wenn es sein Recht durchsetzen will, ist es, wie einst das Reichskammergericht, auf die Streitkräfte kooperationswilliger Vertrags-Staaten angewiesen. Dennoch, findet der Völkerrechtler Kreß – der als Vertreter Deutschlands bei den Verhandlungen in Rom dabei war –, könne der Apparat an der holländischen Nordsee als »Keimzelle eines Welt-Staates« betrachtet werden.

Die »Neuordnung der Welt nach den Grundsätzen des Rechts« ist ein halbes Jahrhundert nach den Nürnberger Prozessen immerhin an einem Anfang. Wenn es ein Weltstrafrecht gibt, warum kann es dann kein Weltpolizeirecht geben? Wenn es möglich ist, in der Grauzone zwischen innerer Sicherheit und Krieg mit den Mitteln der Strafe Frieden stiftend zu wirken und Menschenrechte zu schützen, warum soll dies dann nicht präventiv ebenso möglich sein? Warum soll nicht die Abwehr besonders schwerer Bedrohungen – auch für die Menschenrechte – ebenfalls eine Angelegenheit der Weltgemeinschaft sein? Kein Staat müsste eine solche globale Polizei als Einmischung in Angelegenheiten seiner inneren Sicherheit empfinden. Denn definitonsgemäß würde so ein internationales Rechtsregime nur greifen, wo die Grenzen der Rechtsmacht nationaler Staatsorganisationen überschritten sind. Nicht anders ist es beim Internationalen Strafgerichtshof: Seine Zuständigkeit ist nur gegeben, so weit ein Völkerrechtsverbrechen nicht von der heimischen Strafjustiz des Täters verfolgt wird.

Weltfremd: Dies ist das erste Gegenargument gegen Vorschläge, den Kampf gegen den Terrorismus zum Teil einer supranationalen Instanz zu übertragen. Doch dieses Argument ist nur zur Hälfte richtig. Ausgerechnet George W. Bushs Hardliner Michael Chertoff, ehemals Heimatschutzminister in Washington, denkt nun in dieselbe Richtung. Anfang 2009, in den letzten Tagen seiner Amtszeit, veröffentlichte er in der weltweit renommierten Politik-Zeitschrift *Foreign Affairs* einen Plan, eine Art Vermächtnis, für die definitive Ausrottung des Terrorismus. »The Responsibility to Contain«, ist sein Aufsatz überschrieben.

Chertoff hält es langfristig für möglich, eine völkerrechtliche gegenseitige Verpflichtung aller Staaten zu begründen, den grenzüberschreitenden Terrorismus mit den Mitteln der inneren Sicherheit zu bekämpfen, so weit dies in ihrer Rechtsmacht steht. Wenn Staaten dies nicht können oder nicht wollen, soll die Weltgemeinschaft berechtigt sein, die Sache an sich zu ziehen. »Es braucht ein internationales Rechtsregime«, schreibt Chertoff, das verantwortungslose oder hilflose Staaten »potenziellen Sanktionen unterwirft oder sogar, wenn nötig, einer militärischen Intervention, die darauf zielt, solche Gefahren zu neutralisieren.« Dieser Wenn-Nötig-Fall wäre ein Krieg gegen den Terror unter der Führung einer internationalen Instanz – sagen wir: ein Blauhelm-Einsatz. Nur anders als die Einsätze, die der Sicherheitsrat oder die Nato beschließen, wäre eine solche Aktion vom internationalen Recht und nicht von der Ranküne der Atommächte oder ehrgeiziger Militärs geleitet. Dass der Sicherheitsrat, eine besonders mächtige »Gruppe von Nationen« mit Partikularinteressen, von Aufgaben der Rechtsdurchsetzung überfordert ist, sieht auch Chertoff.

Nur sagt auch der ehemals oberste Wachmann der Vereinigten Staaten nicht, welche Instanz die Entscheidungen über solche Friedenseinsätze gegen Terroristen treffen soll. Und dass Chertoff dies offenlässt, ist der Haken, der solche Überlegungen dennoch als Utopie dastehen lässt.

Es ist der Haken, den Völkerrechtler bei vielen Ideen, die aus dem Inneren der Supermacht stammen, erkennen: Auch Chertoffs Vorschlag läuft darauf hinaus, dass es letztlich nur eine Instanz gibt, die weltweit Frieden durch Recht schaffen kann – und das ist die Supermacht, der er eben noch dienen durfte. Die Pax Americana scheint ohne Alternative zu sein. So war es ja auch beim großen Freudengeheul über die Gründung des Internationalen Strafgerichtshofs – die Amerikaner jubelten nicht mit. Sie weigerten sich nicht nur, den Vertrag zu ratifizieren, sie schufen sogar ein Gesetz, das den amerikanischen Präsidenten ermächtigte, jeden US-Bürger, der im internationalen Knast von Scheweningen an der Nordsee landen würde, mit Waffengewalt zu befreien. Den *Invasion Act* nennen sie diese amerikanische Kraftmeierei spöttisch im Weltgericht, aber es hilft nichts: Weltgerechtigkeit ist mit Amerika nur zu machen, wenn Amerika das Sagen hat.

Auch der deutsche Innenminister findet die Ideen seines Freundes Chertoff bedenkenswert. Ein Völkerpolizeirecht, so macht er im Gespräch deutlich, scheint ihm eine interessante Lösung seines Problems mit der inneren und der äußeren Sicherheit. Der Haken aber: »Man muss nun mal abwarten, wie das jetzt in Washington gesehen wird«, sagt er diplomatisch, »ohne die Vereinigten Staaten macht das ja alles kaum Sinn.«

Pax Americana oder Ewiger Landfrieden? Die Geschichte der Neuzeit begann mit der Entdeckung Amerikas und mit der Gründung des Reichskammergerichts. Und die Geschichte ist noch lange nicht zu Ende.

Anmerkungen

Erster Teil: DER FEIND

1 US-Informationen über Verbindungen zwischen Piraten und Al Kaida lt. *International Herald Tribune* vom 2.10.2008

2 Michael Pawlik, *Der Terrorist und sein Recht – Zur rechtstheoretischen Einordnung des modernen Terrorismus*, München 2008

3 Otto Depenheuer, *Selbstbehauptung des Rechtsstaates*, Paderborn 2007

4 Dazu ausführlich Giorgio Agamben, *Die souveräne Macht und das nackte Leben*, Frankfurt 2002

5 So sieht das jedenfalls Dieter Grimm, »Die Verfassung im Prozess der Entstaatlichung«, in: M. Brenner u. a. (Hg.), *Der Staat des Grundgesetzes*, Tübingen 2004

6 Alexander Hamilton, »Federalist Paper Nr. 11«, in: A. Hamilton, J. Madison, J. Jay, *Federalist Papers*, München 2007

7 So beschreibt es Eric Lichtblau, *Bush's Law – The Remaking of American Justice*, New York 2008, siehe ausführlich dazu Zweiter Teil, Seite 115 ff.

8 Siehe im Dritten Teil Kapitel 2, Seite 242 ff.

9 Dan Arey, National Intelligences, Summer Hard Problems Workshop, Näheres unter www.dni.gov

10 Simon Fraser University, Canada, Human-Security-Brief 2007

11 *Süddeutsche Zeitung* vom 22.7.07

12 Vgl. Hessische Stiftung Friedens- und Konfliktforschung Report 2/2007

13 Dieter Wiefelspütz, *Die Abwehr terroristischer Anschläge*, Frankfurt 2007

14 Ich stütze mich hier auf vertrauliche Gespräche mit Verfassungsrichtern.

15 Vgl. Paragraf 2 Antiterrordateigesetz

16 Computermagazin *c't* vom 13.11.2006

17 *International Herald Tribune* vom 9.9. 2008

18 Diese und ähnlich abstruse Fälle bei Claus Kreß, *Juristische Ausbildung* 2005, S. 220, 227

19 Die Vorschrift lautet: § 129b - Kriminelle und terroristische
   Vereinigungen im Ausland; Erweiterter Verfall und Einziehung
   (1) Die §§ 129 und 129a gelten auch für Vereinigungen im Ausland.
   Bezieht sich die Tat auf eine Vereinigung außerhalb der Mitgliedstaaten der Europäischen Union, so gilt dies nur, wenn sie durch eine
   im räumlichen Geltungsbereich dieses Gesetzes ausgeübte Tätigkeit
   begangen wird oder wenn der Täter oder das Opfer Deutscher ist
   oder sich im Inland befindet. In den Fällen des Satzes 2 wird die
   Tat nur mit Ermächtigung des Bundesministeriums der Justiz verfolgt. Die Ermächtigung kann für den Einzelfall oder allgemein
   auch für die Verfolgung künftiger Taten erteilt werden, die sich auf
   eine bestimmte Vereinigung beziehen. Bei der Entscheidung über
   die Ermächtigung zieht das Ministerium in Betracht, ob die Bestrebungen der Vereinigung gegen die Grundwerte einer die Würde des
   Menschen achtenden staatlichen Ordnung oder gegen das friedliche
   Zusammenleben der Völker gerichtet sind und bei Abwägung aller
   Umstände als verwerflich erscheinen.
   (2) In den Fällen der §§ 129 und 129a, jeweils auch in Verbindung mit
   Absatz 1, sind die §§ 73d und 74a anzuwenden.
20 Kreß, *Juristische Ausbildung 2005*
21 *Newsweek* vom 22.9.2008, S. 4
22 Ich stütze mich auf persönliche Gespräche mit Partnern, denen Ver-
   traulichkeit zugesagt ist.
23 Näher dazu unten, Zweiter Teil; vgl. zum Ganzen die glänzende
   neue Zusammenfassung bei Huster/Rudolph, Vom Rechtsstaat zum
   Präventionsstaat, Frankfurt am Main 2008, S. 17
24 Siehe Dritter Teil
25 Luftsicherheitsurteil des Bundesverfassungsgerichts: 1 BvR 357/05
   vom 15. Februar 2006
26 Auch hier stütze ich mich auf vertrauliche Gespräche.
27 So Verfassungsgerichtspräsident Hans Jürgen Papier im SPIEGEL-
   Gespräch, Heft 3/2008
28 Lt. *Tagesspiegel* vom 5.1.07
29 vgl. dazu Helmut Schmidt, *Außer Dienst*, München 2008, S. 202 f.
30 Siehe Vierter Teil, Kapitel 4
31 BVerfG vom 15.2.2006, 1 BvR 357/05
32 zitiert nach Schmitt, *Theorie des Partisanen*, Berlin 2006, S. 48
33 Schmitt, a.a.O., S. 20
34 Vgl. etwa die Anmerkungen von Helmut Schmidt, *Außer Dienst*, S. 300
35 Die Quelle sind persönliche Gespräche mit deutschen Diplomaten.

Zweiter Teil: DAS RECHT

1 »Federalist Papers Nr. 51«, in: A. Hamilton, J.Madison, J. Jay,
  Federalist Papers, München 2007

2 *Independent* vom 7.11.08

3 Michael Stolleis, *Geschichte des öffentlichen Rechts*, Dritter Band,
  München 1999

4 Siehe Dritter Teil, Kapitel I

5 Auch diese Information verdanke ich Eric Lichtblau, der wie kein
  anderer die Machenschaften des Justizministeriums untersucht hat:
  Lichtblau, *Bush's Law*, New York 2008

6 Vgl. schon Thomas Darnstädt, *Gefahrenabwehr und Gefahrenvorsorge*,
  Frankfurt am Main 1983, S. 35 ff.; mit grundsätzlichen Hinweisen
  aber auch Lisken/Denninger, *Handbuch des Polizeirechts*, 4. Aufl.,
  München 2007, E 46 ff.

7 Abgedruckt in: *Die Öffentliche Verwaltung*, 2002, S. 743

8 »Eine Sicherheitsstrategie für Deutschland«, Beschluss der CDU/CSU-
  Bundestagsfraktion vom 6. Mai 2008, unter www.cducsu.de

9 *Süddeutsche Zeitung* vom 25.9.2008

10 Verfassungsschutzbericht des Landes Hessen 2007

11 Dazu und zum Folgenden: Darnstädt, *Gefahrenabwehr*

12 Vgl. Darnstädt a.a.O.

13 Vgl. dazu Lisken/Denninger, wie Anm. 6, Rn. 49

14 Auch dazu: Darnstädt, *Gefahrenabwehr*, S. 35 ff.

15 Die Vorschrift in Paragraf 66b Strafgesetzbuch zur Sicherungsverwahrung lautet:
  (1) Werden nach einer Verurteilung wegen eines Verbrechens
  gegen das Leben, die körperliche Unversehrtheit, die persönliche
  Freiheit oder die sexuelle Selbstbestimmung oder eines Verbrechens
  nach den §§ 250, 251, auch in Verbindung mit den §§ 252, 255,
  oder wegen eines der in § 66 Abs. 3 Satz 1 genannten Vergehens
  vor Ende des Vollzugs dieser Freiheitsstrafe Tatsachen erkennbar, die auf eine erhebliche Gefährlichkeit des Verurteilten für die
  Allgemeinheit hinweisen, so kann das Gericht die Unterbringung
  in der Sicherungsverwahrung nachträglich anordnen, wenn die
  Gesamtwürdigung des Verurteilten, seiner Taten und ergänzend
  seiner Entwicklung während des Strafvollzugs ergibt, dass er mit
  hoher Wahrscheinlichkeit erhebliche Straftaten begehen wird, durch
  welche die Opfer seelisch oder körperlich schwer geschädigt werden,
  und wenn im Zeitpunkt der Entscheidung über die nachträgliche

Anordnung der Sicherungsverwahrung die übrigen Voraussetzungen
des § 66 erfüllt sind.

War die Anordnung der Sicherungsverwahrung im Zeitpunkt der
Verurteilung aus rechtlichen Gründen nicht möglich, so berücksich-
tigt das Gericht als Tatsachen im Sinne des Satzes 1 auch solche, die
im Zeitpunkt der Verurteilung bereits erkennbar waren.

(2) Werden Tatsachen der in Absatz 1 Satz 1 genannten Art nach
einer Verurteilung zu einer Freiheitsstrafe von mindestens fünf Jahren
wegen eines oder mehrerer Verbrechen gegen das Leben, die körperliche Unversehrtheit, die persönliche Freiheit, die sexuelle Selbstbestimmung oder nach den §§ 250, 251, auch in Verbindung mit §
252 oder § 255, erkennbar, so kann das Gericht die Unterbringung in
der Sicherungsverwahrung nachträglich anordnen, wenn die Gesamtwürdigung des Verurteilten, seiner Tat oder seiner Taten und ergänzend seiner Entwicklung während des Strafvollzugs ergibt, dass er mit
hoher Wahrscheinlichkeit erhebliche Straftaten begehen wird, durch
welche die Opfer seelisch oder körperlich schwer geschädigt werden.

16 Günther Jakobs,»Bürgerstrafrecht und Feindstrafrecht«, in: Yu-hsin-
 Hsu (Hg.) *Foundations and Limits of criminal law*, 2003, S. 47 ff.

17 Vgl. Darnstädt, a.a.O., S.133 ff.

18 Ich bedanke mich bei Beate Lakotta, DER SPIEGEL, für die Hinweise
 auf neurobiologische Fachuntersuchungen.

19 BVerfG 1BvR 370/07 und 1BvR 595/07 vom 27.2.2008

20 A.a.O., Rz. 243

21 A.a.O., Rz. 215

22 Vgl. oben Kapitel 1

23 Vgl. oben Kapitel 2

24 BVerfG wie Anm. 19, Rz. 253

25 Vgl. oben Kapitel 2

26 Welches Z polizeirechtlich korrekt ist, habe ich an anderer Stelle
 dargelegt – wie Anm. 6, Darnstädt, S.54 ff – und erspare es dem Leser
 hier, weil es für die konkrete Fragestellung nicht drauf ankommt.

27 Oben das Spielzeugpistolen-Beispiel auf Seite 166

28 BVerfG wie Anm. 19, Rz. 252

29 Vgl. Artikel 222 Lissabon-Vertrag,»Solidaritätsklausel«

30 Roderick Parkes, Andreas Maurer, *Britische Antiterror-Politik und die
 Internationalisierung der Inneren Sicherheit*, Stiftung Wissenschaft und
 Politik, Berlin 2007, S. 14

31 VO Nr. 881/2002 vom 27.5.2002, Erwägungsgrund 4

32 *Süddeutsche Zeitung* vom 25.9.2008

Dritter Teil: DER KRIEG

1 Siehe Zweiter Teil, Kapitel 3, S. 159
2 Michael Pawlik, *Der Terrorist und sein Recht*, München 2008
3 Vgl. nur Herfried Münkler, »Reziprozität, Asymmetrie und die neuerliche Moralisierung des Krieges«, in: Gerd Hankel (Hg.), *Die Macht
   und das Recht*, Hamburg 2008
4 Siehe oben Erster Teil, Kapitel 3
5 Clausewitz, *Vom Kriege*, Erfstadt 2006, S. 155
6 Über das Verhältnis von staatlicher Durchsetzung des Rechts und
   Rechtsstaatlichkeit bereits oben grundlegend Zweiter Teil, Kapitel 2
7 DER SPIEGEL 14/2007, S. 47
8 Zur Rolle von Journalisten als feindliche Kämpfer vgl. Clive Stafford
   Smith, *Eight O'Clock Ferry to the Windward Side*, New York 2007,
   S. 181 f
9 Pressemitteilung Justizministerium vom 21.4.2008
10 Dieter Wiefelspütz, *Die Abwehr terroristischer Anschläge und das Grundgesetz*, Frankfurt 2007
11 A.a.O., S. 12
12 BVerfG 1 vom 16.10.1977 BvQ 8/77
13 Rainer Trapp, *Folter oder selbstverschuldete Rettungsbefragung?*, Paderborn 2006
14 Udo Di Fabio, in: *Juristenzeitung* 2004, S.1ff
15 Reinhard Merkel, »Wann und wo darf der Staat töten«, in: Kurt
   Graulich/Dieter Simon (Hg.), *Terrorismus und Rechtsstaatlichkeit*,
   S. 173, 182
16 Siehe Erster Teil, Kapitel 1
17 BVerfG vom 15.2.2006 1BvR 357/05
18 Der Gesprächspartner möchte nicht namentlich zitiert werden.
19 Erster Teil, Kapitel 2
20 *Die Zeit* vom 22.11.2007
21 Zweiter Teil, Kapitel 3
22 Im Einzelnen vgl. Claus Kreß, *Gewaltverbot und Selbstverteidigungsrecht*, Berlin 1995, S. 219, der die Bedeutung des Falles ebenso
   herausstellt wie Lars Mammen, *Völkerrechtliche Stellung von
   Terrororganisationen*, Baden Baden 2008, S. 267
23 Claus Kreß, a.a.O.
24 Lars Mammen, a.a.O., S.264
25 *Süddeutsche Zeitung* vom 25.6.2007
26 Vgl. Marco Seliger in: *Internationale Politik*, Mai 2007, S. 36 ff

27 BVerfG 2BvE 2/07 vom 3.7.2007
28 Erdhard Denninger, *Recht in globaler Unordnung*, Berlin 2005, hier speziell S. 238ff
29 BVerfG 2BvE 2/07 vom 3.7.2007, Rdz.60
30 Resolution 1386, 2001, 9. Erwägung
31 Udo Di Fabio, *Neue Juristische Wochenschrift* 2008, S. 423
32 Vgl. Art. 5, Absatz 1d Rom-Statut
33 Vgl. Art. 2, Absatz 2 MRK
34 Geoffrey Corn, *Untying the Gordian Knot – A proposal for determining applicability of laws of the war on terror* – erscheint demnächst
35 August Hanning, einleitende Stellungnahme vor dem 1. Untersuchungsausschuss des Deutschen Bundestages am 8.3.2007, S. 7 f
36 Siehe oben Zweiter Teil, Kapitel 3
37 Hamdan vs. Rumsfeld 548 US 2006
38 III. Genfer Abkommen vom 12.8.1949 über die Behandlung von Kriegsgefangenen
39 Supreme Court, Sitting as High Court of Justice, in: The public committee against torture in Israel versus the Government of Israel HCJ 769/02 11.12.2005
40 Siehe Erster Teil, Kapitel 1
41 Lars Mammen, *Völkerrechtliche Stellung von internationalen Terrororganisationen*, Baden Baden 2008
42 So Kreß S. 274 f.
43 Mammen, a.a.O., S. 247, 255 ff
44 Dietrich Beyrau, Michael Hochgeschwender, Dieter Langewiescher (Hg.), *Formen des Krieges*, Paderborn 2007
45 BVerfG 2 BvE 2/2007 vom 3.7.2007
46 Saskia Sassen, *Das Paradox des Nationalen*, Frankfurt 2008
   – Kurzfassung in: *Internationale Politik*, August 2008, S.54
47 Siehe Zweiter Teil, Kapitel 1

Vierter Teil: FRIEDEN?

1 Vgl. Michael Stolleis, »Der Streit um den Vorrang, oder: Der Wasunger Krieg«, in: *Festschrift f. Martin Heckel*, hg. von H. Kiefner / K. W. Nörr / K. Schlaich, Tübingen 1999, S. 631–640
2 Karl OttoHondrich, *Neue Zürcher Zeitung* vom 22.3.2002
3 Saskia Sassen, *Das Paradox des Nationalen*, Frankfurt 2008, speziell S. 55 ff.

4 Vgl. etwa Jakobs, »Bürgerstrafrecht und Feindstrafrecht«, in: Yu-hsin-Hsu (Hg.), *Foundations and limits of criminal law*, 2003, S.47 ; ähnlich Pawlik, *Der Terrorist und sein Recht*, München 2008

5 Vgl. ausführlich oben Erster Teil, Kapitel 3

6 Herfried Münkler, »Reziprozität, Asymmetrie und die neuerliche Moralisierung des Krieges«, in: Gerd Hankel (Hg), *Die Macht und das Recht*, S. 300 ff

7 Oben Dritter Teil, Kapitel 1

8 Oben Zweiter Teil, Kapitel 3

9 Depenheuer, in: Maunz-Dürig, *Kommentar zum Grundgesetz,* Art. 87a Lieferung 53, Rn. 29

10 Vgl. BVerfG vom 15.2.2006 1 BvR 357/05

11 Ausführlich Zweiter Teil, Kapitel 2

12 Vgl. Depenheuer a.a.O. (Anm. 9), Rn. 3

13 Ulrich Beck, *Risikogesellschaft,* Frankfurt 2007

14 Vgl. II. Zusatzprotokoll zu den Genfer Abkommen vom 12. August 1949, Artikel 1

15 Vgl. dazu die Äußerungen des israelischen Völkerrechtlers David Kretzmer, »Rethinking Aplication of IHL in Non-international Armed Conflicts« auf einer Tagung über »Contemporary conflict Situations« zur Flucht seines Staates ins Kriegsrecht, 1.–3.6.2008 Jerusalem

16 *Frankfurter Allgemeine Zeitung* vom 22.1.2009

17 Oben Erster Teil, Kapitel 3

18 Oben Zweiter Teil, Kapitel 3

19 Saskia Sassen, wie Anm. 2, S. 307 ff

20 Steve Coll, *Ghost Wars*, New York 2004, S. 528 ff

21 Calvert Jones und Mettew Eilstrup-Sangiovanni, *Harvard Vierteljahresschrift International Security,* zitiert nach *Die Zeit,* 8.1.2009, S.48

22 Israelischer Supreme Court, Sitting as High Court of Justice, in: The public committee against torture in Israel versus the Government of Israel, HCJ 769/02, 11.12.2005

23 Pawlik, Dritter Teil, Kapitel 1

24 Depenheuer, Dritter Teil, Kapitel 1

25 Kreß, Dritter Teil, Kapitel 3

26 In einer Rede in der Kölner Universität am 19.11.2008

Register

Verlagsgruppe Random House FSC-DEU-0100
Das für dieses Buch verwendete FSC-zertifizierte Papier *Munken Premium*
liefert Arctic Paper Munkedals AB, Schweden.

1. Auflage
Copyright © der deutschsprachigen Ausgabe
2009 Deutsche Verlags-Anstalt, München,
in der Verlagsgruppe Random House GmbH
und SPIEGEL-Verlag, Hamburg
Alle Rechte vorbehalten
Typografie und Satz: DVA / Brigitte Müller
Gesetzt aus der Minion
Druck und Bindearbeit: GGP Media GmbH, Pößneck
Printed in Germany
ISBN 978-3-421-04403-7

www.dva.de

Das organisierte Verbrechen: Profiteur der Globalisierung

Misha Glenny
McMafia
Die grenzenlose Welt des
organisierten Verbrechens
528 Seiten mit Abbildungen
ISBN 978-3-421-05863-8

»Misha Glenny hat ein hervorragend recherchiertes Buch
über die Entwicklung der organisierten Kriminalität
geschrieben. Es ist gut lesbar, mit vielen Reportagen
angereichert, voller Details und Namen. Wer die Globalisierung in ihrer gesamten Breite verstehen will, dem
ist dieses Buch empfohlen.«
                                        Deutschlandradio

»Ein brillantes Buch.«   *Berliner Zeitung*

DVA
www.dva.de

Woher kommt
Osama Bin Laden?

Steve Coll
Die Bin Ladens
Eine arabische Familie
736 Seiten mit Abbildungen
ISBN 978-3-421-04354-2

Pulitzer-Preisträger Steve Coll schildert Aufstieg, Leben
und Einfluss der Bin Ladens. Die spannende Geschichte einer
Familie, die exemplarisch die Zerrissenheit der arabischen
Welt zwischen Tradition und Moderne zeigt.

»*Die Bin Ladens* ist – und schon allein dieser Umstand ist
eine Wohltat – ein Buch, das differenziert.«

Frankfurter Allgemeine Sonntagszeitung

www.dva.de